Das Recht und sein Preis

Der Fall Foris

. ~~Von~~ Lothar Müller-Güldemeister

1. Auflage März 2005
2. Auflage Mai 2005

Alle Rechte vorbehalten

©better solutions Verlag Axel Gierspeck
Obere Masch 22
37073 Göttingen
Postfach 1913
37009 Göttingen
Tel. 0551-484828
Fax 0551-484829

Autor: Lothar Müller-Güldemeister, Rechtsanwalt, Berlin
www.mueller-gueldemeister.de

Konzeption und Layout: better solutions Verlag Axel Gierspeck, Göttingen

Umschlagentwurf: Wojtek Fraczyk, Hamburg

ISBN: 3-9808662-2-X

„Nicht das Unrecht soll man anklagen, wenn es das Recht von seinem Sitze ver-
drängt, sondern das Recht, welches sich dies gefallen lässt".

Rudolf von Jhering, Der Kampf ums Recht

VORBEMERKUNG

Dies ist ein Tatsachenbericht. Die darin geschilderten Personen und Unternehmen gibt es oder hat es gegeben. Die kursiv wiedergegebenen Zitate sind wörtlich durch schriftliche Unterlagen oder durch legale Tonaufzeichnungen belegt. In Anführungszeichen stehende, aber nicht kursiv geschriebene Äußerungen sind nicht wörtlich, aber sinngemäß gefallen. Soweit ich Hergänge schildere, von denen ich weiß, dass sie von anderen Beteiligten anders dargestellt werden, habe ich deren abweichende Darstellung wiedergegeben. Der Leser möge sich in diesen Punkten selbst ein Bild machen, wessen Darstellung ihm plausibler erscheint.

Allerdings habe ich mit wenigen Ausnahmen alle Eigennamen der in diesem Bericht vorkommenden natürlichen Personen verändert. Eventuelle Namensgleichheit mit lebenden Personen wäre rein zufällig. Die Ausnahmen sind vor allem ich selbst sowie die Herren Rollmann und Cobet, die zum Zeitpunkt des Erscheinens dieses Berichts noch Vorstand bzw. Aufsichtsrat der Foris sind und ohnehin von jedermann identifiziert werden können.

Ebenfalls habe ich Orte, Zahlen und Daten bei geschilderten Prozessfinanzierungsfällen geändert, um die vereinbarte Anonymität zu wahren. Die Grundlinien des Sachverhalts werden dadurch nicht verfälscht.

Lothar Müller-Güldemeister

INHALT

19. JULI 1999

Lupo und ich schauten zum Fenster hinaus, als sich der Jumbo in einer lang gezogenen Schleife Richtung Westen wandte. Die Luft über Frankfurt zitterte vor Hitze. Sie zitterte über den Glasfassaden der Bankentürme, durch die ich noch vor wenigen Tagen gehetzt war. Sie zitterte über dem rötlichen Gebäude der Börse, vor dem wir gestern unser Festzelt aufgeschlagen, vor dem wir unsere riesigen blauen Luftballons angebunden hatten.

Das Licht blendete mich. In dem gestrigen Trubel war mir meine neue Sonnenbrille abhanden gekommen. Ein ärgerlicher Verlust, aber was bedeutete der schon, gegen einen Tag wie diesen. Ich akzeptierte keine Omen, erst recht keine bösen. Ich schloss meine Augen und atmete durch.

Vor zwanzig Minuten war ich mit Sabine und unseren Kindern Katharina und „Lupo" in die Lufthansa-Maschine nach Washington gestiegen. Susanne hatte in der Nähe ein halbes Jahr lang die Schule besucht. Sie und ihre Gasteltern würden uns am Flugplatz abholen. Dann wollten wir drei Wochen lang die Ostküste abklappern. Drei Wochen Urlaub! Drei Wochen, in denen ich weder mit meiner Firma telefonieren noch mir Gedanken ums Geschäft machen würde.

Ich hatte es mir verdient. Ein beispielloser Parcours lag hinter mir.

Vor wenig mehr als einem Jahr hatten wir Foris der Öffentlichkeit vorgestellt, vor weniger als einem halben waren wir in Richtung Börse durchgestartet. Seit gestern flimmerte ihr Aktienkurs in Frankfurt, New York und Tokio über die Bildschirme der Börsenjobber. Gegenüber dem Ausgabepreis hatte er sich mehr als verdoppelt und war in der Spitze auf über 100 gesprungen. Mein Aktienpaket war

– zumindest auf dem Papier – zwanzig Millionen EURO wert. Und das, obwohl Foris bis dahin noch keinen nennenswerten Umsatz, noch keinen Pfennig Gewinn gemacht hatte. Neuer Markt hieß das Zauberwort, das alle in den Bann schlug. Ob es der Goldrausch war, der noch die letzte Hausfrau zum Zocker gemacht hatte, oder die Überzeugungskraft einer Idee – meiner Idee – wer konnte das noch auseinander halten. Mir fiel einer der klassenkämpferischen Sprüche von den Wandzeitungen ein, die 1968 die Wände der Unis verziert hatten: *„Die Idee wird zur materiellen Gewalt, wenn sie die Massen ergreift“*. Meine Idee war nicht zur materiellen Gewalt geworden. Aber zu dem Geld, das durch den Börsengang auf die Bankkonten unserer AG geschwappt war. Nur noch eines fehlte: der Beweis, dass die Idee richtig, dass mit ihr aus dem Geld der Anleger noch mehr Geld zu machen war. Ein Beweis, den ich glaubte liefern zu können. Unser Geschäftsmodell war von uns, von der Emissionsbank, von den Wirtschaftsprüfern durchgerechnet und für plausibel befunden worden. Wir hatten Kapital. Unsere Mitarbeiter waren jung, gutaussehend, hatten glänzende Examina und glänzende Augen. Der Ruf von Foris in der Anwaltschaft war der eines unerschrockenen Unternehmens mit einer frappierenden Rechtsinnovation, die allen nützte. Jetzt lag es nur noch an uns. Wenn der Erfolg ausblieb, gab es niemanden, an den wir den schwarzen Peter hätten weiterreichen können. Nicht an die angeblich knauserigen Banken; sie hatten uns an die Börse gebracht. Nicht an die bösen Konkurrenten; es gab – noch – keine. Und nicht an die Behörden, die in Deutschland erst einmal gegen alles sind; Bank- und Versicherungsaufsicht hatten unser Modell abgesegnet. Auch für mich galt der Satz, den Dwight D. Eisenhower, in einen Granitstein graviert, auf seinem Schreibtisch täglich vor Augen hatte: *„The buck ends here“*.

Häuser, Straßen und Landschaftsformationen unter uns wurden kleiner. Das Flugzeug ackerte sich geduldig auf seine Reiseflughöhe empor. Was ich nicht ahnte in diesem Moment, in dem ich die Augen schloss und mich zurücklehnte – und nicht bereit gewesen wäre, es jemandem zu glauben, der es gesagt hätte – war, dass der Sinkflug der Foris AG schon begonnen hatte.

Heute weiß ich es. Am 19.07.1999 war die Foris auf ihrem Scheitelpunkt angelangt. Wir wähnten uns noch im Aufwind, doch in Wirklichkeit waren wir schon wieder auf dem Weg zum Boden. Lange Zeit unmerklich, aber dann mit stetig wachsender Geschwindigkeit. Der Kurs dieses Tages sollte der höchste gewesen sein, den die Aktie jemals erlebte. Das Eigenkapital der Foris sollte niemals wieder die Größe erreichen, die sie an diesem Tag hatte. Auch nicht die Begeisterung, die von allen Mitarbeitern der Foris Besitz ergriffen hatte, der Rausch des Zusammengehörens und des Bewusstseins, etwas ganz besonderes zu tun und einer ganz besonderen Firma anzugehören. Vor allem aber, wie es einer meiner engsten Mitarbeiter später einmal formulierte: am 19.07.1999 war der Treibstoffvorrat an Gemeinsamkeiten verbrannt, der meinen Mitvorstand mit mir verband und der diesen raketenartigen Aufstieg eines Unternehmens buchstäblich aus dem Nichts heraus gespeist hatte. Wir wussten es nur noch nicht.

Fünf Jahre später sind wir Feinde. Wir prozessieren gegeneinander vor dem Landgericht Berlin, vor dem Kammergericht und anderswo. Der Neue Markt ist liquidiert. Finanzstarke Versicherungskonzerne haben meine Idee aufgegriffen und Konkurrenzunternehmen gegründet, die der Foris längst den Rang abgelaufen haben. Ihr Aktienkurs dümpelt bei einem hundertstel seines Höchststandes. Von ihren rund 30 Mitarbeitern, die mit uns in dem Zelt vor der Börse gefeiert hatten, ist noch ein einziger da. Ihre Bilanzen zeigen ein ausgelaugtes Unternehmen, einen gespenstischen Schatten dessen, was sie an dem Tag war, an dem ich meinem Urlaub entgegen flog. Dem letzten dreiwöchigen Urlaub übrigens, den ich mit meiner Frau und den drei Kindern gemeinsam verbrachte, denn zwei Jahre später waren wir getrennt, nach einundzwanzigjähriger Ehe.

Wie konnte das passieren? Wie konnten wir mit unserem Unternehmen, dem das Glück hold und die Umstände mehr als gewogen schienen, so schnell auf die schiefe Bahn geraten? Was ist falsch gelaufen, und vor allem: was habe *ich* falsch gemacht, und wie hätte ich verhindern können, dass es dazu kam?

Die Geschichte von Foris ist auch eine Geschichte des Gründungsfiebers und Börsenwahns der neunziger Jahre, aber nicht nur. Unternehmen der „New Economy" entwarfen Chips, managten Mobilfunknetze, experimentierten mit dem pflanzlichen oder tierischen Genom, produzierten Filme und Shows. Das Geschäft der Foris dagegen brauchte nichts, was es nicht schon zu Zeiten von Moses gab, nämlich Geld und Gesetze. Foris finanzierte Prozesse. Gerichtsprozesse. So ist dies auch eine Geschichte von Gerichten, Prozessen und Anwälten, vom Recht und seinem Preis. Und es ist eine Geschichte von mir.

ANLAUF

BANKGESCHÄFT WEISS & CO.

Die Geschichte der Foris AG beginnt lange vor ihrer Gründung und ihrem Börsengang. Vielleicht beginnt sie auf einem Polizeirevier in Kiel, das an meinem Schulweg liegt. Am Schwarzen Brett im Treppenhaus hängen die Steckbriefe über gesuchte Mordverdächtige, bewaffnete Raubüberfälle und verschwundene Personen. Die Polizisten kennen mich schon. Ich schreibe die Angaben über Mordopfer und Fluchtautos von den Plakaten ab. Ich will den Verbrechern auf die Spur kommen und die Belohnung kassieren.

Für den zwölfjährigen Jungen ist es noch ein langer Marsch bis zu der Erkenntnis, dass das Gewaltverbrechen nur die Spitze des Eisberges ist. Seinen Sockel bilden die Vertragsbrüche, die Patentverletzungen, das Bestreiten und Leugnen berechtigter Forderungen, das Verschleppen von Prozessen. Der zivile Rechtsbruch erreicht nicht die Schwarzen Bretter der Polizeireviere. Er erreicht oft nicht einmal die Gerichtsflure und schon gar nicht das Schamgefühl der Handelnden. Er bedient sich subtilerer Werkzeuge. Er wird von raffinierteren Menschen ohne jedes Unrechtsbewusstsein gehandhabt. Er verspricht weit fettere Beute als ein Raubmord, und all das praktisch ohne Risiko.

Die Polizisten des Reviers Kiel-Wellingdorf verhelfen mir nicht zu dieser Einsicht. Anstatt mich bei der Verbrecherjagd zu unterstützen, kontrollieren sie die Beleuchtung meines Fahrrades.

16 Jahre, nachdem ich das letzte Fahndungsplakat abgeschrieben habe, lege ich mein zweites juristisches Staatsexamen ab. Am

01.08.1977 trete ich in Hamburg bei einer kleinen Privatbank an, die sich bescheiden „Weiss & Co., Bankgeschäft" nennt. Ihr Domizil ist ein unscheinbares Kontor in einem Geschäftshaus am Neuen Wall. Weiss & Co. beschäftigt ein gutes Dutzend Mitarbeiter einschließlich des Chefs, Herrn Friedrich, des persönlich haftenden Gesellschafters der Kommanditgesellschaft.

Weiss & Co. ist selbst für eine Privatbank ein Winzling. Als ich dort beginne, hat die Bank ein Eigenkapital von 6 Millionen DM und eine Bilanzsumme von 20 Millionen. Ich hatte mich noch bei einer anderen Privatbank beworben, bei Trinkaus & Burkhardt in Düsseldorf, die 22 Jahre später Foris an die Börse bringen wird. Dann wollte ich aber doch nicht ein Jurist unter vielen in einer großen Rechtsabteilung sein und mich hochdienen oder -intrigieren. Bei Weiss & Co. bin ich die Rechtsabteilung. Über mir ist nur noch Friedrich, eine Mischung aus Konsul Buddenbrook und J.R. Ewing. Friedrich ist nicht nur ein Kaufmann alten Schlages. Er hat auch einen außergewöhnlichen juristischen Scharfblick. Nicht nur mich, selbst ausgebuffte Anwälte und Notare überrascht er immer wieder mit seinen Analysen. Hier würde ich etwas lernen.

Ich lerne als erstes von ihm, Respekt vor großen Namen abzulegen. Auch weißhaarige Hamburger Großnotare, die Kronjuristen einer Landesbank und Anwaltskanzleien mit ellenlangen Briefköpfen kochen mit Wasser. Wir nehmen uns Zeit, wir stellen alles viermal statt dreimal in Frage, und häufig müssen die anderen einräumen, dass sie falsch gelegen haben.

Ich lerne, dass ein Geschäft, das andere abgelehnt haben, deswegen kein schlechtes Geschäft sein muss. Dafür, dass die anderen es nicht wollen oder nicht wagen, kann es viele Gründe geben. Auch solche, die mit dem Projekt selbst gar nichts zu tun haben. „Zerbrechen Sie sich nicht den Kopf, warum die anderen es nicht gemacht haben. Sondern darüber, wie wir es machen können, damit es funktioniert", sagt Friedrich mir das eine ums andere Mal.

Ich lerne, meine eigenen Vertragsentwürfe kritisch zu beäugen und immer wieder zu redigieren. Schreibautomaten gibt es noch nicht, von PCs ganz zu schweigen. Nach jeder größeren Korrektur muss Frau Sonnenberg, Friedrichs griesgrämige Sekretärin, den ganzen Vertrag neu tippen. Sie schafft zwar 500 Anschläge pro Minute, aber dabei verschießt sie Blicke, die töten. Häufig brüten wir noch nachts um elf über Formulierungen eines Vertragsentwurfes – während ich auf Kohlen sitze, denn ich bin gerade dreißig geworden, bin ledig und habe um die Tageszeit Besseres vor.

Und ich lerne die drei Fragen, die der Banker stellt, wenn ein Kunde mit einem Kreditwunsch an ihn herantritt.

Im September 1977 erscheint unangemeldet ein Herr um 50 in den Bankräumen. Er wird zu mir geschickt, denn Friedrich ist nicht da. Nicht nur sein Idiom weist ihn als Österreicher aus. Auch sonst scheint er einem Hans-Moser-Film entsprungen. Sein Bergsteigerkörper steckt in einer Trachtenjacke, unter dem Tirolerhut strahlt ein braungebrannter Charakterkopf. Er stellt sich vor als Kletschil, internationaler Holzkaufmann. Er plaudert ein wenig über seine Erlebnisse im Urwald von Brasilien und Indonesien und entwirft ein Kaleidoskop künftiger Zusammenarbeit mit der Bank auf dem Gebiet des Holzwesens. Deswegen ist er allerdings heute nicht gekommen. Er möchte einen Kredit.

Auf meine drei Fragen: Was haben Sie mit dem Geld vor? Wie wollen Sie es zurückzahlen? Und welche Sicherheiten können Sie anbieten? erzählt er mir weitschweifig, wir sollten eine Forderung vorfinanzieren. Es geht um 100 Millionen DM. Natürlich eine absolut sichere Sache. Es muss nur noch ein Prozess gewonnen werden, und schon ist der Kredit zurückgezahlt.

O je. Als ich Referendar in einer Anwaltskanzlei war, hat einer der Anwälte die Mandanten mit den todsicheren Fällen auch immer gleich zu mir geschickt... Doch ein Name lässt mich aufhorchen.

Wolfgang Westenfeld. Ein neunfach geschlitzter Hundsfott, wie Kletschil sich ausdrückt. Westenfeld entstammt einer angesehenen Industriellenfamilie. Er hat für 20 Millionen DM 50,1 % an der unrentabel gewordenen Kammgarnspinnerei Süchteln AG bei den letzten Erben der Gründerfamilie aufgekauft. Das Geld dafür hat er sich bei den Gnomen geliehen, wie man die Zürcher Banker damals noch nennt. Er hat den Aufsichtsrat ausgewechselt, ist selbst in den Vorstand gegangen, hat den Betrieb eingestellt und die Maschinen versilbert. Die Grundstücke, vor hundert Jahren von den Gründern am Stadtrand billig erworben, heute in begehrter Zentrumslage, hat er an die Neue Heimat verkauft, das Bauträgerunternehmen der Gewerkschaften, das schon damals unrühmliche Baugeschichte, später unrühmliche Gewerkschaftsgeschichte schreibt. Jetzt hat die Aktiengesellschaft statt unrentabler Produktionsanlagen 100 Millionen DM in der Kasse. Westenfeld könnte sie als Dividende oder im Weg der Kapitalherabsetzung an die Anteilseigner ausschütten. Doch Gewinn und Ausschüttung haben entscheidende Nachteile: sie müssen mit dem Finanzamt, den Pensionären der AG und den Minderheitsaktionären der an einer Regionalbörse notierten Gesellschaft geteilt werden. Und es dauert - während die Fälligkeit seines Kredites näher rückt.

Darum hat sich Westenfeld mit Dr. Bruno Schrader zusammengetan, dem Chef einer verschachtelten Unternehmensgruppe, die der IBM Konkurrenz machen will. Damals beherrscht IBM, mein langjähriger Arbeitgeber während der Semesterferien, noch souverän den Computerweltmarkt. Kein Wunder, dass Schrader an chronischem Kapitalmangel leidet. Mit ihm und seinen Firmen flocht Westenfeld nun ein undurchsichtiges Gestrüpp von Verträgen, Beteiligungen und Geldtransfers.

Lichtete man dieses Dickicht, so wurde ein ziemlich plumper Plan sichtbar. Mit den erlösten 100 Millionen beteiligte sich die Kammgarnspinnerei an Schraders Konzern. Schrader nahm die 100

Millionen und kaufte davon Westenfeld dessen Süchteln-Aktien für 90 Millionen ab. Die restlichen 10 Millionen durfte er behalten. Westenfeld zahlte seinen 20-Millionen-Kredit an die Gnomen zurück und hatte 70 Millionen Gewinn gemacht. Der Kammgarnspinnerei Süchteln AG hingegen war es gegangen wie Hans im Glück. Sie hatte ein wertvolles Grundstück erst gegen Bargeld, und das gegen eine wertlose Beteiligung an dem Schrader Konzern getauscht. Finanzamt, Pensionssicherungsverein und Minderheitsaktionäre, die das Husarenstück nicht durchschauten, waren leer ausgegangen.

Westenfeld und die Schweizer Bank zogen sich zurück und überließen die Kammgarnspinnerei Süchteln AG und Schrader ihrem Schicksal. Nach außen hin gerierte sich Westenfeld als erfolgreicher Sanierer: die ertraglose Spinnerei hatte er in eine moderne Holding mit einer angeblich zukunftsweisenden Beteiligung umgemodelt. Was das neue Management daraus machte, war nicht mehr sein Problem.

Kletschil ist ein begnadeter Fabulierer. Er reichert seine Rede nicht nur mit Schimpfkanonaden gegen die beteiligten Personen an, sondern auch mit aufgeschnappten, falsch verstandenen juristischen Fachwörtern. Seine eigene Rolle in dem Spiel lässt er sich nur durch hartnäckiges Nachfragen entlocken. Diese Rolle ist die des Statthalters von Schrader. Der sitzt wegen verschiedener Delikte hinter Gittern. Die 10 Millionen sind verschwunden. Kletschil, von Schrader in den Vorstand der Kammgarnspinnerei Süchteln AG befördert, ist auf die Idee gekommen, deren letzten Vermögenswert zu Geld zu machen: ihren Schadensersatzanspruch gegen Herrn Westenfeld und die hinter ihm stehende Schweizer Bank. Damit hat Westenfeld nicht gerechnet. Er hat darauf gebaut, dass Schrader ihn in Ruhe lassen würde, da er sich mit einer Klage gegen Westenfeld selbst belastet hätte. Jetzt, da Schrader sitzt, ist alles anders.

Der Jagdinstinkt des Jungen, der Fahndungsplakate abschrieb, ist wieder erwacht. Ich bitte Kletschil, mir die Akten dazulassen.

Am nächsten Morgen trage ich Friedrich den Fall vor. Am Schluss meiner Ausführungen stellt er nur eine Frage: „Sie sind also sicher, dass ein Prozess gegen Westenfeld gewonnen wird?" Ich antworte, ohne noch einmal nachzudenken. „Wenn dieser Prozess verloren wird, hänge ich meinen Beruf an den Nagel und werde Kneipier". Dann setze ich ihm das Ergebnis meiner Nachtschicht auseinander.

Ich schlage vor, einen Fonds mit einem Kapital von 500.000 DM zu bilden. Für den soll man einige vermögende Kunden der Bank gewinnen. Der Fonds sichert das Darlehen ab, welches Weiss & Co. der Kammgarnspinnerei Süchteln AG gewährt. Damit werden die Anwalts- und Gerichtskosten für eine Teilklage gegen Westenfeld bezahlt. Die Kammgarnspinnerei Süchteln AG tritt ihre Forderung gegen Westenfeld und die Schweizer Bank an Weiss & Co. zur Sicherheit ab. Wird der Prozess gewonnen, so erhält Weiss & Co. das gewährte Darlehen mit Zinsen zurück, der Rest wird zwischen der Kammgarnspinnerei und dem Fonds hälftig geteilt. Aus der Hälfte, die dem Fonds zusteht, bekommt Weiss & Co. einen Teil als Handlinggebühr, der Rest geht als Gewinn und Risikovergütung an die Fondszeichner. Bei diesen verbleibt auch der Verlust, wenn der Prozess verloren wird.

Friedrich ist angetan. Das erste Mal, seit ich dort arbeite, lobt er mich. Kletschil ist weniger erfreut. Er zetert, dass er von „seinem" Anteil so viel abgeben müsste, wo es doch ein absolut sicherer Prozess sei. Es nützt ihm nichts, er hat keine Wahl. Allerdings wird bei näherer Betrachtung auch Friedrich sich seiner Sache sicherer – oder gieriger? Er entschließt sich, das Geschäft selbst zu machen, ohne Fonds. Die „Weiss & Co. Spezialbeteiligungs-GmbH" wird gegründet. Ich werde Geschäftsführer. Es ist Dezember 1977.

Ein wie sicherer Prozess es ist, stellt sich 1979 heraus. Die Kammer für Handelssachen bei dem angerufenen Landgericht weist die Klage ab. Die Kammern für Handelssachen, auch so ein alter Zopf der viel zu komplizierten deutschen Gerichtsverfassung. Unglaublich, was sich alles für Verfahrensordnungen, Verfahrensarten, Gerichtszweige und innerhalb der Gerichtszweige verschiedene Gerichte und dort wieder für Spruchkörper tummeln. Schon in der Eingangsinstanz beim Landgericht unter anderen: der Einzelrichter, die Kammer mit drei Berufsrichtern, die Kammer mit Berufs- und Laienrichtern. So eine ist die Kammer für Handelssachen. Es war einmal gut gemeint: wirtschaftlichen Sachverstand und gesunden Menschenverstand des Praktikers für die Streitentscheidung und -beilegung heranzuziehen. Doch was kann der Bäckermeister zur Klärung einer schwierigen aktienrechtlichen Frage beitragen? So werden Verkehrsunfälle von drei Berufsrichtern entschieden, Fragen des Immobilienleasing oder der Bilanzierung im Konzern aber von Laienrichtern. Westenfelds Anwalt schlägt die übliche Beklagtentaktik ein. Er beginnt seine Sachverhaltsdarstellung bei Adam und Eva, eröffnet Nebenkriegsschauplätze und verfasst hundertseitige Eingaben. So soll das Gericht Lust und Übersicht verlieren. Die Gerichtsakte wächst auf 10 Leitzordner an. Zu guter Letzt hat Westenfelds Anwalt bei Gericht das Rechtsgutachten eines Professors eingereicht. Es kommt – wie auch anders? – zu dem Ergebnis, alle etwaigen Ansprüche seien verjährt. Ein bequemer Ausstieg: wenn das Landgericht die Ansprüche für verjährt ansieht, muss es sich mit allen übrigen Rechts- und Tatfragen nicht mehr beschäftigen. So finden sich ganze Passagen des Gutachtens wörtlich im Urteil wieder. Sein Gewissen kann das Landgericht damit beruhigen, dass die unterlegene Partei sowieso in Berufung geht, egal, wie das Urteil ausfällt.

Ich bin ziemlich kleinlaut, als ich Herrn Friedrich die Nachricht überbringe. Ich sage, dass ich ja nun die Konsequenzen ziehen und Kneipier werden muss. Friedrich lächelt dünn und ungerührt. „Sie glauben doch nicht, dass Sie mir so leicht davon kommen. Auch als Kneipier brauchen Sie Steherqualitäten, und die lernen Sie jetzt. Man rechnet die Dinge bis zu Ende durch und gibt nicht nach den ersten Metern auf." Wir gehen in Berufung.

Der Prozess zieht sich hin. Es wird 1982. Ich bin inzwischen verheiratet, Susanne ist geboren. Die Rechtsabteilung der Bank besteht jetzt aus einem anderen Juristen. Ich bin Geschäftsführer mehrerer Tochtergesellschaften von Weiss & Co., in die Friedrich deren Sondergeschäfte ausgelagert hat.

Auch Kletschil sitzt mittlerweile in Untersuchungshaft, wegen des Verdachts der Steuerhinterziehung. Friedrich wiederum braucht den Prozessgewinn dringend. Weiss & Co. hat expandiert. Die Bilanzsumme hat sich in den letzten Jahren verfünffacht. Das Bundesaufsichtsamt für das Kreditwesen hat nach einigen spektakulären Pleiten die Kapitalanforderungen für kleine Privatbanken verschärft. Es verlangt eine Kapitalerhöhung bei Weiss & Co. Eine solche kann Friedrich nur aus diesem Prozess aufbringen. Ohne die Millionen, die er sich erhofft, müsste er sich und seine Bank unter die Fittiche einer Großbank begeben – ein für ihn unerträglicher Gedanke.

Im Sommer 1982 entscheidet das Oberlandesgericht.

PANAMA

Das Oberlandesgericht hebt die klagabweisende Entscheidung des Landgerichts auf und spricht uns den eingeklagten Teilbetrag von 5 Millionen DM und Zinsen zu.

Westenfeld und sein Anwalt, vorher beinhart und zugeknöpft, werden plötzlich gesprächig. Sie könnten zwar gegen das Urteil Revision beim Bundesgerichtshof einlegen. Doch das ist für sie zweischneidig. Denn wir haben ja nur einen Teil eingeklagt. Bestätigt der Bundesgerichtshof das Urteil, so folgt unsere zweite Klage auf dem Fuß. Mit dieser würden wir auch die Forderungen geltend machen, die die bisher eingeklagten 5 Millionen übersteigen. Je nach dem, wie hoch wir rangehen, könnte es Westenfeld passieren, dass er dann ein Mehrfaches der zugesprochenen 5 Millionen zahlen muss – 10, 20 oder gar 100 Millionen DM. Die Schweizer Bank will sich vergleichen. Sie hat wohl von Anfang an Westenfelds Pläne gekannt und jetzt wird ihr der Boden zu heiß. Sie will die Affäre vom Hals haben.

Wir haben uns bereits auf eine Zahlung von 20 Millionen DM geeinigt, um alle Ansprüche – auch die noch nicht eingeklagten – endgültig aus der Welt zu schaffen, als der Ärger losgeht. Kletschil will sich mit seinem Anteil an den 20 Millionen nicht begnügen. Er erhebt über seinen Anwalt aus seiner Gefängniszelle heraus Forderungen, die jeden Vergleich verhindern würden. Die Forderungen hat er an eine panamesische Briefkastenfirma abgetreten. Diese gehört offensichtlich ihm selbst. Beweisen können wir es ihm nicht. Direktor der panamesischen Gesellschaft ist ein in Paris lebender Franzose mit dem beziehungsreichen Namen d'Argent.

Westenfelds Anwalt ist eine grauhaarige, großgewachsene Eminenz aus einer der angesehensten deutschen Kanzleien. Ein harter, aber höflicher und verlässlicher Verhandlungspartner, ein Mann von scharfer Zunge und Humor. Als ich ihn kennen lerne, bin ich noch ledig und erwähne es beiläufig. „Aha", sagt er, „Sie speisen à la carte".

Ich fliege tagelang zwischen Hamburg, München und Frankfurt hin und her, um zwischen den Parteien zu vermitteln. Schließlich haben wir es – fast – geschafft: ein von allen unterzeichnetes Vertragswerk, 50 Seiten stark, das nächtelang verhandelt und immer wieder verändert worden ist. Inzwischen gibt es die ersten Textautomaten, aber sie schleichen im Schneckentempo von 7 Zeichen pro Sekunde über das Papier. Friedrichs Sekretärin schreibt schneller, aber sie arbeitet nicht nachts um zwei. Einen neu verhandelten Entwurf von 10 Seiten Länge auszudrucken, dauert eine Stunde. Ihn mit dem Fernschreiber zu übermitteln, noch länger. Faxe sind Zukunftsmusik.

Der unterzeichnete Vertrag sieht unter anderem vor, dass die Vergleichssumme von 20 Millionen DM spätestens am Freitag, dem 10. September 1982, 24 Uhr zu begleichen ist. Wenn nicht, ist der Vergleich geplatzt. Kletschil und sein Hintermann Schrader haben sich so kurze Fristen ausbedungen. Sie fürchten, die Gelder könnten gesperrt, gepfändet oder durch Einstweilige Verfügungen blockiert werden. Aus diesem Grund muss die Vergleichssumme auch bar gezahlt werden. Keine Bankbürgschaften, keine Überweisungen, keine Schecks! 20 Millionen in Scheinen.

Die Schweizer Bank wiederum hat auf einer anderen Klausel bestanden. Jeder der jemals an dem Verfahren Beteiligten, einschließlich Weiß & Co. und aller ihrer Tochtergesellschaften, Herr Friedrich und ich persönlich, Schrader und Kletschil und seine panamesische Briefkastenfirma sowie deren Direktor, müssen für alle Zeit und auf alle Ansprüche verzichten, die in Zusammenhang mit den Vorgängen stehen, und sei der auch noch so an den Haaren herbeigezogen. Alle

Verzichte müssen im Original vorliegen. Alle Vertretungsbefugnisse müssen durch beglaubigte Handelsregisterauszüge nachgewiesen werden. Auch die von d'Argent für die Firma aus Panama. Wir sollen durch notarielle und öffentliche Urkunden belegen, dass sie ins Handelsregister eingetragen und dass er alleinvertretungsberechtigt ist. Auch diese Urkunden müssen am Freitag, dem 10. September im Original vorhanden sein. Ohne Dokumente keine Zahlung, ohne Zahlung kein Vergleich.

Als wir die Einigung erreicht haben und alle Unterschriften darunter stehen, ist es Sonntagabend. Noch am Wochenende haben wir auf Kletschils Frau einreden müssen. Sie hat ihn in der U-Haft besucht und ihn beschworen, den Vergleich nicht scheitern zu lassen. Aber noch kann er scheitern. Dann nämlich, wenn am Freitag nicht alle Unterlagen beieinander sind. Danach wird es keinen Vergleich mehr geben. Kletschil bereut es zugestimmt zu haben, kaum dass die Tinte aus seinem Füller trocken ist. Wahrscheinlich beschimpft er uns in seiner Zelle als zwölffach geschlitzte Hundsfotts. Jedenfalls lässt er uns mitteilen, eine weitere Unterschrift würden wir nicht mehr von ihm bekommen. Für nichts und unter keinen Umständen.

Als Schwierigstes stellt sich heraus, den Vertretungsnachweis für d'Argent zu beschaffen. Nach dem Wortlaut des Vergleiches muss das Panamesische Handelsregister einen Registerauszug anfertigen. Der ist von einem panamesischen Notar zu beglaubigen, und dessen Beglaubigung bedarf der Apostille des Landgerichts von Panama City, für die dessen Präsident zuständig ist. Die Unterschrift des Landgerichtspräsidenten muss vom Panamesischen Justizministerium überbeglaubigt werden, die durch das Panamesische Außenministerium, und dessen Unterschrift durch die Deutsche Botschaft in Panama.

Erst gegen 16 Uhr deutscher Zeit am Montag erreiche ich einen Anwalt in Panama und schildere ihm mein Problem. Er erklärt mir zunächst, ein solches Verfahren würde Wochen dauern. Als er die

Summe hört, die auf dem Spiel steht, wird er plötzlich zuversichtlicher. Er meint, es sei sicherer, wenn ich einen Kurier schicken würde, der die Unterlagen abholt. Ich sage ihm, ich würde selber kommen.

Am Mittwochabend fliege ich los. Einem diffusen Instinkt folgend, lasse ich mir vor der Reise 15.000 US\$ in bar auszahlen und stecke sie ein. Der KLM-Flug nach Panama City geht über Amsterdam, mit Zwischenlandungen in Trinidad und Tobago. Alle anderen Verbindungen sind ausgebucht. Das Zeitfenster ist furchterregend eng. Freitag Mitternacht ist keine 60 Stunden mehr entfernt. Planmäßige Ankunft in Panama ist um 7 Uhr morgens. Der Rückflug geht um 12:30. Es ist die letzte Linienmaschine überhaupt, die Panama City an diesem Tag in Richtung Europa, Nord- oder Südamerika verlässt. Als ich aus dem Flughafengebäude trete, beginnt es zu gießen, als hätten in den Himmeln ferne Panamakanäle ihre Schleusen geöffnet. Sekunden nur, und in den Straßen sprudelt knietief eine rotbraune Masse zu Tal. An eine Taxifahrt ist nicht zu denken. Es ist 11 Uhr, als sich der Regen verläuft. Die Stadt dampft. Gegen 12 Uhr betrete ich die Anwaltskanzlei.

Als erstes telefoniere ich mit KLM. Ich erfahre, dass der Rückflug sich um ca. 2 Stunden verspätet. Entwarnung? Sie währt nur so lange, bis ich ins Anwaltszimmer gebeten werde. Der Anwalt begrüßt mich überschwänglich. Er drückt mir gleich ein Buch in die Hand, das er selbst verfasst hat – eine Beschreibung seiner Europareise vor dreißig Jahren. Seither ist er nicht mehr dort gewesen. Er freut sich ehrlich. Er hat ein Hotelzimmer für mich gebucht. Heute, am Donnerstag, hat seine Tochter sich einen Tag freigenommen, um mir den Panamakanal zu zeigen. Für Sonntag laden er und seine Frau mich zum Essen ein. Am Montag könne ich dann sicher das ersehnte Dokument mit nach Hause nehmen.

Die Straßen sind wieder trocken, die Pfützen draußen verdunstet. Panama City glüht in der Sonne, aber ich spüre, wie mir die

Kälte unter die Stirn kriecht. Der Anwalt hat noch nicht einmal angefangen, den Vertretungsnachweis zu beschaffen. 20 Millionen, eine ganze Bank werden den Bach runtergehen, weil ich nicht in der Lage war, ein läppisches Dokument mit Stempeln und Unterschriften darunter rechtzeitig zu besorgen?! Was jetzt? Erneut versuche ich, ihm meine Lage verständlich zu machen. Es ist nicht einfach, denn ich kann kaum Spanisch und sein Englisch ist eingerostet. Irgendwann scheint er zu begreifen, dass ich das Papier nicht Montag brauche, oder „mañana". Sondern morgen. In Hamburg. Und dass ich dort noch hinkommen muss. Und dass ich mir weder von seiner Tochter den Panamakanal zeigen lassen kann noch seiner Einladung zum Abendessen auf seine sicher wunderschöne Hacienda folgen.

Resignierend über soviel deutsche Beflissen- und Terminsversessenheit sagt er schließlich, dann solle ich mich um meinen Flug kümmern, er würde das Dokument und die vielen Unterschriften schon besorgen. Auf meine Frage, wie er das in der Zeit hinkriegen wollte, gibt er „Trust me, trust me" zur Antwort. Da er immerhin kein Geld im Voraus haben will, tue ich es. Etwas anderes bleibt mir ohnehin nicht übrig. Unmöglich kann ich auf eigene Faust die Unterschriften und Beglaubigungen in wenigen Stunden besorgen.

Den Rückflug zu organisieren erscheint schwierig genug. Inzwischen ist Siesta. Läden und Reisebüros sind geschlossen. Ich gehe in das Hotel, das der Anwalt mir reserviert hat, und telefoniere. In Deutschland ist Feierabend. Die Lufthansa in New York, die ich anrufe, bestätigt mir, dass es keinen regulären Flieger mehr aus Panama an diesem Tag gibt. Lufthansa fliegt um neun Uhr abends von Atlanta nach Frankfurt. Um die gleiche Zeit geht eine Alitalia-Maschine von Caracas nach Mailand. Damit hätte ich vielleicht die Chance, noch am Freitagabend in Hamburg zu sein.

Aber wie nach Caracas oder Atlanta kommen? Atlanta ist 3000, Caracas 1500 km entfernt. Ein Anruf bei Westenfelds Anwalt macht jede Hoffnung auf einen Aufschub zur Illusion. Er sagt mir sogar, die Frist würde schon Freitagnachmittag, 16:00 Uhr enden. Wegen der automatischen Tresore und Alarmsysteme gebe es keinerlei Möglichkeit für ihn, das Geld noch später in der Zentralkasse der Dresdner Bank in Hamburg abzuholen. Auf meine Frage, ob er das Geld nicht vorsorglich abholen könne, auch wenn ich noch nicht zurück sei, antwortet er, das werde er nicht tun. Er werde doch bei einem Scheitern des Vergleichs nicht ein Wochenende lang mit 20 Millionen DM in bar in der Tasche herumlaufen. Er empfiehlt mir, ein Flugzeug zu chartern. Ich rufe Friedrich an, der mich nur anranzt: „Es ist mir egal, wie Sie das Scheißding beschaffen, aber beschaffen Sie es".

Die Augen der sehr jungen Frau hinter dem Tresen des kleinen Reisebüros sind tiefbraun, ihr pechschwarzes gelocktes Haar fällt auf die dunkelhäutigen Schultern. Sie lächelt mich an, was ihre Schönheit und meine Befangenheit noch vergrößert... Wohl etwas wirr schildere ich ihr meine Lage, nachdem ich meine Sprache wieder gefunden habe. Ich frage sie, ob sie ein Flugcharterunternehmen kennt. Sie meint in tadellosem Englisch, wenn überhaupt, gebe es in Panama kleine Propellerflugzeuge, mit denen ich nie und nimmer nach Caracas oder gar Atlanta kommen würde. Ich bitte sie, sich dennoch zu erkundigen. Sie telefoniert herum, ohne Ergebnis.

Die Anspannung, unter der ich stehe, überträgt sich auf das ganze Reisebüro. Nicht lange, und alle reden durcheinander, ohne dass ich ein Wort verstehe. Plötzlich fällt einer Mitarbeiterin etwas ein: der Verlobte ihrer Schwester arbeitet als Pilot. Sie versucht dort anzurufen, aber niemand meldet sich. Sie kichert, wahrscheinlich liegen die beiden im Bett. Ich greife nach dem Strohhalm und schlage vor, dass wir hinfahren. Der Manager gestattet es erstaunlicherweise. Zu dritt setzen wir uns in ein verbeultes Taxi, einen uralten amerikanischen Schlitten, dessen Klimaanlage kaputt ist, und fahren, so scheint es mir jedenfalls, ans andere Ende der Stadt. In meinem Kopf hämmert es, als wolle er platzen. 20 Millionen DM, die Zukunft eines Unternehmens hängen von der lächerlichen Frage ab, ob wir den Freund der Schwester einer namenlosen Reisebüroangestellten in Panama an einem Donnerstagnachmittag im Bett antreffen. Und auch das nur vielleicht, denn woher weiß ich, was für ein Bruchpilot das ist, und mit was für einer fliegenden Kiste. Den jungen Mädchen neben mir fällt meine düstere Stimmung nicht auf. Der Ausflug ist eine willkommene Abwechslung, sie sind lustig und ausgelassen und fragen mich aus: ob ich verheiratet bin, ob ich Geschwister habe, ob ich gerne tanze. Je nachdem, ob das Taxi eine Rechts- oder Linkskurve macht, spüre ich den jungen Körper des einen oder des anderen Mädchens und die kühle Haut unter ihren dünnen Sommerkleidern. Ich ertappe mich bei Gedankenspielen über ein Scheitern meiner Mission. In meiner Brusttasche knistern die Tausend-Dollar-Scheine. Alles hinter mir lassen..., heute Abend mit den Mädchen ausgehen... mich als Kneipier in Panama durchschlagen... oder Pilot werden, gefährliche Missionen mit dem Wasserflugzeug, die Nachmittage mit einer glutäugigen Schönheit im Bett verbringen und auf den Auftrag eines bleichgesichtigen, beflissenen Gringos warten, der ein lächerliches Stück Papier rechtzeitig nach Deutschland bringen muss...

Das Taxi hält vor einem kleinen Haus, von dessen Dach sich leuchtend die Bougainvilleae herabranken. Wir gehen hinein. Im Flur kommt uns ein Mann Ende Zwanzig entgegen, unrasiert und mit unverkennbarer Neigung zum Fettansatz. An einem Haken hängt eine Pilotenjacke. Stolz wie ein Grande erzählt er uns, dass er den einzigen Learjet in Panama fliegt. Der Jet ist verfügbar und einsatzbereit. Atlanta ist nicht zu schaffen. Wenn überhaupt, dann Caracas. Der Flug dauert, je nach Wind, mehr oder weniger 2 Stunden. Er kostet 10.000 US$; bei Flugantritt bar zu bezahlen. Ich bitte den Piloten um eine Stunde Bedenkzeit; dann fahren wir mit dem Taxi zum Reisebüro zurück.

Wieder zum Anwalt. Ich berichte ihm, dass ich spätestens um 19 Uhr von dem stadtnahen Militärflugplatz losfliegen muss, wo der Learjet stationiert ist. Kein Problem, meint er. Sein Mitarbeiter ist unterwegs, das Dokument wird gleich hier sein. Ich soll den Charterflug buchen. Mir bleibt nichts übrig, als ihm zu vertrauen. Wenn er mich anschwindelt, ist sowieso alles egal....

Ich klingele meine Sekretärin aus dem Bett. Sie soll dafür sorgen, dass ich morgen Mittag von Mailand nach Hamburg komme. Zur Not auch mit einem Learjet.

Dann das untätige bange Sitzen im Wartezimmer, während der Uhrzeiger erbarmungslos weiterrückt: 6 Uhr, viertel nach sechs, halb sieben… Plötzlich stürzt ein junger Mann herein und geht ohne anzuklopfen in das Zimmer des Anwaltes. Ich höre eine lautstarke Diskussion auf Spanisch, dann werde ich hereingebeten. Auf dem Schreibtisch liegt ein mit Stempeln und Siegeln zugekleistertes Dokument, doch der Anwalt macht ein trauriges Gesicht. Zu seinem großen Bedauern, so sagt er mir, sei etwas schief gegangen. *Eine* Unterschrift hätte man nicht bekommen können: die Unterschrift der deutschen Botschaft – die einzige Stelle, die nicht bereit gewesen ist, eine Ausnahme zu machen.

In Deutschland ist Mitternacht. Westenfelds Anwalt hat mir seine Privatnummer gegeben. Er zollt mir seine Hochachtung, dass ich überhaupt so weit gekommen bin. Großzügig verzichtet er namens seiner Mandanten auf die Unterschrift des Botschafters.

Kurz nach sieben lassen die zwei Piloten die Triebwerke des Learjet an. Steil schießt er mit seinem einzigem Passagier und dessen wertvoller Fracht in den dunkel werdenden Abendhimmel. Wird die Zeit reichen? Tief unterhalb unserer Flughöhe von 48.000 Fuß zerfetzen die Blitze eines Tropengewitters die Nacht über dem kolumbianischen Dschungel. Es sind nur noch wenige Minuten vor 21 Uhr, als die Lichter von Caracas in der Ferne auftauchen. Der Pilot bekommt

Sprechfunkkontakt mit dem Tower. Er dreht sich mit einer aufmunternden Geste zu mir um und sagt: „Alitalia must wait for you". Auf meinen fragenden Gesichtsausdruck hin fügt er grinsend hinzu: „Tower operator my cousin." In einer verwegenen Kurve stößt er auf den Flughafen hinunter. Wir kommen neben der Linienmaschine zu stehen. Dort wird die Gangway noch einmal herangefahren, die Bordtür geöffnet. Ich fühle mich wie James Bond.

Um 15:45 am nächsten Tag stehe ich in der Zentralkasse der Dresdner Bank am Gänsemarkt. Tausendmarkscheine rasen durch die Geldzählmaschine und werden zu zwanzig handlichen Briketts gebündelt. Ein bestellter Geldtransporter bringt die Stahlkassetten mit den Briketts in das wenige hundert Meter entfernte Büro von Weiss & Co. Westenfelds Anwalt und ich gehen zu Fuß. Dort warten schon Friedrich, d'Argent, Kletschils Anwalt und die Frau von Bruno Schrader. Die restlichen Formalitäten gehen ohne Schwierigkeiten über die Bühne. Zwanzig Millionen DM in bar wechseln die Besitzer. Zu denen, die etwas bekommen, gehört auch Schrader, der sich seine Unterschrift unter den Verzicht auf alle zukünftigen Ansprüche natürlich vergolden lässt. Da er im Gefängnis sitzt, nimmt seine Frau das Geld entgegen. Sie hat den Charme einer Pfandleiherin aus einem russischen Roman. Ich habe nie wieder jemanden so gierig Geldscheine durchblättern sehen.

Weiss & Co. hat es am Ende nicht gerettet. Im Dezember 1982 werde ich stutzig, als Friedrich beginnt, erste Klasse zu fliegen. Früher hat er über First-Flieger stets bissige Sottisen gemacht. Erst später kann ich mir einen Reim darauf machen. Ab diesem Zeitpunkt ist es nicht mehr sein Geld, das er verfliegt, sondern das seiner Gläubiger. Die Bank wird im Februar 1983 vom Bundesaufsichtsamt geschlossen und muss Konkurs anmelden.

Mit dem Bankgeschäft Weiss & Co. verschwindet die Mutter der Prozessfinanzierung. Die Söhne sind gefragt. Und Panama ist nur ein Gleichnis für die Abenteuer, die mich noch erwarten...

MAGDEBURG

1990 fahre ich über die offene Grenze in die DDR. Es ist viel passiert, in der Welt, in Deutschland und bei mir. Wir haben drei Kinder. Ich habe mich nach der Schließung von Weiss & Co. mit einer Immobilienfirma in Hamburg selbständig gemacht und in der Boomphase ziemlich viel Geld verdient. Ich habe mich 1987 im Filmgeschäft versucht, einen Spielfilm mit Uwe Ochsenknecht in der Hauptrolle produziert und damit ziemlich viel Geld versenkt.

Eine Kette von Zufällen führt mich nach Burg bei Magdeburg, Geburtsort von Clausewitz und von zweien meiner Ururgroßväter. In der DDR zerfallen die staatlichen und wirtschaftlichen Strukturen mit einer Geschwindigkeit, die alle überrascht. Bald herrscht Wildost. Bei der ersten Fahrt in die heruntergekommene Altstadt fällt mir die bröckelnde Fassade einer verschnörkelten Gründerzeitvilla auf. Ich ahne nicht, dass ich nur wenige Tage später mit ihr zu tun bekommen werde. Sie gehört zu einem weitläufigen, dahinter liegenden Fabrikgelände, auf dem einst die *„Tuchfabriken Schaap AG"* Mantelstoffe hergestellt hat. Sie wurde, weil die Aktionäre Franzosen waren, nach dem Krieg nicht enteignet, sondern unter staatliche Verwaltung gestellt. Auf die ausländischen Anteilseigner lief das wirtschaftlich auf das gleiche hinaus – bis zur Wende. Nach der Wende ist die Schaap AG unverzüglich und ohne kompliziertes Restitutionsverfahren an die ausländischen Eigentümer zurückzugeben. Allerdings nur auf Antrag des Berechtigten. Solange der Antrag nicht gestellt ist, ist der Staatliche Verwalter zuständig. Dieser ist Angestellter des Kombinats, das das Gelände bis vor kurzem genutzt hat. Bisher hatte er nur die Direktiven der Kombinatsleitung zu befolgen. Die gibt es nun nicht mehr. Der geschäftlich unerfahrene Mann ist auf sich gestellt und mit der neuen Verantwortung überfordert. Das ca. 18.000 qm große Fabrikgrundstück liegt mitten in der Stadt. Teile der Anlagen sind vermietet. Weitere Mieter stehen vor der Tür, obwohl alles verrottet ist, wie eben die DDR überhaupt. Niemand weiß, wer die Aktionäre sind. Das lässt mich aufhorchen. Ich mache einen alten Prokuristen ausfindig, der sich an einen Namen – Sitier – erinnert und an den Ort Colmar – mehr nicht.

Die Züge von Magdeburg und Burg nach Berlin fahren noch immer in einer großen Schleife um Westberlin herum. Der Zug braucht für die 150 km bis Berlin Friedrichstraße vier Stunden. Dort finde ich in einem Hinterhof in der Nähe der Charité das sogenannte Amt für den Rechtsschutz des ausländischen Vermögens in der DDR. Das Amt ist, wie alles, in Auflösung begriffen. Niemand fragt mich nach irgendeiner Legitimation für mein Ansinnen, in die Akte über die Schaap AG Einsicht zu nehmen. Die Akte ist dünn und unergiebig – verblichene Durchschläge alter Schreiben der sowjetischen Militäradministration in Karlshorst, Briefwechsel zwischen dem Amt und der Firma selbst. Immerhin, der Hinweis auf eine Fa. Sitier bestätigt sich. Ich erfahre, dass die Aktien an das Bankhaus Kleinwort & Co. in London verpfändet waren. Ich setze mich mit Kleinwort per Fax und telefonisch in Verbindung. Nach erstaunlich kurzer Zeit bekomme ich Antwort. Aus der einzigen Unterlage, die dort noch zu finden ist, geht hervor, dass die Aktien in den fünfziger Jahren aus der Pfandhaft entlassen worden sind. Kleinwort hat keine Ansprüche mehr. Es gibt noch kein Google, in dem ich nach dem Stichwort „Sitier" hätte suchen können. Bei der Telefonauskunft für Frankreich gibt es keinen Eintrag, der mir weiterhilft. Ich setze mich aufs Geratewohl ins Flugzeug und fliege nach Stuttgart, von dort fahre ich mit dem Mietwagen weiter nach Colmar.

Auf der Einfallstraße nach Colmar steht linker Hand ein großer alter Fabrikkomplex, auf dem Dach in großer Neonschrift die Lettern „Lasberg S.A.". Wieso schaue ich ausgerechnet in dieser Sekunde dorthin? Ein Fußgänger, der sich anschickt, die Straße zu überqueren, ein paar schöne Beine auf dem Bürgersteig hätten meine Blicke abgelenkt... Hinter den Leuchtbuchstaben, aber nur wenn man genau hinsieht, ist noch etwas zu erkennen: große verrostete Lettern mit dem Schriftzug „Sitier". Ich bremse abrupt und biege links ab. Beim Pförtner bitte ich mit den Resten meines nie praktizierten Schulfranzösisch, mir irgendjemanden zu nennen, der etwas zu sagen hat. Ich werde durch gebohnerte Flure zu einem altmodischen Kontor geführt und spreche mit einem älteren Prokuristen, der erstaunlich gut Bescheid weiß: Lasberg gehört nicht mehr den ursprünglichen Besitzern. Die alte Firma Lasberg sei zwar aus einer Fusion zwischen der Fa. Lasberg und der Firma Sitier hervorgegangen, aber in Konkurs gefallen und danach mit einer Firma Soultzwiler S.A. in Soultzwiler, nicht weit von Colmar, verschmolzen worden. Sämtliche Rechte müssen bei Soultzwiler liegen. Er nennt mir die Adresse und ruft sogar für mich dort an. Ich kann gleich hinfahren. Eine Stunde später sitze ich in einer alten Villa im Park am Rande von Soultzwiler, eher ein Dorf als eine Kleinstadt, und warte auf den Direktor. Der, ein Monsieur Lachmann, sieht liebenswürdig und nachsichtig über mein Französisch hinweg und teilt mir mit, zu seinem größten Bedauern hätte er nichts mit der Sache zu tun. In Colmar hätte man mir etwas Falsches gesagt. Der Vermögensbestand, zu dem auch die Schaap AG gehörte, sei bei der Familie Lasberg geblieben. Der noch lebende Nachfahr dieser Familie, Frank Lasberg, wohne seines Wissens in London. Die Adresse habe er allerdings nicht, aber diejenige der früheren Sekretärin von Lasberg in Colmar. Ich versuche, über die Auskunft die Anschrift und die Nummer von Lasberg herauszubekommen. Den Teilnehmer gibt es, die Daten sind aber gesperrt. Also zu der alten Sekretärin. Diese kann mir die Anschrift von Lasberg in London nennen, aber nicht die Telefonnummer.

Ich kenne jemanden in London, der mir noch einen Gefallen schuldet. 1976 hat er meinen VW-Käfer ausgeliehen und nicht nur den Tank, sondern auch den Reservekanister leergefahren, so dass ich am nächsten Tag mitten in der Lüneburger Heide stehen blieb und zwei Stunden zu spät zu einer Examensklausur kam. Mit dem gleichen britischen Charme, mit dem er damals meinen Unmutsäußerungen begegnet ist, muss mein Bekannter bei den Nachbarn oder dem Gärtner des Herrn Lasberg vorgegangen sein. Er weiß alles: die Herrschaften sind gestern nach Grasse abgereist. Sogar die Adresse und die Telefonnummer kann er mir sagen. Ich fahre von Colmar weiter nach Cannes und Grasse. Vor dem grün umwucherten Anwesen steht ein Rolls-Royce. Herr Lasberg ist um die siebzig, groß, athletisch, gutaussehend. Trotz seiner Freundlichkeit wirkt er reserviert. Sind es die verständlichen Vorbehalte des Angehörigen einer jüdischen Familie gegenüber einem Deutschen, ist es seine britische Art oder mein überraschendes Auftreten und Anliegen? Dennoch hört er mir aufmerksam zu. Am Schluss sagt er, er würde mir gerne bestätigen, dass er der Eigentümer der Schaap AG sei. Er hätte sogar Lust, auf seine alten Tage noch einmal den Unternehmer zu spielen. Aber aus den und jenen Gründen, die mir sehr plausibel erscheinen, sei doch die Firma Soultzwiler Aktionärin. Nach einem höflichen Smalltalk verabschiede ich mich. Erneut suche ich M. Lachmann auf. Der lächelt milde. Eigentlich ist ihm die Sache lästig. Er wisse nicht, ob all das sich überhaupt als richtig herausstellen wird, was die ganzen Dinge in der DDR wert seien, ob vielleicht Belastungen darauf liegen und auf die Soultzwiler S.A. womöglich enorme Kosten zukommen. In meinem Kopf arbeitet es. Dann schlage ich ihm kurz entschlossen vor, dass die Soultzwiler S.A. mir ihre sämtlichen Rechte an den und auf die Aktien der Schaap AG gegen eine Zahlung von 10.000 DM abtritt und ich sodann alleiniger Rechteinhaber bin.

Monsieur Lachmann ist einverstanden. Ich solle einen Vertragsentwurf machen und ihm dalassen. Dann solle ich morgen um 10 Uhr wiederkommen. Ich schreibe den Entwurf. Eine zweisprachige Sekretärin übersetzt ihn. Am nächsten Vormittag ist ein deutscher Anwalt aus Offenburg bei ihm. Die Verständigung ist nun einfacher, weil der Anwalt übersetzt. Allerdings befürchte ich, dass der – wie viele Anwälte – alles nur kompliziert machen und den Vertragsabschluss erschweren und verzögern wird. Die Sorge stellt sich als unbegründet heraus. Der Anwalt muss zu einem Termin und hat wenig Zeit. M. Lachmann eröffnet mir, er hätte es sich noch einmal überlegt und sei zu folgendem Ergebnis gekommen: er wisse ja nicht, wie viel die Aktien wert seien. Seien sie nichts wert, so wären 10.000 DM zu viel; seien sie allerdings etwas wert, so könnten 10.000 DM zu wenig sein. Darum macht er mir einen anderen Vorschlag: Er verkauft mir 1/3 der Aktien, und zwar für eine Mark. Er hofft, dass ich mich dann aus eigenem Interesse um die Realisierung der Werte kümmere, ohne dass der Soultzwiler S.A. Kosten entstehen. Die anderen 2/3 will Soultzwiler behalten und, wenn ich erfolgreich bin, davon profitieren.

Die Mark wechselt den Besitzer. Wenige Tage danach sitze ich im vergammelten Magdeburger Kreisgericht am Domplatz. Die Richterin zögert. In den letzten Tagen der DDR gilt formell das Aktiengesetz in seiner Fassung von 1937. Sie hat natürlich noch nie damit zu tun gehabt. Doch dann springt sie über ihren Schatten und unterschreibt das Dokument, das mich zum ersten Mal zum Vorstand einer Aktiengesellschaft macht. Meine Beteiligung kann ich – nachdem viele Schwierigkeiten zu überwinden waren – zehn Jahre später verkaufen. Den Kaufpreis investiere ich in Foris-Aktien…

Am 19. Juli 1991 werde ich beim Bezirksgericht Magdeburg vereidigt und bekomme meine Zulassungsurkunde ausgehändigt. Vierzehn Jahre nach meinem zweiten juristischen Staatsexamen bin ich zum ersten Mal Rechtsanwalt. Es ist ein denkwürdiges Datum. Denn am gleichen Tag erreicht mich die Nachricht, dass in einem Prozess, der zehn Jahre gedauert hat, die Revision des Gegners nicht zugelassen worden ist. Das Urteil ist rechtskräftig. Den Prozess habe ich finanziert, diesmal persönlich. Es ist ein Verfahren, das ich noch unter der Ägide von Weiss & Co. begonnen habe. Der Konkursverwalter von Weiss & Co. will es nicht weiterführen, es ist ihm zu undurchsichtig. Ich aber halte es für so aussichtsreich, dass ich ihm den Handel vorschlage. Es geht gegen eine Kreissparkasse und gegen einen in seiner Stadt wohlgelittenen Lokalpolitiker. Er hat unter Umgehung seines Kompagnons Gelder auf sein Konto bei der Sparkasse geleitet. Gegen die Sparkasse verlieren wir in vier Instanzen. Das Bundesverfassungsgericht nimmt meine Beschwerde gegen die Entscheidung zwar an (dieses Stadium erreichen nur rund 1 % aller Verfassungsbeschwerden), weist sie dann aber doch zurück. Dann gegen den Lokalpolitiker. Wir verlieren vor dem Landgericht Stuttgart, gewinnen vor dem Oberlandesgericht. Der Bundesgerichtshof hebt die Entscheidung auf und verweist das Verfahren zurück. Das Oberlandesgericht muss Beweis erheben. Der entscheidende Zeuge ist inzwischen verstorben – behauptet jedenfalls der Gegner. Das kommt mir faul vor. Ich suche den Zeugen in der Schweiz und finde ihn, einen unsympathischen Herrn in seinen Achtzigern. Er hat keine Lust, nach Deutschland zu kommen. Eine Vernehmung in der Schweiz ist nur nach einem jahrelangen Rechtshilfeersuchen möglich – dann ist es wahrscheinlich wirklich zu spät. Ich erzähle ihm genüsslich, dass der Gegner seine Aussage mit der Behauptung hat verhindern wollen, er sei tot. Da wird er plötzlich lebendig. Ich darf ihn ins Auto laden und zur Vernehmung fahren. Das Gericht entscheidet nach der Beweisaufnahme erneut zu unseren Gunsten. Erneut geht der Gegner in Revision. Am 19. Juli 1991 kommt die erlösende Nachricht: der Bundesgerichtshof hat die Revision nicht angenommen. Das Urteil ist rechtskräftig. Mein Anteil sind rund 300.000 DM. Damit kann ich einen Teil meiner Schulden aus dem verunglückten Filmabenteuer bezahlen, und ich kann den Kauf des Hauses finanzieren, das wir in Hamburg bewohnen. Als wir 1996 nach Berlin ziehen, verkaufe ich das Haus mit einem guten Gewinn. Kurioserweise an einen Mann, der im Jahr 2000 mit seinem Unternehmen an den Neuen Markt gehen wird. Auch dieses Geld investiere ich in die Foris…

Ich werde zum DiMiDo – zu einem der Wessis, die von Dienstag bis Donnerstag in den „Neuen Bundesländern" arbeiten und dann zu Frau und Kind nach Hause fahren. Aus Dienstag bis Donnerstag wird Montag bis Donnerstag, Montag bis Freitag und später noch mehr, als ich mich 1993 einem größeren Anwaltsbüro in Magdeburg anschließe. Dessen Ursprungsbüro ist in Braunschweig, es hat bereits 1990 in das 100 km entfernte Magdeburg expandiert und wächst schnell. Es braucht einen Gesellschaftsrechtler und wir werden uns einig.

Anwalt zu sein macht mir Spaß. Ich profitiere von dem, was ich bei Friedrich gelernt habe, von meinen Erfahrungen als erfolgreicher Immobilien- und als weniger erfolgreicher Filmunternehmer. Ich finde, ich gehe oft unkonventioneller und pragmatischer an die Probleme der Mandanten heran, als es meine Kollegen tun, die ihr Leben lang nur Anwälte gewesen sind. Ich fahre zu den Mandanten hin, anstatt sie in meine Kanzlei zu „bestellen". Ein Blick über ihr Betriebsgelände oder über ihren Schreibtisch zeigt mir oft mehr von ihren Problemen als stundenlanges Aktenstudium. Mehr sogar, als sie mir von sich aus mitgeteilt hätten. Ich suche die Gerichtsvollzieher persönlich in ihren muffigen Amtsstuben auf, statt ihnen die Vollstreckungsaufträge per Brief zu schicken. Der persönliche Kontakt wirkt Wunder. Mehr als ein Mal schaffe ich es, den Prozessgegnern die Konten zu sperren, bevor sie überhaupt wissen, dass sie zur Zahlung verurteilt sind. Ein anderes Mal lade ich einen Gerichtsvollzieher ins Taxi, wir verfolgen und stoppen im Auftrag eines Leasingunternehmens einen LKW mit Spezialaufbau im Wert von über 1 Million DM auf dem Weg nach Nimmerwiedersehen kurz vor der polnischen Grenze. Aber ich verbeiße mich auch tagelang in Akten, wenn mich die Wut über einen unverschämten Rechtsbruch motiviert.

Und ich lerne wieder. Den Umgang mit schwierigen Mandanten und Gegnern und deren Anwälten, mit Richtern und Geschäftsstellen der Gerichte, Prozessstrategie und -taktik. Scheinbar staubtrockene Rechtsprobleme aus dem Verfahrensrecht erwachen plötzlich zum Leben und lauern als tückische Gefahren im Gerichtssaal.

Vor allem lerne ich, dass die Hauptaufgabe des guten Prozessanwalts darin besteht, den Sachverhalt bis ins Detail aufzuklären, wie ein Kriminalist. Die streitentscheidenden Tatsachen kennt oft nicht einmal der Mandant. Oder er weiß nicht, dass sie wichtig sind, und erwähnt sie nicht. Es gibt sogar Mandanten, die ihren Anwalt schlicht anlügen. Dass das spätestens im Gerichtssaal auffliegt, bis dahin reicht ihre Einbildungskraft nicht. Anders als manche Kollegen werde ich schamrot im Gesicht, wenn der von mir benannte Zeuge das Gegenteil von dem bezeugt, was in meinem Schriftsatz steht. Seitdem trage ich keine Tatsachen mehr vor, von denen ich mir nicht selbst ein Bild gemacht habe. Zeugen befrage ich vorher – und zwar, wenn es Mitarbeiter des Mandanten sind, nur, wenn ihr Chef nicht zugegen ist. Wenn er daneben sitzt, erzählen sie mir, was *er* hören will. Das ist aber nicht das, was sie, vom Kammervorsitzenden und seiner Zeugenbelehrung eingeschüchtert, dann vor Gericht aussagen. Ich lerne, es meinen Mandanten streng zu verbieten, in die mündlichen Verhandlungen zu kommen, wo sie sich nur um Kopf und Kragen reden.

Ich lerne, den Mandanten vom Prozess abzuraten, wenn die Chancen nicht gut stehen. Wenn man sich aber dafür entscheidet, muss man klotzen, nicht kleckern: sofortige Klage, Einstweilige Verfügung, Arrest, Vollstreckung. Verhandeln kann man immer noch: *„Die*

Römer wussten, dass man einem Krieg nicht entgeht, sondern ihn nur zugunsten der Gegner aufschiebt… Ihnen missfiel das Wort ‚Kommt Zeit, kommt Rat', denn die Zeit jagt alles vor sich her und kann Gutes und Schlechtes mit sich führen". So steht es bei Machiavelli, im „Fürsten". Leider halte ich mich für mich selbst nicht immer an die Grundsätze, die ich meinen Mandanten predige. Daran muss ich mich in schwachen Stunden erinnern. Wie Ärzte, die selbst rauchen, fett essen und keinen Sport treiben…

Und ich lerne noch einmal, dass der Preis des Rechts für viele unbezahlbar ist. Und selbst denen, die ihn bezahlen können, bereitet die Entscheidung Albträume. Auch wenn ich eine gute Erfolgsquote habe, garantieren kann ich meinen Mandanten den Prozessgewinn nicht. 1994 erhöht der Gesetzgeber seine Preise. Er ändert das Gerichtskostengesetz. Jetzt sind die gesamten Gerichtskosten einer Instanz im Voraus zu bezahlen – eine Verdreifachung. Bei einer Klage über eine Million DM sind das rund 18.000 DM. Hinzu kommen die Anwaltskosten und die Kosten der Beweisaufnahme. Und im Fall des Prozessverlustes noch die Kosten der Gegenseite. Gewinnt der Kläger, kann der Gegner ihm die Folgeinstanz aufzwingen. Ein Prozess über 1 Million DM bedeutet ein Prozesskostenrisiko von rund 200.000 DM. Und dem Mandanten fehlt schon die Million, die er jetzt einklagen muss. Schließlich bleibt auch bei einem Prozessgewinn ungewiss, ob er das Geld jemals sehen wird. Pleiten sind an der Tagesordnung, im Osten allemal.

Es gibt doch Rechtsschutzversicherungen und Prozesskostenhilfe, höre ich immer wieder. Aber Rechtsschutzversicherungen haben längst die großen Risiken aus ihren Leistungskatalogen gestrichen. Ansprüche aus gewerblichen Vertragsbeziehungen, aus Erb- und Steuerrecht, aus Staatshaftungsrecht sind nicht mehr versicherbar. Oder der Geschädigte hat eben keine Versicherung.

Die staatliche Prozesskostenhilfe ist noch leidiger. Sie reicht dem Bedürftigen, der sein Recht sucht, ein stumpfes Schwert. Seinem

Anwalt zahlt sie einen Putzfrauenlohn, zu dem er das Mandat entweder nicht kostendeckend oder nicht ordentlich bearbeiten kann. Wenn der Prozess verloren geht, muss die Partei den gegnerischen Anwalt dennoch nach dessen vollen Gebühren bezahlen. Und die Erfahrung zeigt, dass Richter Prozesskostenhilfegesuche vor allem dann, wenn es um größere Beträge geht, wie heiße Kartoffeln behandeln: nur ganz kurz anfassen und im Zweifel sofort fallenlassen...

Häufig denke ich an unseren Erfolg bei Weiss & Co. zurück. Könnte ich dieses Geschäft nicht auf einer breiteren Basis fortsetzen? Dazu freilich brauchte ich Geld.

Ich spreche mit älteren Kollegen aus dem Braunschweiger Stammhaus meiner Kanzlei. Sie sind seit vielen Jahren im Geschäft und zum Teil sehr wohlhabend. Sie sehen den Punkt. Dennoch finden sie die Idee exotisch, schwierig, standeswidrig, das kann doch unmöglich erlaubt sein. Geld investieren? Sie haben Besseres zu tun, als sich mit den neumodischen Ideen eines fünfundvierzigjährigen Junganwaltes zu befassen.

1995 lese ich in der Neuen Juristischen Wochenschrift eine kleine Anzeige, mit der ein „dynamischer Jurastudent mit Wertpapier-Erfahrungen" Mitstreiter für eine interessante Unternehmung sucht. Er wohnt in Hamburg. Ich rufe ihn an und verabrede mich mit ihm. Es ist ein sonniger Sommertag. Ich fahre mit dem Fahrrad den grünen Tarpenbek-Wanderweg entlang nach Winterhude. Er wohnt nicht schlecht für einen Studenten. Vor dem Haus parkt ein nagelneuer schwarzer Volvo. Rainer Mühlbach, so heißt sein Besitzer, erwähnt den Namen eines bekannten Hamburger Geschäftsmanns, den er über seinen Fußballverein in der Nordheide kennen gelernt und der ihn in die Welt der Aktien eingewiesen hat. Der junge Mann hat ein glückliches Händchen gehabt. In wenigen Jahren hat er aus geliehenen 3000 DM einige hunderttausend DM gemacht. Jetzt hat er große Pläne. Was er bisher als lukratives Hobby betrieben hat, will er professionell aufziehen. In einer Aktiengesellschaft, der „Rainer Mühlbach Wertpapieranlagen AG" will er Anlegergelder sammeln und sie durch geschickte Spekulationen vermehren.

Ich bin skeptisch. Geld investieren will ich in diese Gesellschaft nicht. Wir einigen uns aber, in Kontakt zu bleiben. Einige Wochen später ruft er mich an und fragt mich, ob ich in seiner neuen AG nicht Aufsichtsrat werden will. Er hat einige interessante Gründungsmitglieder für sie geworben. Unter ihnen ist die DO Capinvest AG in Dortmund unter ihrem jungen Gründer und Vorstand Thorsten Prössling. Diese Gesellschaft handelt mit Aktien, die nicht an einer Börse notiert sind. Zum ersten Mal höre ich von einem solchen Geschäftsmodell.

In der Gründungsverhandlung beim Notar werde ich zum Vorsitzenden des Aufsichtsrats ausgeguckt.

1994 hat der Gesetzgeber das Aktienrecht entrümpelt und die AG als Rechtskleid auch für kleine Unternehmen interessant gemacht. Mein Kollege Dr. Paul Breisgauer in dem Magdeburger Anwaltsbüro, zehn Jahre jünger als ich, wird von meiner Begeisterung für die AG angesteckt. Bald machen wir Mandantenseminare, in denen wir diese Rechtsform propagieren. Danach kommen die Mandanten und wollen ihre GmbHs und GmbH & Co. KGs in AGs umwandeln lassen. Die AG kommt in Mode. Auch für eine Gesellschaft, die Prozesse finanziert?

Ich erzähle Prössling und Mühlbach von meinen Plänen. Ob sie nur das Potential sehen, mit der neuen Idee Geld einzusammeln und dabei selbst zu verdienen oder auch, erfolgreich Prozesse zu finanzieren, weiß ich nicht. Das erstere ist es auf jeden Fall. Sie meinen, ich solle mal ein Konzept machen.

Die Arbeit in Magdeburg nimmt überhand. Ich fahre meist schon Sonntagnachmittag nach Magdeburg, um am nächsten Morgen im Büro zu sein. In Magdeburg habe ich ein kleines Appartement, direkt am Dom, an dem mein Großvater bis 1955 Bischof gewesen war. Das Haus ist ein ehemaliges Heim für *„Heldinnen der Arbeit"*. Oft wird es Samstagmittag, bis ich wieder zu Hause bin. Meine Familie will keinen Helden der Arbeit, sondern mich. Ende 1995 verkaufen wir Haus und Hof in Hamburg. Wir haben kurzzeitig erwogen, nach Magdeburg zu ziehen. Aber wer Magdeburg kennt, das heutige, nicht das meiner Großväter, versteht, dass wir uns für Berlin entscheiden. Wir mieten ein Haus in Schlachtensee, 5 Minuten Fahrrad- oder Autofahrt vom Bahnhof Wannsee entfernt. So bin ich in 70 Minuten von der Wohnung im Büro oder zurück. 70 Minuten, in denen ich arbeiten, lesen, essen, mich unterhalten oder schlafen kann – Dinge, die ich ohnehin tun muss.

Im ICE zwischen Berlin und Magdeburg entsteht das Konzept für die neue Gesellschaft. Die Grundidee ist immer noch das, was ich mir vor 18 Jahren in einer um die Ohren geschlagenen Nacht ausgedacht habe, was die „Weiss & Co. Spezialbeteiligungs GmbH" dann in die Tat umgesetzt hat: Der Finanzier übernimmt das Prozessrisiko für Klagen und bekommt im Erfolgsfall die Hälfte vom Erlös. Ich schreibe einen Prospekt, ein Rechtsgutachten über die Zulässigkeit, das Muster eines Prozessfinanzierungsvertrages, eine Rentabilitäts- und Liquiditätsvorschau und das Finanzierungskonzept für das geplante Unternehmen. Heute würde man es Businessplan nennen. Ich gebe das Konvolut Paul Breisgauer zu lesen. Nach der Lektüre sagt es: „Das ist reines Dynamit".

Am 19. Juli 1996 fliege ich nach Köln. Dort treffe ich mich mit Rainer Mühlbach, Paul Breisgauer, Thorsten Prössling, Hans-Dieter Hemmel und seiner Schwester Edeltraut Hemmel. Hemmel habe ich vor einiger Zeit in Magdeburg kennen gelernt. Er ist Diplomvolkswirt, hat mit Immobilien sein Geld verdient und ist, wenn auch nicht Jurist, so doch ein sehr präziser Denker und Analytiker, ein harter Verhandlungspartner und Macher. Seine Schwester arbeitet bei der Immobilientochter einer Landesbank.

Mit diesen fünf Leuten gründe ich die Foris AG.

Ich bin später oft gefragt worden, was der Name Foris bedeutet. Nun, ich habe ihn mir am 18. Juli 1996 ausgedacht, am Tag vor der Gründung der Gesellschaft. Ursprünglich sollte die Gesellschaft „ACTIO" heißen, das lateinische Wort für „Klage". Glücklicherweise fällt mir am Tag vor dem Notartermin ein, noch einmal zu prüfen, ob der Name schon vergeben ist. Das Internet steckt noch in den Kinderschuhen, aber wir haben im Büro eine CD mit den bundesweiten Telefonnummern. Ich gebe „Actio" ein, es erscheinen über fünfzig Einträge. Der Name ist verbrannt, ich muss mir einen neuen ausdenken.

„ProFi" ist kurz und eingängig, erinnert mich aber zu sehr an Schwergewichtsboxer oder Baumärkte, „Prozessfinanzierung" ist zu lang, zu deutsch und ein Zungenbrecher, allemal für den Angelsachsen. Umgekehrt ärgere ich mich über die peinlichen Anglizismen deutscher Unternehmen in ihren Namen und Produkten. So wie die Telekom, die auch ein Gespräch von Kusterdingen nach Kirchentellinsfurt als „Germancall" bezeichnet, oder die Bahn, deren „rail and fly" kein Brite oder Amerikaner als das verstehen würde, was damit gemeint ist.

Wortkombinationen mit „Jus", „jura" oder „Lex" finde ich zu banal, aufdringlich und nahe liegend, obwohl der Name schon Assoziationen zum juristischen Vokabular hervorrufen soll. Schließlich darf er in dem geplanten oder einem verwandten Geschäftszweig noch nicht vergeben sein. Ich setze mich hin und schreibe, frei assoziierend, rund vierzig Wörter auf. Darunter ist „Foris". Von dem lateinischen Wort FORUM, also Marktplatz und auch Gerichtsort. Davon ist es der Ablativ Plural, also etwa mit „mit Hilfe der Gerichte" zu übersetzen. Diese Bezeichnung ist – jedenfalls laut Telefon-CD – nicht belegt. So kommt es zu Foris. Ich versuche später nur drei- oder viermal, anderen diese schwere Geburt zu erklären, dann wird es mir lästig. Ich sage nur noch, es ist ein Phantasiewort.

Hans-Dieter Hemmel wird Vorstand, Prössling, Edeltraut Hemmel und ich werden Aufsichtsräte, ich der Aufsichtsratsvorsitzende. Sitz der Gesellschaft wird Köln sein, das Kapital beträgt 560.000 DM. Meine Frau und ich sind zu ca. 20 % an der Gesellschaft beteiligt.

Unter allen Fehlern, die ich noch machen werde, ist dieser erste wahrscheinlich der größte. Idee und Konzept der Prozessfinanzierung sind von mir. Ich habe die Initiative ergriffen und die Leute zusammengebracht. All das lasse ich mir nicht vergüten. Natürlich hätte ich es anders machen müssen. Hätte ich die Gesellschaft zunächst allein gegründet und dann den anderen eine Kapitalerhöhung mit einem kräftigen Agio angeboten, wäre die Mehrheit bei mir geblieben. Die Gesellschaft hätte das gleiche Geld gehabt, nur sie hätte mehrheitlich mir gehört. Wie konnte ich so dumm sein?

Oder war es ganz anders? War ich damals selbst noch nicht überzeugt genug von meiner Idee, um meine Mandanten, meine Reputation in Magdeburg zurückzulassen, selbst in den Ring zu steigen und Vorstand zu werden? Und war ich froh, überhaupt einige Anleger gefunden zu haben, die für ein völlig neues Geschäft 560.000 DM hinblätterten? Ich weiß es heute nicht mehr.

MÜHSAMER START

Ein halbes Jahr braucht das Amtsgericht Köln, um die Foris AG ins Handelsregister einzutragen.

Anfang 1997 finanziert Foris ihren ersten Prozess. Es geht um ein enteignetes Grundstück in bester Lage von Magdeburg. Die Verwaltungspraxis und Rechtsprechung zur Rückgabe von enteignetem Vermögen ist kurz nach der Wende noch großzügig. Dann verhärtet sie sich. Bund, Länder und Gemeinden machen sich gemeinsam zu Hehlern des in der Nachkriegs- und DDR-Zeit geraubten und gestohlenen Vermögens. Die alten Seilschaften in den Ämtern helfen ihnen dabei. In der Kammer des Magdeburger Verwaltungsgerichts sitzen auch zwei Laienrichter. Für einen von ihnen ist es seine allererste Verhandlung. Er wird zu Beginn der Sitzung vereidigt. Er soll schwören, die Gesetze der Bundesrepublik Deutschland zu wahren. Die Eidesformel muss er wiederholen. Denn beim ersten Mal verspricht er sich und sagt „Deutsche Demokratische Rebublik" statt „Bundesrepublik Deutschland". So fällt auch das Urteil aus. Wir gehen vors Bundesverwaltungsgericht. Es hebt das Urteil auf und verweist die Sache zurück. Doch für das Ergebnis, auf das sich das Magdeburger Verwaltungsgericht einmal festgelegt hat, gibt es nur eine neue Begründung. Eine, gegen die auch das Bundesverwaltungsgericht nichts mehr macht. *Roma locuta, causa finita.* Immerhin, in vermögensrechtlichen Sachen gibt es nur zwei Instanzen. Die Gegenseite hat sich nicht anwaltlich vertreten lassen. Darum ist der Prozess nicht so teuer geworden. Die Inhaberin des Anspruchs hätte sich ihn trotzdem nicht leisten können. Wer kämpft, kann verlieren. Wer nicht kämpft, hat schon verloren.

Eine Mandantin von mir, Lieferantin von Großküchen, ist von einer Bauherrengemeinschaft um 300.000 DM Werklohn geprellt worden. Erstinstanzlich ist das Landgericht Stade zuständig, wo ich einst meine Referendarausbildung bei der Staatsanwaltschaft begonnen habe. 1997 herrscht noch der alte Zopf der „Lokalisation", von den zahllosen Zöpfen der deutschen Justiz einer der wenigen, die inzwischen geschnitten sind. Rechtsanwälte dürfen damals nur vor den Gerichten auftreten, in deren Bezirk sie ihre Kanzlei haben und „zugelassen" sind. Will also ein Norderstedter, der an Hamburgs Stadtgrenze wohnt, seinen Hamburger Nachbarn verklagen, so kann er nicht seinen Norderstedter Hausanwalt beauftragen, sondern braucht einen Anwalt in Hamburg, denn Norderstedt gehört zum Landgerichtsbezirk Kiel. In der Praxis verfasst dann der Norderstedter Anwalt die Klage und bittet einen Hamburger Anwalt, seinen Stempel und seine Unterschrift draufzusetzen. Das hieß dann „Stempelmandat". Auch bei der mündlichen Verhandlung darf der Norderstedter Anwalt das Wort führen, aber nur, wenn es ihm von seinem Kollegen zuvor erteilt wurde. Dafür wird eine Anwaltsgebühr fällig. Ein Provinzialismus aus der Postkutschenzeit, der dennoch jahrzehntelang von der Anwaltslobby verteidigt wird, mit Argumenten aus der Mottenkiste. Hätte nicht 1998 das Bundesverfassungsgericht gedroht, ihm den Garaus zu machen, gäbe es ihn heute noch. Nun, in Stade darf ich noch reden, denn der dort zugelassene Kollege erteilt mir das Wort. Wir gewinnen in erster Instanz.

Als ich aus dem Landgericht komme, sehe ich zur Rechten die „Gerichtsklause". Vor dreiundzwanzig Jahren, als Referendar bei der Staatsanwaltschaft, hatte ich mich einmal abends dort hineinverirrt. Im Gastraum saßen meine „Kunden", die das Amtsgericht auf meine staatsanwaltlichen Plädoyers hin zu Geldstrafen, Führerscheinentzug oder Freiheitsstrafen mit Bewährung verurteilt hatte, am großen runden Tisch bei Bier, Schnaps und Rum-Cola. Ein tätowierter Typ winkte mich mit den Worten „Hey Junge, du warst Klasse!" an ihren Tisch.

Dann durfte ich den mehr oder weniger schweren Jungs noch zwei Stunden kostenlosen Rechtsrat in ihren Miet-, Sozialhilfe- und Eheproblemen geben... Es ist skurril: all die Kleinkriminellen in der Kneipe damals wussten, dass sie Mist gebaut hatten und, weil sie sich haben erwischen lassen, ihre Strafe zahlen oder absitzen mussten. Darum waren sie mir auch nicht böse. Die Herren in den weißen Kragen heute, die meine Mandantin um 300.000 DM betrogen haben, sind auch noch stolz auf ihre Cleverness und spielen die beleidigte Unschuld, wenn sie auf Zahlung oder Schadensersatz verklagt werden. Die Firma meiner Mandantin wird letztlich an dem Bauvorhaben Pleite gehen, 20 Arbeitsplätze gehen verloren. Es sind nicht die Spitzen, sondern die Sockel der Eisberge, die die Schiffsrümpfe aufschlitzen...

Foris tritt in den Prozess erst in der Berufungsinstanz ein, denn die Unternehmerin kann sich die Anwaltskosten nicht mehr leisten. In Niedersachsen gibt es die „Singularzulassung", das heißt, beim Oberlandesgericht Celle dürfen nur die dort und nur dort zugelassenen Anwälte auftreten. Damals jedenfalls, denn auch dieser Zopf ist inzwischen weg, dem Bundesverfassungsgericht sei Dank. Diese Anwälte fühlen sich damals noch als Elite. Sie übernehmen keine Stempelmandate und sie erteilen auch anderen Anwälten nicht das Wort. Sie wollen den Fall allein. Das heißt, ich muss die Mandantin an einen Anwalt in Celle abgeben. Dort geht der Fall verloren. Die Entscheidung des Gerichts ist nach meinem Dafürhalten grottenfalsch. Ich empfehle, es noch beim Bundesgerichtshof zu versuchen, allen Widrigkeiten zum Trotz, die auf den „Revisionskläger" warten – so heißt der, der Revision gegen sein Urteil beim Bundesgerichtshof einlegt.

Dort sind nur rund 30 Anwälte zugelassen. Sie werden in einem undurchsichtigen Auswahlverfahren gekürt. Die meisten von ihnen wünschen ihre Mandanten niemals zu sehen, ja nicht einmal am Telefon zu sprechen. Schriftsatzfristen werden ewig verlängert, die Verfahren ziehen sich hin, ohne dass das System erkennbar wird, nach dem sie abgearbeitet werden. Nachfragen nach dem Sachstand sind und machen unbeliebt. Die meisten Revisionen scheitern schon an der Annahme. Der BGH bügelt sie mit einem formelhaften Dreizeiler ab, es kommt nicht einmal zu einer Verhandlung. Eine Erfolgsstatistik der verhandelten Revisionen gibt es nicht mehr. Sie ist vor ein paar Jahren eingestellt worden. BGH-Richter und -Anwälte haben sich in dieser trüben Suppe komfortabel eingerichtet. Viele Richter, gerade die Vorsitzenden, wohnen nicht in Karlsruhe und kommen nur an den Verhandlungstagen. Auf jeden Zivilrichter am BGH kommen im Jahr durchschnittlich 34 streitige Entscheidungen, nämlich 7 Urteile und 27 Ablehnungen. So endet auch unser Prozess. Der BGH nimmt die Revision nicht zur Entscheidung an mit der lapidaren Begründung „Die Revision hat keine grundsätzliche Bedeutung und auch sonst keine Aussicht auf Erfolg". Wie er zu dieser Einschätzung kommt, werden wir nie erfahren.

Die sogenannte Zivilprozessreform des Jahres 2000 behebt die Missstände nicht, sondern verschärft sie. Wie der Regierungsentwurf in zynischer Offenheit betont, soll das Revisionsverfahren nur noch der „Wahrung der Rechtseinheit als allgemeinem Anliegen" dienen, nicht mehr der Korrektur einer falschen und ungerechten Entscheidung.

Das wäre mit einer Klinik zu vergleichen, die den einen Patienten abweist, weil der lebensrettende Eingriff wissenschaftlich nicht interessant ist, bei dem anderen eine schmerzhafte, aber für ihn völlig nutzlose Operation vornimmt, die Erkenntnisse zu einem laufenden Forschungsvorhaben verspricht...

Im Mai 1997 macht mich Herr Hemmel auf eine Anzeige aufmerksam, die er in der FAZ gefunden hat. Dort sucht ein Berliner Unternehmer Beteiligungskapital, um ein paar Prozesse mit hohen Streitwerten zu führen. Hemmel bittet mich, mit dem Inserenten Kontakt aufzunehmen. Er sitzt in einem vornehmen Bürogebäude Schlüterstraße Ecke Kudamm. Seinem Firmenschild nach zu urteilen, ein

Bauträger- oder Vermögensverwaltungsunternehmen. Als ich klingle, öffnet mir eine kurvenreiche Blondine. Ihr Dekolleté ist noch tiefer als ihre Stimme hoch und ihr Rock kurz ist. Sie führt mich in einen großen Raum. Er ist so vollgestopft mit Teppichen, roten Ledersesseln, Messingstatuen und -lampen, allem, was teuer und hässlich ist, dass ich den Mann fast übersehe, der hinter dem geschwungenen Marmorschreibtisch sitzt. Dabei musste er die Hemdknöpfe an seinem Bauch öffnen, damit sie nicht abplatzen. Leider höre ich mir noch an, was er zu erzählen hat, und lasse mir ein paar Unterlagen mitgeben. Ebenso lasse ich den Prospekt der Foris da, und einen Mustervertrag für die Prozessfinanzierung. Nachdem ich seine Unterlagen zu Hause durchgeblättert habe, weiß ich, dass nichts dran ist an seinen angeblichen Ansprüchen. Ich schicke ihm die Ordner zurück.

Ein paar Wochen später ruft mich Prössling von der DO Capinvest an. Er hat im Handelsblatt einen Artikel gelesen mit der Überschrift: „Finanzierungshilfe bei Prozessen" und dem einleitenden Text: „Als bisher einmalig in Deutschland gilt die Gründung der Rautenberg & Balsam AG in Berlin. Die Gesellschaft nimmt Rechtsuchenden die Prozesskosten und –risiken vollständig ab." Es folgen weitere Formulierungen, die wörtlich meinem Prospekt entnommen sind. Vorstandsvorsitzender der angeblichen neuen AG: der Herr mit den offenen Hemdknöpfen. Ich lasse durch ein paar Bekannte dort anrufen, sie sollen sich interessiert zeigen und nähere Informationen anfordern. Die erhalten sie auch prompt. Es sind der Prospekt und der Prozessfinanzierungsvertrag, wörtlich abgeschrieben von mir, nur die Namen sind geändert.

Ich will nicht, dass die Idee der Prozessfinanzierung durch halbseidene Anbieter in Verruf kommt, bevor sie richtig bekannt ist. Ich setze mich hin und schreibe einen 25seitigen Antrag auf Erlass einer Einstweiligen Verfügung. Tags darauf gebe ich ihn persönlich beim Berliner Landgericht am Tegeler Weg ab.

Zwei Tage später verbietet das Gericht den Bewohnern der roten Ledersessel bei Androhung von Geldstrafe bis zu 500.000 DM oder Haft bis zu sechs Monaten, unseren Prospekt abzuschreiben und ihre Werbeaussagen zu wiederholen. Sie halten sich nicht daran. Ich beantrage die Festsetzung von Ordnungsgeld und der Bierbauch wird zur Zahlung von 30.000 DM verurteilt (leider an die Staatskasse, nicht an uns). In der Verhandlung wird er von einer Anwältin vertreten, deren Kanzlei sich auf der gegenüberliegenden Seite der Schlüterstraße befindet. Nach dem Termin wechsle ich noch ein paar Worte mit ihr. Ein Jahr später ruft sie mich an. Sie sagt, sie hätte von ihrem Mandanten nie einen Pfennig gesehen. Und jetzt schaue sie gerade zum Fenster hinaus. Unten stehe der Gerichtsvollzieher mit einem Möbelwagen, in den gerade die roten Ledersofas verladen werden …

Aber darin erschöpfen sich auch die Aktivitäten der Foris im ersten Halbjahr 1997. Ich werde ungeduldig. Es kommt zu Auseinandersetzungen mit den Hemmel-Geschwistern. Schließlich kaufen die DO Capinvest und ich ihnen ihre Anteile ab und nehmen noch zwei weitere Gesellschafter auf, zwei Steuerberater aus Braunschweig. Dies muss ich tun, weil ich damals nicht genug Geld habe, die Aktien allein zu übernehmen. Es wird mir noch leid tun...

Der 31.08.1997 ist der Tag, der durch den Tod von Lady Di in einem Pariser Straßentunnel zweifelhafte Berühmtheit erlangt. Es ist ein Sonntag – ebenso wie der Tag 50 Jahre davor, der mich in Hildesheim der Welt verliehen hat. Nach einigen Regentagen ist die Sonne durchgekommen. So können wir ab mittags in unserem Garten mit vielen Gästen feiern, Familie, Freunden, Kollegen und auch einigen Mandanten. Ich verkünde in meiner Ansprache, die ich mit dem Gedicht „Lied der Jahre" von Rudolf Hagelstange beginne, erstmals einem größeren Kreis, dass ich mich entschlossen habe, die Robe an die Wand zu hängen und Vorstand der Foris AG zu werden. Zwei Monate zuvor schon habe ich meinen Kollegen mitgeteilt, dass ich meine sichere, aber inzwischen auch ungeliebte Position in Magdeburg zum 30. Juni 1998 aufgebe. Wirf Dein Herz über den Graben, und Dein Pferd wird ihm nachspringen. Mein Herz liegt schon drüben.

Am 17.10.1997 halten die wenigen Aktionäre eine außerordentliche Hauptversammlung bei dem Notar Dr. Runde in Braunschweig. Er hat zusammen mit Paul Breisgauer und meinem späteren Mitvorstand – von dem ich damals noch nichts weiß – in Göttingen in einer Wohngemeinschaft gewohnt und gemeinsam mit ihm Examen gemacht.

Edeltraut Hemmel und ich scheiden aus dem Aufsichtsrat aus, an unserer Stelle werden Paul Breisgauer und der Steuerberater Dr. Kammacher Aufsichtsräte. Ich werde Vorstand. Außerdem ändern wir die Satzung. Neuer Sitz der Foris wird Berlin.

Unser Haus in Berlin ist zu klein, um noch einen Büroraum für die Foris zu beherbergen. Unser Nachbar betreibt im Souterrain seines Hauses, einer neugotischen Villa in der Art eines Schlosses mit Türmchen und spitzbögigen Fenstern, eine Immobilienfirma. Er vermietet mir für billiges Geld einen Raum mit einem Stuhl und einem Schreibtisch. Ich kaufe einen Computer bei VOBIS, der Firma, mit der es später nicht nur zu ewigen Namensverwechslungen, sondern sogar zu einem Rechtsstreit deswegen kommen wird. Dann versuche ich, einen Telefonanschluss legen zu lassen. Meine Erlebnisse mit der Telekom würden ein eigenes Buch füllen. Als ich nach einigen Wochen nachfrage, wieso sich in Sachen Telefonanschluss nichts tue, ist in Berlin von einem Antrag nichts bekannt. Es folgen wochenlang tägliche Telefonate mit endlosen Warteschleifen, Rausschmissen aus der Leitung und ständig wechselnden Gesprächspartnern. Einmal erwähne ich, man hätte mir den Anschluss für heute zugesagt. Wer das getan hätte, werde ich gefragt. Ich sage, ich hätte mir den Namen nicht notiert, da ich nicht ahnen könne, dass so viele verschiedene Personen für einen einzigen Anschluss zuständig sind. Ja, wenn ich mir nicht einmal den Namen notiere, höhnt die Dame am anderen Ende der Leitung, könne ich ihr ja viel erzählen. Ich frage sie, wie sie heißt. „Das darf ich Ihnen nicht sagen, Datenschutz", ist die Antwort. Ich telefoniere in kürzer werdenden Abständen mit der Telekom, am Ende halbstündlich. Immer wieder neue Gesprächspartner, immer wieder meinen Namen nennen, Foris buchstabieren – nein, nicht „VOBIS"! –, immer wieder die gleiche Geschichte erzählen. Buchbinder Wanninger lässt grüßen. Nach drei Monaten hat Foris schließlich ihren Anschluss. Nun treten im Wochenrhythmus neue Bautrupps mit Aufträgen auf, neue Telefonanschlüsse für Foris zu montieren. Innerhalb kurzer Zeit steht Foris mit acht verschiedenen Nummern in der Telefonauskunft, nur nicht mit der Nummer, die stimmt. Es dauert noch rund ein Jahr, bis unsere ständigen Testanrufe bei der Auskunft ergeben, dass nun nur noch eine Nummer – die richtige – weitergegeben wird.

Bei Foris soll es nicht mehr vorkommen, dass ein Anrufer jedes Mal seinen Namen neu buchstabieren, seine Telefonnummer hinterlassen, seine Geschichte von Neuem erzählen muss. Ein zentrales Adressmanagement muss her, jede Adresse darf nur einmal im Unternehmen vorhanden sein und jede Information muss für immer verfügbar bleiben. Ich will alles besser machen…

EIN TREFFEN IN BRAUNSCHWEIG

Nichts an diesem 30.12.1997, an seinem grauen, regenlosen Himmel, spricht für eine Begegnung, die sich bestimmend auf mein weiteres Leben auswirken sollte.

Wie wäre es verlaufen, wenn ich nicht 1968 in der gleichen Bochumer Wohngemeinschaft wie Reinhard Rauball gewohnt und mich durch ihn zum Jurastudium entschieden hätte? Wie, wenn mich nicht 1974 in dem beliebten Libresso in Hamburg, einem Antiquariat mit Kaffeestube, ein Jurastudent aus Harvard versehentlich angerempelt hätte und mein Kaffee übergeschwappt wäre? Ich hätte nicht bald darauf sein Appartement im Groß-Flottbeker Europakolleg übernommen. Ich hätte dort nicht bei einer Party Gisela Warncke getroffen und mich kurzzeitig in sie verliebt, über sie deren Freundin Petra kennen gelernt und deren Freund Josef Roth. Ich wäre nicht später mit Sabine in Josefs ehemalige Wohnung in Hamburg-Niendorf gezogen, ein früheres Bildhaueratelier, und hätte auch nicht an einem Baumstamm im Niendorfer Gehege den Zettel gefunden, mit dem eine Elterninitiative weitere Kinder für ihren privaten Kindergarten suchte. Ich hätte nicht in dem Kindergarten Gerold Bischoff, den Anwalt, kennen gelernt, mit dem ich 1990 nach Burg fuhr, wodurch ich später der Magdeburger Anwaltskanzlei beitrat. Ohne das wäre ich niemals Paul Breisgauer über den Weg gelaufen und auch nicht Rollmann.

Oder hätten mich andere Wurmlöcher der Vorsehung an diesem trüben Tag zwischen den Jahren in den Speisewagen des ICEs von Berlin nach Braunschweig geführt? Dort sitze ich morgens, trinke Kaffee und lese Zeitung. In Magdeburg steigt Paul Breisgauer zu. Wie ich hat er ein kleines Appartement, in dem er übernachtet, wenn er abends lange im Büro hat zubringen müssen.

Auf der Fahrt erzählt er mir von Christian Rollmann, mit dem er mich heute bekannt machen will. Er hat mit ihm und mit Dr. Runde, unserem gemeinsamen Kanzleikollegen, in Göttingen studiert. Rollmann war schon damals ein umtriebiger Typ. Er hat mit Gebrauchtwagen gehandelt und sein Studium damit finanziert. Er ist jetzt Geschäftsführer der Deutschen Anwalt Akademie, eines Tochterunternehmens des Deutschen Anwaltvereins. Dort sind rund die Hälfte der über 100.000 Rechtsanwälte in Deutschland Mitglieder. Wie Breisgauer mir erzählt, ein sehr organisierter, erfolgsorientierter Mensch, der die Dinge sofort auf den Punkt bringt. Er hat sich an diesem Tag in Braunschweig angekündigt, weil er Dr. Runde besuchen will, mit dem und mit dessen Frau er eng befreundet ist, aber auch Paul Breisgauer. Paul meint, ich sollte ihn kennen lernen. Seine Kontakte würden Foris von Nutzen sein.

Rollmann kommt gleichzeitig mit uns in Braunschweig an. Er ist in Pauls Alter, 12 Jahre jünger als ich, groß, eher stattlich als schlank, in seinen Haaren und seinem Schnurrbart zeigt sich erstes Grau. Wir gehen zu Fuß. Paul wohnt mit seiner Lebensgefährtin und seinem kleinen Sohn in einer unscheinbaren Arbeitergegend in der Nähe des Bahnhofs. Im Dachgeschoss des Hauses hat er noch eine Mansardenwohnung dazugemietet. Er nutzt sie als Arbeits- und Gästezimmer. In dieser Dachbude, mit Sperrmüll möbliert, bis an die Decke mit Büchern, Papieren, Computern und Zubehör vollgestopft, setzen wir uns zusammen. Rollmann erzählt, dass er heute bei der Anwaltakademie gekündigt hat. Er sei es leid, für ein Unternehmen zu arbeiten, das nicht seins sei und bei dem er auch nicht die Chance hätte, jemals mehr als angestellter Manager zu sein. Er will etwas Eigenes anfangen, Fortbildung, Verlagswesen oder etwas Ähnliches in der Kundengruppe, mit der er sich auskennt, der der Anwälte.

Die Anwälte sind es, auf die auch Foris zielt. Denn Foris will und kann die Prozesse nicht selber führen. Das verbieten schon Zivilprozessordnung und Rechtsberatungsgesetz, und es wäre ein Verstoß gegen das gesetzliche Verbot des Erfolgshonorars. Gegen die Anwaltschaft ist die Idee der Prozessfinanzierung nicht durchzusetzen. Im Gegenteil, die Anwälte werden die Transmissionsriemen zum Kunden, die Multiplikatoren und die wichtigsten Partner der Foris sein. Die Anwälte müssen wir überzeugen, dass Prozessfinanzierung gut für ihre Mandanten ist und gut für sie.

Ich erzähle von Foris und davon, was ich vorhabe. Rollmann schlägt mir ohne zu zögern vor, sich zu beteiligen. Er hat auch sofort „Marketing"-Ideen. Ein „Foris-Premium-Club" für Anwälte mit bezahlter Mitgliedschaft muss her. Laufende Events sollen die Anwälte bei Laune halten, nach Art der Institution, die diese Kunst seit 2000 Jahren perfekt beherrscht: der Kirche mit ihrem Kirchenjahr, in dem immer etwas passiert: Ostern, Fronleichnam, Mariä Himmelfahrt... So hat er auch seine Seminare in der Akademie organisiert: Frühlingsseminare auf Mallorca, Sommerintensivkurs in Österreich, Herbstevent... Was er da aus der Hüfte schießt, klingt nicht unplausibel. Aber es stört mich auch, dass er, der die Idee gerade eine Viertelstunde lang kennt, gleich alles besser zu wissen glaubt und umkrempeln will – bis hin zum Namen. Foris erinnert ihn an „Forrest Gump". Er meint, „Win AG" ist besser, da weiß man gleich, dass man mit diesem Unternehmen gewinnt.

Er fragt mich nach meinen zeitlichen Vorstellungen. Ich meine, 5 Jahre wird es dauern, um das Unternehmen hochzubringen, zu stabilisieren und nachhaltig in die Gewinnzone zu führen. Dann, so hoffe ich, ist mein Anteil an dem Unternehmen so viel wert, dass ich es als Paket mit einem ordentlichen Gewinn ganz oder zum Teil verkaufen kann. Wir sprechen auch darüber, dass ich bereits damals keine Mehrheit an der Gesellschaft halte. Ich vertrete meinen Standpunkt, dass ich keine Mehrheit brauche. Ich habe oft genug über Unternehmer gelesen, die irgendwann nicht mehr loslassen können und ihre Mehrheit einsetzen, um an der Macht zu bleiben, zum Schaden – und oft zum Tod – der Gesellschaft. Ich sage, wenn ich die Anteilseigner nicht mehr durch meine Argumente davon überzeugen kann, dass ich der richtige Mann am richtigen Platz bin, dann bin ich es wahrscheinlich auch nicht mehr und sollte mich nicht kraft meiner Aktienmehrheit dort halten. Ein verhängnisvoller Irrtum, wie ich später erfahren werde.

Ich bin nicht nach Braunschweig gekommen mit der Absicht, einen Partner zu finden. Ich bin froh, Hemmels losgeworden zu sein und will mir nicht schon wieder jemanden ans Bein binden. Oder ist es nicht so? Schwanke ich zwischen Kleingläubigkeit auf der einen und der Befürchtung, mein Projekt zu zaghaft anzupacken, auf der anderen Seite und suche unbewusst nach Mitstreitern?

Ich fahre mit gemischten Gedanken nach Hause. Sympathisch ist Rollmann mir nicht. Welche Eigenschaften im Einzelnen es sind, die mich schon damals an ihm stören, und welche ich erst später bemerke, weiß ich heute nicht mehr. Doch Rollmann ist bereit, nicht nur seine Arbeitskraft, seine Beziehungen und seine Erfahrungen, sondern auch eigenes Geld in eine Gesellschaft zu stecken, die bis dahin fast keine Geschäftstätigkeit hat und sich erst am Markt etablieren muss. Er ist mir von Paul Breisgauer empfohlen worden. Ich kann einen Mitstreiter und intellektuellen Sparringspartner gebrauchen, der Erfahrungen, Kenntnisse und Mut hat und der sogar das Geld, das er als Vorstand verdienen will, erst einmal selbst mitbringt. Und der gerade frei ist. Solche Leute findet man nicht an jeder Ecke. So höre ich wieder einmal mehr auf meinen Verstand als auf das Gefühl in mir, das ziemlich laut Nein sagt...

Am Tag danach ist Silvester. Paul Breisgauer kommt mit seiner Lebensgefährtin und seinem kleinen Sohn nach Berlin. Als wir aus

Hamburg hier hergezogen sind, haben wir unseren Fernseher entsorgt und beschlossen, keinen neuen zu kaufen. So führen Katharina und ich *„Dinner for one"* selber auf. Beim Stolpern über die Stoffkuh, die wir anstelle des Tigers einsetzen, hole ich mir einen Hexenschuss. Er ist so heftig, dass ich erst am 15. April wieder anfangen kann zu joggen, und dabei beißt mich auch noch ein Hund in den Hintern. An das Datum erinnere ich mich noch genau, denn am Tag danach sehe ich Rollmann wieder in Braunschweig. Dr. Runde ist im Alter von 38 Jahren einem Herzinfarkt erlegen und wird beerdigt.

1998 DYNAMIK

KAPITALMAßNAHMEN AN DER WACHSTISCHDECKE

Am 13. Januar lerne ich Rollmanns Schulfreund Cobet kennen. Er ist Rechtsanwalt und Steuerberater, später wird er auch Notar. Den Junggesellen sieht man ihm schon von weitem an. Seine etwas näselnde Stimme und ein schnarrendes Lachen sind nicht die Attribute, die Frauen anziehend finden. Die wenigen Frauen, so erzählt Rollmann mir später, die er bei seinen Eltern vorgeführt hat, finden nicht deren Gnade und verabschieden sich dann schnell wieder. So stilisiert er sich selbst nun gern mit Hornbrille und unvermeidlicher Fliege als fachlich kompetenten, menschlich unterschätzten Kauz. Er hat unter anderem bei der Deutschen Bank, bei einer Wirtschaftsprüfungsgesellschaft und auch für die Treuhandanstalt gearbeitet. An diesem schon unheimlich warmen Januar-Abend haben wir uns im „Frisco" in Schmargendorf getroffen und sind uns einig geworden: Cobet tritt an Stelle von Breisgauer in den Aufsichtsrat ein. Rollmann wird nach Auslaufen seines Vertrages mit der Anwalt Akademie Mitte 1998 neben mir Vorstand. Beide zusammen legen rund 400.000 DM als Kapitalerhöhung in die Gesellschaft ein. Rollmann soll von einem zweiten Büro der Foris in Bonn aus operieren und den Bereich West- und Südwestdeutschland bearbeiten. Wir stoßen mit *Cinfandel* an. Nachts um eins gehen wir. Rollmann übernachtet bei Cobet, Paul Breisgauer bei mir. Den Weg von Schmargendorf nach Schlachtensee legen Paul und ich zu Fuß zurück. Ich ziehe meine Schuhe aus und gehe barfuß – eine Stunde, nachts um eins im Januar. Paul Breisgauer schreibt an diesem Tag in unser Gästebuch: „Ein weiterer Meilenstein" …

Im Februar haben wir uns mit Prössling in Dortmund getroffen, dessen Firma DO Capinvest damals der größte Einzelaktionär der Foris ist, und ihm von unseren Plänen berichtet. Er äußert Bedenken, ob die Gesellschaft in der Lage ist, die mit einem zweiten Vorstand verbundenen Kosten aufzufangen; am Ende stimmt er mit den Worten zu: „Nun seid ihr zum Erfolg verdammt".

Draußen riecht es nicht nur nach Frühling, auch an den Kapitalmärkten liegen Veränderungen in der Luft, lang aufgeschobene Hoffnungen und Erwartungen. Mit der Privatisierung der Telekom ist, wie vierzig Jahre zuvor mit VW, eine neue Volksaktie an den Markt gekommen. Der Dax30 steigt am 20. März 1998 – an dem Tag, an dem Paul Breisgauer und ich in Böblingen ein Seminar über die Aktiengesellschaft als Rechtsform für Klein- und Mittelbetriebe halten – zum ersten Mal über 5.000 Punkte. Die Deutsche Börse hat soeben mit dem Neuen Markt ein neues Marktsegment gestartet, das es der amerikanischen NASDAQ gleichtun soll. Das Geschäft von Thorsten Prössling expandiert. Auch außerbörslich werden Aktien gehandelt wie nie zuvor. Überall liest man, dass die deutschen Unternehmen im Vergleich zu England und den USA chronisch unterkapitalisiert sind. Sie sollen sich endlich über die Börse das Kapital holen, das sie von Bankkrediten unabhängig macht. Und die Deutschen haben angeblich Nachholbedarf in Sachen Aktien. Die Aktie wird populär, auch wenn der wirkliche Boom erst im nächsten Jahr einsetzt.

Einige Wochen später, im Mai 1998, sitzen wir wieder in Berlin zusammen. Wir benutzen den Besprechungsraum der Immobilienfirma, bei der ich die Foris eingemietet habe. Der Souterrain-Raum ist niedrig und dunkel. Auf dem Besprechungstisch liegt eine Wachstischdecke undefinierbarer Farbe und unerforschlichen Alters. Außer Rollmann und Breisgauer sind auch Thorsten Prössling da, Dr. Kammacher und Dr. Cobet. Wir diskutieren darüber, wie Thorsten Prössling eine Kapitalerhöhung, die wir bereits beschlossen haben, nämlich von

840.000 DM auf 1.680.000 DM, bei seinen Kunden unterbringen kann. Einer aus der Runde meint, die Kapitalerhöhung um 840.000 DM sei doch zu kurz gesprungen. Wir sollten diese Kapitalerhöhung aus dem Gesellschafterkreis vornehmen, und dann mit einer „richtigen" Kapitalerhöhung an den Markt gehen. Ich müsste, um meinen Anteil zu halten, 270.000 DM aufbringen. Soviel habe ich nicht. Doch die anderen sind nun so heiß darauf, diese Kapitalerhöhung noch selbst zu machen, dass Thorsten Prössling mit der DO Capinvest meinen Anteil zunächst übernimmt und mir eine Kaufoption auf diese Anteile einräumt. Ich bezahle sie im nächsten Jahr mit dem Erlös aus dem Verkauf meiner Schaap-Aktien. Innerhalb von wenigen Minuten haben die Anwesenden die Kapitalerhöhung gezeichnet, mit einem Agio von 2 DM auf die 5-DM-Aktie. Damit hat die Gesellschaft jetzt – einschließlich der Kapitalrücklagen – rund 2 Millionen DM Eigenmittel. Damit können wir uns auch nach außen hin sehen lassen.

Dieser Kapitalerhöhung soll eine zweite folgen. Für die werden wir dann Aktionäre in einer außerbörslichen Emission werben. Wir überlegen, welchen Emissionskurs wir am Markt durchsetzen können. Wir entscheiden aus dem Bauch heraus, die 5-Mark-Aktie mit einem Agio von 15 DM für 20 DM anzubieten, und beschließen eine Kapitalerhöhung um bis zu 5 Millionen DM nominal. Bei voller Platzierung wird dies einen Emissionserlös von 20 Millionen DM ergeben.

Dies alles sind Vorbereitungen. Es gibt bis dahin kaum Geschäft, mit Ausnahme der wenigen Prozesse, die ich eingebracht habe. Aber alle Beteiligten sind überzeugt, dass das Kapital mühelos eingesammelt werden kann. Meine Rentabilitätsberechnungen erscheinen uns zwingend und eher zurückhaltend, niemand zweifelt am Erfolg. Wir sprechen noch darüber, ob die Prozessfinanzierung der Umsatzsteuer unterliegt. Sie tut es nicht, aber es bedarf noch eines Finanzgerichtsprozesses, bis auch das Finanzamt es akzeptiert.

Ebenso heiße Diskussionen gibt es über die Frage, wie die von Foris vorgelegten Prozesskosten zu bilanzieren sind. Die Steuerberater sind gewöhnt, Prozesskosten gleich als Aufwand zu buchen und sogar für die zukünftigen Prozesse noch Rückstellungen zu bilden. Das würde aber bedeuten, dass die Gesellschaft gleich in den ersten Jahren riesige Verluste ausweisen würde. Ich setze mich mit der Auffassung durch, dass die verauslagten Kosten nicht sofort abgeschrieben werden, sondern erst dann, wenn der Prozess verloren geht. Wir bemühen uns, die Geschäftsvorgänge der Foris, die ohne Beispiel sind, in den Emissionsprospekten und Jahresabschlüssen so darzustellen, dass sie verständlich werden. Dennoch versteht es kaum einer.

Das Geschäftsmodell erscheint simpel. Die Tücke liegt im Detail.

Unter Anwälten

Ende 1997 spreche ich mit Christian Preetz. Ich habe ihn in Magdeburg kennen gelernt. Er ist ein Bekannter der Schauspielerin Leslie Malton, die 1994 zusammen mit mir in der Jury des Magdeburger Filmfestes gesessen hat. Er hat vor Jahren seinen Beruf als Oberstudienrat aufgegeben und eine Werbeagentur aufgemacht. Deren Entwürfe für das blaue Logo und die Gestaltung der Foris-Drucksachen sind fertig, als Rollmann einsteigt. Rollmann meint genau zu wissen, wie man Anwälte anspricht und wie nicht. Das hat er bei der Akademie gelernt. Ich habe damit keine Erfahrung und überlasse es ihm. Er gerät sofort mit Preetz aneinander. Er findet die von ihm vorgeschlagenen Druckereien zu teuer. Er beauftragt eine Firma in Bonn, die auch für die Akademie gearbeitet hat. Mit dem Ergebnis, dass unsere Drucksachen fünf verschiedene Blaus aufweisen. Das Problem kriegt sein Drucker erst nach Monaten in den Griff. Das ist nicht das einzige. Rollmann zieht immer mehr Aufträge aus Preetz' Regie ab, mit dem Argument: alles viel zu teuer. Die Zusammenarbeit mit Preetz wird immer schlechter und schließlich abgebrochen. Er ist stinksauer auf Rollmann und sagt zu mir die prophetischen Worte: „Mit dem wirst du noch Schwierigkeiten bekommen". Später beauftragt Rollmann eine Werbeagentur in der Nähe von Bonn. Deren Rechnungen, wie ich später feststelle, sind keinesfalls niedriger als die aus Berlin.

Wie auch immer, im Juni haben wir zwei Drucksachen fertig. Die eine ist ein kleines Faltblatt, außen in der Foris-Farbe blau und mit der Aufschrift: „Eine wichtige Novität für Anwälte und ihre Mandanten". Darin stellen wir unsere Leistungen vor und schildern die Vorteile der Prozessfinanzierung. In den Text sind Tabellen und Grafiken eingearbeitet, auch zwei Aquarelle, die eine Künstlerin im Auftrag der Werbeagentur gemalt hat. Das eine zeigt ein Tauziehen. Auf dem anderen öffnet sich eine Schranke. Die Originale der Bilder lassen wir rahmen und hängen sie in den Büros auf. Die Schranke, die den Weg frei macht, kommt ins Berliner Büro, das Tauziehen nach Bonn.

Die zweite Drucksache ist der Wertpapierverkaufsprospekt. Der Gesetzgeber hat zwei Jahre zuvor mit dem Wertpapierverkaufsprospektgesetz den Reigen der Gesetze zur Regulierung des Kapitalmarktes eröffnet. In den nächsten Jahren werden weitere folgen, immer umfangreichere und kompliziertere. Dass die Anleger dadurch besser geschützt sind, bezweifle ich. Bürokraten jedenfalls bekommen Arbeit, und wir auch. Wir müssen Angaben machen: zu den Rechtsverhältnissen des Emittenten und seiner Organe, zur Ausstattung der Aktien, Zahl- und Hinterlegungsstellen, die Geschäftstätigkeit der Gesellschaft. Dennoch, dieser erste Wertpapierverkaufsprospekt ist mit 28 Seiten noch schlank und lesbar. Unser Börsenzulassungsprospekt im nächsten Jahr ist eigentlich nur noch vollgestopft mit Hinweisen darauf, dass und warum man diese Aktie lieber nicht zeichnen sollte.

Mit diesen beiden Papieren gehen wir auf Tour. Ich habe vorgeschlagen, in den wichtigsten deutschen Städten Informationsveranstaltungen für Rechtsanwälte durchzuführen. Dort wollen wir persönlich uns und unser Produkt vorstellen und diskutieren. Auf diese Weise werden wir am besten die Reaktionen, die Fragen, die Vorschläge, aber auch die Bedenken der Anwälte kennen lernen. Auch können wir gleich für die Kapitalerhöhung werben. Anwälte, so hoffen wir, werden am ehesten die Chancen erkennen, die die Prozessfinanzierung bietet.

Innerhalb von drei Monaten schicken wir unsere Faltblätter und die Einladungen zu Informationsveranstaltungen an 60.000 Anwälte, Stadt für Stadt, im Rhythmus von ein bis zwei Wochen. Hamburg, Berlin, München, Frankfurt, Köln, Düsseldorf, Stuttgart; Leipzig, Dresden, Hannover, und so hinunter bis in die kleineren Großstädte.

Etwa 5 % der Angeschriebenen antworten. Sie bitten um weitere Informationen, melden sich zu den Veranstaltungen an, interessieren sich für die Aktien. Erste Anfragen für Prozessfinanzierungen gehen ein. 5 % ist ein sehr gutes Ergebnis, lasse ich mir sagen; schon 1 – 3 % gelten in der Werbebranche als Erfolg.

Den ersten Informationstag halten wir im Atlantic Hotel in Hamburg ab, zwei Kilometer von dem Büro entfernt, in dem vor gut zwanzig Jahren die Idee der Prozessfinanzierung entstand. Rund vierzig Teilnehmer haben sich angemeldet, dreißig sind gekommen. Hamburg, meine alte Heimat, stellt sich überhaupt in der Folgezeit als wenig ergiebig für Foris-Aktivitäten heraus. Von den heimlichen Hauptstädten Deutschlands geben Berlin, München und Frankfurt weitaus mehr her.

Einige Großkanzleien haben jüngere Kollegen geschickt. Sonst sind es eher die Anwälte aus Einzel- oder Kleinkanzleien, die hören wollen, was wir zu sagen haben. Am Anfang steht immer meine Geschichte, wie es zu der Idee der Prozessfinanzierung gekommen ist – meine Geschichte vom Bankhaus Weiss & Co., dem Prozess und den Millionen, das ganze ohne Namensnennung und auf wenige Sätze komprimiert. Vor allem mit der Schilderung meines Versprechens, Kneipier zu werden, und dem Verlust des Prozesses in erster Instanz ernte ich immer wieder gute Lacher. Dann kommt Rollmann. Er präsentiert eine ebenso imposante wie einleuchtende Rechnung, wie viel Gebühren den Anwälten jährlich entgehen, weil aussichtsreiche Prozesse nicht geführt werden können. Am Schluss machen wir eine kleine Umfrage: Wie oft kommt es in Ihrer Kanzlei vor, dass Sie einem Mandanten zu einem Prozess über eine Forderung von 100.000 DM oder mehr raten, aber der Mandant das Kostenrisiko scheut? Wir zählen die Ergebnisse der Umfrage aus und rechnen sie hoch auf die deutsche Anwaltschaft. Zum Erstaunen des Auditoriums kommen wir jedes Mal zu Ergebnissen, die unsere Rechnung noch deutlich übersteigen.

Rollmann ist ein talentierter Redner. Er weiß, wie man dem Publikum um den Bart geht. Auch mich beeindrucken zunächst seine physische und geistige Präsenz auf dem Podium, sein flüssiger Vortrag in freier Rede, mit dem er scheinbar zwanglos und dennoch strukturiert durch „Erstens. Zweitens. Drittens…" seine Argumente ausspielt. Kein Zweifel, er kann besser reden als ich, und ich erkenne es neidlos an. Ich bevorzuge als Forum das persönliche Gespräch in einer kleinen Gruppe, die Äußerung, die den anderen zum Dialog auffordern soll, gegenüber der apodiktischen Form des Vortrags vor großem Publikum. Für dieses ist mein Vortrag oft zu nachdenklich, zu zögerlich, zu gespreizt, oder er wird begleitet von einer nicht stimmigen Körperhaltung. Dennoch nervt es mich, wenn Rollmann mir vor dem Publikum ins Wort fällt, weil ihm gerade ein Scherz – womöglich auf meine Kosten – eingefallen ist oder er glaubt, etwas besser formulieren zu können als ich. Nachdem ich sein Auftreten ein paar Mal miterlebt habe, kenne ich die kleinen und großen Tricks, die Versatzstücke, aus denen er immer wieder seinen Vortrag zusammensetzt. Neben dem häufigen falschen Gebrauch von Fremdwörtern stoßen mir die kleinen Verzerrungen unangenehm auf, das Schönreden oder Unterschlagen von Sachverhalten. Wenn es gerade passt, macht er sich plötzlich Argumente von mir oder anderen zu Eigen, die er kurz zuvor noch abgelehnt hat. All das noch keine Lügen, nur eine bestimmte Art der Darstellung, die eben der Showmaster, der Verkaufstrainer, der routinierte Debattenredner beherrschen muss. Ich sollte ihn darauf ansprechen, ich unterlasse es. Diese Art des Verkaufens ist ihm angeboren, er wird sie nicht ablegen. Wenn man sie ablehnt, muss man ihn ablehnen. So weit bin ich noch lange nicht.

Die Anwälte nehmen unsere Geschäftsidee wohlwollend bis begeistert auf. Natürlich kommen Fragen. Fragen, die wir erwartet haben, aber auch überraschende, Fragen, die zum Teil das anwaltliche Selbstverständnis in keinem guten Licht erscheinen lassen und die uns einen Vorgeschmack auf künftige Probleme geben, Fragen aber auch, bei denen wir frühzeitig hätten aufhorchen sollen.

So wie der Ausruf des schwäbischen Bäuerles, das sich in Stuttgart nach dem Markt in ein Striptease-Lokal verirrt hat: „Ha, des ka doch omeglich gsond sei", so kommen mir die Fragen vor, die um das Thema kreisen: Das kann doch unmöglich erlaubt sein. Ist es keine Umgehung des Rechtsberatungsgesetzes, des Erfolgshonorar-Verbotes? Verstößt es gegen anwaltliches Standesrecht? Darf der Anwalt zugleich Aktionär der Foris sein und seinem Mandanten den Abschluss eines Prozessfinanzierungsvertrages empfehlen? Kann sein Mandant die Forderung überhaupt noch einklagen, wenn sie an Foris zur Sicherheit abgetreten ist? Klar ist es Aufgabe des Anwaltes zu problematisieren, zu prüfen und zu bewerten, bevor er seinem Mandanten eine Empfehlung gibt. Aber diese Fragen habe ich mir schon hundertmal selber gestellt und sie beantwortet. Nein, es ist kein Bankgeschäft, denn wir vergeben keinen Kredit, sondern eine Spezialform von Risikokapital. Nein, es ist keine Rechtsberatung, denn nicht wir beraten, sondern der Anwalt. Nein, kein Erfolgshonorar, denn der Anwalt wird unabhängig vom Erfolg honoriert; auch darf der Anwalt Foris-Aktionär sein, solange bestimmte Grenzen nicht überschritten sind, für die es im Gesetz Anhaltspunkte gibt; ja, der Mandant darf auch dann klagen, wenn die Forderung abgetreten ist, das hat der BGH schon vor Jahren entschieden. Und: Nein, es ist nicht sittenwidrig, dass wir fünfzig Prozent haben wollen, ebenso wenig wie es sittenwidrig sein kann, wenn ein Investor 100 oder gar 1000 Prozent Gewinn mit einer Aktie macht. Übrigens schießen bald nach Bekanntwerden des Foris-Modells die Aufsätze in juristischen Fachzeitschriften und die Dissertationen zu diesem Thema wie Pilze aus dem Boden. Fast alle bestätigen unsere Rechtsauffassungen.

Dann die unvermeidlichen Fragen nach den Gebühren. Wann bekommen wir, die Anwälte, unser Geld? Zu meinem Befremden erlebe ich auch später bei manchen Anwälten eine unangenehme Gier: sie stellen uns im Voraus Gebühren in Rechnung, die noch gar nicht angefallen sind, und sind beleidigt, wenn wir sie darauf aufmerksam machen. Bekommen die Anwälte die Mehrarbeit vergütet, die durch die Korrespondenz mit Foris entsteht? Wer bezahlt die Kosten des von Foris verlangten Entwurfes der Klageschrift, wenn Foris dann doch nicht finanziert? Auch diese Fragen sind zu beantworten, sie stellen sich nicht anders, wenn die Anwälte es mit rechtsschutzversicherten Mandanten zu tun haben oder mit Fällen, in denen Prozesskostenhilfe zu beantragen ist. Allerdings bin ich am Anfang noch zögerlich, den Anwälten knallharte Antworten auf ihre Fragen zu geben; später werde ich selbstbewusster.

Das gilt vor allem für die dritte Kategorie der Fragen. Das anwaltliche Selbstverständnis, das darin manchmal aufscheint, ist nicht meins, und es gefällt mir nicht. Es sind die Fragen nach der anwaltlichen Freiheit und nach der Haftung für Anwaltsfehler.

Um ihre anwaltliche Freiheit fürchten viele Anwälte in den Diskussionen mit uns. Sie denken, Foris könnte ihnen in die Art und Weise hineinreden, wie sie den Prozess führen. Doch was ist das eigentlich, anwaltliche Freiheit? Natürlich muss der Anwalt so frei sein, dass er sein Amt verantwortlich ausführen kann. Er darf nicht aus wirtschaftlichen oder anderen Zwängen heraus in Versuchung geraten, gegen die Interessen seines Mandanten zu handeln. Er soll auch nicht von einem Mandanten so abhängig werden, dass er sich mit ihm gemein macht. Darum hat der Gesetzgeber in vielen Ländern das Erfolgshonorar verboten – ob sinnvoll oder nicht, sei einmal dahingestellt. Aber im Übrigen ist die anwaltliche Freiheit eigentlich nur die, einen Fall gut oder schlecht zu bearbeiten. Und ist die Freiheit, seine Mandanten schlecht zu vertreten, wirklich ein schützenswertes Rechtsgut des Anwaltes?

Mit der Haftung ist es ähnlich. Viele Anwälte befürchten, wenn ein von Foris finanzierter Fall verloren geht, kommt Foris und prozessiert dann gegen die Anwälte. Richtig ist: Ein Anwalt, der Fehler macht, muss dafür haften. Da unterscheidet er sich nicht von einem Arzt, einem Handwerker oder einem Autofahrer. Der Unterschied liegt darin, dass der Mandant meist nicht erkennt, ob ein Haftungstatbestand vorliegt. Dazu müsste er jemanden haben, der etwas davon versteht. Zum Beispiel einen anderen Anwalt, oder eben Foris. Andererseits hat Foris auch schon während des Prozesses ein Auge auf das Verfahren. Die Wahrscheinlichkeit eines Schadens sollte sich dadurch eher verringern.

Erfreulicherweise sind es nicht alle Anwälte, die sich möglichst wenig über die Schultern schauen lassen wollen. Gerade die guten Anwälte sind immer bereit, ihre eigene Rechtsauffassung, ihr Vorgehen im Prozess, ihre Schriftsätze mit uns zu diskutieren und uns einzubeziehen. Sie wissen, dass sie ihre Rechtsauffassung ja auch im Gerichtssaal nicht unter Hinweis auf die anwaltliche Freiheit verteidigen können und dass man Fehler und Haftungen am besten dadurch vermeidet, dass man auch andere Ansichten wichtig nimmt.

Die Qualität des Anwaltes ist die entscheidende Einflussgröße für den Prozessgewinn und für den Gewinn von Foris. Es dauert noch einige Zeit, bis mir das klar wird.

Eine Frage wird auch gestellt: Was geschieht, wenn Foris während des Prozesses in die Knie geht? Was, wenn der in zwei Instanzen gewonnene Prozess vom Bundesgerichtshof ans Oberlandesgericht zur neuerlichen Prüfung zurückgewiesen wird und dann verloren geht? Der Kläger haftet immer unmittelbar für die Gerichtskosten und die Anwaltskosten des Gegners, auch wenn Foris sich verpflichtet hat, ihm diese Kosten zu erstatten. Was ist, wenn Foris nicht mehr zahlen kann? Ist Foris bereit, Sicherheit zu leisten? Im Moment können wir es uns noch leisten, diese Frage abzubügeln. Wir sind Monopolist. Es gibt keinen anderen, der Prozesse finanziert. Auch das wird später anders werden, aber außerdem schwimmen wir im Moment im Geld. Denn parallel zur Präsentation unseres Produktes „Prozessfinanzierung" bieten wir uns selbst an: in Form des Produktes Foris-Aktie. Und das geht weg wie warme Semmeln…

WATEN IN ZEICHNUNGSSCHEINEN

Bald nach dem Start unseres Zeichnungsangebotes häufen sich die Antwortformulare in unserem Kellerbüro. Dort arbeiten inzwischen Frau Klausener, gelernte Germanistin, Frau Sänger, eine Diplombiologin, meine Frau und eine Freundin von ihr, die in Spanien wohnt, aber einige Monate auf Deutschland-Besuch ist. Sie sortieren die Zeichnungsscheine, erfassen die Daten im Computer, versenden sie, nachdem ich sie gegengezeichnet habe, legen sie ab, kontrollieren die Zahlungseingänge. Daneben wird mit Zeichnern telefoniert, mit der Presse, die zunehmend von unseren Aktivitäten Wind bekommt, mit Anwälten und anderen, die Prozesse bei uns finanziert haben wollen. Frau Sänger erläutert mit einer Engelsgeduld, was wir machen und was nicht. Sie erklärt, warum wir nicht das Anwaltsbüro sind, das aussichtslose Fälle übernimmt, warum wir nur den Kläger, nicht aber den Beklagten finanzieren und warum, wer bei uns einen Fall finanziert haben will, diesen über einem Anwalt an uns herantragen muss...

Im September 1998 bauen wir einen Stand auf der Eigenkapitalmesse in Leipzig auf. Dort tummeln sich die Investmenttöchter der Groß- und Landesbanken, die Venture-Capital-Firmen, die Emissionsberater ebenso wie die Jungunternehmer, die Eigenkapital suchen. Im Halbstundentakt halten sie Referate über ihre Firmen und Geschäftsideen. Die meisten von ihnen sind Ingenieure oder Naturwissenschaftler, deren technische Fähigkeiten ihre rhetorischen weit übertreffen. Rollmanns Vortrag kommt besser an. Dennoch stehen wir uns an unserem Stand die Füße in den Bauch. Abwechselnd gehen wir zu den Großbanken und VC-Unternehmen, deren Vertreter hauptsächlich damit beschäftigt sind, ihre eigenen Lachsbrötchen zu verzehren. Ergebnis sind ein paar Nachgespräche in Frankfurt, nach denen Rollmann und ich uns anschauen und unisono sagen: Von denen wollen wir bestimmt kein Geld. Lediglich einer der Kontakte wird sich als wichtig erweisen, der zu Trinkaus & Burkhardt. Ansonsten der Eindruck von viel heißer Luft und davon, dass überall mit Wasser gekocht wird, auch bei VCs, auch an der Börse.

Unser Nachbar, der uns in seinem Keller eigentlich nur einen Raum vermietet hat, wird an den Rand seines eigenen Büros gedrängt, nachdem wir auch den Kopierraum und den Besprechungsraum permanent mit Beschlag belegt haben und bei uns Telefon und Türklingel ununterbrochen läuten. Schließlich will er von mir wissen, wann wir endlich ausziehen. Im November 1998 beziehen wir neue Räume. Es wird sich nur die Hausnummer ändern, wir bleiben in der gleichen Straße. Die Matterhornstraße ist eigentlich eine Villenlage, aber an einer Stelle haben sich, unverständlicherweise, ein paar Bürogebäude breit machen können. Übrigens auch die Filiale der Commerzbank, in der im Jahr 1994 ein paar Gangster Kunden und Angestellte tagelang in Schach hielten, die Schließfächer aufbrachen und ausleerten und dann durch einen vorbereiteten Tunnel unbemerkt den Belagerungsring der Polizei umgehen und fliehen konnten. Der Tunnel endete in einer Garage, wenige Meter von unserem neuen Domizil entfernt. Am 1.11.1998 ist Einzug, natürlich nicht ohne Komplikationen. Die bestellten und zugesagten Schreibtische und Drehstühle sind nicht da, ebenso wenig das von der Telekom versprochene Telefon. Ich telefoniere von meinem Mobiltelefon aus hinterher, draußen bei Minustemperaturen, weil es drinnen keinen Empfang hat, während Frau Klausener und Frau Sänger in den neuen Büros auf Kissen und Fellen sitzen, die sie von zu Hause mitgebracht haben, und Zeichnungsscheine sortieren.

Sie kommen nicht mehr nach, darum stellen wir zwei Studenten ein. Am Schluss arbeiten auch noch meine beiden Töchter mit, selbst Lupo, der damals 11 Jahre alt ist, muss ran. Ein Mailing, diesmal in Zusammenarbeit mit einem juristischen Fachverlag, hat Anfang Oktober noch einmal für einen neuen Schub gesorgt. Kurz vor Ende der Zeichnungsfrist gehen noch Zeichnungsscheine per Fax, per E-Mail, per Boten und per Express ein. Schließlich zählen wir aus. 1400 Zeichnungsscheine sind es. 10.620.000 DM effektiv werden der Foris zufließen. Die Bücher werden geschlossen, Listen ausgedruckt, die Anmeldung der Kapitalerhöhung zum Handelsregister wird vorbereitet. Jetzt erkennen wir das Eigentor, das wir mit unserem dienstleistungsbeflissenen Angebot an die Kunden geschossen haben, die Zeichnungsbeträge von ihrem Konto abzubuchen. Denn wir müssen ja bei der Anmeldung der Kapitalerhöhung versichern, dass der Zeichnungsbetrag vollständig zur freien Verfügung der Gesellschaft steht. Die Aktionäre, bei denen wir später als dem 15.11.1998 abgebucht haben, könnten theoretisch die Abbuchung noch stornieren. Wir müssen also all diese Zeichner anrufen, müssen ihnen ihre Einlagen zurückzahlen und sie bitten, die Beträge nochmals an uns zu überweisen. Erfreulicherweise geht alles glatt, niemand schimpft, nur zeitaufwendig ist es.

Über die neuen Aktien wird eine Globalaktienurkunde ausgestellt und bei der Wertpapiersammelbank „Deutsche Börse Clearing AG" – hinterlegt. Dazu müssen wir die Commerzbank einschalten. Die Globalurkunde muss auf speziellem Papier ausgestellt sein, das nur bei der Commerzbank in Frankfurt vorhanden ist, nicht in Berlin. Irgendwie zieht sich alles hin, und am 22. Dezember abends klingelt es bei uns zu Haus in der Matterhornstraße 102. Ein völlig gestresster Fahrer der Commerzbank in Frankfurt musste das blöde Papier, damit ich es unterschreibe, von Frankfurt zu mir fahren und gleich wieder zurückbringen. Draußen ist es neblig und kalt, es beginnt zu schneien… Sabine macht ihm noch ein Sandwich und einen Kaffee. Wir machen uns Sorgen darum, ob er wohl heil zurückkommt. Er kommt.

Schließlich bleiben einige wenige Zeichner übrig, die nicht gezahlt haben. Um zu verhindern, dass es hinterher Streit gibt, fordern wir sie einmal, zweimal, dreimal auf zu zahlen, mit dem Hinweis, dass ihre Zeichnung sonst unwirksam wird. Bis auf einen zahlen alle. Dieser eine verklagt uns später, nachdem der Kurs sich verzehnfacht hat, auf Auslieferung der von ihm gezeichneten Aktien gegen Zahlung des ursprünglichen Zeichnungsbetrages. Er geht sogar noch in Berufung, nachdem das Landgericht ihm in erster Instanz die Leviten gelesen hat. Aber auch beim Kammergericht, wie in Berlin das Oberlandesgericht aus Tradition heißt, blitzt er ab. Ihre eigenen Prozesse gewinnt Foris lange Zeit alle...

GESCHÄFT

Im Dezember gibt es den ersten Erfolg in einem Verfahren, das wir finanziert haben. Verrückterweise nicht einmal in Deutschland, sondern in Österreich. Ein Anwalt aus Graz hatte uns angerufen. Der Vater seiner Mandantin war in einem Restaurant gestürzt und an den Folgen gestorben. Er hatte zuvor Wein getrunken, aber nicht exzessiv. Die Versicherung behauptete sogleich ins Blaue hinein, der Sturz sei die Folge von Trunkenheit gewesen. Darum sei sie leistungsfrei. Die Sechsmonatsfrist, innerhalb derer Klage erhoben werden musste, lief in wenigen Tagen ab und die Tochter des Verstorbenen scheute sich, gegen die mächtige Versicherung zu klagen. Wir finanzieren die Klage und, siehe da, kurz nach Klageinreichung ändert die Versicherung ihre Meinung. Man habe sich die Sache überlegt und schlage vor, sich bei der Hälfte zu vergleichen. Die Mandantin zieht – wie später oft auch andere – den schnellen Vergleich einem langen Verfahren vor, und so haben wir schon sechs Wochen nach Abschluss des Vertrages einen schönen Gewinn von rund 120.000 DM gemacht, bei einem Kapitaleinsatz von wenigen tausend DM. Leider werden nicht alle Fälle so laufen.

Neben den Anwälten haben wir die Medien über unser Produkt informiert. Die sind immer interessiert an Neuigkeiten, die mit Prozessen und Gerichten zu tun haben, und berichten ausgiebig. Nach einem abendlichen Fernsehbeitrag über uns beginnen plötzlich alle Telefone im Büro gleichzeitig zu klingeln und die Zuschauer wollen Näheres wissen. Trotz der ausführlichen Berichterstattung bleiben viele Missverständnisse. Viele denken, wir sind ein Anwaltsbüro, das auf Erfolgshonorarbasis arbeitet, andere verwechseln uns mit einer Rechtsschutzversicherung. Auch manchen Anwälten muss der Unterschied erst langwierig auseinandergesetzt werden. Vor allem wenden sich nun viele Leute mit ihren Anliegen direkt an uns. Wir haben uns jedoch schon früh entschlossen, nur solche Fälle anzunehmen, die über Anwälte kommen. Alles andere würde uns überfordern, wir würden mit dem Rechtsberatungsgesetz in Konflikt kommen, und nicht zuletzt würden wir die Anwälte vergrätzen und ihnen das Gefühl geben, wir wollten ihnen ihr Geschäft wegnehmen. Indem wir die Leute zwingen, einen Anwalt ihrer Wahl aufzusuchen, nehmen wir die Anwälte für uns ein. Wir hoffen, dass die Fälle, die zu uns gelangen, dadurch um den gröbsten Unsinn und um querulatorische Anfragen bereinigt sind. Unser Geschäft besteht darin, die Spreu vom Weizen zu sondern. In dem Punkt unterscheidet sich unsere Arbeit kaum von der einer Bank oder eines Venture-Capital-Unternehmens. Auch die müssen ungeeignete Kreditanfragen, unausgegorene Geschäftsideen aussieben. Und zwar so, dass dennoch möglichst kein gutes Geschäft durchs Raster fällt. Denn wenn wir das Image bekommen, dass wir ja doch alles ablehnen, werden auch die Anfragen ausbleiben.

Bei aller verlangten Treffgenauigkeit darf der Vorgang des Aussiebens nicht zu aufwändig werden: mit Fällen, für die wir uns entscheiden, dürfen wir uns gerne ausgiebig beschäftigen, aber nicht mit solchen, die wir am Ende ablehnen. Und je näher wir einer positiven Entscheidung kommen, desto mehr Zeit haben wir investiert, aber auch desto größere Erwartungen und Hoffnungen geweckt, mit der Anforderung immer neuer und umfangreicherer Unterlagen, mit dem Abschluss von Vorverträgen. Und desto größer ist dann die Enttäuschung und schlechte Laune, wenn wir schließlich doch absagen.

Daran werden wir in den nächsten Jahren ständig herumexperimentieren. Ebenso an den Klauseln unseres Finanzierungsvertrages, daran, wann und wie wir uns bei schriftlichen Anfragen persönlich mit

Anwalt und Mandanten in Verbindung setzen, welche Unterlagen wir zwingend verlangen und bei welchen Fällen wir von vornherein Nein sagen.

In den Veranstaltungen werden wir von den Anwälten gefragt, wer denn die ganzen Fälle prüft. Wir sehen verblüffte Gesichter, wenn wir sagen: Sie selbst, meine Damen und Herren Kollegen. Wir vertrauen darauf, dass Sie selbst kein Interesse daran haben, uns Fälle vorzulegen, bei denen Sie nicht ernsthaft erwarten können, dass wir sie finanzieren. Weiter werden wir gefragt, wie wir es denn verhindern wollen, dass die Anwälte oder noch mehr ihre Mandanten eine Anfrage an uns nur stellen, um noch einmal eine zweite rechtliche Meinung zu hören und dann, wenn wir ja sagen, es doch selbst zu machen. Die Antwort: Wir steigen in die nähere Prüfung erst ein, wenn der Anspruchsinhaber ein bindendes Angebot zum Abschluss des Prozessfinanzierungsvertrages unterschrieben hat.

Unsere Hoffnungen sind ebenso unberechtigt wie unsere Befürchtungen. Es ist viel Müll, was – auch von Anwälten – auf unseren Schreibtischen landet. Umgekehrt wird es aber nur ein oder zwei Mal passieren, dass wir einen Fall geprüft haben und ihn finanzieren wollen, aber nun will der Kunde nicht mehr.

Das Hauptproblem bleibt: Wer prüft die Fälle? Am Anfang machen Rollmann und ich es selber. Dadurch lernen wir, worauf es ankommt, wo die Probleme liegen, welche Zeit man für die Prüfung braucht. Bald schaffen wir es nicht mehr. Immer mehr Zeit geht für Organisation und Werbung, für interne Besprechungen und Grundsatzfragen drauf, immer weniger haben wir für das Tagesgeschäft.

Anfangs beauftragen wir externe Anwälte. Doch dann sind die Akten außer Haus und bei Rückfragen nicht greifbar. Gute Anwälte haben wenig Zeit und verlangen Stundensätze, die viel zu hoch sind. Viel zu teuer, wenn es nur um die Prüfung von Fällen geht, die wir ablehnen wollen. Außerdem sind Anwälte es nicht gewohnt, sich Vorgaben zur Bearbeitungszeit und zu der Form machen zu lassen, in der wir die Beurteilungen haben wollen. Dies ist aber nötig, denn wir wollen einheitliche Standards und Arbeitsroutinen entwickeln. Schließlich machen wir die Erfahrung, dass auch selbsternannte Spezialisten für Leasing-, Handelsvertreter- oder Maklerrecht keinesfalls stets die Qualität bieten, die wir uns vorstellen.

Zu pensionierten Richtern wird uns immer wieder geraten. Ungefragte Ratschläge bekommen wir zuhauf – wer an der Straße baut, hat viele Architekten. Doch die Richter sind gar nicht zu finden, die daran Interesse haben, und wenn, wollen sie sich noch weniger als Anwälte etwas über die Art der Bearbeitung sagen lassen. Außerdem gibt es auch hier große Qualitätsunterschiede und nicht immer die nötige kritische Distanz zu den eigenen Stärken und Schwächen.

Es bleiben Referendare und junge Assessoren, die an ihrer Dissertation schreiben und sich nebenher noch etwas verdienen wollen. Auch das hat Nachteile: fehlende Erfahrung, keine ständige Erreichbarkeit; zusätzlicher Organisationsaufwand. Dennoch, die Zusammenarbeit mit den jungen, von unserer Idee begeisterten Juristen macht Spaß, fachlich und menschlich. So ist es zwei Jahre später ein Kraftakt, als wir uns von allen freien Mitarbeitern wieder trennen. Es gibt Enttäuschungen, auch auf Seiten der fest angestellten Juristen, die die Zusammenarbeit mit den munteren Freien lieb gewonnen haben und unsere Entscheidung brutal finden, nach all den Jahren. Doch als die Freien einmal weg sind, merken sie selber, wie Professionalität und produktives Arbeiten steigen, wenn ausschließlich fest angestellte Vollzeitkräfte im Team sind und freie Mitarbeiter allenfalls für Sonderaufgaben eingesetzt werden. Es ist noch ein langer Weg dahin. Vorerst übernehmen die Freien die Arbeit des Aussiebens. Sie studieren die Klageschriften, die uns von den Anwälten präsentiert werden, und schreiben ein Votum über die Erfolgsaussichten, bevor dann der „Foris-Senat", ein Gremium aus mindestens drei Juristen, in einer Art simulierter Gerichtsverhandlung über den Fall entscheidet.

Am Jahresende haben wir über 200 Fälle geprüft, für 50 haben wir Verträge abgeschlossen. Ein kirchennahes Wohnungsunternehmen hat einen Bauunternehmer recht unchristlich um Millionen geprellt und in die Pleite geschickt. Eine Aktiengesellschaft ist ausgeplündert worden, ein Fall, der dem der Kammgarnspinnerei bis in Details hinein gleicht. Eine namhafte Anwaltsfirma hat einen Mandanten falsch beraten und ist sich nicht zu schade, sich gegenüber seinem eindeutigen Schadensersatzanspruch auf angebliche Verjährung zu berufen. Eine Gemeinde hat einem ahnungslosen Bürger ein verseuchtes Grundstück angedreht und findet nun, das ginge sie alles gar nichts an. Eine Versicherung hat den von einem Autobahnraser zum Krüppel gefahrenen bulgarischen Ingenieur mit einem schäbigen Schmerzensgeld abgespeist, und das Gericht sagt ihm, wenn er mehr haben wolle, müsse er eben dieses Schmerzensgeld verprozessieren, Prozesskostenhilfe gebe es nicht. Insgesamt haben sich als „Optionsvolumen" stolze 34 Millionen DM angesammelt. So nennen wir den Wert, den wir erhalten würden, wenn alle von uns finanzierten Verfahren in voller Höhe gewonnen würden. Multipliziert man diesen Betrag mit der angenommenen Erfolgswahrscheinlichkeit, kann man sich den zukünftigen Gewinn ausrechnen. Irgendwann werden wir merken, dass das „Optionsvolumen" eine Kennzahl ohne Aussagekraft ist. Ende 1998 starren wir noch wie gebannt auf sie, und wie sie täglich steigt...

Am Jahresende schreibe ich einen kurzen, zuversichtlichen Text für unsere Internet-Präsenz, die damals erst aus wenigen Seiten besteht. Unser Software-Mann stellt ein Bild mit zündenden Raketen und Champagner dazu.

Wie immer geht die Familie Silvester zu Mitternacht auf die Straße, um ein paar Knaller zu zünden und um uns und unseren Nachbarn zuzuprosten. Wir haben ein paar angenehme Weihnachtstage hinter uns, die uns nach der Hektik des Jahres gut getan haben, der Familie und der Beziehung zwischen meiner Frau und mir. Wir hatten lange vergebens gehofft, dass der Umzug von Hamburg nach Berlin uns nach den Jahren, in denen ich mehr in Magdeburg als zu Hause war, einander wieder näher bringen würde. Doch im Gegenteil, unsere Ehe ist immer tiefer in die Krise geraten. 1998 war das bisher schlimmste Jahr, auch wenn es uns gelang, es andere, auch unsere Kinder, nicht merken zu lassen. Die Feiertage, oft Kristallisationspunkte häuslichen Streits, sind friedlich verlaufen, und scheinen Hoffnungen zu rechtfertigen, dass das Schlimmste vorbei ist.

Wir stehen draußen. Um uns herum stieben die Silvesterraketen in den Himmel und schleudern ihre Funkenkaskaden in alle Richtungen. Ich öffne den Taittinger und will ihn in die vorbereiteten Gläser gießen, aber ich habe ihn zu kalt gestellt. Er gefriert schon, während er noch ölig aus der dickwandigen Flasche rinnt. Wir stoßen mit Champagner-Sorbet an...

1999 HÖHENFLUG

AUßERBÖRSLICHER HANDEL

Am 1.1.1999 wird die magische Zahl 1,95583 bekannt gegeben. Es wird ernst mit dem langsamen Abschied von der D-Mark. Aktien notieren nur noch in Euro. Also auch der Kurs der Foris-Aktie, mit der die DO Capinvest seit dem 2. Januar handelt. Deren Geschäft boomt. Die Nachfrage nach nicht notierten Werten steigt. Die Anleger spüren das Gründungsfieber und wollen profitieren, indem sie früh einsteigen.

Wir haben die Foris-Aktie für 20 DM ausgegeben, das entspricht 10,23 Euro. Die DO Capinvest gibt auf ihrer Internet-Seite einen ersten Kurs von 10 Brief und 12 Geld bekannt. Das ist eine einträgliche Spanne für DO Capinvest.

In den ersten Januar-Tagen erhalte ich den Scheck aus dem Verkauf meiner Schaap-Anteile. Mit ihnen und von der Bank geliehenen weiteren 60.000 DM erwerbe ich von der DO Capinvest zum Preis von 7,70 DM, also 3,94 €, die Aktien aus der zweiten Kapitalerhöhung der Foris, der, die an der Wachstischdecke beschlossen wurde. Meine Frau und ich haben nun rund 70.000 Aktien der Foris im Nominalwert von je 5 DM, die – gemessen an dem von der DO Capinvest gestellten Kurs – nun einen Markwert von über 700.000 € darstellen. Ich habe mehr Vermögen denn je, zumindest nach dem Wert meines Depots. Und das ist nur der Anfang, denn der Kurs steigt vom ersten Tag an. Auf dem Papier werde ich täglich reicher. Ich rechne noch in D-Mark, und bald übersteigt mein Aktienvermögen die zwei Millionen, die drei, die vier....

Es ist Februar 1999. Ich gehe nachts bei Vollmond den Hohenzollerndamm in Richtung Zehlendorf. Ich war mit meinem Schulfreund Wolf Schröder, Theaterautor und -übersetzer, in einem Fischlokal und marschiere, meiner Gewohnheit nach, solange zu Fuß von Charlottenburg in Richtung Schlachtensee, bis ich müde werde und mir ein Taxi heranwinke. Ich denke über die letzten Wochen und Monate nach. Endlich sind meine Berechnungen aufgegangen. Das Konzept der Prozessfinanzierung, die Gründung der Foris, die Überwindung der Anfangsprobleme mit Hemmels, die Kapitalerhöhungen, die Werbung, das Listing bei DO Capinvest… Ich habe 52 Sommer und Winter erlebt, gute und schlechte Zeiten, privat und beruflich, ich habe viel versucht und nie genug erreicht, gemessen an meinen eigenen Ansprüchen: Banking, Immobilien, Film, Anwalt. Jetzt, endlich, hatte ich die richtige Idee, das richtige Konzept, die richtigen Leute. Der Durchbruch. Die nicht allzu kühle Luft, der Wein, der Vollmond versetzen mich in eine euphorische Stimmung. Ich rufe Paul Breisgauer an und sage ihm, wie toll es mir geht. Der Aktienkurs ist heute auf 50 € gesprungen, der Wert meines Depots auf über 7 Millionen DM. Ich bin nicht geldgierig, ich bin auch nicht luxussüchtig. Die Zeiten, in denen ich Mercedes fahren musste, für mein Ego, sind längst vorbei. Wir haben im vergangenen Jahr einen VW Polo gekauft, wir wohnen zur Miete, wir haben keine teuren Hobbies. Ich erinnere mich an ein Wort, das Mark Spitz einmal in einem Interview sagte, der 10-fache Goldmedaillengewinner in allen Schwimmdisziplinen bei den Olympischen Spielen 1972 in München, die ich damals in New York am Fernseher beobachtet hatte. Er hatte es von seinem Vater: *„Swimming is not important, Winning is"*. So ähnlich war es. Geld war nicht wichtig, aber der Erfolg. Paul Breisgauer stimmt mir verschlafen zu, ich habe ihn wohl geweckt. Ich gehe weiter. Ich habe vier Fünftel der 12 km zurückgelegt, als mich plötzlich die Ausdünstungen aus den Mülleimern ekeln, die weit weg von der Straße vor den Mietshäusern stehen. Die kühle Luft schmeckt mir nicht mehr, meine Gedanken über Geld und Erfolg sind wie weggewischt. Das nächste Taxi fährt mich nach Hause. Ich schaffe noch die paar Schritte zum Bad. Dort muss ich mich in Krämpfen übergeben, dann wird mir schwarz vor Augen. Irgendwann wache ich auf, ich liege auf den Kacheln, in meinem eigenen Erbrochenen, mit einer Beule am Kopf. Ich schleppe mich ins Bett, dort werde ich erneut ohnmächtig. Jetzt ist meine Frau aufgewacht, sie ruft den Notarzt und ich werde ins Krankenhaus verfrachtet. Dort schlafe ich den nächsten Tag durch, dann bin ich wieder fit. Die Untersuchungen – Blut, Röntgen, Ultraschall – geben keinerlei Befund. Man will mich noch einen Tag dabehalten, doch ich gehe ins Büro. Auf eigenes Risiko, wie ich unterschreiben muss. Die Aktien sind schon wieder gestiegen.

Ich erfahre zum ersten Mal von Wallstreet-Online. Ebenso wie die Zeitungen und Zeitschriften, die sich mit dem Börsengeschehen befassen, sprießen die Internet-Dienste aus den diversen Böden, die der Boom ihnen bereitet. Wahrscheinlich ist es hier genauso wie beim Goldrausch in Kalifornien: Nicht die Goldsucher profitierten am meisten, sondern Herr Levi-Strauss, die Kneipen und Spielhöllen, die Geldwechsler, die Bankiers und diejenigen, die die Tipps für die besten Claims feilhielten.

In Wallstreet-Online hat sich eine muntere Gemeinde zusammengefunden, die über Foris räsoniert und den rasanten Aufstieg ihres Kurses mit Kommentaren begleitet, die teils ernsthaft gemeint und auch zutreffend, teils ernsthaft gemeint und albern oder aber nur albern sind, aber alle euphorisch. *„Hoke"*, *„Comedy"*, *„IM-Millionär"* und wie sie sich alle nennen, sagen der Foris ebenso rosige Zeiten voraus wie ihrem eigenen Aktiendepot. Wir beobachten die Kommentare täglich. Solange man gelobt wird, liest man es gern. Es wird nicht immer so bleiben, doch vorerst steigen die Kurse. Die Hausse nährt die Stimmung und die Stimmung wieder die Hausse.

Rainer Paulsdorff, unser EDV-Betreuer, den wir inzwischen vertraglich eingebunden haben, sorgt dafür, dass jede Veränderung des Foris-Kurses, die auf der Internet-Seite der DO Capinvest erscheint, als SMS auf unsere Mobiltelefone geschickt wird. Ein Internetdienst, den es heute nicht mehr gibt (oder schon wieder, so schnell kann man nicht nachkommen), ermöglicht diesen kostenlosen Spaß. Oft piepst es, wenn ich morgens um den Schlachtensee jogge, ich halte an und betrachte die neuen Werte. Die Atempause ist ebenso willkommen wie der Kursanstieg, den die SMS wieder verkündet. Der Kursanstieg ist allgegenwärtig, auch dort, wo der umwaldete See in der winterlichen Morgensonne glänzt und ein paar Hunde ihre verschlafenen Herrchen spazieren führen.

Inzwischen ist das Aktienfieber auf die Mitarbeiter übergesprungen. Rollmann macht den Vorschlag, ihnen zinsgünstige Darlehen zum Erwerb von Foris-Aktien zu geben. Ich willige ein, und die meisten werden zu Aktionären. Das böse Erwachen wird in drei Jahren kommen...

TRINKAUS & BURKHARDT

Der Kursanstieg vollzieht sich bei hohen Umsätzen. Die DO Capinvest verdient prächtig an dem Handel. Bei den explodierenden Kursen explodiert auch die absolute Marge bei jedem einzelnen Deal, so dass es schon unanständig wird. Jemand kauft eintausend Foris-Aktien für 20.000 €, die DO Capinvest hatte sie zuvor für 18.000 gekauft – ein fast risikofreies und doch goldgerändertes Geschäft, freilich auf Kosten der Aktionäre, da die DO Capinvest einen guten Teil der Kursgewinne auf diese Art und Weise abräumt. Irgendwann sagt uns selbst die DO Capinvest, dass dies nicht mehr gesund sei.

Wir haben bei unseren bisherigen Planungen einen Börsengang erst einmal ausgeblendet und peilen ihn für frühestens 2001 an. Wir sehen täglich, dass wir noch kein Geld verdienen, dass unser Konzept seine Feuerprobe noch nicht hinter sich hat, dass wir noch kein Unternehmen mit einer gefestigten Organisation, einem eingespielten Stab, einem halbwegs sicheren Bodensatz revolvierender Aufträge sind. All das wären die Voraussetzungen der Börsenreife, hat man uns gesagt.

Doch unter dem Eindruck der Hausse der Foris-Aktien und der euphorischen Stimmung verflüchtigen sich die Bedenken. Immer mehr Unternehmen gehen an die Börse, vorzugsweise an den Neuen Markt. Emissionsinstitute und -berater sprechen uns an und bieten ihre Dienste feil. Rollmann erinnert sich an den Kontakt, den er auf der Leipziger Eigenkapitalmesse mit Trinkaus & Burkhardt gemacht hat. Er berichtet mir, dass er mit einem der Mitarbeiter aus der Emissionsabteilung ein Gespräch geführt hat, das zweite Gespräch soll mit uns beiden stattfinden. Es geht noch um nichts Konkretes, lediglich eine tour d'horizon über die langfristigen Perspektiven der Foris auf dem Kapitalmarkt. Im Februar stehen Rollmann und ich in der Eingangshalle von Trinkaus & Burkhardt in der Düsseldorfer Königsallee, der Bank, bei der ich mich 22 Jahre vorher einmal für einen Posten in der Rechtsabteilung beworben hatte. Ich sage zu Rollmann: wie schön ist es doch, in der Vorhalle einer Bank zu warten, wenn man kein Geld von ihr will. Jedenfalls keins geliehen.

Dr. Althaus von der Abteilung „Corporate Finance" holt uns an der Pforte ab. Er ist Jurist und Anwalt. Zu dem Gespräch stößt noch Herr Rönneburg, ein Betriebswirt. Wir verstehen uns auf Anhieb und sprechen die gleiche Sprache. Beide haben bereits über die DO Capinvest Foris-Aktien gekauft. Sie freuen sich über den frischen Wind, den wir in die Anwaltschaft bringen.

Es bleibt nicht bei der tour d'horizon. Am Ende des Gesprächs steht ein Ergebnis. Wir sollen die einmalige Großwetterlage am Kapitalmarkt nutzen und unser Unternehmen jetzt an die Börse bringen, nicht erst in zwei Jahren. Der Bekanntheitsgrad des Unternehmens wird steigen. Der Kapitalzufluss wird unsere Finanzkraft und die wiederum das Vertrauen potentieller Kunden stärken. Das leuchtet mir ein. Meine Bedenken verfliegen. Durchstarten! *„Den Römern missfiel das Wort ,Kommt Zeit, kommt Rat', denn die Zeit jagt alles vor sich her und kann Gutes und Schlechtes mit sich führen."* Der Gedanke nistet sich ein und ist nicht mehr zu vertreiben.

1999 beginnen sich die Banken und Emissionshäuser um Börsenkandidaten zu reißen. Eine Börsenemission ist für die Bank ein einträgliches Geschäft ohne Ausfall- und Refinanzierungsrisiko. Sie kann nur gewinnen. Sie streicht 4 – 5 % vom Emissionserlös ein, selbst bei einer kleinen Emission wie unserer kommen ansehnliche Beträge zusammen.

Trinkaus & Burkhardt macht einen ehrgeizigen Fahrplan. Er sieht die Aufnahme der Notierung für den 19.07.1999 vor. Wir sprechen noch mit zwei anderen Banken. Aber dies Tempo wollen oder können sie nicht mithalten und winken ab. Wir sprechen auch mit Firmen, die ihre Dienste als Emissionsberater anbieten. Die Leute gefallen uns nicht, wir finden ihre Selbstdarstellungen eitel und können nicht erkennen, welchen Zusatznutzen sie uns für das Geld bieten, das sie für ihre Dienste haben wollen. Abstoßend finden wir, dass wir mehrfach hören, diese Kosten könnten uns egal sein, nicht wir würden sie ja zahlen, sondern die Zeichner.

So hat uns Trinkaus, oder, wie sie genau heißen: HSBC Trinkaus & Burkhardt KGaA, ohne großen Aufwand akquiriert. Ein sympathischer Herr Rönneburg, der in Leipzig Herrn Rollmann angesprochen und ihm gesagt hat, er könne sich jederzeit mit einer Frage oder der Bitte um einen Rat an ihn wenden. Freundlichkeit statt Arroganz und eitlem Gehabe, das war es, was uns überzeugt hat.

Ich will den Erfolg. Um ihn zu erreichen, habe ich mich bereits, gegen mein Gefühl, mit Rollmann eingelassen und all dem, was er mitbringt: neben seiner unzweifelhaften Intelligenz, seinem Fleiß, seiner kämpferischen Haltung und seinen vielen Beziehungen leider auch einen Schulfreund als Aufsichtsratsvorsitzenden, einen zweiten Standort Bonn und ein paar Charaktereigenschaften, die mich schon jetzt an ihm stören. Es kommt mir vor wie der Pakt mit dem Teufel: Auch Mephisto ist ja ein geistvoller, unterhaltsamer Kumpel. Wenn wir uns jetzt auf die Unwägbarkeiten des Monsters namens Kapitalmarkt einlassen, so ist das, als hätten Faust und Mephisto gemeinsam den Pakt mit einem Oberteufel geschlossen… Das Abenteuer Börse wird uns in den nächsten Monaten gefangen halten, und dem Ziel Börse werden wir alle anderen Ziele unterordnen.

Das ganze muss unter laufendem Rad geschehen. Die Bilanz 1998 muss fertig gestellt und geprüft werden, der Wirtschaftsprüfer ist im Haus. Wir versuchen, eine Systematik in die Fallprüfung hineinzubringen, um sie numerisch erfassen und vergleichen zu können. Wie viele Fälle sind an uns herangetragen worden, bei wie vielen haben wir Vorverträge abgeschlossen, welche sind in Finanzierung, in welchem Stadium des Verfahrens? Das ganze ähnelt einer dynamischen Lagerbestandsbuchhaltung mit Waren, die einen unterschiedlichen Fertigungsgrad aufweisen. Wann ist ein Verfahren abgeschlossen, wann dürfen wir Gewinne, wann müssen wir Rückstellungen buchen? Wir müssen Zahlen, Statistiken, Prognosen vorlegen. Sie müssen nicht nur für uns, auch für die Banker und Wirtschaftsprüfer, die von den Bankern geschickt werden, nachvollziehbar und plausibel sein. Erstmals werden wir demnächst in einer öffentlichen Hauptversammlung Rede und Antwort stehen müssen und das ganze wird sich bei den Gesprächen mit institutionellen Zeichnern fortsetzen.

Daneben fehlt uns Personal. Uns fehlen die festangestellten Juristen, die verantwortlich die Fallprüfung übernehmen und Rollmann und mich vom Tagesgeschäft entlasten. Rollmann hat eine Stellenanzeige in der Standardzeitschrift für Juristen, der NJW, geschaltet. Die Ausbeute an Bewerbern ist dürftig. Die, die wir zur Vorstellung einladen, finden entweder vor meinen oder vor Rollmanns Augen keine Gnade. Frustriert sitzen wir abends zusammen, nachdem wieder eine Vorstellungsrunde verlaufen ist, ohne dass sich der Kandidat gefunden hätte, den wir für geeignet halten. Allerdings ist es auch schwierig: Wir suchen den Juristen mit guten Rechtskenntnissen, Erfahrung und Biss, der den Zivilprozess kennt, anderen – auch gestandenen – Anwälten ein anerkannter Gesprächspartner ist, auch wenn er „Nein" sagen muss, und der dennoch nicht seine Karriere in einer Anwaltskanzlei sucht, in der er in ein paar Jahren vielleicht deutlich bessere Perspektiven hat als bei uns.

Erst mit dem Börsengang werden wir bei jungen Juristen zum begehrten Arbeitgeber werden. Aber wir brauchen die Mitarbeiter jetzt, um die Börsenreife überhaupt erst herzustellen. Eine von vielen Baustellen, auf denen wir arbeiten müssen, von den ganz gewöhnlichen Prozessfinanzierungsanfragen ganz abgesehen, die uns täglich erreichen. Darunter skurrile ebenso wie dummdreiste, aber auch solche, in denen sich bewegende und tragische Menschenschicksale spiegeln.

Ich telefoniere fast täglich mit Dr. Althaus. Wie er mir sagt, ist es selbst in größeren Unternehmen mit lange eingespielten Geschäftsabläufen normal, wenn das Geschäft vor einem Börsengang zu knirschen beginnt. Kundenreklamationen häufen sich, Umsätze und Gewinne gehen zurück, weil das gesamte Management mit dem Börsengang beschäftigt ist. Es ist kein Trost, dass wir nicht einmal Umsätze und Gewinne haben, die zurückgehen könnten.

Natürlich wollen wir an den Neuen Markt. Jedes andere Segment finden wir unter unserer Würde. Der Neue Markt ist der Star der Börsensegmente, kein anderer Zweig hat derart enorme Wachstumsraten, horrende Kursgewinne und steht so im Brennpunkt der öffentlichen Aufmerksamkeit. Jede Neuemission kann sich intensiver Besprechungen in den aus dem Boden geschossenen Anlegermagazinen sicher sein. Meist sind es Jubelbeiträge, denn Bangemachen gilt nicht. Warnungen will niemand hören oder lesen. Der Neue Markt ist am 10. März 1997 mit der Mobilcom gestartet. Ende 1997 waren 17 Unternehmen, ein Jahr später schon 64 gelistet, mit einem Marktwert von 26 Milliarden Euro. Jetzt kommen täglich neue hinzu, oft mehrere am Tag. Der Index des Neuen Marktes, der Nemax, steigt täglich weiter. Die Aktien aus Neuemissionen werden zugeteilt. Wer das Glück hat, Zuteilungen zu erhalten, streicht meist schon am ersten Tag Zeichnungsgewinne von bis zu 100 % ein. EM-TV, der – mir allerdings immer suspekte – Startitel am Neuen Markt, hat eine Börsenkapitalisierung erreicht, die bereits die von alteingesessenen DAX-Werten übersteigt.

Alle wollen an den Neuen Markt, Unternehmen, Anleger, E-missionshäuser. Am Anfang hat die Börse noch nach geeigneten Kandidaten gesucht und dabei auch Unternehmen aufgenommen, die Altersheime betrieben, nicht gerade werbewirksam für ein Segment, das für Hightech-, Entertainment- und dynamische Dienstleistungsunternehmen bestimmt ist. Inzwischen dominieren diese Branchen und bestimmen das Profil. Die Frankfurter Börse prüft, ob neue Aspiranten hineinpassen. Wer an den Neuen Markt will, muss beim Zulassungsausschuss antreten. Dort muss er eine überzeugende Vorstellung abliefern: nicht nur, dass er schon die Börsenreife erreicht hat (was auch immer das ist), sondern auch, dass er wachstumsstark und innovativ ist und in das Segment passt.

Immerhin, wir werden zum Vortanzen eingeladen. Termin ist der 11. März. Am Tag zuvor hat sich der Start des Börsensegments „Neuer Markt" zum zweiten Mal gejährt. Ich lese es im Wirtschaftsteil der Zeitung, als ich morgens mit dem Zug aus Stuttgart komme, wo ich aus irgendeinem Grund übernachtet habe. In aller Herrgottsfrühe bin ich durch den verschneiten Schlosspark gejoggt und noch etwas schlaff, als ich auf dem Bahnsteig in den ICE nach Frankfurt steigen will. Auf einmal spricht mich jemand an. In meinen Gedanken – und wegen seiner inzwischen kurzen weißen Haare – erkenne ich ihn zunächst gar nicht. Es ist mein alter Freund und Kumpel Joseph Roth aus Hamburger Junggesellenzeiten, den ich Jahre nicht gesehen oder gesprochen habe. Ich weiß nur, dass er, Jurist wie ich, auch eine recht paradiesvogelartige Laufbahn hinter sich hat. Er hat für eine Immobilienfirma in Australien gearbeitet, hatte ein eigenes Computerunternehmen in München, war später als Apple-Manager ständig in der Luft zwischen Frankfurt und San Francisco... Das Wiedersehenshallo ist kurz, denn der Zug fährt gleich. Wir versprechen, wieder mehr Kontakt zu halten. Das passiert auch. Zwei Jahre später wird Joseph Roth mit Foris zu tun bekommen. Davon ahnen wir beide nichts, als wir uns hektisch wieder verabschieden.

Im Gebäude der IHK und Börse, mit dem vielfotografierten Ensemble von Bulle und Bär davor, werden wir in den Raum geführt, wo die Präsentation stattfinden soll. Wir stellen Laptop und Beamer auf. Zuerst trudeln unsere ständigen Begleiter der nächsten Monate, Althaus und Rönneburg von Trinkaus & Burkhardt ein, dann die fünf Mitglieder des Zulassungsausschusses. Am Abend zuvor hat, wie wir erfahren, eine Feier zum zweiten Jahrestag des Neuen Marktes stattgefunden. Entsprechend müde sehen alle aus. Einer von ihnen ist so derangiert, dass er den Ausführungen kaum folgen kann. Während des Vortrages von Rollmann beginnt er zu würgen und verlässt die Sitzung, ohne wiederzukommen.

Rollmann findet es inzwischen selbstverständlich, dass ich ihm den Vortritt lasse, wenn irgendwo eine Präsentation zu geben ist. Andererseits dränge ich mich auch nicht danach, obwohl ich glaube, dass ich es inzwischen genauso gut und vielleicht sogar glaubwürdiger rüberbringen kann. Sein Vortrag glänzt, aber wirkt auch oft aalglatt oder überheblich. Ich beobachte die einzelnen Ausschussmitglieder. Wie Rollmanns Worte ankommen, lässt sich den müden Gesichtern nicht entnehmen. Viele Fragen werden nicht gestellt. Die Ausschussmitglieder verlassen schnell den Raum. Wir bleiben etwas unschlüssig zurück. War das jetzt alles? Stand das Ergebnis schon vorher fest? Das Grüßen des Hutes auf der Stange? So wird es mir in Zukunft noch öfter vorkommen, wenn die Deutsche Börse meint, ihre Muskeln zeigen zu müssen. Wir gehen noch etwas essen, dann fahren wir zurück in unsere Büros. Es gibt noch mehr Arbeit für uns.

WAS IST EINE VERSICHERUNG? – ANTANZEN AM LUDWIG-KIRCHPLATZ

Unzählige Verbände und Vereine sind in den letzten Jahren von Bonn nach Berlin umgezogen. Ihre Vorstände und Geschäftsführer bevölkern die Vorzimmer der Ministerien, das „Vau" und das „Margaux", die Champagner- und Hummerbuffets der Landesvertretungen. Dort beten sie unermüdlich ihre stets gleiche Botschaft herunter, die da lautet: was gut ist für die Schornsteinfeger oder Süßwarenhersteller, für Bananenimporteure oder Binnenschiffer, ist auch gut für Deutschland.

Von einem dieser Vereine ist uns im letzten Herbst ein Brief ins Haus geflattert. Absender ist der GdV: der Gesamtverband der privaten Versicherungsunternehmen. Wie das Internet mir sagt, ist dort alles Mitglied, was in der deutschen Versicherungswirtschaft Rang und Namen hat, Allianz und R+V, Ergo oder Gerling ebenso wie der nur Fachleuten bekannte Spezialversicherer für Ölbohrinseln aus Hamburg. Unter dem äußerst dezenten Briefkopf teilt er uns in einem höflichen Dreizeiler mit, dass er die Aktivitäten der Foris beobachte. Er habe Anlass zu der rechtlichen Auffassung, dass die Prozessfinanzierung ein Versicherungsgeschäft sei. Als solches unterliege es dem Erlaubnisvorbehalt des Versicherungsaufsichtsgesetzes („VAG"). Nach diesem dürfen nur solche Unternehmen Versicherungsgeschäfte betreiben, die eine Genehmigung des Bundesaufsichtsamtes für das Versicherungswesen, haben.

Prozessfinanzierung soll Versicherung sein? Weder ich bin auf diesen Gedanken gekommen noch einer der Anwälte, die uns in den Veranstaltungen Löcher in den Bauch gefragt haben. Ich habe vorsorglich ein Negativattest des Bundesamtes für das Kreditwesen erbeten und anstandslos nach wenigen Tagen bekommen: Prozessfinanzierung ist kein Bankgeschäft und unterliegt nicht der Bankenaufsicht. Aber Versicherung? Ich schiebe den Gedanken verärgert beiseite. Doch wenige Tage später kommt noch ein Brief.

Mit Versicherungen habe ich noch nie viel am Hut gehabt. Die Assekuranz ist in einer Rumpelkammer meines Gehirns gespeichert. Erlebnisse mit nassforschen Verkäufern von Versicherungsdoppelkarten stapeln sich nachlässig neben Assoziationen an Franz Kafka, neben undeutlichen Erinnerungen an Gesetzesfossilien wie das Versicherungsaufsichtsgesetz, das Versicherungsvertragsgesetz und die Reichsversicherungsordnung. Ihrer Lektüre konnte ich während meines Studiums keinen Unterhaltungswert abgewinnen.

Das passiert jetzt, gezwungenermaßen. In dürren Worten unter dem grimmigen schwarzen Bundesadler teilt uns das Versicherungsaufsichtsamt mit, es habe gegen uns eine Untersuchung eingeleitet. Unter Hinweis auf geharnischte Paragraphen gibt es uns auf, einen ganzen Trumm Unterlagen innerhalb bestimmter Fristen einzureichen.

Das Bundesaufsichtsamt residiert am Ludwigkirchplatz, in einer charmanten Wohn- und Kneipengegend inmitten des westlichen Stadtzentrums. Als ich mich an diesem Abend mit Wolf Schröder in der „Weißen Maus" treffe, einer Bar auf der gegenüberliegenden Seite des Platzes, schaue ich mir das Gebäude genauer an. Die neobarocke Fassade und die anmutig, ja luftig ausgeführte Eingangsgruppe präsentieren seinen föderalen Machtanspruch eher spielerisch als aggressiv, anders als die bräsigen Bundesneubauten der neunziger Jahre oder die einschüchternde Architektur der Gerichtspaläste in Tegel oder Moabit. Ihre Krallen und Klauen zeigt mir die Behörde, als ich in dem über 100 Jahre alten Versicherungsaufsichtsgesetz blättere. Sie kann von jedem, den sie auch nur verdächtigt, Versicherungsgeschäfte zu machen, Informationen aller Art anfordern und bei Nichterfüllung unmittelbaren

Zwang ausüben. Sie hat jederzeit Zutritt zu den Geschäftsräumen solcher Unternehmen, kann Unterlagen, Gelder und Konten beschlagnahmen und einen Verwalter einsetzen, kann den Geschäftsbetrieb mit sofortiger Wirkung untersagen und Bußgelder in astronomischen Höhen verhängen. Erfahrungsgemäß schöpfen solche Behörden ihre gesetzlichen Marterinstrumente selten aus, aber wehe, wenn sie losgelassen… Zwar kann man ihre Maßnahmen auch dann vor den Verwaltungsgerichten anfechten, aber faktisch hat niemand, dessen Büros die Steuerfahndung, die Banken- oder Versicherungsaufsicht einmal verrammelt und vernagelt hat, eine ernsthafte Chance, sie je wieder für den Geschäftsbetrieb zu öffnen.

Wir schon gar nicht. Wir wollen an den Kapitalmarkt, wo schon Gerüchte Verkaufslawinen lostreten können. Wenn das Aufsichtsamt uns als Versicherung einstuft, ist unser Modell geplatzt, bevor wir überhaupt losgelegt haben, und der Börsengang sowieso. Das Gelächter der Neider und Besserwisser würde homerisch sein! Wir müssten zurück ans Reißbrett, das Geschäft völlig neu konzipieren und die Erlaubnis für das Versicherungsgeschäft beantragen. Dazu müssten wir einen Unternehmensleiter mit mindestens drei Jahren Erfahrung in leitender Position einer Versicherung finden, einen von einem Aktuar geprüften Geschäftsplan zur Genehmigung vorlegen, uns auf Zeitdimensionen von Monaten oder Jahren einrichten – ausgeschlossen! Grund genug für mich, selber in der Bibliothek des Kammergerichts die zwei, wenn auch uralten, Gerichtsentscheidungen herauszusuchen, auf die die Behörde uns hingewiesen hat, eine des Reichsgerichts von 1929, und eine des Landessozialgerichtes von Nordrhein-Westfalen von 1959. Beide treffen den Sachverhalt nicht ganz. Und mein juristischer Instinkt sagt mir schlicht, Prozessfinanzierung kann kein Versicherungsgeschäft sein. Das Gesetz stellt Versicherungen deshalb unter Staatsaufsicht, weil ihnen von ihren Kunden Milliardensummen anvertraut werden. Damit sollen sie Reserven für den Versicherungsfall aufbauen und kein Schindluder treiben, ebenso wenig wie Banken mit ihren Kundengeldern. Im Gegensatz zu einer Bank oder Versicherung aber bringen wir unseren Vertragspartnern Geld, statt von ihnen etwas zu nehmen. Wo soll da die Missbrauchsmöglichkeit liegen? Außerdem passen die Vorschriften des VAG auf die Prozessfinanzierung hinten und vorne nicht. Leider hat der Gesetzgeber versäumt zu definieren, was überhaupt eine Versicherung ist. So mussten Rechtsprechung und die Rechtswissenschaft Kriterien entwickeln: Risikoausgleich nach dem Gesetz der großen Zahl, Interessenantagonismus zwischen Unternehmen und Versichertem, und so weiter. Aber auch die sind wieder nur „Gummiparagraphen". Letztlich ist eine Versicherung ein Unternehmen, über das das Aufsichtsamt befindet, dass es eine Versicherung ist…

Wir haben im Herbst 1998 in einem längeren Schriftsatz unsere Argumente vorgetragen. Doch der Persilschein lässt auf sich warten. Wir nehmen Akteneinsicht und bekommen heraus, dass die interne Meinungsbildung im Aufsichtsamt 2 zu 1 zu unseren Gunsten steht. Doch der Präsident des Amtes hat Manschetten – vor dem GdV? – und will nicht allein entscheiden. Das Gesetz hat für schwierige Fälle ein Beschlusskammerverfahren vorgesehen. Die Beschlusskammer ist ein unabhängiges, nicht weisungsgebundenes Gremium innerhalb der Behörde. Ihr gehören neben drei Angehörigen des Amtes auch zwei Außenstehende an, die vom Bundespräsidenten ernannt werden. Zur Zeit sind es zwei Professoren für Versicherungsrecht. Die hohe Beschlusskammer kann aus Termingründen erst Ende April 1999 zusammentreten.

Zwar bereiten wir kaltblütig den Börsengang weiter vor. Dennoch betrete ich am 27. April 1999 zusammen mit Rollmann und Cobet mit gemischten Gefühlen das Gebäude am Ludwigkirchplatz. Die Anhörung beginnt morgens um zehn. Vor allem die Professoren stellen bohrende Fragen. Nur allmählich bekomme ich in dem Getümmel das Gefühl, dass die Skepsis bei den Kammermitgliedern weicht und unsere Auffassung die Oberhand gewinnt. Nach zweieinhalb Stunden sind die Fragen genauso erschöpft wie die Fragesteller und die Befragten. Der Vorsitzende bittet uns, für die Dauer der Beratung den Saal zu verlassen. Zur Verkündung der Entscheidung sollen wir wiederkommen. Wir gehen zu dritt etwas essen. Das Wetter ist frühlingswarm und wir sitzen draußen bei Capuccino und Club Sandwich, während die Beschlusskammer brütet. Wir, wie es immer so ist bei solchen Gelegenheiten, ergehen uns in nutzlosen Spekulationen über das Ergebnis und bestärken uns gegenseitig in der Meinung, dass es nur in unserem Sinne ausfallen kann. Dennoch will die Spannung nicht recht weichen. Um 14 Uhr dürfen wir wieder in den Sitzungssaal. Feierlich bittet der Vorsitzende die Anwesenden, zur Verkündung der Entscheidung aufzustehen. „Die Beschlusskammer des Bundesaufsichtsamtes für das Versicherungswesen hat in der Sache Aktenzeichen blablabla durch seine Mitglieder blablabla aufgrund der Anhörung vom ... und der schriftlichen Stellungnahme vom ... gemäß Paragraphen blablaba" so geht der Lindwurm von Satz scheinbar ewig weiter, während wir den Atem anhalten und auf das erlösende Wort warten: „... festgestellt, dass es sich bei dem von der Foris AG betriebenen Geschäft **nicht** um ein Versicherungsgeschäft im Sinne der Paragraphen blablabla des VAG handelt." Puh! Wir dürfen uns setzen. Der Vorsitzende verliest die Begründung. Darin vergleicht er die Prozessfinanzierung der Hebung eines versunkenen Schatzes. Ich muss grinsen. Diese naive Argumentation nach all dem rechtswissenschaftlichen Mummenschanz! Das Bild des Schatzes findet sich später auch in der schriftlichen Begründung wieder, die bald darauf in allen Fachblättern für Versicherungsrecht veröffentlicht wird. Vielleicht bin ich der „Schatzinsel" näher, als ich damals glaube...

Wir verlassen das Gebäude zusammen mit den beiden Professoren und warten mit ihnen auf der Freitreppe vor dem Portal auf unsere Taxis. Ich sage zu einem von ihnen, dass ich mich zum zweiten Mal wie im ersten Staatsexamen gefühlt hätte. Er lacht und antwortet, er wolle mir jetzt einmal ein Geheimnis anvertrauen: er wisse auch nicht, was eine Versicherung ist... Auf der Rückfahrt ins Büro erzählt Rollmann mir, der zweite Professor hätte sich danach erkundigt, wo man Foris-Aktien kaufen kann.

LOCKUP

Einige Tage nach dem Termin bei der Börse haben wir Nachricht bekommen. Die Börse ist bereit, uns in den Neuen Markt aufzunehmen.

Nach dem Regelwerk des Neuen Marktes dürfen Altaktionäre ihre Aktien nach dem Börsengang ein halbes Jahr lang nicht verkaufen. Das macht Sinn. An den Neuen Markt sollen Unternehmen, die sich für ihre Expansion Kapital besorgen wollen. Er ist nicht für die gedacht, die den Börsengang zum Kassemachen nutzen und sich dann verabschieden wollen. Lockup heißt diese Halteverpflichtung auf Börsianisch.

Die Börse lässt uns wissen, dass sie als Altaktionäre nicht nur die Gründungsaktionäre und die bald danach hinzugekommenen Rollmann, Cobet, Kammacher und Weber ansieht, sondern auch all die Aktionäre, die bei unserer außerbörslichen Kapitalerhöhung Aktien gezeichnet haben.

Das macht keinen Sinn. Das sind doch alles Kleinaktionäre. Sie haben ihre Aktien auch schon für teures Geld gekauft. Inzwischen hat ein reger Handel stattgefunden. Wir schätzen, dass ihre Zahl dadurch auf 2.000 angewachsen ist. Wer die neuen Aktieninhaber sind, wissen wir gar nicht.

Wir tragen unsere Argumente vor. Doch die Börse fürchtet sich vor Präzedenzfällen und pocht auf die Buchstaben ihres selbstverfassten Regelwerks. Dabei ist sie in den späteren Jahren nicht zimperlich, wenn es darum geht, das Regelwerk selbstherrlich zu verändern.

Immerhin, in einem Punkt lassen sich die Herrschaften erweichen: Sie verlangen nicht, dass alle Aktionäre dem Lockup zustimmen. Ihnen reichen 90 % des neuen Grundkapitals der Gesellschaft von nominal 2,655 Millionen DM.

Wir rechnen nach. Die DO Capinvest hat auch einen Teil ihrer eigenen Aktien verkauft. Nur noch eine Minderheit der Aktien ist in festen Händen, das sind die Aktien von meiner Frau und mir, von Rollmann, Cobet und deren Familien, von Wetekam und Weber, zusammen nicht mehr als 30 %. Einige größere Aktionäre kennen wir persönlich. Mit ihnen werden es vielleicht 40 %. Also haben wir nicht einmal die Hälfte der Aktien, die gesperrt werden müssen, damit es die Zulassung gibt.

Erstaunlicherweise reicht der Börse eine privatschriftliche Verpflichtung der Aktionäre. Das würde der Manipulation Tür und Tor öffnen. Wir fragen noch einmal nach. Es ist also nicht erforderlich, dass die Aktionäre ihre Aktionärseigenschaft nachweisen oder gar die Aktien auf einem Sperrdepot festlegen? Es bleibt dabei. Vorsichtshalber lassen wir es uns schriftlich geben.

Dennoch, es erscheint aussichtslos, es einer so großen Anzahl von Aktionären zu vermitteln, dass sie ihre Aktien nicht verkaufen dürfen, und wenn die Kurse noch so steigen. Zumal wir zu dem Zeitpunkt, in dem sie unterschreiben sollen, noch nicht einmal wissen, ob wir unseren ehrgeizigen Zeitplan überhaupt einhalten und den Börsenstart am 19.07. schaffen. Wir formulieren *„innerhalb von sechs Monaten nach der erstmaligen Notierung der Aktie im Neuen Markt"* und schreiben dazu, dass die Erklärung ihre Wirkung verliert, wenn die Notierung nicht spätestens am 30. September aufgenommen wird. Das heißt also, maximal bis zum 31. März 2000. Es ist ganz schön heftig, was wir den Aktionären abverlangen müssten: schlimmstenfalls fast ein Jahr lang ihre Aktien nicht zu verkaufen, egal, was passiert.

Wir diskutieren die Sache mit Trinkaus. Die raten uns, an das soeben neu geschaffene Börsensegment „SMAX" für „small caps" zu gehen. Bei dem sind die Zulassungsbedingungen weitmaschiger geknüpft, dorthin kämen wir auch ohne die Halteverpflichtung.

Doch alles redet vom Neuen Markt, wer will in den SMAX? Wollen wir in eine Schublade mit Schnapsbrennereien, Baumärkten und Staubsaugerherstellern? Außerdem, wie das schon klingt! Irgendwie nach Schmatzen oder nach Schmalz. Und das erste durfte ich nicht, das zweite mochte ich nicht mehr, schon seit ich zehn Jahre alt war. Wir entschließen uns zum Durchmarsch.

Die Trinkäusler halten uns für verrückt. Schaffen wir es nicht an den Neuen Markt, müssen wir die Börsenzulassung von neuem beantragen. Das kostet Zeit. Und erst die Blamage, wenn wir scheitern würden! Doch wir lassen uns nicht beirren. Rollmann und ich sind auf dem Trip, dass uns all das gelingt, von dem wir wollen, dass es uns gelingt. Und in dieser Überzeugung reißen wir die anderen mit oder geben ihnen das Gefühl, dass wir nicht zu stoppen sind.

Prössling gibt uns die Anschriften der Aktionäre, die bei ihm gekauft haben. Wir schicken am 14.04.1999 einen Brief raus. Es ist bereits der dritte Aktionärsbrief. Mit dem ersten haben wir im November 1998 über das Ergebnis der Kapitalerhöhung berichtet, mit dem zweiten im Januar über den Beginn des außerbörslichen Handels. Und natürlich über unser Geschäft.

An dem neuen Brief feilen wir lange herum. Wenn ich ihn mir heute wieder durchlese, kommt er mir dennoch merkwürdig holprig vor. Wir locken, schmeicheln, appellieren und hängen den Himmel voller Geigen:

„Angestrebt ist eine Notierung der Foris-Aktien am Geregelten Markt", heißt es da, *„entweder in dessen Segmenten Neuer Markt oder SMAX. Der eigentliche Wert einer Aktie wird durch die Notierung in dem einen oder anderen Segment natürlich nicht beeinflusst. Jedoch sprechen sowohl die Innovationskraft als*

auch das prognostizierte Wachstum des Unternehmens vorrangig für eine Notierung am Neuen Markt", oder: *„Kaum ein anderes Unternehmen hat vor dem Börsengang bereits eine so hohe Aktienstreuung erreicht wie die Foris AG. Zur Erreichung der Zulassung zum Handel am Neuen Markt sind wir daher auf Ihre besondere Mithilfe angewiesen, um mindestens 90 % des Aktienkapitals dieser Selbstverpflichtung zu unterwerfen. Sollte uns dies gelingen, könnte die Aktie bereits im Sommer im Neuen Markt gelistet werden. Bereits jetzt haben sich Aufsichtsrat, Vorstand und Gründer der Foris AG mit einem Kapital von insgesamt fast 30 % zur Einhaltung der Frist verpflichtet. Allen anderen Aktionären können wir die Abgabe der Erklärung in deren eigenem Interesse nur dringend empfehlen. Nur mit dieser Erklärung wird die Aufnahme in das Segment Neuer Markt erfolgen. Außerdem wäre eine solche Selbstverpflichtung einer derart großen Anzahl von Aktionären ein wohl einmaliges Ereignis beim Börsengang. Besser lässt sich die feste Zuversicht der Anleger in die weitere Entwicklung des Unternehmens nicht dokumentieren. Auf diese Art und Wiese kann eindrucksvoll verdeutlicht werden, dass die Beteiligung an der Foris AG keine kurzfristige Spekulation darstellt. Das dadurch am Markt zu gewinnende Vertrauen kann nach unserer Einschätzung nur zu einer weiteren Belebung der Nachfrage nach Foris Aktien führen und sich damit auch langfristig positiv auf die Kursentwicklung auswirken. Schließlich dürfte ein Verkauf der Aktie vor Ablauf der erbetenen Selbstbindungsfrist für die meisten Aktionäre ohnehin wenig ratsam sein, da der Verkauf in diesem Fall meist noch in die jüngst auf ein Jahr verlängerte Spekulationsfrist fallen würde und somit ein Veräußerungsgewinn grundsätzlich der Einkommenssteuer unterläge. "*

Mit Worten lässt sich trefflich streiten, mit Worten ein System bereiten... Sicher hätten wir einen genau so schönen Brief entwerfen können, wenn wir die Aktionäre vom Gegenteil hätten überzeugen wollen. Wozu sind wir schließlich Anwälte?

Wir fügen ein mit der Börse abgesprochenes Formular bei. Ähnlich wie bei der Kapitalerhöhung häufen sich die Rückläufe in der täglichen Post zu Bergen. Auch sie müssen wieder in den Computer eingegeben werden. Das macht nicht mehr so viel Arbeit wie bei den

Zeichnungsscheinen, weil wir viele Anschriften schon haben. Herr Paulsdorff hat im Programm Felder und Schaltflächen hinterlegt, mit denen wir die Lockup-Verpflichtungen verwalten. Die Quote steigt auf 50, 60, 65, 68 Prozent. Dann nimmt das Tempo ab. Es tröpfelt immer spärlicher. Nur mühsam kommen wir über die 70.

Die obligatorische Einladung zur Hauptversammlung ist schon im Bundesanzeiger erschienen. Gleichzeitig haben wir noch einen Brief an die Aktionäre rausgeschickt: *„Wir legen Wert auf einen offenen Dialog mit unseren Aktionären und denken, daß auch mit einer hohen Präsenz das Interesse an der Gesellschaft überzeugend dokumentiert wird. Wir freuen uns daher über jeden einzelnen Aktionär, der an der Hauptversammlung teilnimmt".* Wir schmeicheln und drohen…: *„Im 3. Aktionärsbrief haben wir Sie um die Abgabe Ihrer lock-up Erklärung gebeten. Diese setzt die Deutsche Börse AG zur Notierung der Foris-Aktie am Neuen Markt voraus. Soweit Sie daher mit uns die Ansicht teilen, daß Innovation und Wachstum der Foris AG für eine Notierung in diesem Segment sprechen, benötigen wir Ihre Erklärung. Für den Fall, daß Sie diese noch nicht abgegeben haben, fügen wir nochmals ein vorbereitetes Antwortschreiben bei. Aufgrund der bisherigen Rückläufe sind wir zuversichtlich, unser Ziel erreichen zu können. Um jedoch die vorausgesetzten 90 % lock-up zu erreichen, kann und darf niemand auf die übrigen Aktionäre vertrauen. Wir brauchen jede einzelne Erklärung."*

Es gibt noch eine kleine Welle von Antworten, aber wir sind noch weit vom Ziel entfernt: 75 %, viel zu wenig. Die Zahl halten wir eifersüchtig geheim. Im Wallstreet-board wuchern die Spekulationen.

Wir beschließen, die uns bekannten Aktionäre abzutelefonieren. Wir beginnen mit den größten Positionen. Einige können wir überzeugen. Viele haben schon wieder verkauft oder behaupten es. Schließlich bearbeiten wir auch Aktionäre, die 500, 200 und weniger Aktien haben. Wir spüren das Gesetz vom abnehmenden Grenznutzen: jedes neue Zehntelprozent ist mühsamer zu erreichen als das vorangegangene.

Spätestens in der Hauptversammlung müssen wir bekannt geben, ob die 90 % erreicht sind. 10 Tage davor stehen wir bei 80 %. Noch weigere ich mich, mir die Niederlage einzugestehen. Am frühen Nachmittag, ich komme gerade vom Mittagessen, klingelt mein Telefon. Ein Herr Färber ist in der Leitung. Er fragt mich, wie es steht mit dem Lockup. Ich zögere mit der Antwort. Doch er meint, ich müsse es ihm schon sagen, wenn er mir helfen solle. Er stellt sich als der Vorstand der Volksbank in Bischofslautern in der Pfalz vor. Zugleich ist er Geschäftsführer einer Stiftung und hat eine Gruppe von Kunden, die Kapital anlegen. Er sagt, all diese hätten in den letzten Monaten ziemlich viele Foris-Aktien gekauft. Er könne uns etwa 7% Aktien für den Lockup bieten, vielleicht sogar noch ein paar mehr. Ich drucke ein bisschen herum, sage aber, mit diesen Aktien könne es eigentlich nicht mehr schief gehen. Am nächsten Tag kommen die Bestätigungen. In einem Fenster unseres Programms können wir stets die erreichte Quote sehen. Ich gebe Färbers Daten selbst ein: wir stehen bei 89 %.

Ein Aktionär hat den Lockup nicht unterschrieben. Es ist Weber, einer der beiden Steuerberater, die 1997, nach dem Ausscheiden Hemmels, mit eingestiegen sind. Er ist ein Aktionär der ersten Stunde, einer derjenigen, für die das Lockup-Gebot eigentlich gedacht ist, nicht einer von denen, die bereits ein hohes Agio auf den Nominalwert gezahlt haben. Er hat mit den Aktien das Geschäft seines Lebens gemacht. Was er 1997 für 33.000 DM gekauft hat, ist jetzt eine Million wert. Mit seinen Aktien hätten wir es geschafft. Aber er ziert sich. Er argumentiert, es sei doch nicht so schlimm, wenn wir den Neuen Markt nicht erreichen, dann könnten wir an den SMAX gehen. Ich bin sauer und wütend. Wir verhandeln mit ihm, reden mit Engelszungen auf ihn ein, aber wir haben keinerlei Handhabe, ihn zu zwingen. Am Tag der Hauptversammlung stehen wir bei 89,3 %.

Zwei Stunden vor ihrem Beginn bietet die DO Capinvest Weber an, ihm die Hälfte seiner Aktien für rund 500.000 DM abzunehmen, wenn er für den Rest den Lockup unterschreibt. Jetzt endlich schlägt er ein. Ich werde nie wieder ein Wort mit dem Mann reden.

Später werden wir vier prallvolle Leitzordner mit Lockup-Erklärungen an die Deutsche Börse schicken. Ich bezweifle, dass jemals einer einen Blick hineinwirft. Sie sind auch völlig sinnlos. Ob die darin enthaltenen Angaben stimmen, wissen wir nicht, ebenso wenig, ob sich die Aktionäre daran halten.

Wir vermuten, dass es in der Folgezeit etliche gibt, die auf ihre Verpflichtung pfeifen und ihre Aktien trotzdem verkaufen. Eine Möglichkeit, das zu kontrollieren, hat die Börse nicht. Und selbst wenn sie davon wüsste, was sollte sie tun? Einen Schaden kann sie nicht geltend machen. Worin sollte der liegen? Und eine vorbeugende Unterlassungsklage gegen 1500 Aktionäre will die Börse wohl auch nicht erheben.

Solche Gedanken werden auch in der Öffentlichkeit erörtert. Darum wird die Börse bei späteren Börsengängen verlangen, dass die Altaktionäre ihre Aktien in ein Sperrdepot legen. Ob wir die 90 % auch unter diesen Bedingungen geschafft hätten?

Ein halbes Jahr nach dem Börsenstart, am 19.01.2000 wird die Sperrfrist auslaufen. Wir sehen diesem Tag mit Bangen entgegen. Werden die Aktionäre nach dem Auslauf ihrer Halteverpflichtung entfesselt ihre Aktien auf den Markt werfen? Nichts davon geschieht. Etwas anderes wird in diesen Tagen geschehen, aber davon später…

DIE ERFORDERLICHE SORGFALT

Hat Columbus eine due-diligence-Prüfung durchführen lassen, bevor er nach Westen in See stach und Geld für sein Projekt sammelte? Heute müsste er es.

Vor den Eintritt in die Säulenhallen der Finanzmärkte haben die Götter den Börsenzulassungsprospekt gesetzt. Hinter diesem Pamphlet, das später kein Mensch mehr lesen wird, verbergen sich tausende Stunden Arbeit für die „Due-diligence-Prüfung", eine Art Computertomographie des ganzen Unternehmens.

Wirtschaftsprüfer und Juristen durchleuchten das Geschäftskonzept auf wirtschaftliche und rechtliche Plausibilität. Die Umsetzung dieses Geschäfts in konkrete Geschäftsabläufe. Die damit verbundenen Risiken und die unternehmensinternen Instrumente zu ihrer Eingrenzung. Die Abhängigkeit des Unternehmens von einzelnen Personen, von Patenten, Lizenzen, Kunden oder Lieferanten, die Belastbarkeit der Verträge, die das Unternehmen abgeschlossen hat, unter rechtlichen und steuerlichen Aspekten. Am Ende steht eine Bewertung des Unternehmens unter Substanz- und Ertragswertgesichtspunkten, auch daraufhin, ob der geplante Ausgabekurs angemessen ist.

Ob nun die Prüfung mit „due diligence" durchgeführt wird oder mit der „due-diligence-Prüfung" geprüft werden soll, ob das Unternehmen selbst mit „due diligence" geführt wird, oder beides? Egal, die Prüfung muss her. In erster Linie nicht deshalb, weil unternehmerische Entscheidungen durch die Häkchen eines Wirtschaftsprüfers als richtig oder falsch erkannt werden können. Sondern weil die an der Emission beteiligten Personen, besonders die Banken, sich in jeder erdenklichen Hinsicht gegen eine Haftung absichern wollen: Seht ihr, wir haben alles Menschenmögliche getan. Wenn die Sache dann doch in die Hose geht, sind nicht wir dran schuld.

Unternehmerische Entscheidungen müssen aus dem Bauch heraus getroffen werden, das ist meine Überzeugung. Wären sie das Ergebnis einer Rechenaufgabe, dann könnte und würde sie ein Computer treffen. So ist es aber nicht. Der Erfolg kann gerade darin liegen, dass sich der Bauch durchsetzt und der Unternehmer überzeugt ist, das Wagnis eingehen zu können, das andere gescheut haben, dass er bereit ist, einmal die „due diligence" außer Acht zu lassen. Wie Columbus.

Nicht, dass ich waghalsige Abenteuer befürworten würde. Auch Bauchentscheidungen müssen intellektuell abgesichert werden. Auch für uns hat es Vorteile, unser Modell und unsere Praxis noch einmal auf den Prüfstand zu stellen. So sind wir auch besser für die Fragen gewappnet, die uns die Aktionäre, die Fondsmanager, Presse und Fernsehen stellen werden, wenn wir in sechs bis acht Wochen durch diesen Parcours gehetzt werden. Dennoch habe ich in den nächsten Wochen immer wieder das Gefühl, als würde stets haargenau an den falschen Stellen geprüft. Tatsächlich dringen die Wirtschaftsprüfer an keiner Stelle zu den Kernproblemen unseres Geschäftskonzeptes vor, die uns später die Sorgen machen werden. So, als hätten die Inspektoren von Lloyd`s vor der Abfahrt der Titanic ihr Hauptaugenmerk auf die Bestückung der Bar gerichtet, oder darauf, dass das Bordorchester nicht die falschen Noten mitnimmt.

300.000 DM, das sind, so die Trinkäusler, die Kosten, die für die due-diligence-Prüfung auf uns zukommen werden. Sie haben auch schon einen Vorschlag, wer es machen soll. Rollmann und ich rufen unisono „Wie bitte?" Für ein kleines Unternehmen wie uns ohne Unternehmenshistorie, mit einem praktisch noch gar nicht vorhandenen Geschäftsbetrieb? Wir hören wieder einmal das Argument: das seien eben Emissionskosten und die würden im Grunde die Neuaktionäre bezahlen. Das lassen wir nicht gelten. Wir verlangen, dass Vergleichsangebote von mehreren Wirtschaftsprüfungsgesellschaften eingeholt werden. Wie wir feststellen, gibt es auch bei den allergrößten, reputierlichsten Firmen riesige Preisunterschiede. Sie reichen von 80.000 bis 320.000 DM. Wir verlangen, dass das günstigste Angebot genommen wird, zumal es von einer durchaus renommierten Gesellschaft kommt. Dieses Unternehmen wird sich später zwar ärgern, es so billig gemacht zu haben und Nachverhandlungen durchsetzen, aber selbst mit den später tatsächlich gezahlten 120.000 DM bleiben sie immer noch die günstigsten.

Sie rücken Mitte April zu einer ersten Besprechung in Berlin an, vier Männer und eine Frau, eine blutjunge Anwältin. Wir haben in dem Bürogebäude vier Zimmer bezogen. Eine ganze Zimmerflucht, zu der wir Zugang haben, steht leer. Hier bauen wir einen Tapeziertisch und ein paar Klappstühle auf. Dieses Ensemble reicht den Wirtschaftsprüfern in den nächsten Wochen als Arbeitsplatz. Dort stapeln sich bald die Stöße von Kopien, die wir für sie machen. Obwohl wir unsere Akten im Griff haben, ist es immer ein Umstand, alle Papiere so zusammenzustellen, wie sie sie haben wollen. Zig Ordner müssen aufgeschlagen, Verträge kopiert, Zahlen und Daten in Aufstellungen und Tabellen übertragen werden. Nach dem Regelwerk des Neuen Marktes müssen die Jahresabschlüsse der Gesellschaft nicht nach den althergebrachten Bilanzierungsgrundsätzen des Handelsgesetzbuches, sondern nach den anglo-amerikanischen Regeln IAAS oder GPA aufgestellt werden. Für die Unternehmen, die bisher nach HGB bilanziert haben, gibt es eine Ausnahmeregel: sie dürfen die Unterschiede zwischen HGB und GPA/IAAS in einer Überleitungsrechnung darstellen. Für die Überleitungsrechnung müssen wir viele Geschäftsvorfälle anders darstellen als wir es bisher gemacht haben. Die Art der Darstellung führt zu komplizierten Diskussionen zwischen uns, den duediligence-Prüfern und unserem Abschlussprüfer.

Die Prüfer graben Probleme aus, die nach meiner Meinung keine sind. Vor allem steuerlicher Art. Die Umsatzsteuer ist eins davon. Ein anderes ist die Frage des Verlustvortrages. Viele Jahre hat der Gesetzgeber zugeschaut, wie es einen schwunghaften Handel mit Verlustvorträgen gab. Nach neuem Recht ist eine Verrechnung mit späteren Gewinnen nicht mehr möglich, wenn ein wesentlicher Gesellschafterwechsel stattgefunden hat. Gilt es nun als Gesellschafterwechsel im Sinne dieser Vorschriften, wenn die Gesellschaft durch Kapitalerhöhung und Börsengang neue Aktionäre aufnimmt? Über diese Frage wird stundenlang diskutiert. Ebenso über die Frage der Vorstandstantieme. Sind die vereinbarten 30 % angemessen, oder sind sie unüblich hoch? Wenn ja, wäre das steuerlich eine verdeckte Gewinnausschüttung? Die WPs werden all diese Risiken fein säuberlich in ihren Bericht schreiben, und sie tauchen dann im Börsenzulassungsprospekt wieder auf. Selbst zu dem angeblichen „Y2K", dem Jahr-2000-Problem müssen wir etwas schreiben. Heute, fünf Jahre später, kommt es mir so skurril vor wie die Diskussion von 1835, ob Eisenbahnfahrgäste die enorme Geschwindigkeit von 30 km/h überleben würden. In dem Börsenzulassungsprospekt wird dann stehen: *„Bei der Anwendung automatischer Datenverarbeitungssysteme können Probleme auftreten, wenn die Datenverarbeitungsprogramme mit nur zweistelligen Jahreszahlen arbeiten und bei Datumsvergleichsoperationen Daten ab dem 01.01.2000 fehlinterpretiert werden…".* Dann folgt eine halbe Seite Ausführungen darüber, warum dies für die Foris keine Rolle spielen wird, denn, u.a., *„die von der Foris AG abgeschlossenen Verträge sind zahlenmäßig noch so begrenzt, dass sie im Notfall auch manuell bearbeitet werden können".* Und so weiter, bis zu dem Schlusssatz: *„Ungeachtet dessen kann nicht ausgeschlossen werden, dass der Ausfall einzelner oder mehrerer Datenverarbeitungssysteme bei der Gesellschaft oder Dritten zu Störungen des Betriebsablaufes führen, die zu erheblichen Beeinträchtigungen der Geschäftstätigkeit der Gesellschaft führen."*

Ob die paar Verluste, die sich bis zum Börsengang angehäuft haben, vortragsfähig sind, wird angesichts der riesigen Defizite der Folgejahre keinen mehr interessieren. Ebenso wenig die steuerliche Behandlung der Tantieme, von der nie ein Pfennig ausbezahlt werden wird. Wir überleben die Diskussionen ebenso wie die Bahnpassagiere die Fahrgeschwindigkeit.

Am Ende wechselt noch ein Mitarbeiter der WP-Gesellschaft, Dr. Klaus Farnholdt, zu uns. Er ist dort Anwalt, erfährt durch die Prüfung von Foris und bewirbt sich. Nachdem wir seine Bewerbung gesehen haben, rufen Rollmann und ich ihn an und bitten ihn spontan zu einem Gespräch. Er wird mein engster Mitarbeiter werden, mit dem mich am Ende und bis heute eine warme, freundschaftliche Beziehung verbindet. Er war Mitglied der deutschen Leichtathlethik-Olympiamannschaft, hat hervorragende Abschlüsse, Doktortitel und LL.M. (den *master of law* im angelsächsischen Recht), er ist fachlich kompetent und sympathisch. Seine Loyalität zeigt sich für mich gerade darin, dass er kein Blatt vor den Mund nimmt, wenn er Rollmanns und meine Entscheidungen kommentiert. Er ist der größte Nutzen, der uns von der due-diligence-Prüfung und den 120.000 DM bleibt, die wir dafür gezahlt haben.

HAUPTVERSAMMLUNG 1999

1998 hat die Hauptversammlung der Foris bei einem Notar in der Nachbarschaft stattgefunden. Teilnehmer waren meine Frau und ich. Wir traten in Vollmacht der wenigen anderen Aktionäre auf. Schon wenn sie mitgekommen wären, hätten wir nicht mehr alle in den kleinen Besprechungsraum des Notars gepasst.

Das wird am 29. Mai 1999 anders sein. Für unsere Aktionäre, die Presse und die Öffentlichkeit wollen wir mit der Hauptversammlung eine einmalige Show abziehen. Sie soll uns weiter bekannt machen und zeigen, was wir können und dass wir anders und besser sind als die anderen.

Im April besuchen Rollmann und ich die Hauptversammlung der Mobilcom in Hamburg, dem ersten Unternehmen, das am Neuen Markt gelistet wurde. Von Gerhard Schmidt, dem begnadeten Selbstdarsteller, glauben wir noch etwas lernen zu können.

Wir lernen, wie wir es nicht machen wollen. Das politbüroartige Sitzen des Aufsichtsrates, der Vorstandsmitglieder und des Notars am langen Tisch auf erhöhtem Podium, das Ablesen einer vorbereiteten Hauptversammlungsrede; die sterile Atmosphäre des Hamburger Messezentrums, die schlaffen Wurst- und Käsebrötchen…

Ich selbst spiele den *„location scout"*, wie zwölf Jahre zuvor bei der Produktion des Filmes „Doppelgänger" in Hamburg. Damals habe ich nach Schrottplätzen gefahndet, nach Tattoo-Buden, mit Kunstwerken und Designermöbeln gespickten Penthäusern. Diesmal suche ich einen originellen Versammlungsraum. Es ist schwieriger als gedacht, selbst in einer Stadt wie Berlin. Ich durchstöbere Theater, Kinos, Hotels, Industriehallen. Das Logenhaus, den Hamburger Bahnhof, die Saurierhalle des Naturkunde-Museums... Zu groß, zu klein, zu schäbig, zu protzig, zu weit weg, zu aufwendig. Übrig bleibt das Business-Center im neuen IHK-Gebäude, dem Ludwig-Erhard-Haus, oder auch dem „Gürteltier", wie es seiner eigenwilligen Konstruktion wegen genannt wird. Es ist zugleich der Sitz der Berliner Börse. Das passt, die luftige, moderne und anregende Architektur passt, Ludwig Erhard passt. Die Technik ist vom Neuesten und zum Überfluss ist es auch noch das Preisgünstigste, was zu haben ist. So kann ich mich mit dieser eher konventionell erscheinenden Lösung anfreunden. Das Gebäudemanagement ist kompetent und kooperativ. Das einzige, was Rollmann stört, aber mich nicht, ist die länglich-ovale Form des Raumes, bei der wir an der Breitseite stehen müssen und Rollmann findet, dass er beim Vortrag nicht alle Gäste gleichzeitig im Visier hat.

Was heute zur Grundausstattung gehört, ist damals noch ein aufwändiger Sonderwunsch: ein leistungsstarker Beamer. Wir müssen ihn bei einer Spezialfirma bestellen, das Ding sieht aus wie ein Panzer und die Miete für einen Tag ist so hoch wie die für den ganzen Saal. Wir machen es trotzdem, denn wir haben mehr vor als eine Power-Point-Präsentation.

Wir haben überlegt, ob wir die Organisation der Hauptversammlung einem der professionellen Hauptversammlungs-Dienstleister überlassen wollen, die sich in den letzten Jahren etabliert haben. Aber dann entscheiden wir uns, alles selbst in die Hand zu nehmen: die Auswahl des Caterers, der Getränke, des ganzen Drumherums, auch die Anmeldungs- und Abstimmungsprozedur. Unser Programmierer bastelt uns ein System, mit dem wir die Teilnehmer erfassen, wenn sie kommen, gehen und abstimmen.

Die Mitarbeiter, die Rollmann inzwischen in Bonn um sich geschart hat, sind komplett angereist, auch aus Berlin sind natürlich alle da. Die Organisation von Events hat Rollmann aus seiner jahrelangen

Akademietätigkeit drauf, und so hat er das meiste von Bonn aus organisiert, mit seiner Sekretärin, die er auch aus der Akademie zu Foris mitgebracht hat.

Um 16 Uhr soll es losgehen. Noch am Vormittag haben Rollmann und ich im Büro in der Matterhornstraße an unserer Präsentation gefeilt. Danach fahre ich kurz nach Hause, duschen und mich umziehen. Ich bestelle ein Taxi und bitte ausdrücklich um eins mit Klimaanlage. Ich will nicht schon verschwitzt und zerknittert an der Startlinie erscheinen, denn es ist ein strahlender Sonnentag und hochsommerlich heiß. Nach einiger Zeit erscheint ein Mercedes-Kombi älteren Baujahrs. Die Scheiben sind hinuntergekurbelt. Mir ist sofort alles klar. Wenn ich die Klimaanlage erwähne, wird der Fahrer dreist und keck behaupten, die Zentrale hätte ihm nichts davon gesagt und hoffen, dass ich das durchgehen lasse. Genauso kommt es. Ich denke an Rudolf von Jhering und schicke ihn wieder weg. Das nächste Taxi ist neu, gepflegt, klimatisiert. Sanft schaukelt es mich durch Schlachtensee, den Fischerhüttenweg, den Quermatenweg. Ich lege mein Manuskript beiseite und schaue zum Fenster hinaus. Die roten Blütenblätter rieseln von den Kastanien: *Melancholie und Freude sind wohl Schwestern./ Und aus den Zweigen fällt verblühter Schnee./ Mit jedem Pulsschlag wird aus Heute Gestern./ Auch Glück kann weh tun. Auch der Mai tut weh.*

Melancholie und Freude sind wohl Schwestern... Kästner beschreibt in sechs Worten, was ich immer an der Neige ganz besonderer Tage empfunden habe: wenn am Ende der Feier nach bestandenem Abitur und Staatsexamen, Hochzeit und Geburt der Kinder das wehmütige Gefühl stand, etwas Unwiederbringliches gewonnen und sogleich wieder verloren zu haben, etwas, von dem sich später nur ein matter Abglanz in der ohnehin trügerischen Erinnerung wiederfinden wird.

So wird es mir auch am Ende dieses Tages gehen, denn die Hauptversammlung wird zu einem einzigen Triumphzug.

Als ich in der kathedralenartigen Wandelhalle des Ludwig-Erhard-Hauses ankomme, wird sie dominiert von riesigen blauen Luftballons mit der Aufschrift *„Foris finanziert Prozesse"*, oder: *„Wenn Ihr Mandant nicht klagen kann oder will, aber sollte"*, den Slogans aus unseren Kampagnen. Blumensträuße säumen den Zugang zu der Treppe, die zu dem Konferenzbereich hinunterführt. Alle Foris-Mitarbeiter/innen tragen schwarze oder nachtblaue Anzüge oder Kostüme und weiße Hemden. Bei aller Anspannung merke ich ihnen doch die Lust an dieser Veranstaltung an. Sie freuen sich mit uns und vermitteln diese Freude weiter an die Besucher. Rundherum sind Ständer mit den blauen Foris-Prospekten aufgestellt. Rollmann hat die Idee gehabt, am Eingang frische Erdbeeren mit Vanilleeis für unsere Aktionäre zu servieren. Das erweist sich als segensreich. Denn die Prozedur des Eincheckens dauert länger als geplant, und es ist siebzehn Uhr, eine Stunde nach dem offiziellen Beginn, als alle Teilnehmer in dem ovalen, in mattem Bräunlich-Violett getäfelten Raum Platz genommen haben. Dort werden sie von Dvořaks „Sinfonie aus der Neuen Welt" eingelullt mit ihren abrupten Wechseln zwischen lyrisch-entrückten und schwungvoll-pathetischen Passagen. Manchen der Aktionäre sieht man den verwöhnten HV-Veteranen schon von weitem an. Aber die Erdbeeren, die Musik, die aufgeräumte Stimmung haben aufkeimenden Ärger über die Verspätung erstickt.

Wie im Kino werden die Türen geschlossen. Das Licht geht aus. Auf der Leinwand erscheint auf forisblauem Hintergrund das Symbol von UIP, gefolgt von dem Felsmassiv von Paramount Pictures. Auftreten, in harten Schnitten und Kontrasten, Robert Duvall und John Travolta. Die Sätze des Sprechers peitschen wie Pistolenschüsse. *„Gerechtigkeit hat ihren Preis"* – *„Aber es gibt Männer, die man nicht kaufen kann – die man nicht zum Schweigen bringen kann – die niemals aufgeben"* – *„Wir sind drei Anwälte, die anderen haben dreihundert"* – *„Es geht nicht mehr ums Geld, das ist Krieg"* – *„Zivilprozess"*. Das ganze dauert knappe 75

Sekunden. Ehe sich die Aktionäre von ihrer Überraschung erholt haben, ist der Trailer zu Ende. Das Licht geht an. Erstauntes Raunen, Gelächter, aufbrausender Beifall. Der Film „Zivilprozess" ist gerade durch die Kinos gegangen: Ein Bostoner Anwalt führt gegen Erfolgshonorar einen Prozess gegen einen finanziell übermächtigen Gegner und ist am Schluss ruiniert.

Ähnlich markig wie die des Trailers klingen die Worte des Rechtsgelehrten Rudolf von Jhering, die er 1872 an den Beginn seines berühmten Vortrages *„Der Kampf ums Recht"* gesetzt hat: *„Das Ziel des Rechts ist der Friede, das Mittel dazu ist der Kampf."* Mit diesem Zitat beginne ich meine Begrüßung. Ich erläutere noch einmal, wie ich es schon hundertmal gemacht habe, die Geschäftsidee der Foris und ihre Entstehung. Auch wenn wir hier heute eine Show abziehen: Ich für meinen Teil ziehe sie für das Recht ab, und ich bin mir im Innern einig mit Jhering, wenn er sagt, wer das Recht, das das Gesetz ihm gewährt, nicht wahrnimmt, begeht einen Verrat daran und stärkt nur die Dreistigkeit und Keckheit desjenigen, der sich um das Recht nicht schert.

Ganz so starken Tobak formuliere ich an diesem heiteren Tage nicht und gehe auch bald zu leichterer Kost über. Ich bitte um Entschuldigung, dass es am Eingang so lange gedauert hat und sage, dass wir das, was wir am Hauptversammlungsdienstleister gespart haben, lieber in das italienische Buffet investieren wollten. Wieder Klatschen. Die HV ist in Beifall-Laune. Nach einer Weile bin ich, der ich noch nicht oft vor einem so großen Publikum gesprochen habe, froh, dass Rollmann in seiner gewohnt routinierten Art übernimmt und den Faden weiterspinnt. Wir haben Springseile bestellt, die wir den Aktionären als Andenken übergeben, zum einen, weil sich in dem Seil das Tauziehen symbolisiert, das auf all unseren Prospekten abgebildet ist, zum anderen, damit sie sich die Kalorien vom italienischen Buffet wieder abschwitzen können. Beifall und Gelächter. Wir führen noch einen Film vor: eine Aufzeichnung der Fernsehsendung über das Ehepaar, dem die Stadt ein kontaminiertes Grundstück im Tausch überlassen hat und das nun um eine Entschädigung prozessieren muss. Beifall. Dann teilt Rollmann mit, dass wir den von der Börse verlangten Lockup geschafft haben und der Weg an den Neuen Markt frei ist. Minutenlanges Klatschen, Trampeln und Jubeln folgt.

So geht es weiter. Wir haben keine Hauptversammlungsreden schriftlich ausgearbeitet. Zwar haben die Trinkäusler uns vorher gesagt, das sei unüblich und unprofessionell, weil die Presse und die Analysten es nicht anders kennen. Es ist uns egal. Im Handelsblatt wird später stehen. *„Bei der unkonventionellen Hauptversammlung legen die beiden Vorstände im Seminarstil Folien auf und werfen sich im Duett die Stichworte zu"*. Ein Aktionär schreibt im wallstreet-online: *„Die beiden Vorstände haben eine Nummer aufs Parkett gelegt, wie ich sie noch nie bei einer HV erlebt habe"* oder ein anderer: *„Ich weiß gar nicht, wie man Außenstehenden Inhalt oder Ablauf der HV schildern soll. Genauso gut könnte man versuchen, eine Show von Andrè Heller darzustellen. Lieber Herr Rollmann + König Lothar: ihr ward SPITZE !!!"*.

Die Fragen der Aktionäre beantworten sich wie von selbst und die kritischsten Kommentare beschäftigen sich damit, dass es fast unmöglich sei, noch irgendwo Aktien zu ergattern. „Das ist ja die Hölle", sagt einer und erntet ebenso brüllendes wie zustimmendes Gelächter.

Am Schluss wird abgestimmt: zunächst das Pflichtprogramm mit der Entlastung des Vorstandes und des Aufsichtsrates und der Wahl des Abschlussprüfers. Dann ändern wir den Firmennamen von „Foris Beteiligungs AG" in „Foris AG", stellen das Grundkapital auf EURO um und splitten die Aktien, so dass eine Aktie nun einer rechnerischen Beteiligung von 1 EURO am nominellen Grundkapital der AG entspricht. Schließlich beschließen wir die Erhöhung des Grundkapitals um 329.000 Aktien zu je einem Euro, das sind die, die beim Börsengang platziert werden sollen. Die Satzung wird in diesen Punkten geändert und neu gefasst. Die Ergebnisse der Abstimmungen sind schon nicht mehr sozialistisch zu nennen: es gibt nur Ja-Stimmen, keine Neinstimmen und keine Enthaltung. Ich strahle und bin gerührt. Herr Cobet als Aufsichtsratsvorsitzender verkündet die Ergebnisse. Dann schließt er die Versammlung und die Aktionäre strömen zum italienischen Buffet, zu Sekt und Wein.

Draußen gehe ich zu Rollmann, schüttle ihm die Hand und stoße mit ihm an. In diesem Moment des gemeinsamen Triumphes empfinde ich das erste Mal so etwas wie freundschaftliche Gefühle für ihn.

Um zehn macht das Ludwig-Erhard-Haus dicht, die letzten Aktionäre verlaufen sich. Die „Forisianer" gehen noch ein paar hundert Meter weiter in den „Zwiebelfisch", eine Kneipe am Savigny-Platz, und lassen den Abend bei einem Bier ausklingen. Als ich gegen zwei Uhr nachts zusammen mit Sabine im Taxi sitze und nach Hause fahre, ist es wieder so weit: für ein paar Augenblicke übermannt mich die Melancholie über den unauflöslichen Widerspruch zwischen der Schönheit des Augenblicks und dem Bewusstsein seiner Vergänglichkeit. Die Party ist vorbei.

Ein paar Tage später wartet eine böse Überraschung auf uns.

DAS AMTSGERICHT STREIKT

Das Berliner Handelsregister wird zentral beim Amtsgericht Charlottenburg geführt. Dessen klotziger Gründerzeitbau füllt ein ganzes Straßenkarree zwischen Suarezstraße, Holtzendorffstraße und Kantstraße. Suarez, Holtzendorff, Kant - welch stolze Namen der Rechtsgeschichte! - und dann, welch kleine Münze des Justizalltags, wenn man das Gebäude betritt.

„Recht ist die Einschränkung der Freiheit eines jeden auf die Bedingung ihrer Zusammenstimmung mit jedermann, insofern diese nach einem allgemeinen Gesetz möglich ist". So sagt es Kant. Die Übersetzung ins Profane steht auf einem staubigen und vergilbten Pappschild an der Pförtnerloge: *„Hunde dürfen nicht in das Gerichtsgebäude gemäß Verfügung des Amtsgerichtspräsidenten vom 1. Juni 1952".* Es ist offensichtlich das Original.

Es geht vorbei an den Gerichtstafeln mit den üblichen Aushängen des Personalrats, internen Stellenausschreibungen und den öffentlichen Zustellungen von der Art „Herr Heinrich Müller, geboren am 1.1.1871 in Stettin, wird aufgefordert, sich bis spätestens 1. September 1999 im Amtsgericht, Zimmer 7 zu melden, widrigenfalls er für tot erklärt werden kann". Wohl dem, der täglich zu Gericht geht und die Aushänge liest. Wahrscheinlich wird er ewig leben… Über einen längeren Gang erreicht der Besucher den Fahrstuhl. Nachdem er ein paar Minuten gewartet hat, zeigt der Blick in die resopalverkleidete Kabine, dass er nicht mehr hinein passt. Ein Gerichtsdiener mit einem Wagen voller Akten füllt ihn aus, die nach einem geheimnisvollen Plan von A nach B geschoben werden müssen. Nachdem einem das zweimal passiert ist, hat man das Warten satt und geht zu Fuß. Die Flure werden nach oben nicht schöner, aber die Dachschrägen im vierten Stock zeigen an, dass es nun nicht weiter hinauf geht.

Hier herrschen die resoluten Damen in den Geschäftsstellen der Registerabteilungen des Handelsregisters Abteilung B über ihre Akten, eine Akte für jede Kapitalgesellschaft. Foris ist unter der Nummer HRB 66 001 registriert. Hier sitzen in kleinen, muffigen Kammern auch die Registerrichter, die über die formale Richtigkeit von Gesellschaftsgründungen, Satzungsänderungen, über Umwandlungen und Verschmelzungen, die Anmeldung von Vorständen und Geschäftsführern entscheiden. Anders als bei den Zivil- oder Strafprozessen, die in öffentlicher Verhandlung erörtert werden, spielt sich die Tätigkeit dieser Richter, ebenso wie die der Vormundschafts-, Insolvenz- und Grundbuchrichter im Verborgenen ab. Dennoch kann sie mehr als manch hitziger Prozess über Gedeih und Verderb von Gut und Geld, von Menschen und ganzen Unternehmen entscheiden: darüber, ob ein Insolvenzverfahren eröffnet wird, ob jemand unter Betreuung gestellt, eine Kapitalerhöhung eingetragen oder ihre Eintragung verweigert wird. Oft ist es nicht einmal das „Ob" der Entscheidung, sondern das „Wann", das den Unterschied zwischen Sein und Nichtsein ausmacht. Es sind schon Unternehmen pleite gegangen, weil das Grundbuchamt die Umschreibung zu spät vollzogen hat und der rettende Kaufpreis nicht mehr rechtzeitig auf dem Firmenkonto einging oder der Vormundschaftsrichter die Genehmigung so lange verzögert hat, bis der Interessent abgesprungen war…

Hier sitze ich am 1. Juli 1999 in der schmucklosen Dachkammer des Registerrichters, der für die Kapitalgesellschaften mit den Anfangsbuchstaben F – I zuständig ist. Reminiszenzen an Panama vor 17 Jahren melden sich. Die Hitze ist die gleiche. Nur die Palmen fehlen. Und die schönen Frauen. In meinem Kopf hämmert es. Wieder stehen Millionen auf dem Spiel. Der Börsengang droht zu Scheitern.

Viele Juristen haben an der Einladung zur Hauptversammlung und der Vorbereitung ihres Ablaufs und des Protokolls mitgewirkt, ich, Rollmann, Cobet, der Notar, die Wirtschaftsprüfer, die Leute von Trinkaus & Burkhardt. Hunderte von Anwälten haben die Einladung gesehen. Und alle haben es überlesen. Im Zuge der Umstellung von Nennbetrags- auf Stückaktien ist ein kleines, aber feines Redaktionsversehen passiert. Denn in der neuen Fassung der Satzung, wie sie von der Hauptversammlung beschlossen worden ist, steht nun nicht mehr, dass es sich bei den Aktien – was nach wie vor unzweifelhaft von allen gewollt ist – um Inhaberaktien handelt. Eine Bestimmung darüber, ob die Aktien Namens- oder Inhaberaktien sein sollen, ist aber ein zwingender Bestandteil der Satzung, obwohl die praktische Bedeutung gleich Null ist. Bei einer Publikumsaktiengesellschaft wie der Foris macht es für den Aktionär keinerlei Unterschied, ob seine Aktien Inhaber- oder Namensaktien sind.

Ich habe gleich am Montag nach der Hauptversammlung die Anmeldung der beschlossenen Kapitalmaßnahmen und der Satzungsänderungen zum Handelsregister beim Notar unterzeichnet. Der Notar soll die Anmeldung und das Protokoll der Hauptversammlung, zum Handelsregister schicken, nachdem er meine Unterschrift beglaubigt und gesiegelt hat.

Der zuständige Registerrichter hat Urlaub. Sein Vertreter schaut die Akte nur unwillig an: der Vertretene wird in zwei Wochen aus dem Urlaub zurückkommen, und so lange hat die Sache wohl Zeit. Erst als der Notar drängelt, fällt dem Vertreter der Fehler auf und er macht den Notar darauf aufmerksam. Der, statt die Sache erst einmal mit uns zu besprechen, macht einen zweiten Fehler. Er reicht ein geändertes Protokoll ein, in dem die versehentlich weggefallene Passage über die Inhaberaktien wieder enthalten ist, und sagt, das ganze beruhe auf einem Versehen von ihm. Damit hat er nun schwer in den Fettnapf getreten. Denn natürlich ist die Satzungsänderung von der Hauptversammlung so beschlossen worden, wie es da steht – nämlich lückenhaft. Der Notar hätte die Hauptversammlung zwar auf das Manko aufmerksam machen müssen, aber er kann nicht hinterher etwas ins Protokoll schreiben, was nicht beschlossen wurde. Das wiederum bemerkt der Richter und glaubt nun, der Notar wolle, im Einverständnis mit uns, hier manipulieren. Ich kann es ihm nicht einmal verdenken. Die Sache wird ihm zu heiß und er will jetzt auf keinen Fall mehr dem eigentlich zuständigen Richter vorgreifen. Überflüssigerweise schreibt er noch seine Auffassung in einen Aktenvermerk, der Fehler könne überhaupt nur durch eine neue Hauptversammlung korrigiert werden.

Eine neue Hauptversammlung benötigt mindestens fünf Wochen Vorlaufzeit. Allein die Einberufungsfrist beträgt einen Monat. Damit ist der Börsengang am 19.7. geplatzt. Wie sollen wir das dem Publikum verkaufen? Ausgerechnet wir, auf deren juristischer Kompetenz das ganze Unternehmenskonzept gründet, müssen den Börsengang verschieben, weil wir einen Formfehler gemacht haben? Und wann bekommen wir einen neuen Termin? Frühestens im Oktober. Wer weiß, was dann ist, ob das Börsenumfeld noch so euphorisch, ob die Stimmung nicht inzwischen umgeschlagen ist? Das darf nicht sein.

Die Satzung enthält einen Passus, die es dem Aufsichtsrat gestattet, solche Änderungen der Satzung zu beschließen, die nur die Fassung betreffen. Ich bereite also einen Aufsichtsratsbeschluss vor, der die von der Hauptversammlung versehentlich lückenhaft beschlossene Fassung ergänzt, lasse die Unterschriften unter dem Protokoll beglaubigen und reiche das Ganze erneut zum Handelsregister ein.

Der Richter, aus dem Urlaub zurück, stellt sich quer. Er meint, eine Bestimmung, die nach dem Aktiengesetz notwendiger Satzungsbestandteil ist, könne nicht vom Aufsichtsrat aufgrund der Vollmacht eingefügt werden. Das könne nur die Hauptversammlung selber. Auf mein Argument, dass die Aktien stets Inhaberaktien waren und die Hauptversammlung daran am 28.5. nichts ändern wollte und nichts geändert hat, will er nicht eingehen. Vielleicht möchte er sich auch nicht über die Rechtsmeinung seines Richterkollegen hinwegsetzen, die dieser in seinem Aktenvermerk verewigt hat. Aktenvermerke können nicht für tot erklärt werden. Er lehnt die Eintragung per Beschluss ab. Dagegen lege ich sofort Beschwerde ein. Bei einer Beschwerde prüft erst der *judex a quo,* also der Richter, der die angefochtene Entscheidung erlassen hat, ob er der Beschwerde abhilft. Nur wenn nicht, geht sie zum höheren Gericht. Ich telefoniere mit dem Richter, er will bis Donnerstag, 1. Juli entscheiden. Keine drei Wochen mehr bis zum geplanten Börsenstart. Spätestens am kommenden Montag muss Trinkaus der Börse endgültig sagen, ob die Kapitalmaßnahmen, die Voraussetzung für den Börsengang sind, ins Register eingetragen und damit wirksam sind.

Am Donnerstagmorgen wache ich um 6 Uhr auf. Ein heißer Tag, wie alle Tage jetzt, wo die Hitzewelle sich über das Land gelegt hat. Ich frühstücke, dann entscheide ich, selbst zum Amtsgericht zu fahren und dem Richter aufzulauern. In kritischen Situationen, das weiß ich seit Panama, ist persönliche Präsenz durch nichts zu ersetzen.

Der Richter lässt sich nicht umstimmen. Die Sache muss zum Landgericht. Ich zwinge mich zur Ruhe. Ich bitte ihn, mir den Beschluss und die Registerakte gleich mitzugeben. Ich will sie selbst zum Landgericht bringen. Denn die zentrale Eingangsregistratur des Landgerichts befindet sich in der Littenstraße, im alten Landgerichtsgebäude im Ostteil von Berlin. Dort erhält eine Beschwerde ein Aktenzeichen und einen neuen Deckel. Dann wird sie in das Landgerichtsgebäude Tegeler Weg verfrachtet. Das ist die normale Prozedur, und sie dauert durchschnittlich vier Wochen. Und während dieser Zeit gibt es keine Möglichkeit, die Akte zu lokalisieren. Das habe ich gestern in Erfahrung gebracht.

Der Richter hat wenigstens in diesem Punkt ein Einsehen. Er holt sich sogar den Nichtabhilfebeschluss selbst aus der „Kanzlei", der zentralen Schreibabteilung des Gerichts, und unterschreibt ihn, dann gibt er mir die in den drei Jahren ihres Lebens schon reichlich dick gewordene und angefledderte Registerakte mit. Ich setze mich ins Taxi und fahre zum Landgericht. Das verkürzt ihre übliche Reisezeit von vier Wochen auf 8 Minuten. Beim Landgericht gehe ich direkt zur Eingangsregistratur. Die Akte wird eingetragen und bekommt eine Geschäftsnummer. Dann bringe ich sie zur Geschäftsstelle der zuständigen Kammer für Handelssachen.

Die Geschäftsstellen sind die Maschinisten der Justiz, wie die Poststellen, die Kanzleien, die Registraturen und die Gerichtsvollzieher. Ohne sie läuft nichts und es lohnt sich stets für den Anwalt, sich mit ihnen gutzustellen. Und sei es nur dadurch, dass er persönlich mit ihnen spricht, sie ernst nimmt, freundlich lächelt und einen verbindlichen Ton anschlägt, statt ihnen am Telefon oder schriftlich harsche Anweisungen zu erteilen. Viele Anwälte schimpfen auf die Geschäftsstellen. Ich habe gute Erfahrungen mit ihnen.

Die sogenannte richterliche Unabhängigkeit garantiert allen Richtern die freie Einteilung ihrer Arbeitszeit. Die Geschäftsstelle teilt mir mit, dass der Kammervorsitzende heute erwartet wird, aber wahrscheinlich bald wieder aus dem Haus geht. Ich suche in dem labyrinthischen Landgerichtsgebäude, dessen Innenarchitektur einem romanischen Kloster nachempfunden ist, das Zimmer des Richters. Ich klopfe an die eisenbeschlagene Tür. Sie ist verschlossen. Ich stelle mich davor und warte. Der Richter kommt nach einer halben Stunde. Er sieht mich und zieht verwundert die Augenbrauen hoch. Ich berichte ihm von unserem Anliegen, sage, dass unser Börsengang von einer schnellen Entscheidung abhängt und zähle ihm meine Argumente auf.

Ich habe schon Richter kennengelernt, die das Aufbauen eines solchen Zeitdrucks als Angriff auf ihre richterliche Unabhängigkeit ansehen, hart an der Grenze zum Hochverrat, und als verdiente Strafe eine besonders sorgfältige Prüfung androhen. Gemeint ist: eine nach mehrwöchigen Abhängen der Akte. Erleichtert registriere ich, dass dieser Richter nicht zu der Kategorie gehört. Er verspricht, mich heute Nachmittag anzurufen. Allein könne er die Sache nicht entscheiden, aber für eine schnelle Entscheidung der Kammer werde er sich einsetzen.

Am Nachmittag telefonieren wir. Über seine Einschätzung der Rechtslage sagt er nichts, aber auf jeden Fall wird er sich morgen mit seinen beiden Handelsrichtern treffen und mich dann anrufen. Das ließe viel Zeit zum Hoffen und Bangen. Doch neben allem anderen ist auch noch normales Geschäft zu machen: Prozessfinanzierung, Presse, Personal… Die Bank zu beruhigen. Über Alternativen zum Börsengang, über eine Verschiebung nachdenken… nein, nicht darüber nachdenken, was passiert, wenn…

Es wird Freitagnachmittag. Rollmann ist in Berlin, auch seine Frau und seine Kinder hat er mitgebracht, sie wollen das Wochenende bei Bekannten verbringen. Wir sitzen bei mir im Garten unter der Pergola und trinken Kaffee, als das Telefon klingelt. Der Richter ist am Apparat. Er hat sich mit seinen beiden Handelsrichtern heute Nachmittag in einem Biergarten getroffen zu einer außerordentlichen Sitzung der Kammer für Handelssachen. Sie haben die Sache besprochen und geben mir recht: der Aufsichtsrat durfte die Änderung der Satzung beschließen. Das Landgericht wird das Amtsgericht anweisen, unseren Eintragungsantrag erneut zu bescheiden.

Wir gehen mit unseren Söhnen zum Schlachtensee, mieten zwei Ruderboote und rudern hinaus. Die Söhne springen ins brühwarme Wasser. Ich lasse mir lieber eiskaltes Bier durch die Kehle rinnen.

Am Montag früh stehe ich um halb acht Uhr morgens im Landgericht und warte auf die Akte. Wenn es der Teufel will, gerät sie sonst noch routinemäßig „in den Geschäftsgang" und wird auf einen vierwöchigen Treck über die Littenstraße nach Charlottenburg geschickt. Ich bringe das Konvolut dem Registerrichter. Er scheint froh, dass das höhere Gericht ihm die Verantwortung abgenommen hat. Er verspricht, sich sofort um die Eintragung zu kümmern.

Am nächsten Tag sind die Kapitalumstellung, der Beschluss über die Erhöhung des Kapitals und die Satzungsänderung eingetragen. Trinkaus & Burkhardt überweist den Nennbetrag der Kapitalerhöhung auf unser Konto und ich melde ihre Durchführung an. Auch sie steht nach wenigen Stunden im Register. Wer's nicht glaubt, möge in der Gerichtsakte nachschauen. Nach den Vorschriften des Handelsgesetzbuches darf sie jedermann einsehen.

Ein Wort der Entschuldigung oder des Dankes von dem Notar? Fehlanzeige.

Egal. Alle Barrieren sind geräumt. Der Champagner kann kaltgestellt werden. Der Marsch auf den 19.7. ist nicht mehr aufzuhalten.

BOOKBUILDING ODER: STOCHERN IM NEBEL

Die Zeit zwischen Hauptversammlung und Börsenstart ist angefüllt mit Telefonkonferenzen, mit Presse- und Analystengesprächen, den Abschlussdiskussionen über die Fassung des Verkaufsprospektes mit den due-diligence-Prüfern, über die Preisspanne und den Ausgabepreis der Aktie und nicht eingeplanten Komplikationen wie der mit dem Amtsgericht. Beim Zurückdenken an die Abfolge der Tage und Ereignisse schwirrt mir der Kopf. In meiner Erinnerung bilden die Ereignisse nur noch Puzzleteile, die in eine Tüte zusammengeschüttet sind. Sie wieder zu einem Bild zusammenzusetzen würde Recherchen in den Unterlagen der Foris erfordern, auf die ich keinen Zugriff mehr habe – Terminkalender, to-do-Listen, die im Computer gespeicherte Historie der Telefongespräche, die ich geführt, der Briefe, die ich geschrieben habe. Egal – vorbei… Wenn ich noch Zugriff hätte, wäre ich wahrscheinlich noch Vorstand. Nicht nur ich hätte Zugriff auf die Foris, auch Foris hätte Zugriff auf mich. Wie in den Tagen und Wochen vor dem Börsengang. Damals kommt es mir vor wie interessantes, wenn auch anstrengendes Abenteuer, auf das ich später amüsiert zurückblicken werde. In Wirklichkeit ist es etwas anderes: Es ist der Vorgeschmack darauf, dass wir durch den Börsengang von Treibenden zu Getriebenen wurden. Getrieben von den riesigen, oft auch unsinnigen oder einander widersprechenden Erwartungen, die der Kapitalmarkt, die einzelnen Aktionäre, die Medien an uns haben, die Gier nach Neuigkeiten, nach Zahlen, die Umsatz- und Unternehmenswachstum verheißen, wodurch wieder die Zukunftsvisionen und damit die Kursphantasie immer weitere Kreise von Anlegern ergreifen, die Kurse und die Depotwerte immer weiter in die Höhe treiben sollten. Nichts treibt die Kurse mehr als die Erwartung steigender Kurse, und diese Erwartung braucht Nahrung, wird zu einer gefräßigen Bestie, die, bevor sie selbst an Hunger zugrunde geht, ihren Erzeuger und Ernährer verschlingt, sobald er ihre Unersättlichkeit nicht mehr stillen kann...

Erstaunlicherweise gelingt es mir, in dem ganzen Trubel noch vier Tage loszueisen. Ende Juni fahren Sabine und ich mit meinen Eltern zur Schubertiade nach Feldkirch. Schuberts Musik und die Landschaft, das gute Essen und die herzlichen Gespräche entrücken mich etwas von dem Wirbel der Ereignisse. Ich muss an meinen Großvater denken, wie er mich in das Schachspiel einweihte und mir die „Unsterbliche Partie" zwischen Anderson und Kieseritzky erläuterte. Mitten im Schlachtgetümmel macht Weiß einen unscheinbaren, ruhigen Bauernzug, der aber den entscheidenden Mattangriff einleitet...

Wir haben bei Trinkaus durchgesetzt, dass bis zu 40 % der neuen Aktien bevorzugt an Rechtsanwälte zugeteilt werden. 2.000 Anwälte können Foris-Aktien für bis zu 2.500 Euro pro Kopf zeichnen. Wer zuerst kommt, mahlt zuerst. Damit wollen wir uns noch einmal bei den Anwälten bekannt und durch den erwarteten Zeichnungsgewinn auch beliebt machen. Wir hören später von vielen Anwälten, dass die Foris-Aktie die erste Aktie ist, die sie überhaupt kaufen. Die Tranche ist in wenigen Tagen gezeichnet. Über 100.000 Aktien aus der Kapitalerhöhung sind so schon verkauft.

Die DO Capinvest hat den Handel mit Foris-Aktien nach der Hauptversammlung eingestellt. Die meisten ihrer Kunden haben Halteverpflichtungen abgegeben und sie möchte nicht in den Geruch kommen, Aktien anzubieten, die unter Verstoß dagegen verkauft werden sollen. Angebot und Nachfrage finden jetzt im Wallstreet-board statt. Dort werden die Aktien – vor Split – mit 135 Euro feilgeboten, entsprechend 45 Euro nach der Umstellung auf Stückaktien im rechnerischen Nominalwert von je 1 Euro. An diesem Wert orientieren wir uns jetzt auch in unseren Gesprächen mit Trinkaus. Wir wollen natürlich einen möglichst hohen Ausgabepreis. Ist er niedrig, führt das nur dazu, dass die Aktie mehrfach überzeichnet ist und der Kurs am ersten Börsentag in die Höhe schießt. Der höhere Preis fließt denjenigen zu, die bei der Zeichnung zum Zuge gekommen sind und danach gleich wieder verkaufen. Im anderen Fall kommt der höhere Preis der Gesellschaft und damit allen Aktionären zugute. In einer Telefonkonferenz gelingt es Rollmann, der in Verhandlungen stets aufs Ganze geht, die Preisspanne auf 39 bis 45 Euro hochzupokern. Trinkaus wollte eine Preisspanne von 35 – 42 Euro durchsetzen. Dies sei der nach verschiedenen Unternehmensbewertungsmethoden errechnete innere Wert der Aktie.

Unternehmensbewertung: Was im Professorentalar wissenschaftlichen Anspruchs daherkommt, ist ein ungelöstes und unlösbares Problem der Betriebswirtschaft. Substanzwertmethode, Ertragswertmethode, discounted-cash-flow-Methode: hinter all diesen Vokabeln versteckt sich der untaugliche Versuch, auf der Basis unzureichender Daten Zukunftsprognosen zu stellen und diese mit einem Mantel der Objektivität zu umgeben. Das gilt übrigens nicht nur für Unternehmen, auch für Immobilien und andere Wirtschaftsgüter, zu deren in Geld messbarer Wertschätzung viel weniger Einflussgrößen beitragen. Taxen sind Faxen, das ist eine der ersten Bankerweisheiten, die ich bei Friedrich vor 20 Jahren gelernt habe, und er selbst hat es bitter bezahlen müssen, dass er diesen Sinnspruch später missachtet hat.

Es gibt bisher nur einen Satz, der zweifelsfrei gültig ist: Wert im Sinne von Geld ist eine Sache soviel, wie jemand dafür zu zahlen bereit ist, und zwar heute und bar. Demnach ist ein Gutachten über den Wert einer Sache nichts anderes als eine Prognose über das Kaufverhalten potentieller Interessenten. Zugegeben, dieses Kaufverhalten unterliegt beobachtbaren Regelmäßigkeiten. Ein Käufer wird aus mehreren Angeboten das günstigste auswählen. Bei einer Immobilie wird er sich von Lage, Zustand und Größe leiten lassen, bei einem Auto von Image, Bequemlichkeit und Verbrauch, bei einem Wertpapier von Rendite und Sicherheit. Was aber, wenn die Käufer verrückt spielen? Wenn sie einmal in kollektive Kaufverweigerung verfallen und nicht einmal mehr fast geschenkte Aktien oder Immobilien haben wollen oder ein andermal den Anbietern die Waren aus der Hand reißen, so närrisch ihre Motive, so trügerisch ihre Überlegungen auch sein mögen? Was, wenn das Kaufverhalten nicht mehr berechenbar ist, weil keiner mehr die Kriterien durchschaut, nach denen Käufer den Wert einer Sache bemessen, wenn es gar keine Vergleichsmöglichkeiten gibt, weil eine völlig neue Geschäftsidee auf dem Markt erscheint? In all diesen Fällen gilt nur noch das Gesetz vom größten Deppen: die „*Greatest Fool Theory*". Es ähnelt dem „*Peter Principle*": Diesem zufolge klettert jeder so lange die Erfolgsleiter hoch, bis er die Stufe der Inkompetenz erreicht hat. Nach der Greatest Fool Theory steigt der Preis eines Gutes so lange, bis auch der größte Depp noch gekauft hat – nämlich der, der den Preis zahlt, den kein anderer mehr zu zahlen bereit ist. Dann kippt der Markt. Leider sagt das Gesetz nicht, woran man merkt, dass man selbst gerade der größte Depp ist…

Auf jeden Fall lohnt das Gutachten sein Papier nicht, wenn darin am Ende ein Wert steht, der nicht am Markt zu realisieren ist, oder umgekehrt einer, bei dem der Käufer sich die Hände reibt, weil er das Wirtschaftsgut an der nächsten Ecke für das Doppelte wieder verkaufen kann.

Das gilt auch für die Preisfindung bei den Neuemissionen am Neuen Markt einschließlich unserer. Welche Chancen Mobiltelefonie und Internet boten, welche der Rechtehandel durch EM-TV oder die Prozessfinanzierung durch uns: Niemand konnte sich ernsthaft die Fähigkeit zusprechen, die Chancen dieser Unternehmen realistisch zu beurteilen. Und jeder Versuch, den Unternehmenswert durch Betrachtung des Unternehmens selbst zu ermitteln, wird doch durch die gängige Methode des *Bookbuilding* nachträglich desavouiert. Das ist nichts anderes als ein Stochern im Nebel: Die Emissionsbank stimmt ein paar ausgewählte institutionelle Anleger auf die Neuemission ein, um sie anzufüttern und gleichzeitig ein paar unverbindliche Hinweise auf ihre Preisvorstellungen zu kriegen. Diese „Preisindikation" ist dann die Grundlage für die anschließende öffentliche Festlegung der Preisspanne und des Zeitfensters, in dem die Anleger Zeichnungsgebote für die neuen Aktien abgeben können.

Die Zeichnungsphase wird meistens begleitet von Road-Shows, Zeitungsanzeigen oder Fernsehspots, um die Anleger auf die Emission heiß zu machen. Möglichst soll eine Überzeichnung erreicht werden, damit nach Aufnahme des Handels eine ausreichende Nachfrage nach Aktien und entsprechender Umsatz entsteht. Wenn ich heute die alten *threads* im Wallstreet-board anschaue, dann fanden die damaligen Beobachter, dass wir die Aktie vor dem Börsengang viel zu wenig gepusht haben. Doch was hätten wir dadurch erreicht? Dass die Aktie zehnmal überzeichnet gewesen wäre statt nur ein paar Mal?

Die Woche vor dem Börsenstart beginnt mit der Pressekonferenz in Frankfurt, dann folgen in den nächsten Tagen die *„one-to-ones"*, Einzelgespräche mit größeren Investoren, vor allem Fonds, mit denen Trinkaus Termine gemacht hat. ADIG, Bär, Union Investment, die Fonds der Großbanken, Versicherungen... Anfahrt in zwei Taxis, Rollmann und ich und zwei Trinkäusler, mal in die kleinen und feinen Westend-Villen, mal in die gigantischen Vorhallen der Wolkenkratzer, von dort mit den Fahrstühlen zu den Etagen mit Blick über Taunus und Bergstraße. Anmeldung beim Pförtner, höfliche Begrüßung, Kaffee. Überall liegt Hektik in der Luft liegt. Auch die Fondsmanager hetzen von Termin zu Termin, kein Wunder bei täglichen Neuemissionen am Neuen Markt, und alle Fonds stehen unter Erfolgsdruck: ja keine Emission verpassen, die sich später als Renner herausstellt...

Letztlich ist es unmöglich für sie, all das zu überprüfen, was ihnen von den CEOs und CFOs der Emittenten erzählt wird. Auch sie müssen sich auf ihren Bauch verlassen. Ich habe das Gefühl, dass unsere knappen Vorträge ankommen, unsere Rhetorik, unser Zusammenspiel, unsere Begeisterung, auch wenn es uns nach vier oder fünf Gesprächen immer schwerer fällt, noch zu behalten, was wir in diesem Gespräch schon gesagt haben und was nur beim letzten Mal. Fragen, Antworten, die Mitteilung, man sei interessiert, man werde kaufen, möglichst viel. Weiter zum nächsten Gespräch, ohne Luft zu holen.

Am Ende der Zeichnungsfrist sitzen wir mit Trinkaus & Burkhardt in Düsseldorf zusammen und zählen die Orders. Wir haben, wie wir später der Presse gegenüber verlautbaren, eine „starke" Überzeichnung und der Emissionspreis wird am oberen Ende der Spanne, bei 45 Euro festgelegt. Alles andere wäre eine Blamage. Wie hoch die Überzeichnung war, beschließen wir geheim zu halten, aber die geradezu phantastischen Werte der anderen Emittenten haben wir nicht erreicht.

Schon nach Bekanntgabe der Bookbuilding-Spanne hat der „Handel per Erscheinen", begonnen, den einige spezialisierte Wertpapierhandelsbanken, zum Beispiel Schnigge und Baader, anbieten. Das ist ein kurzfristiges Spekulationsgeschäft auf einen bestimmten Marktpreis am Tag der Erstnotiz. Der Käufer, der nicht auf die ungewisse Zuteilung aus seiner Zeichnung warten will, kann sofort zum aktuellen Marktpreis kaufen. Der Verkäufer, der vermutet, die spätere offizielle Notiz könnte niedriger liegen, kann bereits Gewinne gegen seinen Altbestand oder seine Zuteilung festschreiben.

Wie der „Handel per Erscheinen" bei den letzten Neuemissionen bewiesen hat, zeigen die dort festgestellten Kurse ziemlich gut, in welche Richtung die Erstnotiz gehen wird. So lassen Rollmann und ich, als wir am 14.07. abends in Frankfurt zusammen sitzen, uns die Kurse durchgeben. Sie liegen bei 60 – 65 Euro. Der Papierwert meines

Depots ist noch einmal um fast die Hälfte gestiegen. Wir essen bei einem hervorragenden Italiener an der Zeil. Die Ochsentour hat sich gelohnt...

Am Donnerstag sitzen wir bei Trinkaus und besprechen die endgültige Zuteilung der Aktien. Trinkaus will, verständlich, seine eigenen Kunden besonders gut behandeln. Wir können uns über Trinkaus nicht beschweren und sind großzügig, zumal wir unsere Kunden, die Anwälte, bereits bedacht haben. Für Friends & Family von Rollmann und mir gibt es keine Sonderrechte. Das ist, zugegebenermaßen, auch nicht nötig. Meine Familie kauft keine Aktien, und die von Rollmann hat bereits bei der außerbörslichen Emission im letzten Jahr mitgemacht. So sind wir in diesem Punkt vor Anfechtungen gefeit.

Am Donnerstagabend kehren Rollmann und ich in unsere Büros in Bonn und Berlin zurück, um die in der turbulenten Woche liegen gebliebene Arbeit aufzuholen und letzte Hand anzulegen für den großen Tag: Montag, der 19.07.1999. Am Freitag ist noch einmal kurz das Fernsehen im Berliner Büro und macht eine kleine Reportage, die am Montagabend in der Tagesschau gesendet werden soll – wenn's reinpasst.

Wie der Zufall will, ist der Börsengang gerade der dritte Jahrestag der Gründung der Foris beim Notar, und der achte Jahrestag meiner Anwaltszulassung. Ein Datum, das ich nicht mehr vergessen werde.

EIN ZELT VOR DER BÖRSE

Ein Teil der Berliner Foris-Mannschaft ist schon als Vorauskommando in Frankfurt. Der Rest sammelt sich am Sonntagnachmittag, dem Tag davor, am Flughafen Tempelhof.

Wir sind ungefähr zehn Leute, die sich in die schmalen Zweierreihen der Fokker zwängen. Wir reisen mit einer der vielen Billigfluglinien, die damals kometengleich aufsteigen und wieder verschwinden. Diese versucht – im Ergebnis erfolglos – der Lufthansa mit Kampfpreisen auf ihrer Renn- und Profitstrecke Berlin-Frankfurt Kunden abzujagen. Wir schwitzen schon in der nichtklimatisierten Abflughalle, wir schwitzen noch mehr, als das Flugzeug auf der Startbahn auf seine Freigabe vom Tower wartet.

Die Sonne knallt auf das Tempelhofer Feld und das spangenförmige Flughafengebäude und leuchtet die von dem riesigen Vordach gebildete offene Halle bis in die hintersten Winkel aus. So, als wollte sie dessen megalomaner Architektur die Geheimnisse entreißen, die sich an regenverhangenen Abenden in ihren Mauern und Schatten verborgen haben, in der ewigen Kulisse düsterer Schwarzweißfilme über Nazizeit und Kalten Krieg. Heute bin ich selbst die Hauptfigur in einem Thriller, und er ist Realität.

In Frankfurt treffe ich Rollmann in unserem Hotel. Wir gehen zu Fuß die paar Schritte zur Börse hinunter. Auf dem Vorplatz wird gerade das Zelt aufgebaut. Das Zelt, die Genehmigung dafür, die Bestuhlung und das Catering hat diesmal einer der Berliner Mitarbeiter organisiert. Alles scheint zu funktionieren. So gibt es morgen nicht mehr viel zu tun. Wir haben ein paar hundert Flugblätter im DIN A 4

Format vorbereitet, die nachher zusammengefaltet wie unsere Prospekte aussehen, vorne der Foris-Schriftzug mit dem Slogan „Foris finanziert Prozesse" über einer Foris-blauen Fläche, hinten das Doppelporträt von Rollmann und mir mit unseren Unterschriften, den Adressen und Kontaktdaten der Foris-Büros in Berlin und Bonn. Die Innenseite ist noch weiß. Sie soll mit der Presseerklärung bedruckt werden, die wir vorbereitet haben, die aber je nach Eröffnungskurs eine unterschiedliche Titelzeile erhalten soll. Wenn ich mich recht erinnere, habe ich den Text allein formuliert. Er strotzt vor Unbescheidenheit. Ja, wenn ich ihn heute lese, erinnert er mich an den atemlosen Duktus der Ansager in Fox' tönenden Wochenschauen aus den Kinovorstellungen meiner Kindheit. *„Mit Recht geht das weltweit erste Unternehmen an den Neuen Markt, das Prozesse gegen Erfolgsbeteiligung finanziert und damit eine Lücke im Rechtsschutz schließt"*, so heißt es da, und weiter: *„Nichts ist stärker als eine Idee, deren Zeit gekommen ist. So formulierte es einst Bundesaußenminister Genscher. Die Idee der Prozessfinanzierung hatte Firmengründer Lothar Müller-Güldemeister schon 1977... Der entscheidende Durchbruch kam, als Müller-Güldemeister Ende 1997 Dr. Christian Rollmann kennen lernte... Im Juni 1998 stellten die beiden ihr Konzept vor und rannten bei der sonst so konservativen Anwaltschaft offene Türen ein... Die Nachfrage nach Prozessfinanzierungen übertraf alle Erwartungen. Täglich tragen Anwälte neue Fälle zur Finanzierung vor. Oft geht es um Millionenforderungen gegen Großunternehmen, staatliche Institutionen oder sonstige finanzstarke Gegner, die den anderen kaltschnäuzig auf den Prozessweg verweisen – wohl wissend, dass der ihn sich nicht leisten kann. Oft sind es regelrechte Wirtschaftskrimis, die den Forderungen zugrunde liegen. Mit Foris bekommt der, der sein Recht sucht, einen starken Mitstreiter. Foris ist finanziell unabhängig und frei, es mit jedem aufzunehmen, einen wie großen Namen er auch im Schilde führen mag. Zu verdanken hat Foris das den Anlegern, die die Idee der Foris und ihre geschäftlichen Perspektiven begriffen haben... Mit jetzt rund 40 Millionen DM an Eigenmitteln und Liquidität kann Foris bis 2005 mit über 1.700 Prozessen einen Beitrag zum Recht leisten"*. Große Worte, aber sie geben wohl meine Stimmung in jenen Tagen richtig wieder: das Überrumpeltsein von einer Lawine, die ich selbst losgetreten hatte, und den Erwartungen, die wir sowohl wecken wie auch erfüllen wollen…

Über diesem Text steht noch die Kopfzeile: *„Foris-Erstnotiz am 19.7.1999 mit ... EURO … % über Emissionskurs"*, wobei wir in jeder Version andere EURO- und entsprechende Prozentzahlen von 55 bis 90 EURO eingesetzt haben. Sobald der Eröffnungskurs bekannt ist, soll einer unserer Mitarbeiter mit der passenden Vorlage zu einem nahen Copyshop gehen und die Blankoseite bedrucken lassen.

Es wird Abend. Wir sitzen auf der Terrasse des "Hard Rock Café" an einer Straßenecke im Rücken der Börse bei einem Weizenbier, als eine Horde junger Männer um die Ecke kommt. Ein großes Geschrei beginnt, als sie uns sehen, und sie stürmen den Biergarten. Es ist die Clique der Wallstreet-boarder, die uns und die Foris in den letzten Monaten bejubelt und bei der Hauptversammlung die Köpfe zusammengesteckt haben. Sie kündigen an, morgen unser Zelt vor der Börse zu stürmen. Das hatten wir eigentlich für die Foris-Mitarbeiter und den engeren Kreis der an der Emission beteiligten Personen, für Presse und Fachpublikum bestimmt. Aber rausschmeißen werden wir unsere Fans natürlich nicht. Wir unterhalten uns noch ein bisschen mit ihnen und überlassen ihnen dann das Feld. Morgen ist auch noch ein Tag.

Gegen 8 treffen wir uns vor der Börse. Einige unserer Mitarbeiter sind schon an der Arbeit. Sie haben die riesigen Luftballons mit Helium aufgeblasen und an dem gusseisernen Zaun vor dem Börsengebäude befestigt. Die Ballons wiegen sich in dem Aufwind, den die schon um diese Morgenstunde wüstenheiße Luft vom Pflaster hochsteigen lässt. Wir helfen noch ein bisschen, dann inspizieren wir das Zelt und die Inneneinrichtung, Alles ist ohne Fehl und Tadel. Lupo und Rollmanns ältester Sohn, zwei Jahre jünger, setzen sich aufs Podium und spielen Vorstand. Dann trinken wir Kaffee. Sekretärinnen, Händler und Manager strömen in das große, rötliche Gebäude. Was für uns einer der Höhepunkte unseres Lebens ist – für sie ist es tägliche Routine.

Doch unsere Spannung steigt: Wird der Börsenstart gelingen? Werden die Nachrichten in den Zeitungen, bei N-TV und Bloomberg von einem Flop oder einem fulminanten Start sprechen? Werden die Anleger und damit Tausende von Anwälten, die wir als Kunden und Mittler zum Kunden einbinden wollen, euphorisch oder enttäuscht sein? All das wird sich in den ersten Minuten entscheiden, wenn die Makler den Anfangskurs festlegen. Das werden wir hautnah miterleben, denn an diesem Tag dürfen wir selbst aufs „Parkett", das sonst den Börsenmaklern und den zugelassenen Händlern vorbehalten ist.

Um kurz vor 9 ist es soweit.

Wir werden von einem Mitarbeiter der Börse über einen verschlungenen Umweg in den fußballplatzgroßen Raum mit den rundherum gezogenen Galerien geführt. Auf den riesigen Anzeigetafeln an den Wänden schmiegen sich die Linien zu dieser Tageszeit noch eng an die y-Achse. In der Halle, dicht an dicht, die Edelholzverschläge der Börsenjobber, vollgestopft mit Computern, Tickern und Telefonen.

Als ich bei Weiss und Co. anfing, vor ziemlich genau 22 Jahren, hat mich der Prokurist auch ein paar Mal in die Hamburger Börse mitgenommen. Dort herrschte noch eine Lärmkulisse wie in einer von Schulklassen bevölkerten Schwimmhalle. Mit scheinbar unartikulierten, für den Uneingeweihten unverständlichen Lauten verständigten sich die Händler und Makler über die Papiere, die Preise und die Mengen. Schiefertafeln wurden hektisch mit Kreide beschrieben und wieder abgewischt, zerrissene Papiere lagen auf dem Boden wie auf der Trabrennbahn, und die Börsianer trugen kleine Notizbücher bei sich, in denen sie ihre An- und Verkäufe mit Bleistift notierten, um sie dann per Telefon und Fernschreiber von ihren Kabinen aus an ihre Zentralen weiterzugeben. Von all dieser Hektik ist nichts mehr zu spüren, jedenfalls an diesem Morgen nicht. Liegt es an der sommerlichen Hitze oder der beginnenden Sommerpause, liegt es daran, dass die Computer das Geschäft der Schreier übernommen haben? Jedenfalls erinnert mich die Atmosphäre, trotz aller gespannten Erwartung, die auch hier in den Gängen lauert, eher an die Buchausgabe einer Bibliothek oder die Auslagen im Erdgeschoss eines vornehmen Kaufhauses, das gerade seine Pforten öffnet. Die Stimmen sind gedämpft, die Stimmung ist ruhig, sachlich und aufgeräumt. Der Leiter der Handelsabteilung der Börse begrüßt unsere kleine Delegation, die aus Rollmann und mir, unseren Frauen und Kindern, Cobet, den Trinkäuslern und noch ein paar anderen besteht. Er übergibt uns, wie üblich bei den Börsenneulingen, eine verkleinerte Replik des Bulle-und-Bär-Ensembles vor der Börse mit einigen wenigen Worten der Begrüßung und der guten Wünsche für die Zukunft. Rollmann händigt die Plastik mir aus und meint, ich solle sie behalten. Wir haben schon in den letzten Wochen gesagt, eigentlich macht es keinen Sinn, die ganze Prozedur des Börsenganges über sich ergehen zu lassen, wenn man das dabei gewonnene Know-how nicht auch in der Zukunft nutzen würde. Wir glauben doch tatsächlich, dass dies nicht unser letzter Börsengang ist, und das nächste Ensemble wird er dann nehmen...

Nach der kleinen Zeremonie in einem etwas abgelegenen Gang der Börsenhalle gehen wir zu einem der Makler, der für die Feststellung der ersten Kurse zuständig ist. Die Spannung ist mit Händen zu greifen. Er kramt ein bisschen an seinem Computer rum. Dann brummelt er irgendetwas wie „so um achtzig".

Erleichterung, ja Begeisterung macht sich breit. Auf der elektronischen Tafel an der Nordseite der Halle erscheint die Aufschrift: „Foris AG – Erstnotiz am 19.07.1999" und der Kursverlauf mit seinen ersten Zacken, mit eindeutig nach oben strebender Tendenz.

Wir gehen herum, werden den Börsenhändlern vorgestellt und schütteln Hände. Da wir von der Hauptversammlung noch hunderte von Springseilen mit Foris-Aufschrift übrig haben, verteilen wir sie an alle Börsianer, deren wir habhaft werden können. Am Nachmittag, als sich die Börse wieder leert, sehe ich auf dem Börsenplatz und sogar später in der U-Bahn Männer und Frauen in Nadelstreifenanzügen und –kostümen mit unseren Springseilen in der Hand. Es erinnert mich an einen alten Werbespot im US-Fernsehen, in dem die Straßen voll sind von Leuten, die überdimensionale Packungen mit Wrigleys Spearmint Gum auf ihren Schultern herumtragen…

Nach einer Dreiviertelstunde verlassen wir erst einmal die heiligen Hallen. Ein letzter Blick gilt der Anzeigetafel, auf der sich der Foris-Kurs inzwischen weiter erhöht hat. Ich schicke einen der Mitarbeiter zum Copyshop, und er lässt die vorbereiteten Flugblätter komplettieren mit der Titelzeile: „Foris-Erstnotiz am 19.7.1999 mit 80 EURO 78 % über Emissionskurs".

Ein Gefühl tiefer Befriedigung hat mich ergriffen. Nicht, dass ich mir von Minute zu Minute neu ausrechne, wie viele Millionen mein Depot auf dem Papier wert ist. Es ist der Erfolg, der mich glücklich macht, nicht das Geld. Dass das Geld wiederum die Messlatte für den Erfolg ist, macht die Sache zwar kompliziert, aber zum Philosophieren ist jetzt keine Zeit. Wir gehen zu unserem Zelt, das direkt vor dem Börseneingang steht. Dort haben sich inzwischen auch die meisten Foris-Fans eingefunden, Freunde und Bekannte und die ersten Vertreter der Presse. Die Pressekonferenz ist auf 10 Uhr angesetzt, und für 12 Uhr ein Empfang. Die Pressekonferenz ist nicht sehr besucht. Die Börsenstarts der letzten Wochen und die vielen, die noch folgen werden, hinterlassen ihre Spuren. Auch sind wir eher wegen unserer Geschäftsidee als wegen unseres Emissionsvolumens interessant. Aber unser Geschäftsmodell haben wir in den letzten Monaten so intensiv durch die Medien gezogen, dass es keinen wirklichen Neuigkeitswert mehr hat. Ich erinnere mich nicht mehr an die Fragen, die von den Bänken aus an uns gestellt werden.

Die Pressekonferenz ist nach zwanzig Minuten zu Ende. Der Kurs steht bei über 90. Und er steigt weiter. Einer der wallstreet-boys hat zu den Anfangskursen nachgekauft und jetzt verkauft. Er ist um einige zehntausend Mark reicher und gibt mächtig damit an. Aber auch an der Börse gilt die alte Zockerweisheit, die auf den Trab- und Galopprennbahnen gehandelt wird: Das gewonnene Geld ist nur geliehen. Beim nächsten Rennen zahlst du es zurück...

Den Empfang eröffnet einer der Vorstände von Trinkaus & Burkhardt. Seine Ansprache hätten wir wohl nur verhindern können, wenn wir ihn fortgetragen hätten. Es wäre mir lieber gewesen, einer der beiden Betreuer, mit denen wir in den letzten Monaten so intensiv zu tun hatten, hätte ein persönliches Wort über die angenehme und fruchtbare Zusammenarbeit gesagt. Dass sich die selbsternannten Promis auch immer vordrängeln müssen, wenn es ums Redenhalten geht, wo sie schon nicht die Arbeit gemacht, schlimmer, wenn sie nicht einmal etwas zu sagen haben! Am Schluss überreicht er Rollmann und mir je eine alte Goldmünze. Etwas gequält nehme ich sie entgegen und schaue darauf. Sie zeigt nicht etwa den Kopf von Ludwig Erhard, von Rathenau, Siemens oder Donnersmarck, was ja noch eine Beziehung zu dem heutigen Geschehen gehabt hätte. Nein, es ist eine 20-Reichsmark-Münze mit dem Portrait des letzten deutschen Kaisers, einer politischen Figur, der ich nun gar nichts abgewinnen kann. Noch gequälter bedanke ich mich. Die Münze landet später in irgendeiner Schreibtischschublade von mir und ist verschollen.

Die nächste Rede ist besser. Sie ist von Rollmann, sie es ist eine Laudatio auf mich, auf meine Idee, auf meine Kreativität, auf unser beider Zusammenarbeit trotz unserer unterschiedlichen Charaktere. Es ist eine sympathische Rede, und ich leugne nicht, dass sie mir gut tut. Sie kommt auch bei den Zuhörern an und findet weitaus freundlicheren Beifall als die des Bankiers.

Schließlich sage ich noch etwas. Der Erfolg habe viele Väter, und wenn ich auch einer davon bin, so müsste ich doch ein paar weitere Personen nennen, die allerdings alle nicht anwesend sind. Ich beginne mit meinem Vater. Weil er mir, als ich sechzehn Jahre alt wurde, ein Exemplar des Bürgerlichen Gesetzbuches schenkte, das bald vom Lesen zerfleddert war. Weil er mich logisches Denken gelehrt, aber meine Kreativität nicht behindert hat. Weil er sowohl meine Entscheidung akzeptierte, zunächst mit Geschichte, Mathematik, Philosophie und noch einigem anderen ein etwas chaotisches Studium anzufangen, als auch die spätere, im Wintersemester 1969/70 auf Jura umzusatteln. Zu dieser bedurfte es des Hinzutretens eines anderen: meines Freundes Reinhard Rauball, des Tausendsassas, den ich in Bochum in einer Wohngemeinschaft kennen lernte, nachmalig Prominentenanwalt, bekannter Sportrechtler, zeitweiliger Präsident von Borussia Dortmund und – wenn auch nur für ein paar Tage – Justizminister von Nordrhein-Westfalen. Ich erwähne Herrn Friedrich, den furchtlosen Inhaber von Weiss & Co., der meinen Vorschlag, den Prozess gegen Westenfeld zu finanzieren, auch noch unterstützte, als ich kleinlaut mit der Nachricht gekommen war, dass wir die erste Instanz verloren hatten. Und ich erwähne last but not least meine Frau und meine Kinder, die meine beruflichen Eskapaden der letzten Jahre bis hin zu dem Sprung ins kalte Wasser der Foris mitgetragen haben, wenn auch nicht immer klaglos, und mit denen ich jetzt in den wohlverdienten Urlaub fliegen werde.

Nach diesen Reden ist das Buffet eröffnet, und ebenso der Champagner, der, zusammen mit der Hitze, meine Erinnerungen an den Fortgang dieses Tages benebelt. Ich, aber noch mehr die Foris-Mitarbeiter, laufen ständig zwischen dem Zelt und dem Börsengebäude hin und her, um den scheinbar unaufhaltsamen Aufstieg der Foris-Aktie bis über hundert zu beobachten.

Nicht nur bei mir macht sich die Erschöpfung breit. Irgendwann ist die Party zu Ende. Gegen 19 Uhr verabschiede ich mich von Rollmann, den Gästen und den Mitarbeitern und gehe ins Hotel, um zu duschen. Auf dem Platz vor der Börse beginnen die Aufbauarbeiten für die Feier des nächsten Börsenganges der Haitec, am nächsten Tag.

Um 20 Uhr gucke ich im Hotel Tagesschau, aber der Beitrag über Foris kommt nicht. Sabine, Katharina, Lupo und ich bummeln noch ein wenig unschlüssig durch die in der Hitze fiebernde Stadt. Danach fallen sie ins Bett, nur ich kann weder schlafen noch sonst etwas Vernünftiges mit mir anfangen. So zappe ich, der ich zu Hause nie fernsehe, mich durch die Sender und werde dann doch noch Zeuge des Beitrages über Foris in den Zwei-Uhr-Nachrichten der ARD. Er reißt mich nicht vom Hocker, und die wenigen Schlaflosen, die ihn sehen, wahrscheinlich auch nicht. Irgendwann fallen mir die Augen zu.

SONNE UND MOND

Der schmucklose Ankuftsterminal des Dulles-Airports in Washington ist klein und die Abfertigung geht schnell. Schon wenige Minuten nach der Landung kann Susanne ihre Eltern und ihre beiden Geschwister in die Arme schließen. Susanne hat in der Nähe ein halbes Jahr lang die Schule besucht. Diese und die folgende Nacht bleiben wir bei ihrer Gastfamilie. Wir schauen uns Washington an. Die Hitzeglocke, die nicht nur auf Europa, sondern auch auf Nordamerika lastet, nimmt uns fast die Luft zum Atmen.

Weiter Richtung New York. Wir kommen abends in Staten Island an und finden ein Hotel am Upper Bay. Es würde jeder Frank-Capra-Komödie zur Ehre gereichen. Ich werde um 5 Uhr wach und will die Kühle und die Farben des Morgens genießen. Ich gehe ein paar Schritte am Wasser entlang, das müde ans Gestade schmatzt. Landeinwärts verklingen die letzten Katzenkonzerte der Nacht, auf der Bayseite ritzen die Möwen mit ihren Schnäbeln ein paar einsame Schreie in die frühe Luft. Die Freiheitsstatue und die Wolkenkratzer des Financial Districts hängen noch fern im Morgennebel. Die Sonne hat ihn aufgelöst, als wir zwei Stunden später nach Manhattan fahren. Dort bleiben wir eine Woche. Wir durchstreifen zu Fuß die kochende City. Ich kaufe das Buch *„The death of Common Sense – How law is suffocating America"* des New Yorker Anwaltes Philipp K. Howard. Er beklagt die Bürokratisierung und Gesetzesflut Amerikas und widerlegt das in Deutschland gängige Vorurteil, dass gerade das in Amerika viel besser sei. Am eigenen Leib erlebe ich unangenehm eines seiner Beispiele: den Mangel an öffentlichen Toiletten in Downtown. Alle Vorschläge, dort welche nach Pariser oder Berliner Vorbild zu errichten, scheiterten an bürokratischem Übereifer und Gezänk. In letzter Minute finde ich eine im MacDonald's… Nach einer Tour durch die New Yorker Börse NYSE setzen Susanne und ich uns zum Ausruhen auf eine Bank in die Trinity Church. Im Schatten der Bürotürme mutet sie an, als hätte sie jemand dort vergessen. Doch plötzlich füllt sich der kleine Kirchensaal innerhalb weniger Minuten. Der börsentägliche 12-Uhr-Gottesdienst beginnt: weiße Männer mittleren Alters, in dunklen Anzügen und Krawatten. Sie singen die Choräle temporeich, laut und mit so ernsten Gesichtern, als setzten sie hier nur die Arbeit in ihren Büroverschlägen fort, die sie gerade unterbrochen haben. Sie lassen sich von dem jungen schwarzen Pfarrer die Leviten lesen, bevor sie an ihre Bildschirme und Telefone in der Wall Street zurückkehren. Anderntags lauschen wir Konzerten im Central Park, besichtigen Museen, baden auf Long Island. Schließlich geht es weiter nach Boston. Wir halten Ausschau nach einer Bleibe am Meer. Da wir nichts im Voraus gebucht haben, finden wir nichts, das uns gefällt. So entschließen wir uns, etwas früher zurückzureisen und unseren Strandurlaub auf Sylt zu verbringen. Dort habe ich durch Zufall noch ein Quartier ergattert, sicher nicht schlechter als auf Cape Cod oder Martha's Vineyard, aber zu einem Drittel des Preises.

Wir zahlen eine moderate Umbuchungsgebühr und fliegen über Frankfurt zurück. Für den Nachmittag mache ich ein Treffen mit Ramona Diefenbach von dem Wirtschaftsmagazin *Econy* aus. Es wird ein langes Interview. Sie legt beinahe mehr Wert auf meine Vorgeschichte als auf die Foris-Story, befragt mich lange über mein Film-Abenteuer und will alles darüber wissen. Der Film ist der running gag, der ihren Artikel im Oktoberheft durchziehen wird. *„Die Harley passte wie für ihn gemacht."*, so beginnt sie ihn. *„Braun gebrannt, langbeinig und lässig wurde Peter Fonda in „Easy Rider" zum Idol einer Generation. Lothar Müller-Güldemeister glich ihm wie ein Double. Jedenfalls auf dem Foto, auf dem* der Jurist 1987 während der Dreharbeiten zu „Doppelgänger" in die Zukunft sieht…Schnitt. Lothar Müller-Güldemeister, die zweite. Die grauen Anzüge passen ihnen wie angegossen. Attraktiv, interessant, manchmal suspicious sind sie, diese Hitchcock-Helden, und er sieht ihnen zum Verwechseln ähnlich…". Nach ganz gut recherchierten Ausführungen über die Prozessfinanzierung schließt sie mit den Worten „Trotzdem bleibt ein Schatten des Zweifels, ob er nicht doch irgendwann seine Aktien verkauft, die Harley aus der Garage rollt und in einer Abgaswolke verschwindet, einer Kamera und einem langsam aufglimmenden Scheinwerfer entgegen". Dabei habe ich nie eine Harley gehabt, nur einmal, vor dreißig Jahren, eine BMW R25, Baujahr 1954, mit 12 PS. Und dass ich wie Peter Fonda aussehe, hat mir auch noch niemand gesagt. Aber wer hört so etwas nicht gern…

Das ist 1999, auf dem Gipfel der „New Economy". Noch heute spürt man an dem Heft von Econy das Gründungsfieber, in dem neue Produkte, neue Führungs- und Vertriebsmethoden scheinbar aus dem Nichts entstehen, wirtschaftliche Gesetzmäßigkeiten nicht mehr gelten sollen, alles auf den Prüfstand und auf den Kopf gestellt wird. Ich habe mir die Mühe gemacht, einmal im Internet nachzuschauen, wer von den anderen Unternehmern noch dabei ist, die in dem Oktoberheft erwähnt werden. Ich bin erstaunt: ich gehöre zu den wenigen, die es nicht sind. Econy selbst auch: das Oktoberheft ist das letzte, das erscheint. Das Team allerdings macht weiter, unter dem neuen Namen „Brand eins".

Auf Sylt liegen wir meist träge im Strandkorb, mehr lässt die Hitze kaum zu. Einmal miete ich einen Katamaran für ein paar Stunden. Entsetzt registriere ich, dass ich das Segeln in den 12 Jahren, nachdem wir unser Haus an der Ostsee aufgegeben haben, nahezu vollständig verlernt habe. Abends gehen wir meistens in eine knackvolle Pizzeria, deren Kellner meine Töchter und meine Frau durch witzige Komplimente charmiert. Vorm Schlafengehen setze ich mich in die stille und kühle Bibliothek des Hotels. Ich stöbere in den Bücherhinterlassenschaften ganzer Gästegenerationen, darunter Bestseller der fünfziger Jahre, Namen, die heute keiner mehr kennt, Klassiker und Krimis, Science-Fiction ebenso wie Ebbe- und Flut-Tabellen und „Sylt, bevor die Touristen kamen". Ich verzehre die leichte Literaturkost zu einer Havanna und einem Marillenbrand. Foris ist weit weg. Ich habe es geschafft, die Firma für drei Wochen aus meinen Gedanken zu verbannen. Das Berliner Büro hat meine Mobiltelefonnummer. Ich erkenne dankbar an, dass es mich verschont.

Am 10.08.1999 verlassen wir Westerland. Es regnet in Strömen. Am 11. August ist ein Jahrhundertereignis angesagt. Der Schatten des Mondes, der die Sonne völlig verdeckt, rast mit einer Geschwindigkeit von 3.800 km/h über einen schmalen Streifen der Erdoberfläche Mittel- und Südosteuropas, in Deutschland über Karlsruhe, Stuttgart und Ulm. Meine Eltern wohnen in Tübingen. Wir wollen die Sonnenfinsternis dort erleben und damit unseren Urlaub abschließen. Doch aus der Sonnenfinsternis wird bloß eine Finsternis. Von der Sonne ist nichts zu sehen. Es nieselt schon seit dem frühen Morgen. Die Sonne schimmert nicht einmal als blasser Schemen durch die Wolkendecke. Dennoch, als der Mond, wenn auch für uns nicht erkennbar, vor ihre Scheibe tritt, verdüstert sich selbst die durch Wolken und Regen schon eingetrübte Welt. Mehr als die fühlbar in Sekundenschnelle um mehrere Grade absinkende Temperatur macht mich die Vorstellung frösteln, was wäre, wenn die Sonne erlöschen würde, plötzlich und einfach so… Doch auf die Himmelsmechanik kann man sich verlassen. Nach wenigen Minuten ist alles wieder beim Alten. Am nächsten Tag fliegen wir von Stuttgart zurück nach Berlin. Morgen, am 13. August, hat die Foris mich wieder.

Am Wochenende nach meiner Rückkehr setzen Rollmann, ich und die Juristen uns in einem Hotel am Zeuthener See zusammen, am östlichen Stadtrand von Berlin.

Wir haben bereits einmal, im Oktober 1998, in einem Hotel in Berlin eine „Werkstatt" veranstaltet. Die festen und freien Mitarbeiter aus dem Berliner und Bonner Büro sollten sich kennenlernen, damals ein knappes Dutzend einschließlich Rollmann und mir. Rollmann hat einen „Moderatorenkoffer" mitgebracht, mit verschiedenfarbigen Stiften, Zetteln und bunten Magneten. Mit ihnen werden später die Ergebnisse der Gruppendiskussionen und „Brainstormings" auf den Flipcharts und den mit paketbraunem Papier bezogenen Stellagen fixiert und markiert. Damit sollen neue Ideen produziert, Gedanken fortgesponnen und verbessert, Problemlösungen und schnelle Entscheidungen gefunden werden. Grüne, gelbe, rote und schwarze Hüte stehen für verschiedene Stadien und Ebenen dieser Kreativtechnik.

Schon das Vorstellen veranstaltet Rollmann als ein Spielchen zum Warmwerden. Jeweils zwei Teilnehmer sollen sich gegenseitig interviewen und dann stellt einer den anderen vor versammelter Mannschaft vor, beschreibt ihn und hält eine kleine Laudatio nach einer vorgegebenen Struktur: wie heißt er, was ist sein Wahlspruch, wo möchte er in fünf Jahren stehen, was mag er und was nicht...

Ich selbst halte mich bedeckt. Zugegeben, dem „brainstorming" verdanken wir später gute Ideen wie die Slogans „Firma, fertig, los" für die Vorratsgesellschaften oder „programmiert auf Recht" für die Forisoft GmbH. Dennoch: Ich bin kein Freund organisierter Gruppendynamik. Auch eine junge Referendarin nicht, die sich bei uns beworben hat und die wir zu der ersten Veranstaltung einladen. Danach zieht sie ihre Bewerbung zurück. Wie sie einem anderen Mitarbeiter sagt, hat das Ganze sie an eine Sekte erinnert...

Im Lauf der nächsten Jahre werden wir in unzähligen Meetings zusammensitzen und die Köpfe rauchen lassen, brüten, argumentieren, lachen und streiten. Natürlich müssen Entscheidungen diskutiert, Mitarbeiter informiert, Beschlüsse vermittelt werden. Doch die Erfahrung zeigt mir: je größer die Runde, desto schlechter das Verhältnis von

Aufwand und Ertrag, desto mehr verfallen die Teilnehmer in atavistische Denk- und Verhaltensmuster: je nach Charakter Imponiergehabe oder Ängstlichkeit, Aggressivität oder Trotz, Apathie oder Selbstbeweihräucherung.

Rollmann hat sich einen Namen ausgedacht. Werkstatt klingt ihm zu sehr nach Schmutz und reparaturmäßigem Zusammenflicken. Darum sollten wir unsere Zusammenkünfte „Mond" nennen: einen Ort, von dem aus man entrückt den Heimatplaneten umkreist. Und von dem man dann mit einer neu gewonnenen Perspektive und neuen Ideen zurückkehrt, in Zukunft alles mit anderen Augen sehen und alles besser machen wird. Die nicht unpoetische Metapher, wenngleich auch verschroben-abgehoben und so gesehen wiederum die Aura des Avantgardistisch-Sendungsbewussten verstärkend, mit dem Rollmann und ich die Foris zeitweilig umgeben, bürgert sich ein. Später wird sie in vielerlei Abwandlungen genutzt: Sekretariatsmond, Vollmond, Büroleitermond, oder auch „Jupitermond", wenn Rollmann und ich eines unserer Treffen außerhalb der Firmenräume veranstalten, um Entscheidungen vorzubereiten und Projekte voranzutreiben.

In Zeuthen verabschieden wir Beschluss auf Beschluss. Über Wichtiges und Unwichtiges. Über einheitliche Prinzipien der Aktenführung und des Telefonverhaltens, Grundsätze über die Benutzung von Verkehrsmitteln bei Geschäftsreisen. Über die Akquisition von Prozessfinanzierungen, das Abarbeiten, das Annehmen und das Ablehnen von Fällen und das Verhalten den Anwälten gegenüber in solchen Situationen, die häufig vorkommen werden. Über die Risikoeinschätzung von Prozessen, die an uns herangetragen werden, wie wir mit schwierigen Anwälten umgehen, die Prioritäten in der Weiterentwicklung der Unternehmens-EDV. Dazwischen zur Abwechslung kleine Exerzitien, mit denen sich allgemeine Fähigkeiten einschleifen sollen, die richtige Reaktion auf Killerphrasen („das haben wir schon immer so gemacht", „das geht nicht", „ich habe keine Zeit"), Gesprächstechnik und das Stellen offener Fragen, 3-Minuten-Referate mit dreiminütiger Vorbereitungszeit als Rhetorikschulung und anschließend die Beurteilung durch die anderen. Der Tag beginnt damit, dass jeder sagt, was er sich von ihm verspricht, und endet mit einer kritischen Bestandsaufnahme.

Wir tagen das ganze Wochenende. Am Sonntagmorgen jogge ich mit zwei Mitarbeitern ein paar Kilometer durch Wald und Felder. Einer von ihnen ist der frühere 400-Meter-Olympiateilnehmer, der andere aktiver Vereinsruderer und schon äußerlich ein Konditionsbulle. Nicht einmal in ihrem Alter war ich so sportlich, und jetzt habe ich 20 Jahre mehr auf dem Buckel. Obwohl sie mich schonen, bin ich am Ende meiner Kräfte, als wir wieder im Hotel ankommen. Dennoch machen sie mir freundliche Komplimente... Aber das ist es nicht, was meine Leistungskurve am Sonntag abfallen lässt. Ich merke, wie mir das Wochenende fehlt, das ich zum Abspannen und Nachdenken brauche, und vor allem merke ich wieder, wie anstrengend die ständige Gegenwart von Rollmann ist. Seine laute Stimme, sein ununterbrochener Redefluss, seine ständigen Versuche, eine Konversation zu dominieren, fallen mir wieder auf die Nerven, nachdem die Monate vor dem Börsengang, die gemeinsamen Anstrengungen zum Überwinden aller Probleme und unser gemeinsames Eilen von einem Erfolg zum nächsten mich eine Weile unempfindlich gemacht hatten für diese Eigenheiten.

Doch auch die anderen finden, dass wir uns nicht auch noch das Wochenende mit Foris um die Ohren schlagen sollten. Der Sonntag wird in Zukunft tabu sein, von wenigen Ausnahmen abgesehen.

Die Alltage werden uns in nächster Zeit genug beschäftigen.

ALLTAG

Zum Alltag gehören die verschärften Berichtspflichten, die der Börsengang mit sich bringt. Quartalsberichte mit einer Anzahl vorgeschriebener Mindestangaben müssen spätestens zwei Monate nach Quartalsende vorliegen. Der Halbjahresbericht also am 31. August, meinem 52. Geburtstag. Bei der Arbeit daran tauchen Differenzen auf, deren Ursache sich später als harmlos herausstellt, die aber abgeklärt werden müssen. Meine Frau hat bereits Anfang des Jahres die Buchhaltung abgegeben. Ihre Mitarbeit in der Foris hatte dazu geführt, dass an jedem Abendbrotstisch neue ungebetene Gäste saßen: in Form von Fragen der Verbuchung von Prozessaufwand, von Urlaubsrückstellungen und Rechnungsabgrenzungsposten. Die täglichen Vorgänge bei Foris und unsere unterschiedlichen Blickwinkel darauf wurden das Hauptthema unserer häuslichen Gespräche. Die Leute, die ich als Nachfolger für Sabine eingestellt habe, haben sich als Fehlgriff erwiesen: Sie machen mir mehr Arbeit, als sie mir abnehmen. Später muss meine Frau noch einmal einspringen, bis es uns endlich im Jahr 2000 gelingt, eine gut ausgebildete und zuverlässige Buchhalterin zu gewinnen. Trotz aller Anstrengungen sehe ich einige Tage vor dem Abgabetermin, dass wir ihn nicht werden einhalten können. Doch dann stelle ich erleichtert fest, dass die Berichtspflicht erst für das dritte Quartal besteht, weil wir auch erst in ihm an die Börse gegangen sind. Aufatmen, Zeitgewinn. Wir legen den Halbjahresbericht trotzdem vor, allerdings erst im Lauf des Septembers. Es nützt uns nichts. Wie wir später erfahren, lag Foris bei mehreren Fondsmanagern Ende August auf Wiedervorlage. Als sie keine Mitteilung über den Halbjahresabschluss gefunden haben, haben sie ihre Aktien auf den Markt geschmissen. Allerdings hätte auch die Veröffentlichung unseres Quartalsberichts auf unserer Internetseite das nicht verhindert. Denn keiner hat uns gesagt, dass die Unternehmen ihre Quartalsberichte per Ad-hoc-Meldung ankündigen. So heißen die gesetzlich vorgeschriebenen Pflichtmitteilungen über kursrelevante Vorgänge bei Börsenunternehmen. Fonds und Banken haben sich angewöhnt, alles zu ignorieren, was nicht auf diese Weise veröffentlicht wird.

Sowohl Rollmann als auch ich sind verblüfft. Wir haben zu juristisch gedacht. Der Gesetzgeber hat die Unternehmen zu Ad-hoc-Meldung verpflichtet, um das Informationsgefälle zwischen Privatanlegern, Institutionellen und Insidern zu verringern und zu verhindern, dass früher Informierte sich aus ihrer Kenntnis ungerechtfertigte Vermögensvorteile zum Nachteil der anderen verschaffen können. So nahmen wir an, dass Quartalsberichte, die keine Überraschungen bieten, auch nicht in die Ad-hoc-Mitteilungen gehören. Falsch gedacht. Andere Unternehmen haben sogar begonnen, die Werbewirksamkeit der Ad-hoc-Meldungen zu nutzen. So ist die Bekanntgabe der Quartalsabschlüsse per ad hoc zum Standard geworden. Andere Unternehmen gehen noch weiter und versuchen, sich durch Ad-hoc-Meldungen ohne jeden Informationswert im Gespräch zu halten, oder auch durch die Vielzahl von solchen Mitteilungen ihre Probleme unter einem Haufen ungeordneter Informationen zu verschütten. Die Deutsche Börse, obwohl sie über ihre Tochtergesellschaft, die Deutsche Gesellschaft für Ad-hoc-Publizität, prächtig an den Ad-hoc-Meldungen verdient, muss später den gröbsten Unfug wieder eindämmen und verhängt Strafen für substanzlose oder zu lange ad-hocs.

Wie auch immer, unser Kurs ist unübersehbar auf Talfahrt. Von den hundert Euro des ersten Börsentages ist er über achtzig, siebzig, sechzig nach unten gerutscht und nähert sich unaufhaltsam dem Emissionskurs – schlecht für die Leute, die zu den weitaus höheren

Kursen nach dem Börsengang nachgekauft haben, zum Beispiel auf Anraten von Trinkaus & Burkhardt.

Man sagt uns, wir müssten bessere „Investor Relations" machen, Werbung für die Foris-Aktie bei den schon vorhandenen oder bei potentiellen Aktionären. So wie der Bäcker Kamps, der mit ganzen Pulks von Analysten nach Amerika reist und dort hunderte von Einzelgesprächen mit Investoren und Fondsmanagern führt. Doch anders als Kamps können wir nicht auf Umsatzahlen und Gewinne in der Gegenwart verweisen, sondern nur auf Gewinnerwartungen in der Zukunft. Die bisherigen Prognosen sind in den Kursen berücksichtigt. Neue haben wir nicht. Solange wir mit nichts Neuem kommen, gibt es kein Kurspotential mehr nach oben, es sei denn, wir finden neue Fonds, Versicherungen, Privatanleger, die Foris bisher nicht kennen und die die Zukunftschancen von Foris noch optimistischer sehen als die, die bisher gekauft haben: greater fools sozusagen. In dieser Situation Investor Relations zu machen, scheint mir genau so absurd wie der Vorschlag, der von Trinkaus & Burkhardt kommt: wir sollten einen Teil unserer liquiden Mittel benutzen, um Aktien zurückzukaufen, das würde unser Vertrauen in die Zukunft der Foris stärken. Natürlich machen wir es nicht. Zu einem lassen Rollmann und ich uns allerdings breitschlagen: Wir verpflichten uns, den Lockup für unsere persönlichen Aktien über den 19.01.2000 hinaus um ein halbes Jahr zu verlängern.

Denn egal ist der Kurs uns wiederum nicht. Weniger deshalb, weil wir selbst Aktionäre sind, denn wir denken ja gar nicht ans Verkaufen, als deshalb, weil sinkende Kurse einfach schlechte Laune machen und Aktionäre, Geschäftspartner und Mitarbeiter verärgern, verunsichern und demotivieren. Wir haben auf den Werbewert steigender Aktienkurse bei den Rechtsanwälten gesetzt, die Aktien haben. Bei Rollmann kommt wohl hinzu, dass viele seiner Verwandten und Bekannten Aktien gezeichnet haben, sicher nicht ohne dass er sein persönliches Prestige in die Waagschale geworfen hat. Sollen uns da die sinkenden Kurse gleichgültig sein?

Besser wäre es gewesen. Wir hätten die Härte aufbringen sollen zu sagen, wir verzichten auf Investor Relations, denn die besten Investor Relations sind steigende Gewinne. Und steigende Gewinne sind auch der einzige Garant für einen nachhaltigen Kursanstieg. Wir haben nie gesagt, dass Prozessfinanzierung ein schnelles Geschäft ist. Wir haben niemandem, der keinen langen Atem hat, geraten, Foris-Aktien zu kaufen. Also, liebe Aktionäre, lasst uns eine Weile in Ruhe, damit wir mit Eurem Geld das Geschäft machen können, das wir in unseren Prospekten beschrieben haben. Wir brennen keine Strohfeuer ab, wir machen nichts, was nur dem Kurs dient, wir leisten solide Arbeit. Es kann sein, dass die Kurse ein paar Jahre lang sinken. Dann werden sie steigen.

Das wäre die einfache, nackte Wahrheit gewesen. Wer sich gegen einfache Wahrheiten stemmt, zahlt ein hohes Lehrgeld.

Unsere Veröffentlichungen zeigen mir heute, wie wir bereits im Herbst 1999 mit der Wirklichkeit hadern und sie zugleich vor uns und anderen schönreden. *„Nach Ende der Sommerpause rechnet der Vorstand mit einem weiteren kontinuierlichen Anstieg des Abschlusses von Prozessfinanzierungsverträgen".* Anders ausgedrückt: bereits jetzt könnte man annehmen, dass das Tempo, mit dem wir angefangen haben, nicht zu halten ist. *„Die Gesellschaft plant für Herbst dieses Jahres eine Wiederaufnahme ihrer Informationsveranstaltungen in der Anwaltschaft und gewerblichen Wirtschaft, um ihr Produkt weiter bekannt zu machen."* Im Klartext: Trotz aller Mailings, trotz Resonanz in Fachwelt und Presse, trotz Börsengang kennen viel zu wenige unser Produkt oder verstehen es. *„Wir bleiben Marktpionier und Marktführer, müssen uns aber auf Konkurrenz einstellen".* Anders: schneller als gedacht ist Konkurrenz auf den Plan getreten. *„Durch die beendeten Verfahren ergab sich ein negatives Gesamtergebnis aus Prozessfinanzierungen, das wegen der geringen Fallzahl jedoch nicht repräsentativ ist.*

Es zeigt sich im Gegenteil, dass wir die Problemfälle bereits in einem relativ frühen Verfahrensstadium erkennen und dadurch unsere Risiken begrenzen können". Anders ausgedrückt: die bisherigen Ergebnisse sind enttäuschend und entsprechen nicht unseren Prognosen. *"Der Aktienkurs hat in den letzten Wochen erheblich nachgegeben. Dies ist zwar bedauerlich, aber aus unserer Sicht keineswegs beunruhigend. [...] Ein Vergleich mit den Dax-30 Werten belegt übrigens, daß ausnahmslos eine Kursschwankung um 80-100% im 52 Wochen Vergleich vorliegt. Wir sehen daher zuversichtlich der weiteren Entwicklung entgegen."* Mit anderen Worten: Vorher haben wir damit angegeben, um wie viel besser wir sind als die Dax-Werte. Jetzt reden wir uns damit heraus, dass die anderen schließlich genau so schlecht sind.

Mit Worten lässt sich trefflich streiten, mit Worten ein System bereiten... Oft diskutieren wir stundenlang über ein Wort oder einen Satz im Lagebericht. Jedes Wort, das nicht unter „Marketing"-Gesichtspunkten gewählt ist, bereitet Rollmann physische Qual. Hat sich der Gewinn verringert, aber der Umsatz erhöht, will er die Aussage über den gestiegenen Umsatz unbedingt in den ersten Satz der Nachricht. Ist das operative Ergebnis positiv, aber das Gesamtergebnis negativ, steht der operative Gewinn an erster Stelle. Nicht, dass das, was in unseren Berichten damals steht, objektiv falsch wäre; nicht, dass wir selbst nicht von der goldene Zukunft der Foris überzeugt wären. Heute wirken die zitierten Sätze auf mich wie ein Menetekel. Doch damals sehe ich nur Wachstumsprobleme, die zu überwinden sind: mit Optimismus, Expansion und „Bangemachen gilt nicht".

Für unseren zweiten „Mond" im Herbst 1999 schreibe ich ein internes Papier, das ich mit Goethe beginne: *„Säume nicht, dich zu erdreisten, wenn die Menge zaudernd schweift. Alles kann der Edle leisten, der versteht und rasch ergreift".* Bearbeitungsstau bei Anfragen, unzureichende Kapazität zur Unterstützung der Fälle in Finanzierung und zur Analyse der verlorenen Prozesse, keine Reserven für Feuerwehreinsätze, Befassung des Vorstandes mit Routineangelegenheiten und Tagesgeschäft; keine ausreichende Zeit für die Verbesserung der internen Strukturen: All das, so glaube ich, ist zu packen, wenn wir genügend Leute haben. Ein einziger gewonnener Fall mit dem Durchschnittsstreitwert bringt uns soviel, wie vier gute Leute im Jahr kosten. Als Ziel nenne ich 15 Volljuristen, die Personalstärke eines renommierten Anwaltsbüros. Rollmann und die anderen stimmen mir zu. Außerdem beschließen wir, im Frühjahr 2000 ein Büro in München zu eröffnen – bevor es die Konkurrenz tut.

Die personelle Expansion beginnt. Klaus Farnholdt schreibt mir Jahre später: Goethe hat den Eifer zum Übereifer werden lassen.

Innerhalb weniger Monate stellen wir vier neue Juristen ein, die in Berlin und Bonn die Fälle prüfen und betreuen sollen. Im September schreiben wir in unseren Aktionärsbrief, dass wir weitere „hochqualifizierte Juristen" suchen: „Entsprechende Bewerbungen sind uns jederzeit willkommen."

Hochqualifiziert – was bedeutet das eigentlich? Examina und Zeugnisse, Promotion und LL.M., Sprachkenntnisse und Auslandsaufenthalte, berufliche Erfahrung und außerberufliches Engagement? All das sind nur Anhaltspunkte für die Beantwortung der Frage, ob es sich lohnt, in diese Person zu investieren in Form von Zeit, Geld und der Vermittlung von eigenem Wissen, oder ob am Schluss Ärger und Frust, Kündigung und Arbeitsgericht stehen. Vollbefriedigend und besser erreichen auf der Palette der Noten nur noch 10 Prozent der Examenskandidaten. Wer ein Zweier- oder Einserexamen macht, wird als Exot bestaunt und herumgereicht. Doch woher soll ich wissen, dass sich dahinter nicht ein weltfremder Streber und Bücherwurm oder unerträglicher Besserwisser versteckt, der nicht zuhören kann? Hinter klingenden Zeugnissen, hinter Referendarstationen in New York und Singapur nicht ein Sunnyboy und Blender, der es besser versteht, sich einen schimmernden Lebenslauf zu basteln als loyal und zielstrebig für das Team zu arbeiten?

Oder umgekehrt. Vielleicht verbirgt sich hinter mittelmäßigen Noten jemand mit EDV-, Sprach- oder Bilanzkenntnissen? Jemand mit Kontakten aus seiner Tätigkeit bei Amnesty International, einer Partei oder der studentischen Selbstverwaltung? Oder ein Kämpfer, der sein Studium durch einen Kellner- oder Vertreterjob finanziert hat, über den er in seinem Lebenslauf nicht viele Worte verlieren möchte? Hinter einem Nichtpromovierten einer, der nach Studium und Examina gierig danach ist, etwas zu bewegen und nicht danach, noch ein oder zwei Jahre in staubigen Bibliotheken oder den Sprechstunden des Doktorvaters zu sitzen und aus 20 Büchern ein einundzwanzigstes auszubrüten?

So entscheidet letztlich doch wieder das Gefühl. Um es ein bisschen zu objektivieren, schicken wir die Bewerber, die die Vorauswahl überstanden haben, auf eine Tour durchs Unternehmen. Sie sollen mit jedem Mitarbeiter sprechen – unter vier Augen, und solange sie oder unsere Mitarbeiter es wollen. Zu diesem Zeitpunkt sind unsere eigenen Mitarbeiter die besten Fürsprecher von Foris, und ihrer Begeisterung für das Unternehmen und für Rollmanns und meinen unkonventionellen Stil kann sich kaum jemand entziehen. Eher sind unsere Mitarbeiter manchmal kritischer als wir, was die Qualifikation und das Hineinpassen des Neuen in das vorhandene Team anbetrifft. Eine Garantie gegen personelle Fehlentscheidungen ist übrigens auch dieses System nicht – in einigen Fällen hat es sogar krass versagt. Irgendwann können wir nicht mehr alle Mitarbeiter in die Entscheidung einbeziehen – es sind einfach zu viele geworden. Und ab 2001 erledigt es sich von selbst, denn wir stellen niemanden mehr ein, im Gegenteil...

NEW YORK

Ich blättere das Taschenbuch in der Buchhandlung am Kölner Flughafen eher aus Langeweile an. Eigentlich habe ich genug von John Grisham gelesen. Irgendwann kennt man das Personal und die Versatzstücke: das arme Opfer hinterhältiger Machenschaften, den unerfahrenen jungen Anwalt, der sich in den Fall verbeißt, die durchtriebenen Tricks der skrupellosen Konzernherren, die Konten auf den Cayman-Inseln, das vergiftete Happy End... Ich will das Buch gerade weglegen, als mir so ist, als hätte ich eben das Wort „false claims act" gelesen. Ich schlage es noch einmal auf, aber ich finde die Seite nicht wieder. Ich kaufe es und vertiefe mich in die Lektüre. Das Flugzeug ist im Landeanflug auf Tegel, als ich auf die Stelle stoße. Mit Erstaunen stelle ich fest, dass Grisham in seinem Roman einen Rechtsfall verarbeitet hat, der im Herbst 1998 der Foris zur Finanzierung angetragen worden ist.

Der „false claims act" ist eine amerikanische Spezialität. Er erlaubt es jedermann, eine Klage auf Zahlung zugunsten der Staatskasse zu erheben, wenn er der Meinung ist, dass die öffentliche Hand durch rechtswidrige Machenschaften geschädigt wurde und keiner ihrer Repräsentanten den Anspruch geltend macht. Gewinnt der Kläger den Prozess, bekommt er 15 % der zugesprochenen Summe. Im vorliegenden Fall ging es um einen Bau dreier U-Boote im Auftrag der amerikanischen Regierung für über eine Milliarde Dollar, die nie fertig geworden waren und in einem Dock vor sich hinammelten. Die Firma, die sie gebaut hatte, war pleite gegangen; die Anzahlungen hatte sie kassiert, für etwaige Schadensersatzansprüche war sie nicht mehr gut. Sie war zuvor von ihrer florierenden Muttergesellschaft ausgeplündert worden, so wie es seinerzeit Westenfeld mit der Kämmerei Süchteln gemacht hatte. Niemand von der Regierung, aus welchen Gründen auch immer, traute sich, gegen den Mutterkonzern vorzugehen, obwohl ein Subkomitee des amerikanischen Senats in öffentlichen und veröffentlichten Hearings den Sachverhalt umfassend aufgeklärt und dokumentiert hatte. Ein früherer Mitarbeiter des Unternehmens hat einen Artikel über uns in dem Londoner Wirtschaftsmagazin „The European" gelesen und ruft mich an. Er verfügt, wie er sagt, über zusätzliche Informationen, die den Anspruch weiter erhärten würden, und auch über einen gewissen, wenn auch nicht ausreichenden Kapitalstock für den Prozess. Der Anwalt, der den Fall übernehmen würde, ist bereit, gegen ein vergleichsweise bescheidenes Stundenhonorar von 150 Dollar zu arbeiten, wenn er seinerseits an dem Ergebnis partizipiert. Ein abenteuerlicher Fall, ein Fall nach meinem Geschmack. Doch es ist offensichtlich, dass ich ihn der jungen Foris nicht aufbürden kann. Ich sehe nicht, wie wir die Risiken überschauen, die Kosten eingrenzen wollen. Ich sage dem Amerikaner ab.

Anfang 1999 bekommen wir Post aus Italien. Der Absender, Herr Bardili, stammt aus einer deutsch-italienischen Kaufmannsfamilie. Er ist Modedesigner in Mailand. Wie er berichtet, war sein Vater Eigentümer eines Ölgemäldes von Cezanne. Sein Großvater hatte es in den zwanziger Jahren von einem berühmten Berliner Kunsthändler gekauft. Das seit Ende des Zweiten Weltkrieges verschollene Werk ist vor ein paar Jahren in einem amerikanischen Museum aufgetaucht. Sein Wert heute: acht Millionen Dollar. Das Museum bestreitet den Anspruch natürlich.

Die Anfragen, die nicht über Anwälte kommen, sind meist fahrig und unpräzise. Oft lassen sie nicht einmal im Ansatz eine Beurteilung zu, ob an der Sache etwas dran ist. Wir schreiben diesen Leuten zurück, sie möchten bitte zu einem Anwalt ihrer Wahl gehen und über diesen erneut an uns herantreten. Bardilis Brief gebe ich einer freien

Mitarbeiterin. Sie soll Herrn Bardili kontaktieren und schauen, ob es sich lohnt, eine Ausnahme zu machen. Ich höre nichts mehr dazu und nehme an, die Informationen waren unergiebig. Anscheinend ist es eine der hunderte von Anträgen, die wir als aussichtslos ablehnen und die für immer in der Ablage verschwinden. Die Mitarbeiterin scheidet bald danach aus, der Fall scheint vergessen.

Doch Bardili begnügt sich nicht mit einem Nein als Antwort. So kommt die Akte ein paar Monate später wieder auf meinen Tisch. Inzwischen ist Herr Dr. Farnholdt mit im Boot; er hat sich der Sache angenommen. Er hat mit Bardili telefoniert und den Eindruck bekommen, dass er kein Spinner ist. Die Sache hat dadurch weiter an Gewicht gewonnen, dass Bardili einen in Fachkreisen bekannten Kunstdetektiv, Clemens Dumont als Mitstreiter gewonnen hat. Der, wie wir uns bestätigen lassen, hat eine beachtliche Erfolgsstory aufzuweisen, als Ermittler von abhanden gekommenen Werken der bildenden Kunst und bei der Geltendmachung von Ansprüchen der Eigentümern und deren Erben.

Eigentlich liegt das nicht fern. Jährlich werden Werke der bildenden Kunst für Milliardenbeträge umgesetzt. Teurer als Gemälde sind nur noch ganze Firmen und Firmenanteile, Immobilien, Düsenflugzeuge oder Schiffe. Doch, anders als diese können Kunstwerke gestohlen, unterschlagen, verhehlt, versteckt oder gefälscht werden, verschwinden und wieder auftauchen, und so geschieht es auch. „*Die Kunst, o Mensch, hast Du allein*", sagt Schiller. Das Recht und den Rechtsbruch auch. Die Schnittmengen schieben sich übereinander.

Dr. Farnholdt und ich reisen im Oktober 1999 nach London. Dort treffen wir uns mit Bardili und mit zwei spezialisierten Anwälten. Dumont hat den Kontakt zu ihnen hergestellt. Es sind Sammy Haynes und sein Juniorpartner Ben Silverstein aus New York, zwei sehr sympathische Typen. Sammy, knapp 50, trägt einen Vollbart und ist etwas füllig. Ben ist Mitte dreißig, groß, schlank und glattrasiert. Beide sprechen langsam und bedächtig, aber haben flinke Augen und sind blitz-gescheit. Sie arbeiten in einer New Yorker Riesenkanzlei, deren Haupt-gebiet Bank- und Immobilienrecht ist. Aber auch die New Yorker Kunstszene braucht ihre Anwälte. So tragen diese beiden nicht nur zum Prestige, sondern durchaus auch zum Ergebnis der *law firm* bei.

Das Gemälde lag bei Kriegsende zusammen mit anderen Kunstwerken in einem Banktresor im Ostsektor Berlins. Ein russischer Soldat erzwang im Juni 1945 mit Waffengewalt ihre Herausgabe vom Bankpersonal. Er wurde standrechtlich erschossen, die Bilder waren weg. Wahrscheinlich ein gezielter Auftragsraub. Westberliner Kunst-hehler verscherbeln andere Bilder aus dem Tresor; sie tauchten später zum Teil in Südamerika wieder auf, doch der Cezanne blieb verschol-len. 1995 liest Bardili, dass das Bild plötzlich im Museum von A*** hängt. Seine Ermittlungen ergeben, dass es dem Museum als Teil einer Privatsammlung gestiftet worden ist.

Haynes und Silverstein schildern uns die bisherige Verteidi-gungslinie des Museums in A***, die Möglichkeiten einer Verhand-lungslösung, die Chancen und Risiken eines Prozesses. Wir fassen Vertrauen zu ihnen. Wenn überhaupt, sind es diese Anwälte, mit denen wir die Sache angehen würden.

Ich möchte die Verantwortung für diesen ersten großen Fall nach amerikanischem Recht nicht allein übernehmen. Ich schlage vor, dass Rollmann, Farnholdt und ich uns mit den Anwälten in New York zusammensetzen und dann abschließend über die Finanzierung ent-scheiden. Gleichzeitig können wir die Reise nutzen, um zu sehen, ob das Foris-Modell auch für das Land der angeblich unbegrenzten Mög-lichkeiten taugt. Zwanzig Millionen Zivilprozesse werden in den USA jährlich geführt gegenüber 2 Millionen in Deutschland, mehr als drei-einhalb mal so viel pro Kopf der Bevölkerung. Das gleiche Verhältnis gibt es bei der Zahl der Anwälte: zehnmal so viele, dreieinhalb mal pro Kopf.

Oft haben die Leute mein Modell mit den Worten bedacht: „Ach so, das amerikanische System". Aus Grisham-Romanen, aus Gerichtsfilmen und aus Zeitungsmeldungen ist in Deutschland bekannt, dass Rechtsanwälte in Amerika gegen Erfolgshonorar arbeiten dürfen. Hauptsächlich wird es vereinbart, wenn es um *torts* geht, um Schadensersatzansprüche wegen Verletzungen der körperlichen Unversehrtheit, um Arzt- oder Produkthaftungsansprüche. Immer wieder geistern astronomische Beträge durch die Zeitungen, die Geschworene als Strafschadensersatz, Genugtuung und Abschreckung festsetzen. Weit weniger als von ihnen liest man allerdings von den Entscheidungen der Berufungsgerichte, mit denen den Geschädigten die erstinstanzlich zugesprochenen Millionen wieder aberkannt werden. Richtig ist, dass in den USA das Prozessrisiko klägerfreundlicher verteilt ist als bei uns. Anders als in Deutschland muss in den meisten Bundesstaaten jeder seine Anwaltskosten selbst tragen, auch wenn er den Prozess gewonnen hat. Und die Gerichtskosten sind lange nicht so hoch wie bei uns. Findet der Kläger einen Anwalt, der sich mit Erfolgshonorar zufrieden gibt, dann geht sein Kostenrisiko gegen Null. Richtig ist aber auch, dass das Erfolgshonorar in den USA selbst höchst umstritten ist. Es bringt die Anwälte in einen schwer aufzulösenden Interessenkonflikt gegenüber ihren Mandanten. Es legt das wirtschaftliche Risiko des Prozesses dem Anwalt auf, der damit ebenso überfordert sein kann wie sein Mandant. Und die großen, renommierten Anwaltsfirmen arbeiten ohnehin nur gegen Stundenhonorar. Jedes Telefonat, jede E-Mail, jede Arbeitsminute des Anwalts und seiner Mitarbeiter wird abgerechnet.

Deshalb vermuten wir, dass Prozessfinanzierung auch in Amerika durchaus von Interesse sein könnte. Wir wollen einen Testballon starten. Wir schreiben ein paar Anwälte an und laden sie zu einer Informationsveranstaltung ein.

Die Leute von Trinkaus in Düsseldorf vermitteln uns über die New Yorker Filiale ihrer Muttergesellschaft HSBC Termine mit Fondsmanagern, Investmentbankern und Analysten.

So sind die Tage in New York gut verplant, als wir auf dem Kennedy-Airport ankommen. Es sind nicht nur Farnholdt, Rollmann und ich geflogen, sondern auch Paul Breisgauer und Cobet. Die beiden allerdings bezahlen ihre Tickets selbst. Ich schlage vor, dass wir aus Sicherheitsgründen nicht alle im gleichen Flugzeug fliegen, und werde ausgelacht. Zwei Jahre später sitzt die ganze Führungsmannschaft eines deutschen Jungunternehmens in einem der Flugzeuge, die in die Zwillingstürme des World Trade Centers rasen. Zyniker werden sagen, der Foris hätte nichts Besseres passieren können…

Die Reise fängt chaotisch an. Als wir in Frankfurt losfliegen wollen, merken wir, dass die englischen Prospekte fehlen, die Rollmann in seiner Bonner Druckerei hat drucken lassen. Hektisch wird es organisiert, dass ein Referendar aus dem Bonner Büro uns hinterherfliegt. Als wir am John F. Kennedy Airport ankommen, beginnen Rollmann und Cobet darüber zu diskutieren, wie wir nach Manhattan hineinfahren sollen: Erst finden sie, wir sollten mit dem Bus fahren, dann sind sie der Meinung, wir passen in ein Taxi und streiten mit dem Taxifahrer darüber, der nicht alle vier samt Gepäck mitnehmen will. Hinter uns stauen sich die schimpfenden Passagiere. Paul Breisgauer und mir wird es zu blöd. Wir steigen ein und fahren zu zweit los. Im Hotel sind die Zimmer anderweitig vergeben. Endlose Diskussionen, Warterei, Telefonate. Schließlich kommen wir im Barbizon Plaza unter, fünfundzwanzig Blocks Uptown in der Nähe des Central Parks. Doch jetzt ist rush hour, es ist unmöglich, ein Taxi aufzutreiben…. Nachdem wir endlich im Barbizon eingecheckt haben, gehen wir noch bei einem Inder in der 2nd Avenue essen. Nach deutscher Zeit ist es drei Uhr nachts. Ich bin kaputt und will ins Bett. Außerdem kann ich es kaum erwarten, morgen früh um sechs Uhr im Central Park zu joggen. Ich kenne keine bessere Zeit und keinen besseren Ort der Welt dafür.

Mein Vortrag am nächsten Tag findet im Princeton Club statt, dem New Yorker Treffpunkt ehemaliger Studenten der Renommier-Universität. Rund dreißig Gäste sind da, überwiegend Anwälte, auch einige deutsche Referendare, die ihre Wahlstation bei New Yorker Anwälten absolvieren oder für ihren LL.M. an der New York University studieren. Ich sage, dass ich mich freue, zum ersten Mal seit siebenundzwanzig Jahren wieder geschäftlich in New York zu sein, seit ich nämlich 1972 mein Studium ein Semester aussetzte, um das New Yorker Büro eines deutschen Studentenreiseunternehmens zu führen. Klaus Farnholdt erzählt mir später, dass mein Stil, mein Redefluss, meine Haltung viel weniger verkrampft sind, wenn ich auf Englisch als wenn ich auf Deutsch vortrage. Vielleicht wirke ich natürlicher, weil ich mich so auf die Sprache konzentrieren muss, dass ich einfach an meinen Körper nicht denke?

Mein Vortrag wird freundlich aufgenommen. Die amerikanischen Anwälte finden das Modell interessant, selbst für die USA. Auch sie sind verblüfft und fragen sich, wieso eigentlich noch nicht früher jemand auf die Idee gekommen ist.

Ein Problem kommt in der Diskussion nicht zur Sprache, aber am nächsten Tag in dem Gespräch mit Haynes und Silverstein: das der Champerty. Das ist ein uraltes angelsächsisches Rechtsinstitut. Es verbietet in England genau das, was wir jetzt machen, nämlich Prozessfinanzierung. Sie scheint im Mittelalter ein blühendes Geschäft gewesen zu sein, vor allem, wenn man die Richter bestach. Wohl aus diesem Grund wurde sie im 14. Jahrhundert als Verbrechen unter Strafe gestellt. Die Strafbarkeit ist 1961 abgeschafft worden. Aber noch immer sind in England Verträge, mit denen jemand die Prozessführung eines anderen finanziell unterstützt oder sich gar daran einen Anteil versprechen lässt, als *„maintenance"* oder *„champerty"* unwirksam. Jeder, der mit derartiger Hilfe verklagt wird und davon Wind bekommt, kann die Einrede erheben, der Anspruch sei *„champertous"* geltend gemacht. Das führt zwingend zur Klagabweisung. Erst die englische Zivilprozessreform der 90er Jahre wird mit diesem System teilweise brechen.

Das englische Recht gilt auch in den meisten Staaten der USA weiter, soweit es nicht ausdrücklich durch Gesetze überlagert ist. Keineswegs selten stützen sich Richter auf dreihundert Jahre alte Präzedenzfälle. In einigen Bundesstaaten gibt es Entscheidungen, die das Verbot der Champerty ablehnen, in anderen wurde es bestätigt. Für den Staat New York gibt es keine Urteile dazu. Wir kommen zu dem Ergebnis, dass wir diese Frage ignorieren wollen. Wir gehen davon aus, dass es nicht zu dem Einwand kommen wird, der Anspruch sei „champertous" erhoben. Ein größeres Problem ist, dass Bardili seinen Anspruch nicht, wie wir es in allen Prozessfinanzierungsverträgen vorsehen, zur Sicherheit an uns abtreten und ihn dennoch im eigenen Namen geltend machen kann. Nach New Yorker Recht ist es nicht erlaubt, einen abgetretenen Anspruch einzuklagen. Wenn er pleite gehen würde, gingen wir leer aus. Wir begnügen uns damit, dass Bardili den Anwalt unwiderruflich anweist, unseren Anteil an einer Urteils- oder Vergleichssumme an uns auszubezahlen. Wir feilschen mit Haynes und Silverstein lange um die Höhe ihres Honorars, finden dann aber eine gute Lösung. Wir haben den Kunstdetektiv Clemens Dumont in den Vertrag mit eingebunden. Er und wir teilen uns die Kosten und bekommen je ein Viertel des Erlöses, wenn es einen geben sollte. Die andere Hälfte ist für Bardili. Der Vertrag wird abgeschlossen, der Tanz kann beginnen. Es wird zwei Jahre dauern, bis wir das Ergebnis kennen.

Die anderen Tage sind angefüllt mit Treffen mit Analysten und Arbeitsessen. Ständig begleitet uns ein Mitarbeiter von HSBC, wie wir es schon aus den Gesprächen in Frankfurt vor dem Börsengang kennen. Hier ist es eine Mitarbeiterin, Michelle Cubic, eine sehr sympathische und attraktive Frau. Eins der Gespräche findet morgens um sieben in einem Frühstücksrestaurant statt. Eine gute Idee, Arbeitsfrühstücke um diese Zeit. Ich fürchte nur, ich werde in Berlin niemanden finden, der mitmacht. Während wir in New York sind, macht die Foris-Aktie, die sich seit geraumer Zeit auf Talfahrt befindet, einen Kurssprung um 30 %. Ein paar Orders aus Wall Street könnten durchaus dazu beigetragen haben.

Am 22. November abends feiern wir Rollmanns 40. Geburtstag mit einer Flasche Schampus im Rainbow Room des Rockefeller-Center. Einen Tag später, nach unserem letzten Termin, trinken wir noch ein Bier in einer zünftigen irischen Kneipe in Downtown und wollen uns, per U-Bahn, auf den Rückweg ins Hotel machen, um unser Gepäck zu schnappen und den Heimflug anzutreten. Die Drehschranke zum Bahnsteig öffnet sich, wenn man eine Wertmünze, den *token* einwirft. Cobet hat keinen, und so klettert er über die Absperrung. So ein kindsköpfisches, unreifes Verhalten, denke ich. Bei der Masse schlechtgelaunter Cops hier in der U-Bahn und der vor ein paar Jahren eingeführten Null-Toleranz-Politik ist es ein reiner Zufall, dass er nicht gleich abgeführt und erst einmal eingebuchtet wird. Wer geht ein Risiko ein, dem keine entsprechende Gewinnchance gegenübersteht? Über dieses Verhalten muss ich noch oft nachdenken. Cobet hat Glück. Wir treten die Rückreise gemeinsam an. Der Aktienkurs fällt in seine Lethargie zurück.

JAHRESRÜCKBLICK 1999

Die Tage in New York haben deutliche Spuren in meiner Erinnerung hinterlassen, der Monat darauf fast keine. Lediglich die Aktionärsbriefe und Quartalsberichte, die Zeitungsnachrichten, die heute noch abrufbaren Beiträge im Internet und einige Dokumente, die ich auf dem häuslichen Computer entworfen habe, formen ein grob gerastertes Spalier, an dem sich meine Rückschau entlangranken kann. Im März 2002 habe ich angefangen, Tagebuch zu führen. Schade, dass ich es nicht schon ab 1998 getan habe. Dann könnte ich die Gedanken und Gefühle nachlesen, mit denen ich Ende 1999 auf das abgelaufene Jahr zurückgeblickt habe. Selbst an den Silvesterabend 1999, an dem die Menschen wider alle Mathematik den Übergang zum 3. Jahrtausend feiern und an dem sich neben den Silvesterraketen auch das Y2K-Problem in Schall und Rauch auflöst, kann ich mich nicht mehr erinnern. Was mag ich damals gedacht haben?

Die Fahrt, die unser Schiff 1998 aufgenommen hatte, hatte sich beschleunigt. Börsenboom und Gründereuphorie haben uns weiter nach vorn getragen. Aber eben nicht nur uns, sondern auch ein paar Hundert andere. Trinkaus & Burkhardt, keineswegs uneigennützig, hat uns als eines der Unternehmen ausgeguckt, mit dem sie bei einer Emission gutes Geld verdienen konnte. Ob meine Geschäftsidee tragfähig war, wusste sie genau so wenig wie wir, genauso wenig wie die Banken bei Entertainment-, Biotech- oder Internetbuden, die sie so schnell an die Börse brachten, wie Bäcker Brötchen backen. War es nun mein oder Rollmanns Verdienst, dass wir plötzlich mit 40 Millionen DM da standen, mit denen wir (fast) alles machen konnten, was wir wollten?

Schon im außerbörslichen Handel hatte sich der Aktienkurs verzehnfacht. Gegen vermeintliche Widerstände wurden wir zum Neuen Markt zugelassen. Die Versicherungsaufsicht gab uns grünes Licht. Gegen jede Wahrscheinlichkeit haben wir den Lockup erreicht und uns im Gürteltier feiern lassen. Das Problem mit dem Handelsregister überwinden wir in letzter Minute. Schließlich startet unsere Aktie fulminant noch einmal weit über dem Emissionskurs. All das muss uns wohl doch das Gefühl gegeben haben, dass es etwas mit uns zu tun hatte, dass uns auch in Zukunft alles gelingen, dass es immer so weitergehen würde. Dabei hatten wir lediglich Geld eingesammelt. Unsere scheinbaren Erfolge waren in Wirklichkeit nur die Versprechen von solchen. Das Schlimme war, dass zugleich auch die Erwartungen an uns – die von außen, aber auch die aus uns selbst kamen – ins Unsinnige stiegen. Dabei gab es Ende 1999 durchaus Warnsignale. Der schnell auf ein Viertel des Höchststandes absackende Kurs war nur eines von ihnen. Der schleppende Eingang neuer Fälle nach dem Börsenstart, viele schlechte Ansprüche, die an Foris herangetragen wurden und die unsere personellen Kapazitäten auslasteten... mein Monitum, das Personal zu verstärken, zeigt, dass uns die unbefriedigende Situation im Kerngeschäft bereits aufgefallen war. War die grenzenlos erscheinende Weide schon nach einem Jahr abgegrast? Hätten wir nicht überlegen müssen, ob unsere Marktannahmen über die in Frage kommenden Fälle, über unsere Möglichkeit, die Spreu vom Weizen zu trennen, über das Maß der Marktdurchdringung, die Umschlagsgeschwindigkeit falsch waren? Ob wir den Mund zu voll genommen hatten? Selbst wenn diese Einsicht damals richtig gewesen wäre – was auch aus meiner heutigen Sicht erst die Zukunft zeigen wird –, selbst dann hätten wir sie wohl nicht zu uns durchgelassen. Wir standen, dessen waren wir uns sicher, am Beginn eines langfristigen Geschäfts. Den langen Atem, den man dafür brauchte, hatten wir mit dem eingesammelten Kapital. So befahlen wir uns, überzeugt davon zu sein, dass es Zeit war zu klotzen, nicht zu kleckern.

Auch die Aktionäre, auch der Kapitalmarkt erwarteten entschlossene Großtaten, nicht kleinliches Zaudern. Nachrichten über Wachstum, Expansion, Kooperationen, Übernahmen wurden von den Wirtschaftsredaktionen freudig in die Schlagzeilen gestellt, von den Lesern begierig und kritiklos aufgesogen. Unternehmen, von denen solche Nachrichten nicht kamen, wurden verspottet. Denen fällt wohl nichts ein, hieß es von ihnen, sie waren out. Die Kurse von Unternehmen, die out waren, sanken. So stellten wir im Herbst 1999 die Weichen auf Expansion.

Konsolidierung war keine Alternative. Sie stand nicht im Pflichtenheft. Sie lag einfach nicht in der Luft.

Wir glaubten, nicht wieder langsamer, sondern noch schneller treten zu müssen. Erste Unternehmen kupferten mein Modell ab. Sie konnten uns von ihrer personellen oder finanziellen Ausstattung her noch nicht das Wasser reichen. Gegen einige erwirkten wir Einstweilige Verfügungen. Sie warben damit, sie hätten die Prozessfinanzierung erfunden, oder hatten ganze Passagen aus unserem Prospekt abgeschrieben. Trotzdem konnten sie Aufmerksamkeit von uns abziehen und würden uns den einen oder anderen Fall wegschnappen. Und unweigerlich würden wir irgendwann auch seriöse Konkurrenz bekommen, wahrscheinlich von Versicherungstöchtern. Dagegen wollten wir gewappnet sein.

Gründung und Verkauf von Vorratsgesellschaften waren erfolgreich angelaufen. Daneben entdeckten wir täglich neue Marktlücken. Wir wollten sie besetzen, bevor ein anderer es tat. Wir glaubten prädestiniert zu sein, neue Dienstleistungen auf dem Rechtsmarkt anzubieten. Im Schlepptau der Werbung für das lukrative Prozessfinanzierungsgeschäft würden sie sich schnell rentieren, ihrerseits Gratiswerbung für Foris machen und Synergieeffekte erzeugen. Der Aufbau einer Internet-Plattform für Rechtsanwälte und ihre Mandanten, mit einem Anwaltsuchservice, Stellenangeboten online, Gerichtsverzeichnissen, Informationen und Links für den Rechtsanwalt, schien uns zwingend. Wir mussten das Feld beackern, später würde es zu spät sein.

Hier investieren wir nun Gehirnschmalz, Zeit und Geld.

Das Kerngeschäft dagegen lässt zu wünschen übrig. Zwar ist das Jahresende angefüllt mit Besprechungen mit Anspruchsinhabern und ihren Anwälten, mit Foris-Senaten, mit dem Studium von Akten und Voten. In einigen Fällen muss noch vor Jahresende Klage erhoben werden, um die Verjährung zu unterbrechen. Wir hoffen, nach dem stürmischen Zuwachs in 1998 und im ersten Halbjahr doch noch unsere Prognose von mindestens 150 hinzugekommenen Fällen erfüllen zu können. Doch unter Dach und Fach sind diese Verträge am Jahresende noch nicht. Nicht diese Tatsache selbst, aber die Art und Weise, wie Rollmann sie Anfang des nächsten Jahres bekannt gibt bzw. verschleiert, werden die Wende zum Schlechten einläuten. Mit ihr entwickelt sich Foris vom Börsenstar zur Skandaltruppe, vom Kraftprotz zum kranken Mann. Es ist die böse Tat, deren Fluch nun „*fortzeugend, immer Böses muss gebären*". Ich habe sie nicht begangen. Aber ich bekenne mich schuldig, es nicht verstanden zu haben, ihr und ihren Folgen zu begegnen.

2000 Projekte, Pech und Pannen

Ende des Lockup

Im Januar enden der „Lockup" und auch die Spekulationsfrist für viele Aktionäre. Wer noch 1998 von der DO Capinvest gekauft hat, kann jetzt die Kurssteigerungen steuerfrei mitnehmen. Werden die Aktionäre jetzt ungehemmt ihre Aktien auf den Markt schmeißen, voller Wut über den Kursabfall der letzten Monate und darüber, dass sie sich an den „Lockup" gehalten haben, während andere an den ersten Börsentagen verkauft und den großen Reibach gemacht haben? Bei genauerer Überlegung hatten diese Befürchtungen keine reale Grundlage. Die Aktien lagen nicht in Sperrdepots, niemand wollte oder konnte kontrollieren, ob verkaufte Aktien der Haltepflicht unterlagen. Selbst wenn, welche Sanktionen hätte die Börse verhängen können? Und ob die steuerlichen Fragen wirklich eine große Rolle spielen? Bei der Besteuerung von Spekulationsgewinnen herrscht das gleiche „strukturelle Vollzugsdefizit" der Finanzverwaltung, das das Bundesverfassungsgericht schon vor Jahren in seinem berühmten Urteil zur Zinsbesteuerung festgestellt hat. Und sollten gerade Foris-Aktionäre zu den Ehrlichen gehören? Dennoch, nicht nur die Teilnehmer des Wallstreetboards, auch wir sehen mit flauem Gefühl dem 19. Januar 2000 entgegen.

Der Neue Markt schreibt uns vor, zu mindestens zwei Analystentreffen im Jahr einzuladen. Das erste planen wir absichtlich vor dem Ablauf der Sperrfrist, am 11. Januar. Das Interesse an der Foris-Aktie ist noch wach. In späteren Jahren werden manchmal nur noch peinliche fünf oder sechs Teilnehmer kommen, doch jetzt rechnen wir mit einer großen Resonanz.

Nach dem Debakel mit dem Halbjahresbericht 1999 habe ich meinen Ehrgeiz darein gelegt, dass wir zu den ersten gehören, die ihre Abschlüsse vorlegen. Den Bericht für das dritte Quartal 1999 haben wir am 15. Oktober, also zwei Wochen statt den vorgeschriebenen zwei Monaten nach Quartalsende präsentiert. So will ich es auch in Zukunft machen. Ich habe den Abschlussprüfer Dr. Herbst gebeten, mit seiner Prüfung schon im Dezember zu beginnen. Die Bewertung von Vermögensgegenständen und Verbindlichkeiten, die sich bis zum 31.12. nicht mehr ändern, können schon vorher geprüft werden. So steht der Jahresabschluss bereits am Tag der Analystenkonferenz so gut wie fest, der Wirtschaftsprüfer wird unter dem 19.01.2000 seinen Bestätigungsvermerk, sein Rundsiegel und seine Unterschrift darunter setzen.

Die Konferenz ist an einem Montag. Noch am Freitagabend haben sämtliche Juristen des Berliner Büros mit Rollmann, Dr. Herbst und mir über den Fallstatistiken gesessen, die unsere EDV uns ausspuckt, sortiert nach „Anfrage", „Prüfung", „Finanzierung", „Abrechnung" und „beendet". Uns ist es noch nicht gelungen, die bei Foris vorkommenden Bewegungen ausreichend stabil und konsistent in der EDV abzubilden. Darum machen wir eine Art körperliche Inventur. Wir gehen an diesem Abend jeden einzelnen Fall gemeinsam durch und schauen nach, ob er korrekt verbucht ist. Jeder hat eine ausgedruckte Statistik, in der er das Ergebnis unserer Besprechung handschriftlich vermerkt.

Am Ende stellen wir fest, dass wir genau genommen seit Beginn des Geschäfts nur 165 Prozessfinanzierungsverträge abgeschlossen haben. Dreißig sind noch in der Pipeline. Diese Fälle haben wir geprüft. Wir haben den Anspruchsinhabern oder ihren Anwälten ausgearbeitete Vertragsentwürfe geschickt, sie aber noch nicht zurückerhalten. So zählen eigentlich nur die 165. Damit liegen wir deutlich hinter unseren Prognosen und den Erwartungen der Börse. Rollmann, der es, wie immer, übernommen hat, sich vor die Analysten und Presseleute zu stellen und zu referieren, nimmt seinen Ausdruck der Statistik mit seinen Notizen mit, um sein Referat am Wochenende vorzubereiten. Er schaut gereizt, unwillig und lustlos, als er sich verabschiedet, um seinen Flug zu erreichen.

Unsere Erwartung, dass die Konferenz voll wird, täuscht uns nicht. Der Reigen der Bilanzpressekonferenzen ist noch nicht eröffnet. So haben wir an diesem Tag keine Konkurrenz, dafür viele Analysten und Pressevertreter, die erst unsere Zahlen, dann Sekt und Lachsbrötchen serviert bekommen wollen.

Als ich im Konferenzsaal eintreffe, ist Rollmann schon da. Wir haben nicht viel Zeit, miteinander zu reden, die Veranstaltung fängt bald an. Außerdem werden wir beide von Bankern und Analysten, die wir schon kennen, begrüßt und in Beschlag genommen. Rollmann sieht müde aus. Ich bin gespannt, wie er dem Publikum unsere schlechten Ergebnisse verkaufen wird.

Wie immer, wenn er vor Publikum steht, ist er vom einen auf den anderen Moment vollständig präsent. Doch was dann passiert, ist ein Schock für mich. Anstatt die Dinge klipp und klar beim Namen zu nennen, sie zu analysieren, eine plausible Begründung und eine Lösungsstrategie anzubieten, erzählt er stolz, dass Foris im abgelaufenen Jahr 195 Verträge „gefertigt" und damit eine Punktlandung in Bezug auf die prognostizierten Abschlusszahlen hingelegt habe. Die Presseleute und Analysten schreiben fleißig mit.

„Gefertigte Verträge", was für ein Geschwurbel. Darin sind also die dreißig Prozessfinanzierungsanfragen enthalten, die wir intern geprüft und befürwortet, bei denen wir aus unseren Textbausteinen einen Vertragsentwurf zusammengesetzt und an den Anspruchsinhaber geschickt haben. Zwar gibt es eine hohe Wahrscheinlichkeit, aber keine Sicherheit, dass aus ihnen endgültige Verträge werden. Es ist offensichtlich: Rollmann will die Zuhörer glauben machen, es handele sich um beidseitig abgeschlossene, eben nicht „gefertigte", sondern „fertige" Verträge. Und keiner merkt den Bluff.

Was mache ich? Springe ich auf und korrigiere ihn? Fordere ich ihn im Anschluss auf, seine Angaben so zu modifizieren, dass sie nicht mehr missverstanden werden können? Korrigiere ich sie selbst in den dem Vortrag folgenden Fragen und Einzelgesprächen? Ich mache es nicht. Hätte ich es tun sollen? Der Skandal hätte nicht größer sein können. Zwei Vorstände einer Gesellschaft streiten sich auf einer Analystenkonferenz offen über die Zahlen? Der eine erzählt etwas vor dem Publikum, und der andere steckt es den Zuhörern später unter vorgehaltener Hand, dass sie das alles nicht so ernst nehmen sollen?

Bei meinem späteren Gespräch mit Rollmann zeigt dieser sich völlig überzeugt, dass er richtig gehandelt hat. Er hat ja nicht gelogen, die Verträge waren Ende Dezember „gefertigt", einige von ihnen sind inzwischen sogar unterschrieben zurückgekommen und bei den übrigen wird dies in den nächsten Wochen auch der Fall sein. Und unter Investor-Relations-Gesichtspunkten sei dies das einzig richtige gewesen. Sollte man etwa den Aktionären kurz vor dem Auslauf des Lockup eine pessimistische Darstellung des Unternehmens geben, wo wir doch beide überzeugt sind, inzwischen durch die Expansionsmaßnahmen den richtigen Weg eingeschlagen zu haben? *„Es ist nicht immer möglich, / Im Leben sich so kinderrein zu halten, / Wie's uns die Stimme lehrt im Innersten."*

In der Tat, als wir am 19. Januar die Endfassung des Lageberichts verabschieden und dem Jahresabschluss beifügen, der dann von Dr. Herbst bestätigt und gesiegelt wird, sind alle „gefertigten" Verträge unterschrieben bei uns. Der 19. Januar und die Folgetage bringen keine Überraschungen. Der Kurs bleibt stabil. War ich zu kleinlich oder zu verbissen? Hat nicht der Erfolg Rollmann Recht gegeben?

Ende Januar ist „Vollmond". Nicht im astronomischen Sinn, sondern eine Veranstaltung der Foris im Hotel Hubertushof am Werbellinsee nördlich von Berlin. Dort sollen sich alle Foris-Mitarbeiter kennen lernen, die festen und die freien, die Bonner und die Berliner und die zukünftigen Münchner. Jeder soll wissen, was die Idee, die Vision und die zukünftige Ausrichtung des Foris-Konzerns ist. Und wir wollen die Foris und ihre bisherigen Erfolge gemeinsam feiern.

Bei der dreitägigen Veranstaltung stelle ich ein Papier vor, das meine Reaktion auf den Schock vom 11. Januar ist: die „Unternehmensgrundsätze". Was geschehen ist, kann ich nicht mehr ändern, aber ich rechne mir aus, wenn ich alle Mitarbeiter auf diese Standards einschwöre, dann wird auch Rollmann sich an sie halten:

1. *Wir verdienen mit Recht Geld. Gerade darum wollen und müssen wir uns jederzeit rechtlich und moralisch untadelig verhalten.*

2. *Im Vordergrund steht der Mensch. Aktionäre und Mitarbeiter, Kunden und Lieferanten, aber auch Wettbewerber und Gegenspieler sind zuallererst Menschen. Wir behandeln persönliche und sachliche Probleme getrennt voneinander.*

3. *Wir respektieren die Gesetze auch, wo wir mit ihnen unzufrieden sind. Wir schließen keine Scheinverträge, führen keine schwarzen Kassen, machen keine falschen Angaben bei Steuer und Versicherung, benutzen keine nichtlizensierte Software. Wenn wir die Auffassung eines anderen für falsch halten, betreiben wir keine Obstruktion, sondern sprechen das Problem an und suchen eine Lösung im Verhandlungs- oder auf dem Rechtsweg.*

4. *Wir sind Dienstleister aus Überzeugung. Allerdings hat unsere Leistung ihren Preis. Wir sagen, welchen sie hat und warum sie ihn haben muß. Wir sprechen die Bedingungen deutlich aus. Wir machen unsere Leistung nicht besser, als sie ist.*

5. *Wir machen keine Geschäfte, bei denen wir unseren Geschäftspartner*

übervorteilen. Wir nutzen keinen Informationsvorsprung aus. Wir informieren unsere Kunden auch über Alternativen zu unserem Angebot, damit er frei und kompetent entscheiden kann.

6. *Wir behandeln unsere Geschäftspartner unter gleichen Voraussetzungen gleich. Wir verlangen nicht einen höheren oder bieten einen geringeren Preis als den angemessenen, nur weil unser Gesprächspartner gerade in einer schlechten Verhandlungsposition oder nicht so geschickt ist wie ein anderer.*

7. *Wir zahlen oder empfangen keine verdeckten Provisionen. Alle Abreden liegen offen auf dem Tisch.*

8. *Wir sagen in keiner Situation die Unwahrheit. Wir reden klares Deutsch und verstecken uns nicht hinter Floskeln und Vieldeutigkeiten. Wenn wir nichts zu sagen haben, schweigen wir.*

9. *Fehler verschleiern wir nicht und spielen sie nicht herunter. Wir kritisieren aber auch nicht denjenigen, der den Fehler gemacht hat. Sondern wir analysieren gemeinsam mit ihm die Fehlerquelle, begrenzen den Schaden und treffen Maßnahmen, um Wiederholungen zu vermeiden.*

10. *Wir schätzen das offene Wort und nehmen jede Kritik ernst. Sachliche Kritik begreifen wir nicht als Herabsetzung unserer Person oder unserer Stellung, sondern als Chance, uns zu verbessern.*

Bei einem unserer Mitarbeiter lösen diese Worte etwas ganz anderes aus als das, was ich mir vorgestellt habe.

EIN MITARBEITER SCHERT AUS

Anfang 1999 haben wir die Foris Institut GmbH gegründet. Es war eine Idee Rollmanns, der Foris mit einer Tochtergesellschaft solchen Namens akademische Weihen zu geben, Partnerschaften zu juristischen Fakultäten aufzubauen, einen Gutachtendienst zu installieren. Aus diesen Plänen wird nie etwas. Der erste Geschäftsführer der GmbH bleibt lange Zeit deren einziger Angestellter. Er arbeitet dort erst einmal für die Foris AG. Er managt die Werbekampagne, vergibt die Anzeigenaufträge an Zeitungen, vermittelt den Kontakt zu PR-Agenturen. Später gibt er die „Foris Anwaltszeitung" heraus, eine Art Anzeigenblatt, das kostenlos an die Anwälte verschickt wird. Darin sind Beiträge zu allgemeinen rechtlichen und wirtschaftlichen Themen, Informationen über unsere Prozessfinanzierung, über die Vorratsgesellschaften, über die Foris-Produkte, die nun täglich hinzukommen: die Bonitätsauskünfte, die wir in Kooperation mit einer Wirtschaftsauskunftei über Internet anbieten, den online-shop für Bücher und Zeitschriften, den im Aufbau begriffenen Foris Übersetzungsdienst. Bald werden wir auch noch Roben schneidern, spottet einer im Wallstreet-board.

Der Geschäftsführer, Eberhard Möller, Jurist und Anwalt wie Rollmann und ich, hat vorher in einem Verlag gearbeitet. Er ist Mitte dreißig, ein nachdenklicher Typ, der seine Worte leise und bedächtig ausspricht. Er ist mir sympathisch, schon als ich ihn kennen lerne. Auch bei meinen Besuchen in Bonn unterhalte ich mich gern mit ihm. Was er sagt, scheint stets wohlbegründet. Er ist mit einer Opernsängerin verheiratet; Kinder haben sie nicht.

Er koordiniert die gesamte Außendarstellung von Foris, bahnt Kooperationsgespräche mit anderen Unternehmen an, leitet die Referendare und freien Mitarbeiter in Bonn. So ist er bald nach Rollmann der zweitwichtigste Mann in Bonn und der drittwichtigste im Unternehmen. Mit der Prüfung von Prozessfinanzierungsanfragen und mit Bilanzierungsfragen ist er nicht befasst. Aber wie alle Mitarbeiter hat auch er Zugriff auf den gesamten Datenbestand, der im Computernetz der Foris abgerufen werden kann.

Anfang Februar ruft Rollmann mich an und sagt, wir hätten ein ernsthaftes Problem. Möller erhebt schwere Vorwürfe gegen ihn und mich. Wir hätten die Bilanzen gefälscht und wären ein Fall für den Staatsanwalt. Er wolle und könne mit uns nicht mehr zusammenarbeiten. Die Sache ist Rollmann so eilig, dass er für den nächsten Morgen einen Termin mit Möller vereinbart hat, zu dem er Cobet und mich hinzubittet.

Wir fliegen nach Bonn und fahren in Rollmanns Wohnung. Im Bonner Foris-Büro, einer umgebauten 5-Zimmer-Wohnung in Bad Godesberg, haben die Wände Ohren. Eine Novität: Bisher wurde alles offen mit den Mitarbeitern diskutiert. Es gab keine Geheimnisse, nichts, das nicht alle wissen durften. Rollmann erzählt uns kurz, was vorgefallen ist. Möller, obwohl nicht mit Prozessfinanzierung befasst, hat den Trick mit den „gefertigten" Verträgen durchschaut. Außerdem hat er in dem Statistik-Modul unserer EDV nachgeschaut und gesehen, dass auch dieses nicht konsistent ist mit den von uns veröffentlichten Zahlen. Zwar haben wir gerade deshalb nicht die EDV-Statistik zur Grundlage unserer Veröffentlichung gemacht, sondern die Zahlen, die das Ergebnis einer manuellen Inventur waren. Aber das kann Möller nicht wissen. Rollmann informiert uns noch, dass Möllers Mutter vor wenigen Wochen gestorben ist und dass auch sein Vater schwerkrank ist.

Es klingelt, und Möller kommt. Er sieht müde aus. Argumenten ist er nicht zugänglich. Warum sollte er auch – eigentlich haben wir keine. Er bezeichnet unser Verhalten als „Sauerei" – ein Wort, das ich ihm, dem loyalen, zurückhaltenden, seine Worte wägenden Mann, nicht zugetraut hätte. Zwar erhebt er auch Vorwürfe, die unzutreffend sind, aber sie sind immerhin naheliegend. Wer einmal lügt… Wir bieten ihm an, das Zahlenwerk mit unserem Wirtschaftsprüfer durchzugehen. Auf dieses Angebot geht er ein. Aber für mich ist klar, dass er sich innerlich schon verabschiedet hat. Damals finde ich, dass er übertreibt, und sein späteres Verhalten lässt mir auch keine Wahl mehr, mich, bei aller noch vorhandenen Sympathie, gegen ihn zu stellen. Heute ist mir klar, in welchem Dilemma er steckte. Er ist ohnehin mit einem empfindlichen moralischen Seismographen ausgestattet. Tod und Krankheit in seiner Familie werden ihn zusätzlich aufgewühlt haben. In Unkenntnis der Tatsache, dass die „Unternehmensgrundsätze" gerade meine Reaktion auf Rollmanns Verhalten waren, muss er es als pure Heuchelei, ja als Zynismus betrachtet haben, dass wir derart hehre Ansprüche just zu einem Zeitpunkt postulieren, in dem wir – jedenfalls aus seiner Sicht – genau das Gegenteil von ihnen tun.

Einige Tage später meldet er sich krank. Ich glaube sogar, dass er es ist. Der Konflikt, in dem er sich befindet, hätte auch weniger sensible Menschen überfordert. Ich vermute, dass sich in den letzten Monaten im Bonner Büro noch weitere Dinge abgespielt haben, von denen ich nichts weiß. Rollmann bringen die meisten Menschen entweder bedingungsloses Vertrauen und Loyalität entgegen, oder sie lehnen ihn vollständig ab. Bei vielen ist es beides: die Phase der Loyalität und des unbedingten Vertrauens schlägt in vollständige Ablehnung, ja Hass um, nachdem sie ihn näher kennen gelernt haben. An Rollmann selbst perlt so etwas vollständig ab – für ihn sind immer die anderen die Idioten. Jemanden wie Möller dagegen trifft es im Inneren, sich in jemandem so getäuscht zu sehen.

Es ist klar, dass eine weitere Zusammenarbeit keinen Sinn macht. Andererseits können wir ihm schlecht kündigen. Einen Grund für eine fristlose Kündigung haben wir nicht. Gegen dienstvertragliche Pflichten hat er nicht verstoßen. Sein Geschäftsführervertrag hat eine Kündigungsfrist von einem Jahr, das hat Rollmann vereinbart.

Möglicherweise wäre es er, der einen Grund hätte, fristlos zu kündigen. Dass er es nicht tut, ist verständlich. Kündigen wir ihm und stellen ihn frei, dann hat er Anspruch auf Weiterzahlung seines Gehalts bis zum Ende der zwölf Monate oder bis er etwas anderes findet. Kündigt er aber, ist es höchst fraglich, ob ein Gericht ihm einen solchen Anspruch zuspricht. Es kommt zu Verhandlungen über eine Abfindung. Sie stehen unter einem unguten Stern. Er lässt sich – ich finde, schlecht – anwaltlich vertreten. Sein Anwalt fordert mit unverhüllten Drohungen eine Abfindung. Wir können unmöglich darauf eingehen, ohne dass es wie ein Schweigegeld aussehen würde. So kommt es zu der schlechtesten aller denkbaren Lösungen. Wir kündigen Möllers Dienstvertrag mit der vertraglichen Jahresfrist und berufen ihn als Geschäftsführer ab. Aber er ist formal weiter beim Institut angestellt und beginnt, dort seine zwölf Monate abzusitzen. Das kann nicht gut gehen, für Foris nicht, und für Möller auch nicht. Rollmanns Versuch in der Konferenz vom 11. Januar, die Öffentlichkeit zu täuschen, wird nun fortzeugend Böses gebären…

FIRMA, FERTIG, LOS

Im Dezember 1977, als der Prozess der Kammgarnspinnerei Süchteln finanziert werden soll, stehen die Schadensersatzforderungen gegen Westenfeld kurz davor zu verjähren. Das können wir nur durch gerichtliche Geltendmachung verhindern. Doch die Gesellschaft, die die Klage finanzieren und auch selbst mit als Kläger auftreten soll, existiert noch gar nicht. Friedrich beauftragt mich, sie so schnell wie möglich zu gründen.

Von meinem Büro bei Weiss & Co. bis zur Commerzbibliothek sind es nur ein paar Schritte über Schleusenbrücke, Rathausmarkt und Alten Wall. Die Commerzbibliothek ist die gutsortierte Bücherei der Hamburger Handelskammer in dem Gebäude, wo auch die Börse sitzt. An hektischen Tagen hallen die Schreie der Händler durch Treppenhaus und Doppeltüren bis in den Lesesaal und mischen sich mit dem Rascheln der Buchseiten und dem gedämpften Flüstern der Bibliothekarinnen. Dort wühle ich mich durch die Formularbücher und die Kommentare zum GmbH-Gesetz. Damals ist die Gründung einer Einmann-GmbH vom Gesetzgeber noch nicht vorgesehen. Soll die GmbH eine hundertprozentige Tochter eines anderen Unternehmens sein, muss ein Strohmann die Gesellschaft beim Notar mitgrunden und seine Anteile dann an den künftigen Alleingesellschafter übertragen. Außerdem werden damals noch bei Gründung und Übertragung von Gesellschaftsanteilen 0,5 % Kapitalverkehrsteuer fällig. Die Einzahlung muss dem Handelsregister durch eine Bescheinigung des Finanzamtes für Verkehrsteuern nachgewiesen werden. Die Unbedenklichkeitsbescheinigung der Industrie- und Handelskammer wegen des Firmennamens braucht man auch heute noch. Und das Hamburger Handels-register hat monatelange Bearbeitungsrückstände.

Das GmbH-Gesetz wiederum bestimmt: Vor der Eintragung ins Handelsregister existiert die GmbH „als solche nicht". Also als Unsolche? Wie ich in der Bibliothek nachlese, heißt das, sie existiert zwar, aber eben als ein schillerndes Gebilde, dem die Rechtsprechung im Lauf der Zeit immer neue Eigenschaften angedichtet hat. Und das Risiko, ob die Klage einer „als solcher nicht" existierenden gegründe-ten GmbH die Verjährung unterbricht, wollen wir uns neben den vie-len anderen Risiken nicht auch noch aufbürden.

So kommt es, dass das Vor- und Urbild der Foris eine Vor-ratsgesellschaft ist. Wir kaufen sie als „ASRA Straßenbauteile Ver-triebsgesellschaft mbH" von einer Anwaltskanzlei in den Alsterarka-den. ASRA? Der Anwalt zitiert Heinrich Heine: *„…und mein Stamm sind jene Asra, welche sterben, wenn sie lieben".* Unpoetisch benennen wir die Firma um in „Weiss & Co. Spezialbeteiligungs GmbH". Die Satzung wird geändert. Die Klage kann eingereicht werden.

Als ich 17 Jahre später Foris gründe, dauert es wieder ein hal-bes Jahr, bis sie im Register eingetragen ist. Ich beschließe, den Handel mit Vorratsgesellschaften zu einem zweiten Standbein von Foris zu machen.

Wir beginnen 1998 mit drei Aktiengesellschaften. Doch die Fallstricke bei der Gründung hängen kreuz und quer im Paragraphen-dschungel. Wir müssen dem Amtsgericht einen Gründungsprüfer vor-schlagen. Das Amtsgericht gibt den Vorschlag der Industrie- und Handelskammer zur Stellungnahme. Kommt von dort das ok, fordert es bei uns einen Kostenvorschuss für den Beschluss über die Bestel-lung des Gründungsprüfers an. Entscheiden wird es erst, wenn es von der Gerichtskasse die Nachricht über den Zahlungseingang bekommen hat. Nach jeder Verfügung des Registerrichters wandert die Akte in die Kanzlei, jene bodenlose Schreibstube des Gerichts, in der sich die Akten stapeln wie in Kafkas Schloss.

Für die ersten drei Vorratsgesellschaften denke ich mir die Firmen „Cordit", „Nephrit" und „Stalagmit" AG aus. Sie werden zum Synonym dafür, warum es überhaupt Vorratsgesellschaften gibt. Ein Jahr nach ihrer Gründung sind sie immer noch nicht ins Register eingetragen. Auf Zwischenverfügungen des Registergerichts hin müssen wir die Satzung ändern. Das tun wir. Jetzt kommt die als Gründungsprüferin bestellte WP-Gesellschaft nicht aus den Startlöchern. Dann sind einige der Aufsichtsräte, die bei der Gründung dabei waren, nicht mehr abkömmlich. Wir müssen andere Aufsichtsräte bestellen. Die müssen den Gründungsbericht neu unterschreiben, ebenso die Handelsregisteranmeldung. Die Gesellschaften sind schon Flickenteppiche, bevor sie „als solche" existieren.

Die Erfahrung macht uns klüger. Bei den nächsten Gründungen vermeiden wir die Kinderkrankheiten der ersten. Wir haben schon Dutzende von anderen Aktiengesellschaften verkauft, als „Cordit", „Nephrit" und „Stalagmit" immer noch zwischen Registerrichter, Geschäftsstelle und Kanzlei hin- und herwandern. Nach anderthalb Jahren geben wir die Gründung dieser ersten drei Gesellschaften entnervt auf und ziehen unsere Eintragungsanträge zurück. Die AGs mit den wohlklingenden Namen erblicken nie das Licht der Welt.

Zum Jahresende 1999 läuft der Verkauf von Vorratsgesellschaften schon wie geschmiert. 13 AGs und 21 GmbHs sind im ersten Jahr über den Tisch gegangen. Im nächsten Jahre sind es schon 34 AGs und 30 GmbHs allein im ersten Quartal, im zweiten werden es 56 AGs und 45 GmbHs sein. Dieter Mauritz, der sich im November 1998 als Referendar spontan bei Foris beworben hatte, nimmt die Sache in die Hand. Er hat in Passau studiert. Die anderen Absolventen seines Jahrgangs sitzen jetzt überall in genau den Großkanzleien und VC-Unternehmen, die die Vorratsgesellschaften brauchen. Die Zeit ist hektisch, die Geschäftsideen und die VC-Gelder sprudeln noch. Jeder will starten, niemand warten, bis das Amtsgericht sich zur Eintragung bequemt. Eines Abends stehen zwei Russen in der Tür. Sie blättern einer Mitarbeiterin 110.000 DM in die Hand und wollen die Aktiengesellschaft gleich mitnehmen. Sie bekommen den Aktenordner mit den Gründungsunterlagen, den Übertragungs- und Kontovollmachten ausgehändigt und sind wieder verschwunden. Ich zahle das Geld persönlich bei der Bank ein und bin plötzlich mit der peinlichen Frage nach dem Geldwäschegesetz konfrontiert. Das ganze bleibt folgenlos.

Unser Slogan „Firma, fertig, los", Ergebnis eines Brainstormings, passt. Der Mehrpreis von 5.000 DM für die GmbH, 10.000 DM für die AG spielt keine Rolle. Das Geschäft mit den Vorratsgesellschaften entwickelt sich zu einem Dukatenesel, ohne dass wir viel Werbung dafür machen. Allein im ersten Halbjahr 2000 bringen sie uns über eine Million DM Rohertrag. Gleichzeitig machen sie unser Unternehmen weiter bekannt. So soll es sein: jedes Produkt, das das Foris-Etikett trägt, bringt zugleich Geld und wirbt für die anderen Produkte mit unserem Namen. Warum also sollten wir uns auf die Prozessfinanzierung beschränken? Weitere Dienstleistungen müssen her. Der Phantasie sind keine Grenzen gesetzt. Das Publikum erwartet es von uns. Andere Unternehmen spucken täglich Meldungen über Käufe, Kooperationen, Beteiligungen aus. Wieso nicht wir?

KÄUFE UND KOOPERATIONEN

„Ohne Punkt und Komma redet er. Wenn es sein muss, zwei Stunden und länger". So beginnt der Artikel über Foris, der im Januar in der Süddeutschen Zeitung erscheint. Ein Interview mit Rollmann ist vorausgegangen. Von der Prozessfinanzierung ist die Rede *(„er ist überzeugt von seiner Idee")*, von den Vorratsgesellschaften *(„eine andere Idee Rollmanns")* und von mehr: *„Eine umfassende Marketing-Firma schwebt ihm vor – mit der Prozessfinanzierung als Kerngeschäft. So soll schon bald eine spezielle Anwalts-Software fertig gestellt werden. Entweder durch einfache Kooperation mit einem Entwicklungshaus, oder indem man sich an einer IT-Firma beteiligt oder diese gar übernimmt. Geld genug dafür hat man nach dem Börsengang. Und dann gibt's auch noch den Übersetzungsservice für Anwälte… Ja, Ideen habe er noch jede Menge, gibt sich Rollmann selbstsicher."*

Prozessfinanzierung, Vorratsgesellschaften, Übersetzungsdienst: alles Rollmanns Ideen? Ist es verletzte Eitelkeit, wenn ich mich über solches Sich-Schmücken mit fremden Federn ärgere, oder ist es das mulmige Gefühl, dass Rollmann es auch in Zukunft mit der Wahrheit nicht so genau nehmen wird? Wieder einmal gebe ich meinem Ärger keinen Raum. Vielleicht ist es ja ein Missverständnis des Journalisten, beruhige ich mich und denke nicht weiter daran.

Am 15. Februar 2000 halten wir unsere Bilanzpressekonferenz im plüschigen Industrieclub in Frankfurt. Unser selbstbewusstes Auftreten spiegelt sich in den Veröffentlichungen wider. „Foris will sich als Rundum-Serviceanbieter positionieren", „Foris plant neue Geschäftsfelder", „Prozessfinanzierer plant Internet-Portal", „Kooperation mit der Deutschen Vereinigung für Erbrecht", so heißt es in den Zeitungsartikeln der nächsten Tage und Wochen.

Der Kurs der Foris-Aktie, der im Dezember auf seinen bisher tiefsten Stand von 28 € gesunken war, hat inzwischen wieder den Emissionskurs erreicht und steigt weiter. Am 16. Februar sitzen Rollmann und ich im Frankfurter Hof, wo wir bis eben Gespräche geführt haben. Mich erreicht ein Anruf des Sales Managers von Trinkaus. Er hat einen Kunden, der interessiert wäre, Foris Aktien zum derzeitigen Kurs zu kaufen, aber nur in einem größeren Paket, etwa für 2,5 Millionen DM. Ich überlege ein paar Sekunden lang, ob wir nicht von den meiner Frau gehörenden Aktien ein Paket dieser Größenordnung verkaufen sollten. Sie unterliegen nicht dem verlängerten Lockup, zu dem nur Rollmann und ich persönlich uns verpflichtet haben. Es wäre etwas weniger als ein Drittel der von Sabine und mir gehaltenen Foris-Aktien. Einen solchen Betrag auf der Bank zu haben, wäre beruhigend. Und das Potential, das in den verbleibenden Aktien steckt, wäre mehr als ausreichend, um die Phantasie auf weitere Kursgewinne aufrecht zu erhalten. Nach kurzem Nachdenken verwerfe ich den Gedanken. Mit welchen Überlegungen, ich weiß es nicht mehr. Der Herzog von Buckingham soll einmal, nach seinem Rezept zum Geldverdienen gefragt, geantwortet haben: „Niemals verkaufen". Später wird mich mein Freund Wolf Schröder daran erinnern, dass ich früher immer fürs schnelle Geld war, obwohl ein bisschen Zuwarten meine Gewinne leicht verdoppelt hätte. Nur in diesem Fall, wo es bitter nötig gewesen wäre, Kasse zu machen, halte ich still. Die Chance kommt nie wieder.

Ich sage dem Trinkaus-Mann, ich werde mich erkundigen. Rollmann und ich rufen pflichtgemäß die zwei, drei Aktionäre an, die Pakete dieser Größenordnung haben. Alle sagen hohnlachend ab: zu den jetzigen Kursen? Nie. Alle glauben, dass der Preis der Foris-Aktie wieder die alten Höhen sehen, ja über sie hinausklettern wird. Ich rufe bei Trinkaus an und sage bedauernd ab.

Rollmann hat mir oft und gern erzählt, wie er als junger Mann Geschäftsführer der Deutschen Anwaltakademie wurde und diesen verzopften Laden auf Vordermann gebracht hat. Er hat ihn in eine eigenständige GmbH ausgegliedert, hat ein modernes Management etabliert, wo vorher vertrocknete Funktionäre Vereinsmeierei betrieben, und hat Umsatz und Gewinn auf vorher nie gekannte Höhen katapultiert.

Warum sollte nicht auch Foris Fortbildungen für Anwälte anbieten? Nichts scheint natürlicher. Das ist die Zielgruppe, die wir ohnehin umwerben müssen. Es wäre doch perfekt, Anwälte als Referenten für unsere Seminare zu gewinnen, Anwälte auf den Bänken unserer eigenen Seminare sitzen zu haben. Umgekehrt, durch die Prozessfinanzierung merken wir, welches die fittesten Anwälte sind, wo Wissenslücken bestehen, wo der Schuh drückt. Und dann ist da noch Rollmann mit seiner Erfahrung, seinem Know-how, seinen persönlichen Beziehungen. Kurz nachdem ich den Hörer aufgelegt habe und wir noch darüber sinnieren, dass der Investor seine Aktien jetzt kurstreibend über die Börse kaufen muss, fällt Rollmann etwas ein. Er erinnert sich an ein kleines regionales Fortbildungsunternehmen mit Sitz am Rande des Schwarzwaldes. Er hat einmal in der Akademie mit der Besitzerin, Frau Grossmann, zusammengearbeitet. Vielleicht ist sie interessiert? Er greift zum Mobiltelefon und ruft sie an. Eigentlich wollte ich an diesem Abend nach Berlin zurück Nun hasten wir zum Bahnhof, um den ICE zu kriegen. Wir sind für 19:30 im Hotel Zeppelin, gegenüber dem Stuttgarter Hauptbahnhof, verabredet.

Frau Grossmann, eine sehr gepflegte, liebenswürdige und charmante Dame um die fünfzig, kommt mit einer Mitarbeiterin, die für ihre Organisation verantwortlich ist. Sie selbst hält den Kontakt mit den Kunden und Referenten, bei denen sie, wie ich später höre, außerordentlich beliebt ist. Während unseres Abendessens habe ich eine seltsame Ahnung. Es scheint mir, als hätte Frau Grossmann eine massive Abneigung gegen Rollmann. Ihre Geschäfte sind einige Zeit nicht gut gelaufen, eine Kooperation mit Foris könnte für sie ein Befreiungsschlag sein, und so unterdrückt sie ihre Bedenken – ist es das? Meiner flüchtigen Ahnung gelingt es nicht, sich irgendwo zu verhaken. Wir verabreden uns erneut, für den 28. Februar an ihrem Firmensitz. Ihr Büro liegt im Gewerbegebiet des Ortes, direkt an der Autobahn Stuttgart-Singen. Einen Kilometer weiter, wo die Ausläufer des Schwarzwaldes Richtung Westen ansteigen, kuscheln sich die alten Bauernhäuser um die Dorfkirche. Wie in schwäbischen Dörfern üblich, mit Misthaufen vor der Tür. Allerdings ist nichts zu riechen, denn es ist frostig und Schnee liegt in der Luft.

Innerhalb weniger Stunden sind wir handelseinig. Wir fixieren die Grundlinien der geplanten Zusammenarbeit in einem zweiseitigen Papier. Dann fahren wir gemeinsam zum Notar ins zehn Kilometer entfernte Horb. Wir gründen die Foris Akademie GmbH, mit einem Stammkapital von 250.000 €. Frau Grossmann wird Geschäftsführerin. Eile ist geboten. Rollmann ist es wichtig, dass der erste Seminarkatalog der neuen Gesellschaft noch vor dem seiner früheren DAA erscheint. Später kommen mir Zweifel, ob es wirklich wichtig ist oder ob er nur seinem früheren Verein einmal zeigen will, was eine Harke ist. Hektisch verlassen wir den Ort unserer Neuerwerbung, um zum Flughafen Echterdingen zu kommen. Am nächsten Tag haben wir ein Investor Relations Meeting in Wien. Ein paar Tage später steht im Wiener „Standard": *„Nach erfolgreichem Start in Deutschland beabsichtigt die Foris demnächst die Gründung von Repräsentanzen in Österreich…"*. Von Wien aus fliegen wir nach München. Dort wird unsere neue Filiale eröffnet. Neben dem Leiter des dortigen Büros, einem quirligen Anwalt – der später zur Konkurrenz gehen wird – stellen wir auch gleich dessen Frau ein, die Kooperationen mit Unis und Verlagen aufbauen soll.

In diesem Tempo geht es weiter. In Bonn beginnt Julia Kloth, eine junge Assessorin, den Übersetzungsdienst und das Internetportal für Anwälte aufzubauen, mit einem Gerichtsverzeichnis und einem Anwaltsverzeichnis, in das sich Anwälte selbst eintragen können. Mit der Wirtschaftsauskunftei *Creditreform* wird ein Kooperationsvertrag abgeschlossen, durch den Anwälte, die bei uns angemeldet sind, auf Bonitätsauskünfte zugreifen können, ohne die übliche jährliche Mitgliedsgebühr bezahlen zu müssen. Wir erwerben die Internet-Plattform Medizinrecht.de.

All diesen Aktivitäten ist gemeinsam, dass Rollmann sie unter seine Fittiche nehmen will. Ich habe damit kein Problem. Das Institut ist ohnehin seine Idee. Von Akademie verstehe ich nichts. Frau Grossmann zieht auf seinen Wunsch mit ihrem Stab Ende des Jahres nach Bonn um. Übersetzungsdienst, Internet-Plattform und Medizinrecht.de passen zueinander und sind auch eng mit Rollmanns Zuständigkeit für das Marketing verknüpft. Ich bin froh, wenn ich mich in Berlin auf meine Rayons konzentrieren kann: Prozessfinanzierung, Vorratsgesellschaften und Finanzen.

So wächst die Personalstärke hauptsächlich in Bonn. In dem Haus, in dem Foris jetzt schon die erste Etage belegt, wird eine zweite Etage frei. Aber auch dieser Platz reicht bald nicht mehr. Rollmann meint, wir sollten etwas kaufen. Gerade jetzt zieht die Regierung um, und mit ihr Botschaften und Botschafterresidenzen, Verbände, Vereine und der ganze Tross, der ihnen folgt. Es gibt ein Überangebot an edlen Immobilien, obwohl langfristig alle Gutachten und Prognosen dem Bonner Immobilienstandort nur das Beste bescheinigen. Keiner meiner Besuche in Bonn vergeht, ohne dass wir uns Häuser und Grundstücke anschauen. Wir sehen Prunk und Protz, aber auch erbärmlich verkommene Objekte, nicht wiedergutzumachende Bausünden und hilflose Beamte und Attachés, die auf Anweisung ihrer Staatskanzleien und Ministerien in Kiel, Rom oder Afrika dafür Mondpreise von uns fordern sollen.

Wir werden schließlich etwas kaufen, um ausreichend Platz für die ehrgeizigen Expansionspläne zu schaffen. Doch Rollmann wird kein einziges der Geschäftsfelder in den Griff kriegen, die er an sich

186

zieht. Ironischerweise ist es der Immobilienkauf selbst und seine Folgen, der den Ausbau dieser Geschäftsfelder im nächsten Jahr jäh stoppen wird.

NEW YORK II

Nach einem Zwischentief im Winter 1999/2000 steuert der Börsenboom seinem Höhepunkt entgegen. Der Aufwind reißt auch den Foris-Kurs wieder in luftige Gefilde. Trinkaus & Burkhardt lädt die Vorstände, die IR-Manager, die CFO's von rund dreißig Unternehmen des Neuen Marktes nach New York ein. Dort sollen sie ihre Unternehmen dem amerikanischen Publikum vorstellen: Bankern, Analysten, Managern von Fonds und Pensionskassen. Konferenzort ist das Four Seasons Hotel in der fashionablen Upper East Side, in der Nähe von Tiffany, von MoMa und Central Park.

Klaus Farnholdt und ich fliegen am 10. März nach New York. Natürlich sind unsere Unterlagen, rechtzeitig aus Berlin abgeschickt, nicht da, als wir ankommen. Wir telefonieren endlos, um zu erfahren, wo das Zeug bleibt. Der Paketdienst, dem wir sie anvertraut haben, wirbt mit dem Spruch „Consider it done". Ein anderer Spruch, den ich mir ausdenke, würde besser passen. Schließlich werden die Pakete in Atlanta lokalisiert und treffen wenige Minuten vor meinem Vortrag im Hotel ein.

Im Stundentakt stellen sich die Unternehmen vor. Vortrag, Fragen und Diskussion, Pause. Die Vorträge sind eindrucksvoll, ebenso die Männer und Frauen – wenige Frauen! – die sie halten. Perfekt durchgestaltete PowerPoint-Präsentationen über neue Produkte und Dienstleistungen: Logistik, Entertainment, Augenlaser, Sicherheitssoftware. Organigramme, Graphen, Schaubilder von Marktanteilen, Wachstumskurven von Umsatz und Ertrag. Die Redner strotzen vor Selbstbewusstsein. Die Kassen ihrer Firmen sind prall gefüllt, und keiner denkt, dass sich daran einmal etwas ändern könnte. Auch nicht durch schnellentschlossene Käufe anderer Unternehmen, durch Filialen in Silicon Valley, Hongkong oder Sao Paolo. Die Altersgruppe der Dreißigjährigen dominiert: die schlanken, überarbeiteten Brillenträger, deren Gesichtern man ansieht, dass sie es noch nicht recht fassen, mit welcher Geschwindigkeit sie der Zeitgeist von der Jeans in den Nadelstreifen, von der Hörsaalbank in den Vorstandssessel katapultiert hat. Aber auch protzige Lackaffen, denen eben dieser Karriereweg aus der kurzen Rückschau schon wie eine Selbstverständlichkeit erscheint. Dann gibt es da den leicht abgehobenen Erfinder in den Fünfzigern, oder den professoralen Unternehmensarchitekten mit Bart, Sakko und Fliege, der verkündet, dass man soeben einen riesigen neuen Auftrag an Land gezogen habe. Eine offensichtlich ad-hoc-pflichtige Information, aber merkwürdigerweise stört sich hier niemand daran. Wäre ich aus dem Vortrag zum Telefon gerannt und hätte Aktien seines Unternehmens geordert, hätte ich sie wenige Tage später für das anderthalbfache verkaufen können. Einen Abend treffen sich ein Dutzend Vorstände zu einem Essen in der deutsch-amerikanischen Handelskammer, im vierzigsten Stockwerk eines Gebäudes in der 57. Straße. Der Initiator des Treffens, Gründer und Chef eines Software-Unternehmens, ein sympathischer, beredter Sunnyboy, stellt heraus, was für eine beeindruckende Phalanx die Unternehmen des Neuen Marktes doch wären, wenn sie zusammenstehen würden. Wir überlegen, einen Verein der Unternehmen am Neuen Markt zu gründen. Er könnte gemeinsame Interessen der Unternehmen gegenüber der Deutschen Börse artikulieren. Er könnte als Transferinstitut für Personal und know how dienen, die Unternehmen könnten sich gegenseitig mit ihren Produkten unterstützen, könnten gemeinsame Marketing-Plattformen im Ausland bilden. Die Lammkeule und der kalifornische Cabernet Sauvignon sind atemberaubend, ebenso der Blick auf den Central Park, hinter dem langsam die Sonne versinkt. Doch außer einem weit weniger spektakulären weiteren Treffen, das anlässlich der Cebit in Hannover in einem Motel nahe dem Messegelände stattfindet, bleiben die Ideen folgenlos. Und zwei Jahre später ist kaum einer aus dem illustren Kreis mehr dabei. Ausgeschieden, das Unternehmen geschluckt, in Insolvenz oder am Rande davon dahinstolpernd.

Doch noch steigen die Aktienkurse. Die Konferenz setzt bei allen Unternehmen, die teilnehmen, auf den Trend noch eins drauf. Auch bei der Foris-Aktie. Anscheinend gibt es einige institutionelle Investoren, die sie aufgrund meiner Präsentation ordern – und nach einiger Zeit wieder abstoßen. Aber zunächst einmal steigt der Kurs wieder auf knapp siebzig EURO im April 2000, bevor er seine endgültige Talfahrt ins Ungewisse antritt.

In den Tag, an dem ich meinen Vortrag in der „New Market Conference" halte, platzt die Nachricht, dass Foris erstmals seriöse Konkurrenz bekommen hat. DAS, größte Rechtsschutzversicherung Deutschlands, gibt bekannt, dass ihre neue Tochtergesellschaft, die DAS Profi AG, Prozesse gegen Erfolgsbeteiligung finanziert. Zu den gleichen Konditionen wie wir: 50 % vom Ergebnis. Ihr neu und gut ausgestalteter Prozessfinanzierungsvertrag unterscheidet sich auch sonst in seinen Regelungen in keinem Punkt von unserem.

Dem steigenden Kurs tut die Meldung keinen Abbruch. Die Frage nach Konkurrenz wurde uns immer wieder gestellt. Wir haben stets geantwortet: Damit wird Prozessfinanzierung weiter bekannt und der Markt ist groß genug für zehn Prozessfinanzierer.

Das ist die Version für die Sonntagszeitung. Tatsächlich versetzt uns die Meldung einen Schock. Wir hatten geglaubt, die verstaubten Versicherungsunternehmen hätten zur Zeit mit sich selbst genug zu tun. Wir hatten gedacht, gerade die Rechtsschutzversicherer würde das Produkt in Argumentationsschwierigkeiten bringen, offenbart es doch jedem die Grenzen der Rechtsschutzversicherung: Gerade die wirklich teuren Rechtsfälle des Privat- und Wirtschaftslebens sind gar nicht versicherbar. Wir hatten geglaubt, die Versicherungen, die in vielen Prozessen direkt oder indirekt auf der Beklagtenbank sitzen, würden eine Prozessflut gegen ihre eigenen Schwesterunternehmen nicht selbst fördern wollen. Wir hatten uns getäuscht. Eine Versicherung ist vorgeprescht, andere werden nachziehen. Der Vorsprung von einigen Jahren, auf den wir gesetzt haben, ist dahin. Bald würden wir von finanz- und vertriebsstarken Versicherungstöchtern umzingelt sein.

Doch die wieder steigenden Kurse geben uns Rückenwind für die Flucht nach vorn. Expansion. Neue Standorte, neue Geschäftsfelder. Mit dem Münchner Büro haben wir unseren Fuß bereits in der Versicherungsmetropole. Jetzt muss es weitergehen.

In New York treffen Klaus Farnholdt und ich uns mit Bernd Fabricius. Fabricius war schon bei der Veranstaltung im November im Princeton Club dabei. Inzwischen hat er sein LLM-Studium absolviert und ist auf Jobsuche. Er ist mit einer Amerikanerin verheiratet, einer gutaussehenden und gescheiten Frau, Biologin an einer Klinik in der Lower East Side. Schon bei unserer Reise im vergangenen Jahr hatten Rollmann und ich überlegt, ein Foris-Büro in New York zu eröffnen. Es fehlte nur der Mann oder die Frau. Paul Breisgauer, der New-York-Erfahrene, wollte nicht, und auch Klaus Farnholdt entschied sich – nach langem inneren Kampf – dagegen, wieder aus Berlin wegzugehen, wo er sich gerade verheiratet und etabliert hatte. Bernd Fabricius ist ein agiler unternehmerischer Typ. Er hat schon zu seiner Studentenzeit damit Geld verdient, Busreisen zu Rockkonzerten zu organisieren. Er scheint uns prädestiniert für die Aufgabe und ist interessiert. Bald nach meiner Rückkehr aus New York kommt er nach Deutschland und stellt sich in Bonn vor. Auch Rollmann ist von ihm beeindruckt. Wir haben unseren Mann, wir haben den größten Markt der Welt mit dramatischen Perspektiven im Visier. Wir haben ein neues Thema für die Hauptversammlung und die nach Nachrichten gierenden Aktionäre.

Am Nachmittag, bevor ich zurückfliege, gehe ich noch in ein Kino an der 2nd Avenue. Ich sehe den Streifen „Erin Brockovich" mit Julia Roberts, einen Gerichtsfilm über das Recht und seinen Preis. Anders als „Zivilprozess" hat er ein Happy End. Auch den Trailer dieses Films werden wir später in einer Hauptversammlung verwursten. There's no business that is not show business.

AUFSICHTSRAT

Am 16. Mai 2000, 10 Tage vor der Hauptversammlung, wird unser virtuelles Infobrett eröffnet. Rainer Paulsdorff, Programmierer und Geschäftsführer unserer Tochtergesellschaft Forisoft GmbH, hat es installiert. Seit zwei Jahren fügt er unserer Unternehmens-Software *forisoft* unermüdlich Codezeile um Codezeile hinzu. Täglich verlangen wir nach neuen Statistiken und Auswertungen, um den Datenwust in den Griff zu bekommen, der sich seit zwei Jahren aufhäuft. Tag für Tag spielt Paulsdorff von seinem Zentralcomputer im sachsen-anhaltinischen Halberstadt Updates des Programms auf jeden Arbeitsplatz. Angefangen hat es vor zwei Jahren mit einer einfachen Adressverwaltung. Als nächstes konnten zu jeder Adresse beliebig viele Kriterien hinterlegt, nach diesen gesucht und selektiert werden: Ist der Betreffende Aktionär, ist er Anwalt, finanziert er einen Prozess? Zu jeder Adresse ist eine Historie gespeichert. Jede Veränderung, jeder Briefeingang, jeder Anruf wird eingetragen. Auch wenn Buchbinder Wanninger anruft, soll er eine kompetente Auskunft erhalten, egal, wen er an der Strippe hat. Später verwaltet das Programm auch unsere Prozessfinanzierungsverträge, die Vorratsgesellschaften, interne E-Mails, eine Schnittstelle zu unserer Buchhaltung. Die Einrichtung des elektronischen Infobretts ist auf einem der letzten Monde beschlossen worden. Der Flurfunk reicht nicht mehr aus, um die Flut der täglichen Neuigkeiten an jeden der inzwischen weit verstreuten Schreibtische zu kanalisieren. Auf dem Infobrett kann jetzt jeder mitteilen, was er für veröffentlichungswert hält, ob er Vorstand, Sekretärin oder Aushilfe ist. Die Nachricht erscheint so lange auf dem Bildschirm jedes Mitarbeiters, bis er sie quittiert hat. Niemand kann sich mehr herausreden, nichts gehört zu haben von Ad-hoc-Meldungen, Unternehmens-Personalien, Vorstandsbeschlüssen, von der Suche nach vermissten Kommentaren zum Aktiengesetz, Geburten, Hochzeiten oder abgelassenem Frust über Stapel schmutzigen Geschirrs in den Küchen.

Der erste Eintrag auf dem Infobrett ist von Frau Caspari. Sie ist in Bonn für Werbung und Marketing zuständig und damit auch für die Äußerlichkeiten bei der Hauptversammlung. Sie hat für die Männer Foris-Krawatten und -Fliegen und für die Frauen Foris-Halstücher besorgt. *„Da die Krawatten und Fliegen in leuchtendem Foris-Blau gehalten sind, wäre es prima, wenn die Herren weiße Oberhemden trügen. Für die Damen dann entsprechend weiße Unterzüge…“.* Unterzüge? Das Wort höre ich zum ersten Mal.

Mit unserer Pflichtanzeige im Bundesanzeiger haben wir wieder ins „Gürteltier" an der Berliner Fasanenstraße gebeten. Auf der Tagesordnung steht dieses Mal auch die Wahl zweier Aufsichtsratsmitglieder. Vorgeschlagen sind Herr Dr. Jürgen Lückhoff, und Frau Dr. Barbara Wewering. Lückhoff war Verlagsmanager und ist jetzt selbständiger Unternehmensberater. Frau Dr. Wewering ist Dozentin für Bürgerliches Recht mit einer beeindruckenden Biographie: Vor ihrer Habilitation hat sie ihren LL.M. und ihren Attorney at Law in New York gemacht. Sie war Anwältin in Florida und Argentinien. Jetzt lehrt sie an der Uni Bielefeld. Bewerbungen für Professuren an den Unis Freiburg und Bonn laufen. Aufgefallen ist sie uns, weil sie über Prozessfinanzierung Vorträge gehalten und Aufsätze in Fachzeitschriften veröffentlicht hat. Rollmann und ich treffen uns mit ihr in Bielefeld in einem Restaurant. Es ist ähnlich wie bei dem Treffen mit Rollmann vor zwei Jahren. Sie ist mir nicht sympathisch. Sie redet mir zu viel und zu schnell und erinnert mich vom Aussehen her an Friedrichs ständig beleidigte Sekretärin Sonnenberg bei Weiss & Co. Leider lasse ich mich auch hier von der Papierform beeindrucken, statt von meinem Gefühl.

Viel später erfahre ich, dass sie einem Arbeitskreis von Juristinnen angehört. Geschlechterkampf! Vielleicht hätte das den Ausschlag gegeben, mich gegen sie zu entscheiden. Zu spät.

Der Kontakt mit dem Verlagsmanager ist noch über Möller zustande gekommen, zu einer Zeit, bevor der Streit mit ihm begann. Vier Tage vor der Hauptversammlung erreicht uns ein Fax von Lückhoff. Darin teilt er ohne weiteren Kommentar mit, dass er seine Kandidatur zurückzieht. Wir versuchen ihn anzurufen, aber stoßen überall nur auf Anrufbeantworter und Mailboxen. Und Leute mit einem derart unprofessionellen Verhalten glauben nun andere beraten zu können! Auch wir wollen ihn nicht mehr. Dennoch würden wir gern seine Beweggründe kennen. Aber er meldet sich nicht, und dann sind wir es leid, ihm hinterherzulaufen. Wir können nur vermuten, dass Möller seine Hände im Spiel hat. Aber der sagt uns natürlich nichts.

Wie sollen wir diese blamable Absage vor der Hauptversammlung begründen? Woher auf die Schnelle einen anderen präsentablen Kandidaten nehmen?

In dem dreiköpfigen Foris-Aufsichtsrat sitzen bisher Rollmanns Schulfreund Cobet, der DO Capinvest-Chef Prössling und der Steuerberater Dr. Kammacher. Prösslings Firma hat mit dem Verkauf von Foris-Aktien ihre 1999er Bilanz mächtig angehübscht. Inzwischen hat sie alle verkauft. Darum will Prössling den Foris-Aufsichtsrat verlassen. Kammacher würde zwar gerne bleiben, aber ihn will Rollmann los sein. Kammacher ist Steuerberater, Wirtschaftsprüfer und Fachanwalt für Steuerrecht. In der Boomzeit der sechziger und siebziger Jahre hatte er eine erfolgreiche Kanzlei in Braunschweig. Auch heute geht er noch täglich in sein inzwischen etwas angestaubtes Büro. Die Arbeit dort lässt er allerdings andere machen. Im Aufsichtsrat ist es ähnlich. Intern zieht Rollmann in der Art über Kammacher her, mit der er alle Menschen abkanzelt, mit denen er nicht klar kommt oder kommen will. Ihm sagt er, dass nun die Gründungsphase beendet sei und Foris einen Aufsichtsrat brauche, der neben Beraten und Beaufsichtigen auch Kontakte macht und Geschäft bringt. Er macht so lange Druck auf Kammacher, bis er sich, wenn auch widerwillig, bereitfindet, einem anderen Platz zu machen.

Wozu überhaupt Aufsichtsräte?

Bei anderen Gesellschaftsformen als der AG, zum Beispiel der GmbH, kann man die Zahl der Gesellschafter meist an den Fingern abzählen. Die GmbH-Gesellschafter können ihre Rechte in der Gesellschafterversammlung unmittelbar wahrnehmen: ihr Recht, Geschäftsführer zu berufen und zu entlassen, die Bücher der Gesellschaft zu kontrollieren, den Jahresabschluss festzustellen. Bei der Aktiengesellschaft mit ihren meist Tausenden von Teilhabern ist das nicht praktikabel. Zwischen die Aktionäre und den Vorstand hat das Gesetz darum den Aufsichtsrat geschaltet. Er wird von den Aktionären gewählt und soll ihre Rechte gegenüber dem Vorstand wahrnehmen.

Die Betonung liegt auf soll. Denn zwischen der Vorstellung des Gesetzes und der Aufsichtsratspraxis in Deutschland liegen Welten. Besonders deutlich wird das bei den Gesellschaften, deren Aktienmehrheit den Vorständen oder ihren Familien gehört. Da wählen sich die Kontrollierten ihre Kontrolleure selbst. Entsprechend zahnlos fällt dann die Aufsicht aus. Gute Leute geben sich für Alibiveranstaltungen nicht her. So sind Aufsichtsräte der Startup-Firmen häufig Familienmitglieder, oder der Anwalt oder Steuerberater des Unternehmens. Da soll also jemand einerseits einem Vorstand auf die Finger klopfen, von dem er andererseits lukrative Mandate bekommt und weitere erhofft? Das ist unrealistisch. In den letzten drei Jahren hat sich die Anzahl der Aktiengesellschaften in Deutschland multipliziert. Hunderte von ihnen sind an die Börse gegangen. Das sind Tausende neuer Aufsichtsräte, die gebraucht werden. Tausende, von denen das Gesetz verlangt, dass sie das Produkt und den Markt des Unternehmens kennen. Dass sie Bilanzen und Liquiditätsrechnungen verstehen.

Dass sie gut informierten, vor Selbstbewusstsein strotzenden Vorstandsvorsitzenden Paroli bieten können. Wo sollen die auf einmal alle herkommen? Verlangt der Gesetzgeber einerseits Wunderdinge von dem Aufsichtsrat, so sieht er in ihm andererseits immer noch die feiste Kapitalistenkarikatur eines Otto Dix, George Grosz oder gar Willi Tübke und unterwirft ihn einer im deutschen Recht einmaligen Sonderbesteuerung. Sie besteht darin, dass die Aktiengesellschaft die Aufsichtsratsvergütungen nur zur Hälfte als Betriebsausgaben geltend machen kann. Die Aufsichtsratsvergütungen werden von der Hauptversammlung beschlossen. Ergebnis ist: Die Arbeit wird mager bezahlt, obwohl sie, gewissenhaft erledigt, viele Tage im Jahr kosten würde. Und auch der Waffenschrank des Aufsichtsrates ist mager bestückt. Das einzelne Aufsichtsratsmitglied hat so gut wie keine Rechte gegenüber dem Vorstand. Die stehen nur dem Aufsichtsrat als Gremium zu. Und auch der kann, außer den Vorstand zu entlassen, im Fall eines wirklichen Konflikts nur noch selbst zurücktreten. Theoretisch haftet er jedoch für Schäden, die er durch mangelhafte Aufsicht verursacht, mit seinem ganzen persönlichen Vermögen. Wer, der die wirklichen Pflichten des Aufsichtsrats kennt und nicht nur glaubt, sich mit dem Titel schmücken zu können, ist da schon bereit, ein solches Amt zu übernehmen?

So sind wir Vorstände selbst auf die Suche gegangen. Wir wollen keine Weicheier, die alles abnicken, was wir sagen. Aber eben auch nicht in erster Linie Aufpasser, sondern Multiplikatoren, die das Geschäft voranbringen. Schließlich haben wir unsere beiden Kandidaten gefunden. Jetzt ist es nur noch eine Kandidatin.

War es schon schwierig genug, Lückhoff und Wewering zu finden, scheint es unmöglich, der Hauptversammlung innerhalb von vier Tagen einen neuen Vorschlag zu präsentieren, der nicht wie eine Verlegenheitslösung aussieht. Doch Rollmann fällt einer ein.

Wir haben ihn kennen gelernt, weil wir schon seit 1999 eine Tochtergesellschaft planen, die sich mit Patenten und Schutzrechten befasst. Sie soll Erfindern gegen einen Anteil an den Lizenzeinnahmen Rechtsschutz für ihre Patente bieten. Dr. Scherer ist einer der Leute, mit denen wir über unsere Idee, über eine Kooperation sprechen. Er ist Vorstand eines Industrieunternehmens in Aachen, Physiker, aber nicht der Typ des schmalbrüstigen Tüftlers, sondern im Gegenteil von mächtiger Statur, Stimme und Präsenz. Nach kurzer Überlegung und Rücksprache mit dem Aufsichtsrat seines eigenen Unternehmens stimmt er der Kandidatur zu. Allerdings kann er sich den Aktionären am Tag seiner Wahl selbst nicht vorstellen, er ist auf Auslandsreise.

Mit gemischten Gefühlen gehen wir in unsere Hauptversammlung.

HAUPTVERSAMMLUNG 2000

Wieder die blauen Luftballons, Eis und Erdbeeren, wieder prächtiges Wetter. Die Einlassformalitäten sind besser organisiert als beim letzten Mal, es geht auf die Minute genau um 16 Uhr los.

Trotzdem, und trotz Foris-Krawatten: Das Ereignis von 1999 werden wir weder toppen noch auch nur erreichen. Nichts hatte vor einem Jahr die Champagnerlaune getrübt. Eine Hürde nach der anderen hatten wir genommen, Kapitalerhöhung, Börse, Versicherungsaufsicht, Lockup. Die Kurse hatten nur eine Richtung gekannt. Keine Konkurrenz war in Sicht. Keine einzige kritische Stimme hatte Nüchternheit eingefordert, hatte angemahnt, dass bei jedem langen Marsch Enttäuschungen unausweichlich, dass alle Zukunftsprognosen tönern sind und dass es gut täte, sich auch hierfür zu wappnen.

Das sieht jetzt anders aus. Die Konkurrenz hat Namen: Juragent, Gloria, Juratec, Proxx, Rima, Acivo und DAS Profi AG. Einige ihrer Vertreter sitzen sogar in den hinteren Sitzreihen. Die Aktionäre haben die Erfahrungen achterbahnfahrender Kurse gemacht. Auf dem Wallstreet-Board sind bissige, ja sarkastische Kommentare erschienen. Der Kapitalmarkt liebt es, wenn die Unternehmen ihre eigenen Prognosen übertreffen. Hat er sich daran gewöhnt, dass die Unternehmen ihre Prognosen übertreffen, dann ist er schon enttäuscht, wenn die Differenz zwischen Ergebnis und Prognose nicht höher ausfällt als sonst... Wir haben unsere Prognosen mit knapper Not erreicht. Die Kosten sprinten los, die Umsatzerlöse hinken hinterher. Der Verlust allein im ersten Quartal 2000 beträgt über 1 Million DM, mit steigender Tendenz. Die Aktionäre, das merken wir schon an den Gesprächen im Foyer, werden konkrete Aussagen zu den Prozessergebnissen haben wollen, Perspektiven sehen, Alternativen, fundierte neue Voraussagen. Wie wollen wir den Prozessfinanzierungsbestand erhöhen, wie mit der Konkurrenz umgehen, was für den Aktienkurs tun?

Wir haben in den letzten Wochen mit einer großen Versicherungsgruppe Gespräche geführt. Erst hoffen wir noch, der Hauptversammlung einen Kooperationsvertrag präsentieren zu können. Doch unsere Gesprächspartner müssen erst einmal die Hürden im eigenen Haus überwinden. Es ist Vertraulichkeit vereinbart, die Jubelmeldung fällt aus.

Bei einigen finanzierten Prozessen sind erst- oder zweitinstanzliche Urteile gesprochen, bei anderen werden Vergleichsverhandlungen geführt, in denen schon konkrete Beträge genannt sind. Doch harte Ergebnisse fehlen. Und der Bestand wächst langsamer.

Was hatte ich, hatten wir nicht alles für Überlegungen angestellt. 50.000 Klagen mit Streitwerten über 100.000 DM werden laut Statistik jährlich in Deutschland neu erhoben, 3.000 sogar mit Streitwerten über 1 Million. Mindestens ebenso viele Prozesse, hatten wir erwartet, werden aus Geldmangel oder Risikoscheu nicht geführt. Wo sind die alle? Gibt es sie doch nicht? Ist der Kuchen doch kleiner als geglaubt, und müssen wir uns den jetzt auch noch mit Konkurrenten teilen? Bleiben also die Verfahren, die die Kläger auch bisher schon geführt haben, ohne Prozessfinanzierer. Die allerdings sind nicht bereit, für die Entlastung von dem Prozessrisiko 50 % abzugeben. Wie wären sie zu ködern? Wie können wir die Anwälte motivieren, ihren Mandanten zum Abschluss eines Prozessfinanzierungsvertrages zu raten, der ihnen zur Zeit selbst kaum Vorteile, aber zusätzliche Arbeit bringt? Wie können wir verhindern, dass uns, dem Marktpionier und Marktführer, ein Wettbewerber plötzlich die Preise diktiert? Wenn, dann müssen wir es sein, die mit einer Preissenkung vorangehen und gleichzeitig den Markt für weitere Mitbewerber unattraktiv machen.

Auf mehreren „Monden" haben wir eine neue Preis- und Konditionengestaltung diskutiert. Ich habe Nachmittage, Abende und Wochenenden über mehrdimensionalen Excel-Tabellen gebrütet, um die Auswirkungen veränderter Preise für unsere Ertragssituation zu simulieren. Alternativ haben wir überlegt, überhaupt keine feste Quote mehr bekannt zu geben, sondern den Erfolgsanteil individuell zu berechnen. Das Preisgefüge würde dadurch völlig intransparent werden. Ein unmittelbarer Vergleich mit den Preisen von Konkurrenten wäre nicht mehr möglich, weder für diese noch für unsere Kunden.

Wir wägen Vor- und Nachteile ab. Schließlich entscheiden wir uns für eine deutliche Preisreduzierung. Von dem Prozesserlös bis zu 1 Million DM bekommen wir 30 %, von dem, was darüber hinausgeht, nur noch 20 %. Außerdem werden wir in Zukunft eine zusätzliche Gebühr finanzieren, die „Foris-Gebühr". Dem Anwalt soll die Mehrarbeit bezahlt werden, die ihm durch die Einschaltung des Prozessfinanzierers entsteht, durch den Schriftwechsel, die Diskussionen mit uns, dadurch, dass er unsere Auflagen hinsichtlich der Prozessführung beachtet, zu denen sein Mandant sich verpflichtet hat.

So hoffen wir, auch solche Kläger – und vor allem ihre Anwälte – für Prozessfinanzierung gewinnen zu können, die bisher ihren Prozess auf eigenes Risiko geführt haben.

Für potentielle Kläger ist unsere Preissenkung gut. Ist sie es auch für uns und unsere Aktionäre? „Wir wollen den ganzen Markt", mit diesem Schlagwort vertreten wir unsere neuen Preise in der Hauptversammlung. Doch die Aktionäre ziehen lange Gesichter. Preissenkung heißt erst einmal Ertragsreduzierung. Ob die durch Erhöhungen des Umsatzes wieder aufgefangen werden könne, erweist sich erst später. Der Verdacht der Aktionäre, dass wir der neu erwachsenen Konkurrenz nichts als einen Preiskampf entgegenzusetzen haben, ist nicht leicht zu entkräften. Auch die Ad-hoc-Meldungen, mit denen wir sie in den letzten Tagen bombardiert haben: Akademieeröffnung, Kooperation mit Creditreform und mehr, vertreiben die Skepsis nicht.

Vor der Hauptversammlung haben Rollmann und ich im Berliner Büro zusammengesessen und sind unsere Präsentation durchgegangen. Wir haben den Prozessstand bei den Prozessen überschlagen, die sich in einem fortgeschrittenen Stadium befinden. Bei mehreren von ihnen rechnen wir mit einer baldigen Rechtskraft oder mit einem kurzfristigen Ergebnis der schwebenden Vergleichsverhandlungen. Wir addieren und kommen auf Erträge von ca. 7 Millionen DM, wenn nur die Hälfte dieser Verfahren sich in den gedachten Größenordnungen realisiert. Wir machen die Gegenprobe. Unsere Prozesse stellen ein Gewinnpotential von 85 Millionen DM dar. Das nennen wir Optionsvolumen. Es ist eine fiktive Zahl. Niemand rechnet damit, dass wir alle Prozesse gewinnen. Allerdings sind wir stets davon ausgegangen, dass wir mit unserer Erfolgsquote in der Nähe der Statistik liegen werden. Der zufolge werden, vereinfacht ausgedrückt, über 50 % der Prozesse vom Kläger gewonnen. Nehmen wir also diese 50 % und halbieren diesen Betrag aus Sicherheitsgründen noch einmal, bleiben über 20 Millionen DM übrig. Wir nehmen an, dass sie sich zu einem Drittel in diesem, zu einem Drittel in dem nächsten und zu einem Drittel in dem übernächsten Jahr realisieren werden. Das wäre ein Rohertrag von rund sieben Millionen DM im laufenden Jahr.

Wir rechnen die Erträge aus den Vorratsgesellschaften hinzu, die laufenden Kosten ab, und kommen auf einen voraussichtlichen Jahresgewinn von 5,8 Millionen DM. Diese Prognose steht auf einer Folie unserer Präsentation. Ich nenne sie mit gutem Gewissen, zumal ich sie noch mit einem Vorbehalt versehe. Ich sage ausdrücklich, dass der Zeitpunkt eines Verfahrensabschlusses noch schlechter prognostiziert werden kann als das Ergebnis. Und es daher auch sein kann, dass sich die prognostizierten Ergebnisse in einem solchen Fall erst in späteren Perioden anfallen. Wahre Worte… Das Diagramm mit der Prognose fotografiert ein HV-Teilnehmer mit seiner Digitalkamera und wird es später genüsslich ins Wallstreet-Board stellen. Meinen Vorbehalt habe ich nur mündlich vorgetragen. An die Prognosezahl werden sich alle erinnern, an den Vorbehalt keiner.

Zweihundert Meter vom „Gürteltier" entfernt ist das Theater des Westens. Dort wird seit über einem Jahr täglich das Musical „Chicago" in der Inszenierung des Shubert Theaters am Broadway aufgeführt. Ein rotzfreches Stück über Mörderinnen, die Sensationspresse, die Geschworenen und vor allem den Anwalt, der sie alle einwickelt. Seine Botschaft ist eindeutig: „Mach ein bisschen Hokuspokus", oder, in der englischen Version: *„Give them the old razzle-dazzle, razzle-dazzle them…"* Um 19 Uhr bittet Rollmann um eine kurze Unterbrechung unseres Vortrags. Der Saal wird abgedunkelt. Auf der Leinwand, auf der eben noch unsere Diagramme und Tabellen zu sehen waren, erscheint zu den Klängen der US-Hymne das Sternenbanner, die Silhouette von New York, dann das markante ehemalige PanAmGebäude an der Park Avenue in New York.

Wir haben über das ZDF eine Life-Schaltung nach New York organisiert. Vor dem Gebäude an der Park Avenue, in dem unser neues Büro ist – eigentlich ist es nur ein Verschlag – haben sich Bernd Fabricius, seine Frau und einige geladene Gäste eingefunden, auch die Rechtsanwälte Haynes und Silverstein, die unsere Sache gegen das Museum in A*** vertreten. In einem vorbereiteten Interview äußert sich Fabricius zu seinen Aufgaben und zu seinen Erwartungen als Leiter des ersten Foris-Büros in Amerika. Auch Haynes wird interviewt. Er gibt eine vielversprechende Einschätzung zu den Chancen unserer Geschäftsidee in der Weltmacht des Zivilprozesses ab. Noch ein paar Statements, Glückwünsche und Grüße über den Atlantik und zurück; dann, nach 5 Minuten, ist der Hokuspokus zu Ende. Die Aktionäre klatschen Beifall.

Die Fragestunde verläuft glimpflich. Lediglich ein Redner schimpft in einem uferlosen, rhetorisch verunglückten Beitrag über unsere schlechten Investor Relations. Dumm für ihn: er hatte sich vor einiger Zeit bei Rollmann erfolglos erboten, die Investor Relations für Foris zu organisieren. Das macht es Rollmann in seiner Entgegnung leicht, ihn nun als beleidigte Leberwurst hinzustellen.

Die meisten Skeptiker sind beruhigt. Lediglich Scherers Kandidatur stößt auf Widerspruch. Rollmann begründet den Aktionären den Wechsel in der Kandidatur mit persönlichen Beweggründen des Herrn Lückhoff und beschreibt kurz Herrn Dr. Scherer, seinen Werdegang und seine jetzige Tätigkeit.

Der plötzliche Rückzug Lückhoffs macht viele Aktionäre argwöhnisch, genauso die Tatsache, dass wir gleich einen Alternativkandidaten aus dem Hut gezaubert haben. Bei diesem wiederum stößt vielen Teilnehmern auf, dass er es nicht für nötig hält, sich persönlich vorzustellen. Einige Aktionäre schlagen vor, statt seiner Herrn Färber zu wählen.

Wir beratschlagen kurz. Ich hätte nichts gegen Färber als Aufsichtsrat. Er ist selbst Aktionär, seit der ersten Kapitalerhöhung dabei, und steht Foris näher als Scherer. Er hat den nüchternen Blick und die Erfahrung des Bankers. Er hat vor einem Jahr mit seiner Gruppe den Lockup und den Gang zum Neuen Markt ermöglicht, und er ist ein offener und vertrauenerweckender Gesprächspartner. Rollmann aber ist strikt gegen ihn. Er meint, wir könnten nicht auf der einen Seite nach Amerika expandieren, wenn wir auf der anderen Seite einen Provinzbanker aus einem Kaff in der Pfalz in den Aufsichtsrat holen. Und vor allem, so meint er, wird Färber in einem ständigen Interessenwiderstreit sein. Als Aufsichtsrat würde er Informationen haben, die er dann aber in seiner Eigenschaft als Vertreter seiner großen Aktionärsgruppe nicht verwenden dürfe. Leider überzeugen mich in dem Moment diese Scheinargumente. So entschließe ich mich, für Scherer und gegen Färber zu stimmen. Es ist eine von vielen Entscheidungen, die mir noch leid tun werden.

Es kommt dann noch zur Missstimmung über das Wahlverfahren. Cobet als Versammlungsleiter legt fest, dass über die Kandidaten der Verwaltung, also über Wewering und Scherer zuerst abgestimmt wird und dann über Färber. Dieser auf den ersten Blick überraschende Abstimmungsmodus ist rechtlich nicht zu beanstanden. Wenn die ersten zwei Kandidaten gewählt sind, ist der Aufsichtsrat komplett und die Wahl zu Ende; der dritte ist nicht gewählt. Nur wenn einer der ersten zwei Kandidaten mehr Nein- als Jastimmen bekommt, wird über den vierten abgestimmt. Einige Aktionäre sehen das anders. Sie sehen in der Reihenfolge, in der abgestimmt wird, eine Manipulation. Cobet bleibt auch nach Rücksprache mit dem Notar bei seiner Ansicht. Wewering und Scherer werden mit Hilfe der klaren Mehrheit der Altaktionäre gewählt, zu einer Abstimmung über Färber kommt es nicht mehr.

Es ist schließlich halb zwölf, als die Versammlung geschlossen wird und die erschöpften Aktionäre zum kalten Büffet gehen. Der „Foris-Aktionärsclub", ein munterer Verein, der sich in der Nähe von Heilbronn gegründet hat, hat gebeten, am nächsten Morgen unsere Büroräume besichtigen zu dürfen, bevor sich seine 40 Mitglieder im gecharterten Bus auf die Heimreise begeben. Also mache ich am Samstagvormittag eine Büroführung. Dieter Mauritz besorgt sogar noch Brezeln und ein Fass Bier, und es gibt vor dem Gebäude einen kleinen Frühschoppen. Der Verein dankt es uns durch freundliche Erwähnung auf seiner Internet-Seite: *„Alles in allem war jeder unter uns nach der HV von dem Management und der ganzen weiteren Strategie der Foris überzeugt. Wir sehen hier einen Konzern im Aufbau im juristischen Bereich, der Potentiale ohne Ende hat."*

Auch sonst wird in den nächsten Wochen die Grundstimmung im board wieder freundlicher. Wir haben wieder eine „perfekte Show" abgeliefert, wie einer schreibt. Es ist als Lob gemeint, nicht als Kritik. Wir fühlen uns bestätigt.

An dem Wochenende nach unserer Hauptversammlung, findet auch der Deutsche Anwaltstag in Berlin statt. In den letzten Jahren ist er neben einer Konferenz zu Anwaltsthemen auch zu einer Art Messe geworden, bei der Verlage, Softwareunternehmen, Versicherungen, Büroausstatter für ihre Produkte werben. Auch wir sind mit einem Stand vertreten, aber nicht nur wir, sondern auch die Konkurrenz. Sie hat große Plakate aufgestellt: Neue Quote 30/20 %. Keine vierundzwanzig Stunden hat es gedauert, und sie sind uns bei den Konditionen gefolgt.

Zeit zum Luftholen nach der Hauptversammlung bleibt nicht. Nur noch wenige Wochen, dann beginnen die Katastrophen.

Staatsanwalt und Bildzeitung

„Boesebeck Droste"; „Ohle-Hansen-Ewerwahn"; „Nolte & Löwe"; „Pünder Vollhardt Weber und Axter"; „Feddersen, Laule, Stroth und Partner": Zunamen, wie von Thomas Mann ersonnen, zieren bis in die neunziger Jahre hinein die Briefköpfe der renommiertesten deutschen Anwaltskanzleien. Dann wandern sie nach und nach, oft nur noch mit einem „(bis 1995)" oder gar mit einem „†" versehen, auf die endlosen Namenskolonnen am rechten Rand der Briefbögen. In den Kopfzeilen steht nun *„Lovells", „White & Case", „Coudert Brothers"* oder *„Hogan Hartson"*. Viele große Anwaltskanzleien sind in den letzten Jahren vom Kudamm und seinen Nebenstraßen in die neuen Büropaläste an Friedrichstraße und Gendarmenmarkt gezogen. Aus ihren Fenstern schaut man auf die baumlose Glas- und Betonwüste der Neuen Mitte, aus der die Kuppeln der Dome, der Hedwigskirche und der Synagoge in der Oranienburger Straße nur noch schüchtern die Köpfe herausrecken. Auf den alten Berliner Westen, wo die Straßenbäume längst bis zur Firsthöhe der Häuser reichen und die Kneipenkellner immer noch Langhaarfrisuren tragen, werden derweil in den Tageszeitungen Nachrufe geschrieben, in den Feuilletons ebenso wie in ihren Immobilienbeilagen.

Lovells, früher Boesebeck Droste, gehört zu den wenigen, die dort geblieben sind. Am 22. Juni sitze ich morgens um 9 in der Kanzlei in der Schlüterstraße. Durch die geöffneten Fenster dringt das Wispern der Lindenblätter ins große Besprechungszimmer. Der Notar ist da, dann unsere Spezialisten für Vorratsgesellschaften und die Aufsichtsräte der zu gründenden Aktiengesellschaften. Wir müssen sie inzwischen aus dem Bekanntenkreis der Foris-Mitarbeiter rekrutieren, weil wir so viele brauchen. Der Notar verliest die Gründungsprotokolle und Satzungen der zwanzig Vorratsgesellschaften, die heute errichtet werden. Da Gründer immer die Foris ist, muss ich als deren Vorstand mit unterschreiben.

Ich habe noch nicht gefrühstückt und knabbere ein paar Kekse zum Kaffee und zum Orangensaft. Ich weiß nichts davon, dass sich in diesem Moment eine Kolonne von Polizei- und Zivilwagen mit Blaulicht den Weg vom Kriminalgerichtsgebäude in Moabit nach Schlachtensee in die Matterhornstraße bahnt. Um 9 Uhr sind sie an ihrem Ziel. Die Beamten telefonieren noch einmal kurz – Uhrenvergleich! –, dann steigen sie aus und klingeln zeitgleich an den Gebäuden mit den Hausnummern 44 und 102.

Kurz nach 9 Uhr vibriert mein Mobiltelefon. Sabine ist am Apparat, wie ich auf dem Display sehe. Sie weiß, dass ich beim Notar bin, also muss es wichtig sein. Ich gehe auf den kleinen Balkon, um die anderen nicht zu stören. Sabine sagt, dass die Kriminalpolizei in unserem Haus ist. Sie will meinen Schreibtisch und meine privaten Akten filzen. Ich bitte einen der Beamten ans Telefon. Er sagt, er habe einen Durchsuchungsbeschluss. Mehr will er mir nur sagen, wenn ich selbst komme. Ich stutze. Hat er auch einen Haftbefehl? Mir fällt Kletschil ein. Der hat zwei Jahre in U-Haft gesessen, bis die Staatsanwaltschaft eingesehen hat, dass ihm nichts Gravierendes vorzuwerfen war. Herausgekommen ist er dennoch nur, weil er sich in einem unbedeutenden Nebenpunkt für schuldig bekannt hat, so dass die Staatskasse ihm keine Entschädigung bezahlen musste. Nach kurzem Zögern sage ich, ich komme. Eine Sekunde, nachdem ich aufgelegt habe, ruft in heller Aufregung das Büro an. Auch dort sind LKA und Staatsanwaltschaft. Auf der Straße stehen schon die Pressefotografen. Ich telefoniere mit Rollmann; auch bei ihm ist um Punkt 9 Uhr die Polizei erschienen und hat mit dem Durchsuchungsbeschluss gewedelt. Rollmann hat noch eine Neuigkeit. Die Kursnotierung der Foris-Aktie ist ausgesetzt.

Der Notar haspelt die restlichen Urkunden im Nähmaschinentempo herunter, ich unterschreibe und fahre in meinem Smart, den ich vor drei Tagen gekauft habe, über die Avus in Richtung Schlachtensee. Ich lasse mir Zeit: jetzt ruhig bleiben, sage ich mir. Ich habe keine Ahnung, was los ist. Oder doch? Vor zehn Tagen ist ein winziger Artikel im Focus Money erschienen. Darin wird der Verdacht geäußert, dass wir Prozessfinanzierungen in unserem Geschäftsbericht ausgewiesen haben, die es gar nicht gibt. Wir haben vermutet, dass diese Meldung auf Möller zurückgeht, der uns inzwischen vor dem Arbeitsgericht verklagt hat. Da die Verträge aber – Rollmanns Formulierung „gefertigt" hin oder her – bei Bilanzerstellung alle rechtswirksam abgeschlossen waren, schien uns das ganze irrelevant.

Ich telefoniere vorsichtshalber mit unserer Bank. Ich höre mich den aus hundert Filmen bekannten Satz sagen: „Das ganze muss ein Irrtum sein". Danach das gleiche zu meinen Eltern. Die Kursaussetzung der Foris-Aktie und die Hausdurchsuchungen könnten in dieser Zeit, in denen die Börse das Nachrichtenfieber schürt, durchaus im Radio kommen. Ich will nicht, dass sie es zuerst von dort erfahren. Meine 78jährige Mutter bleibt cool. „Du machst das schon", sagt sie.

Vorstadtvormittag! Alles ist wie immer, als ich von der Spanischen Allee in die Matterhornstraße einbiege. Die Bürgersteige leer. Kein Polizeiwagen vor unserer Doppelhaushälfte – das einzige Grüne sind die Hecken der Vorgärten und die Alleebäume. Unsere uralte Nachbarin bewegt sich schon lange nicht mehr aus ihrem Haus. Unsere Kinder sind in der Schule. Falls ich jetzt in Handschellen nach Moabit gebracht werde, wird es wenigstens niemand mitkriegen, denke ich, als ich die Gartentür öffne.

Die beiden öffentlich Bediensteten in meinem Wohnzimmer sehen nicht so aus, als würden sie jemanden eigenhändig verhaften. Keine schmissigen Klamotten, nicht die gesuchte Lässigkeit ihrer fiktionalen Kollegen aus den anderen öffentlich-rechtlichen Anstalten.

Kein roter Haftbefehl, nur ein Durchsuchungsbeschluss des Amtsgerichts Tiergarten. Nicht mit der überlegenen Geste des Fernseh-Kommissars, eher etwas trotzig überreichen sie ihn mir, als wäre ich es, der sie mit der unappetitlichen Aufgabe belästigt, in fremder Wäsche herumzuwühlen.

Während ich lese, blättern sie lustlos in den Akten, die sie schon aus den Schränken gefischt haben. Wirklich gesucht haben sie nicht. Sie wissen wohl, dass es den geheimen Tresor hinter der Dali-Lithographie, den doppelten Boden im Wäscheschrank auch nur am Sonntagabend zur besten Sendezeit gibt.

Ungläubig überfliege ich die ebenso harschen wie holprigen Sätze in dem Beschluss. Ein Vorwurf, gegen die Hackfleischverordnung verstoßen zu haben, würde mich kaum weniger überraschen. Ich soll unter Ausnutzung von Insiderwissen und unter Verstoß gegen die Halteverpflichtung im Januar Aktien im Gesamtwert von 40 Millionen DM an die Stadtsparkasse Köln verkauft haben, um mich rechtswidrig zu bereichern. Zu diesem Zweck soll ich falsche Ad-hoc-Mitteilungen veröffentlicht, den Börsenkurs manipuliert und falsche Angaben über die Verhältnisse der Gesellschaft gemacht haben.

Ich schüttle den Kopf. Irgendetwas muss es wohl doch mit Rollmanns „gefertigten Verträgen" im Januar zu tun haben. Mit der Sparkasse Köln hatte ich noch nie im Leben was zu tun. Ich ziehe die Akte aus dem Schrank, in der meine Depotauszüge abgeheftet sind und zeige sie den Beamten. Ich habe seit Beginn der Gesellschaft keine einzige Aktie abgegeben. Dann den Ordner mit den Auszügen meiner Frau. Die hat zwar ein paar Aktien im April verkauft, aber völlig legal und eben nur ein paar. Jetzt wundern sich auch die Männer vom LKA. Sie wollen die beiden Ordner mitnehmen. Ich überlasse sie ihnen. Ich schaue ihnen durchs Fenster nach, wie sie kopfschüttelnd in ihren Zivilwagen steigen. Der dicke Hecht, den sie an ihrem Haken zappeln wähnten, hat sich als alter Fahrradreifen herausgestellt. Sabine erzählt mir noch bei einer Tasse Tee, wie die beiden in Begleitung eines Trupps Uniformierter vor dem Haus standen. Die sind erst abgezogen, als sie sich vergewissert hatten, dass kein bewaffneter Widerstand drohte.

Als ich zehn Minuten später im Büro ankomme, sind die Fotografen weg. Sie haben die Männer fotografiert, die Akten in die grünen Minnas getragen haben. Nur der Staatsanwalt hat auf mich gewartet. Er trägt den Namen eines zu Recht berühmten amerikanischen Regisseurs. Im Gegensatz zu den LKA-Männern von eben bedient er, ebenso wie die Filme seines Namensvetters, alle Klischees. Hakennase, wohlgefönte Frisur, Hornbrille und feines Tuch.

Ich sage ihm, welche Unterlagen ich seinen LKA-Männern überlassen habe und dass die Vorwürfe von Insiderverkäufen absurd sind. Niemand hätte auf einen Schlag 20 % des gesamten Aktienkapitals gekauft. Er zieht die Augenbrauen hoch: und wenn schon? Schließlich sei es seine Pflicht, auch entlastende Tatsachen zu ermitteln. In einer Filmszene hätte ich über solch subtilen Spott, mit dem er, wie mit seinem ganzen Auftreten, die Schattenseiten seines Berufs auf Distanz hält, vielleicht gegrinst. Jetzt aber steigt die Wut in mir hoch. Die entlastenden Beweisstücke hätte er auch ohne seine Gorillas und seine Paparazzis vor der Tür von mir bekommen! Einzelheiten, wo die Vorwürfe herkommen, will er mir aus „ermittlungstaktischen" Gründen nicht nennen. Doch ungewollt verrät er Details, aus denen mir klar wird, dass Möller die Lawine losgetreten haben muss. Ich sage, dass alles Unsinn ist. Ich werde mit der Staatsanwaltschaft kooperieren und die Vorwürfe in kürzester Zeit entkräften. Gegen 11 Uhr verabschiedet er sich.

Ich hole tief Luft und versuche meine Gedanken zu ordnen. Der Kurs ist ausgesetzt. Diese Meldung können wir nicht mehr verhindern, die Fragen nach dem Warum auch nicht. Die Staatsanwaltschaft hat die Presse informiert. Die Gesichter der aktentragenden

Polizisten sind im Kasten und können morgen die Artikel gehörig illustrieren. Schade nur für die Gazetten, dass es keine Bilder von mir in Handschellen gibt! Morgen ist Freitag. Wenn, dann müssen wir heute den Schwachsinn mit den angeblichen Insiderverkäufen aufklären, die Brisanz aus den Vorwürfen und die Sensation aus der Meldung nehmen. Stehen sie erst einmal in den Zeitungen, wird es Montag werden, bis die Dementis erscheinen. Und die sind weit weniger schlagzeilen- und bildgewaltig als die Millionenbeträge und die Männer mit den schwarzen Balken vor den Gesichtern. Der Kurs wird abschmieren, und zwar für lange Zeit. Auch widerlegte Vorwürfe kleben wie Pech an einer Firma: da war doch mal was…

Oder war tatsächlich was? Gibt es Dinge, die ich übersehen habe, die ich nicht weiß? Kann ich Rollmann trauen? Nach kurzem Nachdenken verwerfe ich diesen Gedanken. Rollmann, Cobet und die anderen größeren Aktionäre können ebenso wenig verkauft haben wie ich, denn alle haben ja die Stimmrechte aus ihren Aktien bei der Hauptversammlung vor drei Wochen ausgeübt. Ich gehe in mein Büro und greife zum Telefon. Erst jetzt wird mir bewusst, dass im katholischen Deutschland Feiertag ist, Fronleichnam. Als erstes rufe ich die Börse an, die den Kurs ausgesetzt hat. Es dauert lange, bis ich in Frankfurt jemanden an die Strippe kriege. Der Börsenhandel findet zwar statt, aber von der Verwaltung haben alle frei. Keiner der Kursmakler kann mir sagen, wer für die Handelsaussetzung verantwortlich ist. Schließlich erreiche ich den Leiter des Handels. Der behauptet, nichts Näheres zu wissen und verweist mich auf das Bundesaufsichtsamt. Auch dort arbeitet nur eine Notbesetzung. Ich telefoniere mich von einem zum anderen, bis ich die Abteilung bekomme, die für die Beobachtung von Insiderverstößen zuständig ist. Der Mann, mit dem ich spreche, gibt sich bedeckt. Erst tut er so, als wüsste er nichts, aber im Lauf des Gesprächs merke ich, dass er sehr wohl Bescheid weiß und sogar zuständig ist. Dann zieht er sich darauf zurück, er dürfe mir nichts sagen. Zumindest nicht ohne Zustimmung seines Vorgesetzten, und der ist heute nicht da. Durch geduldiges Nachbohren entlocke ich ihm dann aber doch noch ein Detail. Angeblich hat es im Januar eine Meldung der Stadtsparkasse Köln über einen Umsatz von 590.000 Stück Foris-Aktien gegeben.

590.000 Aktien, das wären 20 % des gesamten Kapitals. Es ist zwar die Menge, die Cobet, Rollmann und ich zusammen ungefähr zu dem Zeitpunkt haben. Doch jeder, der wollte, konnte wissen, dass wir die Aktien vor drei Wochen bei der Hauptversammlung noch hatten und mit ihnen abgestimmt haben. Vor allem aber: Mit welcher Motivation sollte ein öffentlich-rechtliches Kreditinstitut dem Management einer gerade erst an den Kapitalmarkt gegangenen Aktiengesellschaft dessen gesamten Aktienbestand abkaufen? Noch dazu über die Börse, unter Verstoß gegen deren Lockup-Verpflichtung, und auf Bankseite unter Verstoß gegen eine Vielzahl von Anzeigepflichten? Etwa, um nach diesem Ausverkauf darauf zu spekulieren, dass der Kurs rasant steigt? Ich komme mir vor wie in einem Stück von Ionesco, in dem sich von Wort zu Wort steigernde Absurditäten in vollkommenstem Ernst ausgesprochen werden. Ebenso absurd ist es, am Fronleichnamstag in der Hochburg der deutschen Katholiken jemanden in der Stadtsparkasse erreichen zu wollen. Ich versuche es trotzdem, natürlich vergeblich.

Die Zeitungen interessieren sich nicht für unsere Gegenvorstellungen. Die kommen in solchen Fällen immer von den Firmen. Die Kursaussetzung, das Ermittlungsverfahren der Staatsanwaltschaft, die Durchsuchungen und Beschlagnahmen sind Tatsachen. Wir informieren unsere Mitarbeiter so gut es geht und wappnen uns für den morgigen Tag.

Am nächsten Morgen kaufe ich in der Frühe einen Stapel Zeitungen. Das erste Mal seit elf Jahren, als mein Film „Doppelgänger" in Hamburg herauskam, und ich glaube das zweite Mal in meinem Leben kaufe ich auch eine Bild-Zeitung. Volltreffer! „40 Millionen! Riesenbetrug am Neuen Markt" strotzt es in fetten Lettern von der Titelseite. Auf der zweiten Seite die Fortsetzung, mit Bild von Rollmann und mir, einer Kurstabelle und dem Verdacht, dass wir 28 Millionen an dem „Betrug" verdient haben sollen. Auch Cobet kauft die Bildzeitung, wie er mir später erzählt. Der Kioskbesitzer überreicht sie ihm mit einem Kopfnicken auf die Schlagzeile und den Worten „Die sollte man erschießen".

Freitag ist Brückentag in Köln, aber ich habe Glück. Schon um 9 erreiche ich den Leiter der Rechtsabteilung in der Stadtsparkasse. Über die Verdächtigungen kann er nur den Kopf schütteln. Er will sich sofort um die Sache kümmern. Während wir noch telefonieren, hört er, dass die Staatsanwaltschaft bei ihm im Haus ist. Er verspricht zurückzurufen.

Die Auflösung des Krimis können wir später in der Strafakte lesen. Der Namensvetter des Staatsanwalts hätte den Plot kaum als Drehbuchvorlage akzeptiert.

Am 5. Juni hat Möller Strafanzeige gegen Rollmann und mich erstattet. Rollmann und ich hätten die Zahlen des Geschäftsjahres 1999 „manipuliert" und damit „unzählige Anleger auf üble Art und Weise getäuscht". In seiner Strafanzeige regt er an, die Staatsanwaltschaft solle unverzüglich die Konten der Foris sperren. Nur so könnte noch verhindert werden, dass Rollmann und ich mit dem Geld der Anleger auf Nimmerwiedersehen verschwinden.

Warum erst am 5. Juni? Möller hatte seinen Verdacht doch schon seit Anfang des Jahres. Hatte er gehofft, dass Rollmann und ich in der Hauptversammlung von den Aktionären in Stücke gerissen werden würden, und hat es seine Wut angeheizt, dass das Gegenteil geschah? Eigentlich hätten seine kopflosen Formulierungen und der emotionale Ton seiner Anzeige die Staatsanwälte stutzig machen müssen. Die fragt beim Bundesaufsichtsamt für den Wertpapierhandel an, ob mit der von Möller inkriminierten Meldung am 11. Januar irgendwelche ungewöhnlichen Wertpapierumsätze einhergegangen sind.

Beim Bundesaufsichtsamt kramt ein Sachbearbeiter aus den Millionen Meldungen über Wertpapiergeschäfte, die täglich elektronisch bei ihr eingehen, eine Meldung der Kölner Stadtsparkasse vom 13. Januar heraus. Irgendjemand hat an dem Tag über die Sparkasse 130 Foris-Aktien gekauft.

Was der Mitarbeiter nicht herauskramt, ist das Storno zu dieser Meldung, das dem Amt am gleichen Tag zugegangen ist. Denn, wie wir später erfahren, gibt es dort kein System, das es erlaubt, einer Meldung eine Stornomeldung automatisch zuzuordnen. Auch kein Computerprogramm, das die eingehenden Meldungen auf Plausibilität überprüft. Und das, obwohl sich das Amt in seinen Jahresberichten regelmäßig über die unzuverlässige Arbeit der Banken beschwert, die zu oft falsche Meldungen abgeben.

Die Meldung wird also gefunden, die Stornomeldung dazu nicht. Das ist deshalb schlecht, weil die Meldung fehlerhaft ist. An der Stelle, an der die Aktienanzahl – 130 – einzutragen gewesen wäre, steht die Zahl 577580.

Stutzt nun das Bundesaufsichtsamt? Fragt es sich, ob es sein kann, dass 20 % der Aktien einer Gesellschaft an einem Tag über die Börse gehandelt werden, ohne dass es einen Kursausschlag gibt? Zieht es in Betracht, dass es Millionen falscher Meldungen pro Jahr bekommt, und dass dies eine davon sein könnte? Fragt es bei der Kölner Sparkasse nach, die dem Amt gesetzlich zur Auskunft und zugleich zur Verschwiegenheit über die Erteilung einer solchen Auskunft verpflichtet ist? Überlegt es, ob es vielleicht kein Zufall ist, dass die Zahl in dem Zahlenfeld für die gehandelten Aktien mit der Wertpapier-Kennnummer der Foris übereinstimmt?

Nichts dergleichen. Stattdessen schreibt es einen Brief an die Staatsanwaltschaft und teilt dort das „Ergebnis der vorläufigen Ermittlungen" mit. Die „vorläufigen Ermittlungen", wie sich später herausstellt, haben aus nichts weiterem als dem flüchtigen Blick auf die falsche Meldung bestanden, und aus der Aufrundung der Zahl 577580 auf „rund 590.000".

Die Schlussfolgerung des Amtes ist: Es besteht der dringende Verdacht, Rollmann, Cobet und ich hätten am 13. Januar Aktien an die Kölner Stadtsparkasse verkauft, und zwar „rund 590.000 Stück".

Ich kann es dem Staatsanwalt nicht einmal übel nehmen, dass er dieses Ergebnis für bare Münze nimmt. Ebenso wenig dem Richter beim Amtsgericht Tiergarten, der daraufhin den Durchsuchungsbeschluss unterschreibt. Woher sollen sie auch wissen, dass diese Behörde, in der auch ich bisher hoch qualifizierte Spezialisten vermutet habe, in ihren amtlichen Verlautbarungen der kruden Phantasie unbegabter Hobby-Schimanskis hemmungslosen Lauf lässt? Wie das Amt später argumentiert, sei der Verdacht nach der Meldung der Sparkasse durchaus berechtigt gewesen: Es könnten ja nur wir drei gewesen sein, denn andere hatten nicht so viele Aktien. Und Köln liege doch nahe an Bonn. Da hätte es doch auch nahe gelegen, dass wir irgendwie irgendwas mit denen zu tun hätten.

Der Staatsanwalt stellt das Verfahren, soweit es den Verdacht des Insiderhandels angeht, noch am gleichen Tag ein. Das teilt er auch der Presse mit. Er verkneift sich allerdings nicht zu betonen, dass die Ermittlungen wegen der anderen Verdachtsmomente noch andauern.

In Absprache mit Cobet und Rollmann habe ich eine Verteidigerin eingeschaltet. Dennoch legen sie selbst Beschwerden gegen den Durchsuchungsbeschluss ein, ohne mich zu informieren. Also wandert die Ermittlungsakte erst einmal zum Landgericht. Dort liegt sie wochenlang, bis der Gerichtsdiener sie auf dem Aktenwagen durch die dunklen Flure des Moabiter Strafgerichtsgebäudes zurück zum Staatsanwalt schiebt. Natürlich weist das Landgericht die Beschwerde zurück.

Dann fällt ein angebliches Delikt nach dem anderen durch den Rost. Doch erst im Oktober wird ganz Schluss sein. Die „gefertigten Verträge" sind es, die uns nur einen Freispruch zweiter Klasse bescheren: Die Staatsanwaltschaft stellt das Verfahren nicht wegen erwiesener Unschuld, sondern, mit Zustimmung des Gerichts, wegen „geringer Schuld" ein. Dagegen können wir nichts machen.

Das Bundesaufsichtsamt sagt nicht etwa, es hätte sich geirrt. Es ringt sich zu der Pressemeldung durch, der Verdacht des Insiderhandels hätte sich nicht bestätigt. Dieses denkbar lauwärmste Dementi lässt jede Deutung offen. Vor allem die, man habe uns leider nur nichts beweisen können.

Entsprechend müde und klein fallen die Zeitungsmeldungen über unseren Freispruch auf Raten aus. Millionenbetrug interessiert alle, dass jemand doch kein Millionenbetrüger ist, dagegen niemanden. Good news, no news.

Wie meine Anwältin in der Ermittlungsakte liest, hat die Staatsanwaltschaft die geplante Kursaussetzung der Börse am Tag zuvor um 14:17 Uhr per Fax mitgeteilt. Unmittelbar danach werden zwei große Aktienpakete im Wert von rund 250.000 € gehandelt. Zufall? Von Ermittlungen des Bundesamtes gegen Mitarbeiter der Deutschen Börse ist nichts bekannt geworden.

Später verklagen wir das Aufsichtsamt – und verlieren. Die Gerichte sagen uns, die Behörde habe zwar objektiv falsch, aber nicht pflichtwidrig gehandelt. Vor Gericht und auf hoher See…

Einen Prozess in diesem Zusammenhang gewinnen wir allerdings später, den gegen Möller. Wir kündigen seinen Vertrag fristlos, unmittelbar nachdem wir in der Ermittlungsakte seine Strafanzeige gelesen haben. Er argumentiert bei Gericht, jeder müsse sich an die zuständigen Organe wenden können, wenn er mitbekommt, dass sein Arbeitgeber strafbare Handlungen begeht. Das mag sein, sagt der Vorsitzende ihm in der Verhandlung, aber damit auch genug. Keine Firma muss einen Mitarbeiter weiterbezahlen, der glaubt, nicht nur den Zeugen gegen sie, sondern auch noch den Detektiv und Ankläger spielen zu müssen.

TODESLISTE

Der Neue Markt verliert seine Unschuld. Die ersten Pleiten stehen vor der Tür. Skandale beginnen die Schlagzeilen zu dominieren. Nur eine Handvoll der über 300 Unternehmen am Neuen Markt schreibt Gewinne. Von den anderen gibt manch eines Monat für Monat mehr Geld aus, als unser Grundkapital beträgt. Alle hoffen, dass sie die rettende Gewinnschwelle erreicht haben, bevor ihnen die Puste ausgeht. Einige der Börsenneulinge sind schon insolvent. Viele brauchen bald frisches Geld. Kapitalerhöhungen von Unternehmen, die noch keine Dividenden ausschütten, funktionieren aber nur bei steigenden Kursen. So schmeißen sie mit Jubel-Ad-hoc-Mitteilungen über neue Kooperationen, über Aufträge oder Umsatzzahlen um sich, um ihre Kurse zu stützen. Viele der Meldungen sind bestenfalls irrelevant, schlimmstenfalls schlicht erlogen.

Wir schwimmen mitten im Strom. Nur wollen wir es noch nicht wahrhaben. Dass wir zu Unrecht der Insidergeschäfte beschuldigt wurden, macht es uns leicht, den Trotzigen zu spielen und zu vergessen, dass wir an der Ursache des Verdachts nicht ganz unschuldig waren. Langsam wird unser Fell dicker

Trotzig betrachten wir, wie unser Kurs, nachdem der Handel am Montag, dem 26.6. wieder aufgenommen wird, langsam, aber sicher auf Talfahrt geht. Trotzig registrieren wir, dass eine Anwaltsvereinigung, mit der wir kurz zuvor einen Kooperationsvertrag geschlossen und groß herausgestellt haben, diesen Vertrag unter Hinweis auf die strafrechtlichen Ermittlungen kündigt. Und trotzig reagieren wir auch auf die Nachricht von der „Todesliste", auf der Foris nun plötzlich auftaucht, neben Firmen wie Refugium, CPU Software, Ixos, Lobster oder Teldafax.

Todeslisten, der Begriff kommt wie alles aus Amerika und England. Auf sie kommen Firmen, die bei gleich bleibendem Geldverbrauch nur noch wenige Monate existieren können. Das Wort „Cash-burn-rate", der Geldverbrennungskoeffizient, macht die Runde.

Am 12. Juli, knapp drei Wochen, nachdem „Bild" und „Focus" in großer Aufmachung über die Ermittlungen gegen Foris berichtet haben, bringt die Nachrichtenagentur „VWD" eine Vorabmeldung über einen Artikel in „Capital" heraus, der in der nächsten Ausgabe erscheinen soll. „Capital veröffentlicht ‚Todesliste' mit 20 NEMAX-Titeln" heißt es da. Das hat uns gerade noch gefehlt. Ich rufe bei „Capital" an und erkundige mich. Dort stellt sich heraus, dass der Artikel keineswegs „Todeslisten" enthält, sondern lediglich eine Bewertung der Aktien am Neuen Markt, nach Branchen sortiert: Biotechnologie, Telekommunikation, Software, Entertainment und so weiter. In jeder Gruppe hat Capital die beiden Aktien unter die Lupe genommen, deren Kurs sich in den letzten Wochen am schlechtesten entwickelt hat. In der Gruppe, zu der Foris gehört, den Finanzdienstleistern, sind aber überhaupt nur vier Aktien gelistet. Hier hat Foris in der Tat am schlechtesten abgeschnitten. „Capital" schreibt dazu: „Foris, Pech gehabt. Der Verdacht auf Insidergeschäfte und Kursbetrug haben der Aktie sehr geschadet. Solange der innovative Prozessfinanzierer keine vielversprechenden Zahlen als Grundlage für seine Geschäftsidee vorlegt, bleibt das Risiko für Investments zu hoch". Natürlich wird in den Zeitungen wiedergekäut, dass Foris auf der Todesliste erschienen ist. Nicht aber, dass die angebliche Todesliste gar keine war.

Was ich trotz dicker werdendem Fell nicht so schnell wegstecke, ist eine Entdeckung, die mir unsere Buchhalterin eröffnet. Unsere liquiden Mittel sind überwiegend in Festgeldguthaben und Geldmarktfonds angelegt. Nur rund 3 % der Werte sind Aktien. Darunter sind

1.980 Vorzugsaktien der LHA Krause AG. Das ist ein Papier, das im letzten Jahr noch von der DO Capinvest gehandelt wurde. Die Aktien habe ich auf Empfehlung von Prössling für insgesamt rund 153.000 € gekauft. Auf die Vorzugsaktien gab es in den letzten Jahren stets eine stolze Dividendenrendite von 10 %. Ab Mitte 2000 sollten die Aktien im Startup-Segment der Hamburger Börse gehandelt werden. Unsere Buchhalterin bereitet den Halbjahresabschluss vor und fragt routinemäßig die Aktienkurse ab. Dabei sieht sie, dass der Wert des Pakets auf 20.000 € abgesackt ist. Das kann nicht sein, sage ich ihr. Denn das Unternehmen ist nicht etwa pleite, sondern es geht ihm prächtig. Doch das mit dem Kurs stimmt leider. Ich schaue etwas näher hin und nach kurzer Zeit weiß ich, warum. Am 16. Dezember 1999 sind die Aktien in unser Depot bei der Commerzbank eingebucht worden. Am 30. Dezember war Hauptversammlung bei der LHA Krause AG. Die beschließt eine Kapitalheraufsetzung. Jeder Aktionär bekommt ein Bezugsrecht im Verhältnis 1:7. Wer eine Aktie hat, kann weitere 7 kaufen. Und zwar zum Vorzugspreis von 1,20 €. Das ergibt eine einfache Rechnung: Hätte die Foris das ihr zustehende Bezugsrecht ausgeübt, so hätte sie 7 x 1980 = 13.860 Aktien zum Stückpreis von 1,20 € gekauft, also für 16.632,00 €. Dann hätte sie jetzt 15.840 Aktien, für die sie insgesamt 169.000 € bezahlt hätte. Multipliziert mit dem neuen Aktienkurs von knapp 11 € bedeutet das einen Gewinn, keinen Verlust. Das dumme ist nur: Foris hat ihr Bezugsrecht nicht ausgeübt. Die DO Capinvest hat mir beim Verkauf nichts davon gesagt, und die Commerzbank ebenfalls nichts, weder von der Hauptversammlung, noch von dem Bezugsrecht, das Foris bis zum 31. Januar hätte ausüben müssen, bevor es verfiel. Dabei sind Banken nach den Depotbestimmungen verpflichtet, ihre Kunden über Veränderungen zu informieren. Unser Sekretariat hat Anweisung, jeden Posteingang in der Adress-Historie von *forisoft* zu dokumentieren. Ich überprüfe es. Ergebnis: meine Anweisung wird in Berlin offensichtlich gewissenhaft eingehalten. Aber ein Posteingang der Commerzbank zu den LHA-Krause-Aktien ist nicht registriert. Wir schreiben die Bank an. Die gibt zwar zu, dass sie uns von der Hauptversammlung nicht unterrichtet hat. Was das Bezugsrecht angeht, behauptet sie, nach ihren Unterlagen eine entsprechende Mitteilung verschickt zu haben. Sie findet, dass die ganze Angelegenheit sie nichts angeht. Das gleiche sagt die DO Capinvest von sich. So sitzen wir auf einem Verlust von 140.000 €. Wir müssten unsere früheren Geschäftspartner verklagen, was wir nach allerlei Hin und Her auch tun. Es wird eine unendliche Geschichte daraus. Sie wird mir persönlich, drei Jahre später, fast das Genick brechen.

Trotz allem, es ist Urlaubszeit. Nach vielen Jahren sind wir wieder in Gelting an der Ostsee, wo wir 1980 in der Dorfkirche geheiratet haben. Wir sind die ersten Feriengäste in der gerade restaurierten Fischerkate auf der „Birk", mitten im Naturschutzgebiet.

Wenn schon alles schläft, sitze ich manchmal noch nachts vor dem Haus. Die Sonne wandert im Geltinger Sommer auch zu Mitternacht nicht tief genug unter den Horizont, um den Himmel im Norden völlig dunkel werden zu lassen. Die Umrisse der Knicks, der Aussiedlerhöfe, der alten Windmühle Charlotte heben sich schwarz und scharf wie Scherenschnitte gegen ihn ab. Der salzige Nachtwind entlockt jedem, dem Meer, dem Wald und dem Gras, seinen eigenen guten Laut. Zusammen mit dem Geruch der frisch geschnittenen Weizenfelder komponiert er eine Symphonie der Sinne, so intensiv, dass es fast schmerzt. Auch Glück kann wehtun...

Doch der Urlaub im letzten Jahr, nach dem Börsengang, sollte der letzte gewesen sein, in dem mich die Foris verschont. Es gibt neue Probleme. Unsere Vorratsgesellschaften laufen zwar wie geschmiert. So weit, so gut. Nur kommen wir mit dem Gründen nicht mehr nach. Wir gründen die Gesellschaften als 1-Mann-GmbHs bzw. -AGs. Darum müssen wir bei Gründung das volle Kapital einzahlen. Von der

Gründung und Einzahlung des Stammkapitals bis zur Eintragung und Verkaufsfähigkeit vergehen durchschnittlich vier Wochen. Um bei einem Umsatz von fünfzig Gesellschaften im Monat stets lieferfähig zu sein, müssen wir nach unseren Erfahrungen das Kapital von rund zweihundert Gesellschaften permanent vorfinanzieren. Das sind 15 Millionen DM. Da wir uns vorgenommen haben, den Umsatz auf 800 Gesellschaften im Jahr zu steigern, brauchen wir noch mehr. Ende Juli ist es soweit: Unser Geld reicht nicht mehr aus, um alle Kapitaleinzahlungen aufzubringen. Nun ist das Geld zwar nicht weg, es liegt auf den Konten der Gesellschaften, die uns zu 100 % gehören, aber formal ist es eben für eine Weile nicht mehr für Foris verfügbar. Und auch bei Foris brauchen wir Geld, für unsere laufenden, ständig steigenden Ausgaben, für neue Prozesse, für unsere geplante Werbekampagne und für Akquisitionen. So macht – auch wenn es wirtschaftlich in diesem Moment noch nicht stimmt – unter den Mitarbeitern das erste Mal das hässliche Wort „Liquiditätsproblem" die Runde, dieses Wort, von dem ich gehofft hatte, es niemals in meinem Leben mehr hören zu müssen.

Ich spreche mehrere Banken auf eine Vorfinanzierung der Einlagen in die Vorratsgesellschaften an. Wirtschaftlich gesehen ist es für die Bank eher ein Provisions- als ein Kreditgeschäft. Das Geld bleibt im eigenen Haus. Es gibt weder ein Bonitäts-, noch ein Refinanzierungsproblem. Aber jeder Banker, den ich anspreche, findet ein anderes Haar in der Suppe.

Jetzt telefoniere ich, ungeachtet der Ermahnungen meiner Kinder und meiner Frau, täglich aus dem Urlaub mit den unwilligen Banken und mit meinen Mitarbeitern, um das Rad der Vorratsgesellschaften am Laufen zu halten. Zusammen mit einem unserer Juristen entwickle ich ein Selbstfinanzierungsmodell: cash-pooling. Das ist in großen Konzernen üblich und von Rechtsprechung und Rechtswissenschaft umfangreich durchleuchtet. Die zu einem Konzern gehörenden Unternehmen liefern ihre liquiden Mittel an den Cash Pool, eine Art konzerninterne Bank ab. So muss nicht ein Konzernunternehmen Sollzinsen für Bankkredite zahlen, während das andere das Geld auf seinen Girokonten herumliegen hat. Um allerdings zu verhindern, dass das cash-pooling zu Haftungen oder steuerrechtlichen Nachteilen führt, müssen viele Formalien eingehalten werden. Das macht die Sache kompliziert. Einige andere Juristen bei Foris lehnen mein Modell ab: nicht vermittelbar, zu viele Unwägbarkeiten. Sie werden Recht behalten. Ein paar Monate später werden wir uns wegen neuer Rechtsprechung entscheiden, es wieder aufzugeben. Doch im Moment haben wir keine Wahl. Wir brauchen das Geld für die Gründungen jetzt. Und es stehen noch zwei größere Zahlungen an.

Die eine davon für die Complex GmbH, ein Kölner Unternehmen, das Foris Anfang Juli gekauft hat. Es betreibt einen juristischen Informationsdienst für Anwälte, von dem wir uns, wieder einmal, Synergieeffekte versprechen. Rollmann will die Firma nach Bonn verlegen und unter seine Fittiche nehmen, sobald dort Platz ist.

Und Platz ist bald da. Am 11. August kauft Foris von der Freien und Hansestadt Hamburg deren ehemalige Landesvertretung in der Kurt-Schumacher-Straße. Dafür ist der zweite größere Betrag notwendig. Die Stadt Hamburg bittet darum, dass über den genauen Kaufpreis Stillschweigen bewahrt wird. Sie selbst wird in ihrer Pressemeldung einen „zweistelligen Millionenbetrag" angeben. Das ist richtig. Den genauen Betrag kann jeder, der will, im nächsten Jahr aus unserer Bilanz ablesen. Es ist die zweite größere Zahlung. Die neu gegründete Cash Pool Management GmbH wird sie überweisen.

Meine Zustimmung zur Übernahme der Complex und zum Kauf der Immobilie werden in der Rückschau die beiden schlimmsten Entscheidungen meiner Vorstandszeit sein.

DIE GÖTTER HALTEN DIE WAAGE EINE ZÖGERNDE STUNDE AN

Die riesige Kastanie im Garten der ehemaligen Hamburgischen Landesvertretung hat schon im August all ihre Blätter auf den Rasen geworfen. Als wolle sie das Gedicht von Gottfried Benn illustrieren, fängt sie jetzt noch einmal zu blühen an. Wir dürfen das große weiße Haus mit dem gusseisernen Anker und dem Fahnenmast davor, den fast einen Hektar großen Garten mit seinen Zierfischteichen und seinen alten Bäumen in unseren Besitz nehmen, nachdem der Kaufvertrag unterschrieben ist.

Wir haben alle Landesvertretungen kennen gelernt, die von ihren Staatskanzleien feilgeboten werden: Schleswig-Holstein, Berlin, Rheinland-Pfalz, Baden-Württemberg. Deren Hauptzweck scheint das Feiern und Trinken gewesen zu sein, das Kungeln in den kleinen Wein- und Bierstuben, die sich die Landesvertretungen zusätzlich zu den Bankettsälen und den vollausgestatteten Hotelküchen in ihren großen Häusern leisten. Wird dort auch gearbeitet? Bei der ersten Besichtigung hat man uns gesagt, das Gebäude sei „voll verkabelt". Als Rainer Paulsdorff kommt, grinst er süffisant. Es handelt sich keineswegs, wie wir dachten, um eine Verkabelung für ein Computernetzwerk. Sondern für die Fernseher, die in jedem Zimmer standen. Hamburg hat allerlei Schrott zurückgelassen: altes Mobiliar, leere Ordner, Bundesratsdrucksachen aus längst vergessenen Legislaturperioden. In einem Raum hebe ich einen alten Terminkalender vom Fußboden auf. Er ist gähnend leer, nur an stets zwei Tagen der Woche finden sich unterschiedliche Frauenvornamen darin. Jeweils donnerstags steht

„Kegeln". Ansonsten gibt es nur einen einzigen dienstlichen Eintrag. Er lautet „Vortrag im Bundestag". Allerdings ist er durchgestrichen. Darunter steht „macht Meier".

Den Terminkalender von Meier finde ich nicht Wir lassen das Haus leerräumen, Hamburg bezahlt uns. Einige der zurückgelassenen Möbel lassen wir billig aufarbeiten und benutzen sie. Die Renovierung wird im Oktober beginnen. So nutzen wir im September das Haus und den Garten schon für Besprechungen.

Von den Landesvertretungen, die zum Verkauf gestanden haben, war die Hamburger nicht nur die schönste, sondern auch die preisgünstigste. Die Hamburger Kaufleute wissen, dass der schnelle Verlust der geringste ist. Sie wollten das Gebäude los sein und haben sich Rollmanns hartem Preispoker gebeugt. Die anderen Länder bleiben noch jahrelang auf ihren ungenutzten Vertretungen sitzen. Viel später verkaufen sie dann doch zu den Preisen, zu denen sie vorher allen abgesagt haben. Unser Objekt ist mindestens das wert, was wir dafür gezahlt haben, soviel Immobilienkenner bin ich immer noch.

Jedes Mal, wenn ich über das Grundstück gehe, eröffnet es mir einen neuen Aspekt seiner Schönheit. Doch jedes Mal fasst mich auch von neuem der Zweifel an, ob es richtig war, das Geld der Aktionäre hier zu investieren. Mehr noch: ein schlechtes Gewissen, eine Gänsehaut. Wir sind nicht die Buddenbrooks oder Genfer Privatbankiers, die arabische Ölmilliarden verwalten. Wir haben uns ein solches Domizil nicht verdient, im doppelten Wortsinn nicht. Es ist schief, unpassend. Wir sind ein Startup-Unternehmen und gehören in eine Fabriketage, höchstens in ein ganz normales Büro. Der Vollständigkeit halber muss ich erwähnen, dass wir uns auch in Berlin nach einem Kauf umgesehen haben. In der Matterhornstraße steht ein Gebäude leer, das der Kirche gehört. Von der bekommen wir sogar ein befristetes Exklusivangebot, um die Frage der Büronutzbarkeit prüfen zu können. Doch ich betreibe die Sache nur lustlos und bin am Ende ganz froh, dass es nicht klappt und ich mir nicht auch noch in Berlin eine Immobilie ans Bein binde. Nachdem wir die in Bonn gekauft haben, wäre auch gar kein Geld mehr da.

Es ist aber nicht nur die Stilfrage. Auch aus andern Gründen bereue ich die Entscheidung später. Ich ärgere mich über den Aufsichtsrat. Es wäre seine Aufgabe gewesen, uns auf den Topf zu setzen und dieses Projekt zu stoppen.

Auch die Deutsche Bank mietet ihre Gebäude. Das wird schon seinen Grund haben. Ein Unternehmen soll sich auf seine Kernkompetenzen konzentrieren. Was es woanders einkaufen kann, muss es nicht selber entwickeln oder produzieren. Alles andere ist Luxus. Das gilt auch für Büroraum. Eine Immobilie kaufen heißt sie finanzieren und instandhalten, sie versichern, heizen, sich um Straßenreinigung und Müllabfuhr kümmern, Leerstände vermieten. Die Bonner Immobilie wird in den nächsten anderthalb Jahren nicht nur Kapital binden, sondern auch anderswo dringend benötigte Personalkapazität. Sie wird Zeit, Geld und Nerven kosten und die Anleger verärgern. Auch wenn Foris gut eingekauft hat und das Grundstück oder Teile davon in den nächsten Jahren mit Gewinn weiterverkauft: es ist nicht unser Geschäftsgegenstand, Immobilienspekulation zu treiben. Auch dann nicht, wenn Immobilien rein zufällig Rollmanns Steckenpferd sind, wie er auf einem der Monde erzählt.

Aber eben darum ist Rollmann auch von solcher Gedanken Blässe unangekränkelt *„Mit dem Erwerb sind die Weichen für ein weiteres Wachstum am Bonner Standort gestellt. [...]"*, so schreibt er in der ad-hoc-Meldung. *„Im Vergleich der verschiedenen FORIS Standorte ist Bonn der mit Abstand günstigste Immobilien-Standort"*. Schaue ich mir diese Sätze Rollmanns heute an, lese ich zwischen den Zeilen, dass Rollmann mit dem Grundstückskauf schon damals für die Zeit nach mir plant. Übrigens erreicht er, dass die Bushaltestelle vor dem Haus von „Heinrich-Brüning-Straße" in „Foris AG" umbenannt wird. Gegen Zahlung eines jährlichen Obolus von rund 2.000 DM.

Ein Gutes hat der Kauf – vielleicht. Er führt dazu, dass uns schon Anfang des nächsten Jahres die daraus resultierenden Liquiditätsprobleme auf den Boden der Tatsachen drücken werden. Das wird uns zu harten Sparmaßnahmen und vor allem zur Kappung der ganzen geldfressenden Bonner Aktivitäten zwingen, für die das Grundstück ja eigentlich gekauft war.

Doch all diese Gedanken habe ich damals noch nicht, nur eben diese kurzzeitigen, lästigen Anflüge von Zweifel, die aber auch wieder vergehen. Vorerst tagen wir mit staunenden Geschäftspartnern in dem neuen Gebäude oder auf der Terrasse vor dem 60 Quadratmeter großen Besprechungsraum, in dem Rollmann sich später einrichtet.

Zu den Leuten, die wir dort im September empfangen, gehört auch die Equipe des Versicherungskonzerns, mit der wir seit Monaten über eine Kooperation sprechen. Es sind zähe Verhandlungen. Sie gehen zurück auf ein Gespräch, das ich vor einem Jahr auf Einladung des GdV am Gendarmenmarkt in Berlin geführt habe. Jenes Vereins also, der 1998 die Ermittlungen der Versicherungsaufsicht gegen uns angestoßen hatte. Ich habe es sportlich gesehen (zumal wir gewonnen haben) und die Einladung angenommen. Einer der Vorstände, die ich bei dem Gespräch kennen gelernt habe, hat mich vor ein paar Monaten angerufen und gefragt, ob wir an einer Kooperation interessiert sind. Klar sind wir es.

Doch es ist bereits das dritte oder vierte Treffen, an verschiedenen Orten, und trotz aller Artigkeiten, die wir uns immer wieder sagen, haben wir das Gefühl, dass wir nicht vorankommen. Die Entscheidungen in dem verschachtelten Bank- und Versicherungskonzern gehen über Schreib- und Konferenztische vieler Bedenkenträger. Gerade bei einer Zusammenarbeit mit Dritten bestehen Ängste. Der gute Name der Versicherung darf nicht verwässert werden. Die unterschiedlichen Vertriebsschienen müssen eingebunden sein. Niemand darf das Gefühl haben, dass man ihn übergeht. Und über allem wachen Versicherungsaufsicht, Kartellamt und Verbraucherschutzverbände mit nervösen Argusaugen.

Bei allen Gesprächen mit Versicherungsmanagern fällt mir deren ungewöhnlich höflicher und freundlicher Umgangston auf, außerdem die Ruhe und Gelassenheit, mit der sie an die Dinge herangehen. Oft habe ich das Gefühl, dass sie ihre Geschäfte nicht einfach „machen", sondern feierlich begehen. Genau ausgerechnete Distanz, Dünkel oder einstudiertes Gepolter, wie ich es von Bankmanagern kenne, scheint ihnen fremd. Ob diese Liebenswürdigkeit damit zusammenhängt, dass Versicherungspolicen verkauft werden müssen, für Kredite die Leute dagegen selbst angelaufen kommen? Die zugeknöpften Taschen gibt es bei den Versicherungen dann im Schadensfall…

Ich erfahre, dass sich in der Assekuranz nach durchschnittlich acht Jahren herausstellt, ob ein neues Produkt rentabel ist oder ein Flop. Durchschnittlich! Wer in solch katholischen Zeitgittern denkt, lässt sich nicht drängeln. Auch die Leute nicht, mit denen wir jetzt reden und deren Namen, deren Finanzkraft und deren Vertriebsnetz wir natürlich gerne nutzen würden. Eigentlich sollten wir von der Versicherung lernen, mit Weile zu eilen. Doch unser Kurs geht zurück. Wir haben die Zeit nicht. Wir brauchen gute Nachrichten.

Mitte September machen Rollmann und ich drei Tage Brainstorming auf Mallorca. Ich bin zum ersten Mal dort. Flug und Hotel sind billiger, als wenn wir uns irgendwo in Deutschland getroffen hätten. Rollmann und ich müssen darüber nachdenken, wie wir unser Geschäft weiter vorantreiben, wie wir es schaffen, uns selbst von Routineaufgaben zu entlasten, ohne die Qualität der Ergebnisse zu schmälern, wie wir unseren Bekanntheitsgrad steigern, etwas für den Aktienkurs tun, wie wir die Gewinnprognose erfüllen wollen, wofür die Zeit von Woche zu Woche knapper wird… eigentlich über alles.

Auch auf Mallorca setzt sich der scheidende Sommer noch einmal lustvoll und ausgepicht in Szene. Wir sitzen die meiste Zeit auf der Terrasse des Hotels, umgeben vom Rauschen der Palmen und dem tschik-tschik-tschik der Rasensprenger. Dort beschließen wir, den Geschäftsbereich der Vorratsgesellschaften in eine selbständige Aktiengesellschaft auszugliedern und sie an die Börse zu bringen. Die neue Gesellschaft würde vom Start weg Gewinne machen. *Foratis* wird die neue Gesellschaft später als Ergebnis eines weiteren Brainstormings in Bonn genannt werden. Mit einem Börsengang, bei dem wir den Foris-Aktionären Bezugsrechte einräumen würden, könnten wir ein paar Fliegen mit einer Klappe schlagen. Wir würden den Foris-Aktionären mit dem Bezugsrecht etwas Gutes tun, das sie mit fallenden Kursen und ausbleibender Dividende versöhnt. Das Geschäft mit den Vorratsgesellschaften würde nicht mehr die Liquidität der Foris belasten, wir würden gleich einen ordentlichen Gewinn verbuchen können und dennoch Mehrheitseigner der Foratis bleiben und von ihrem zukünftigen Unternehmenserfolg profitieren. Die Berechnungen, die ich auf meinen Excel-Tabellen anstelle, scheinen unangreifbar. Vorausgesetzt, das Börsenklima verschlechtert sich nicht noch weiter. Aber daran dürfen wir einfach nicht denken.

Bei diesen Überlegungen komme ich auf ein Modell, wie wir noch ein weiteres Unternehmen kaufen können, die 5Q-GmbH. Die beiden Gesellschafter-Geschäftsführer, Vater und Sohn, habe ich beim Deutschen Anwaltstag kennen gelernt. Die Firma arbeitet vornehmlich für Anwälte und Patentanwälte. Sie verdient seit Jahren gutes Geld. Wir verhandeln bereits seit einiger Zeit über einen Einstieg von Foris, durch eine Beteiligung, Kooperation oder was auch immer. Auch 5Q wäre nach Umwandlung in eine AG börsenreif. Ich rufe morgens den Vater in der Nähe von Frankfurt an. Er erwähnt, dass die Familie eine Finca auf Mallorca hat und der Sohn gerade dort Urlaub macht. Er setzt sich ins Flugzeug und ist am Nachmittag in unserem Hotel. In

Deutschland stürmt und regnet es. Sein Flugzeug ist so durchgeschüttelt worden, wie er es noch nie erlebt hat. Die Ballermann-Typen neben ihm sind ganz blass und still geworden, erzählt er. Er wahrscheinlich nicht, denke ich mir. Er ist Kettenraucher. Seine schmächtige Gestalt und seine chronische Bronchitis lassen ihn hinfällig erscheinen. Aber allem anderen merkt man die Flakhelfer- und Wirtschaftswundergeneration an. Er war Kripobeamter, dann hatte er eine eigene Detektei und schließlich hat er in zäher Arbeit die jetzige Firma aufgebaut. Der Sohn ist früh in die Breite gegangen und wirkt auf den ersten Blick weichlich. Das täuscht. Er ist aufgeweckt wie ein junger Hund und kennt jedes Detail seines Unternehmens. Wir diskutieren meinen Vorschlag, eine Weiterentwicklung des Foratis-Modells. Er sichert ihnen im nächsten Jahr einen hohen Veräußerungserlös, ohne dass sie ein Risiko eingehen. Foris dagegen könnte bereits im laufenden Jahr den Jahresgewinn von rund 2 Millionen DM verbuchen. Die beiden sind angetan. Wir skizzieren die Rahmenbedingungen eines Vertrages handschriftlich auf vier DIN-A-4-Seiten und verabreden uns nach unserer Rückkehr kurzfristig in Frankfurt. Sie wollen in der Zwischenzeit den Vorschlag von ihren Anwälten und Steuerberatern prüfen lassen.

Einmal in Fahrt, fassen Rollmann und ich noch eine ganze Latte von Beschlüssen. Wir wollen einen „Leiter Prozessfinanzierung" einstellen. Er soll uns Vorstände bei der Koordination der einzelnen Büros, der Prüfung der Fälle, der Vereinheitlichung der Procederes entlasten, die Juristen schulen und anleiten und überhaupt Wunderdinge tun. Dann, so spinnen wir weiter, können wir uns auf unsere eigentlichen Leitungsaufgaben besinnen, aber auch zum Beispiel, um den Bekanntheitsgrad von Foris zu erhöhen, eine eigene Fernsehsendung moderieren.

Die drei Tage sind schnell vorbei. Ich verlasse nur widerwillig die seidige Luft, die machtvollen Farben und ziselierten Gerüche der Insel, um mich in den deutschen Regen zu begeben. In Köln lässt sich die Flugzeugtür nicht öffnen. Wir kommen mit zwei Stunden Verspätung zur Konferenz mit unseren Büroleitern. Ihre Stimmung entspricht dem Wetter - dem in Bonn. Sie haben von uns andere Nachrichten erwartet, als die, die wir ihnen präsentieren. Sie wollen Antworten zu profaneren Problemen, als wir sie auf der Insel diskutiert haben. Wie steht es mit der Liquidität? Wie weit ist die Umsetzung der geplanten Mitarbeiterbeteiligung? Werden wir die Gewinnprognose einhalten können? Wie sieht es mit der fachlichen Unterstützung der Juristen durch die Vorstände aus? Ist mein cash-pool-Modell tragfähig? Wir haben zwar auch über diese Dinge nachgedacht und legen unsere Überlegungen dar. Doch der Honigmond ist vorbei. Unsere Visionen verlieren an Strahlkraft. Unsere Mitarbeiter werden kritischer. Sie alle haben junge Familien. Der Stellenmarkt für Juristen wird, nach Jahren des Booms, wieder enger. Sie haben sich bisher immer mit Foris identifiziert. Im Freundeskreis wurden sie dafür bewundert, dass sie bei einem so innovativen Unternehmen arbeiten. Sie haben von Rollmann und mir und unseren unkonventionellen Methoden geschwärmt. Doch die strafrechtlichen Ermittlungen, die Nachrichten über die Todeslisten haben sie plötzlich in die Defensive gebracht. „Was ist denn mit deiner Firma los?", oder „Für was für einen Laden arbeitest du denn?", das sind auf einmal die Fragen. Dagegen helfen keine Visionen, nur Ergebnisse. Wir müssen auf der Hut sein.

Am Sonnabend hat der Herbst begonnen. Das Wetter ist wieder kristallklar, fast mallorquinisch. Ich fliege mit einer jungen Anwältin, Antje Wollschläger, die wir für den Geschäftsbereich der Vorratsgesellschaften eigentlich nur auf Zeit eingestellt haben, von Berlin nach Düsseldorf. Dort findet die Kapitalanlegermesse statt, bei der wir interviewt werden sollen. Rollmann kommt aus Bonn. Er bringt Julia Kloth mit, auch sie Anwältin, die in Bonn im Foris Institut arbeitet. Ein Allround-Talent, sprachbegabt, initiativ und sympathisch. Kloth und Wollschläger kennen sich bisher nur vom Sehen. Heute wollen wir uns zu viert zusammensetzen. Rollmann und ich haben auf Mallorca die beiden Frauen als Vorstände der neuen Foratis ausgeguckt. Ich eröffne es Frau Wollschläger während des Fluges, Rollmann Frau Kloth während der Autofahrt. Beide sind freudig überrascht über unsere Wertschätzung, die in unserem Angebot zum Ausdruck kommt. Aber sie zögern länger mit ihrer Antwort, als wir es erwartet hätten. Ein paar Tage später treffe ich mich mit Frau Wollschläger in Schleswig. Wir wollen versuchen, dort Gesellschaften zu gründen, wo sie innerhalb eines Tages eingetragen werden. Das verringert die Zeit, die wir das Gründungskapital vorhalten müssen, und vergrößert unseren Liquiditätsspielraum. Der Amtsgerichtsdirektor, knorrig, im Dienste ergraut, empfängt uns. Sein Dienstraum in dem schlossartigen, weißgetünchten Backsteinbau wirkt wie das Kabinett eines Landedelmanns. Er verspricht, uns zu helfen. Er versteht Justiz als Dienstleistung, wie er sagt. Eine in der deutschen Richterschaft leider höchst unverbreitete Einstellung! Wir fahren durch die sich färbenden Wälder nach Kiel-Holtenau und fliegen zurück nach Berlin. Wie wir später feststellen, mögen die Kunden diese Gesellschaften nicht. Schleswig? Wo ist das? Wir müssen weiter in Berlin, München oder Frankfurt gründen. Das Problem, wie wir die Einlagen in die Vorratsgesellschaften ohne die cash-pool-Krücke finanzieren, harrt nach wie vor der Lösung.

Das anhaltende Herbsthoch beschert mir noch eine Premiere: einen Ballonflug. Rollmann hatte die Idee, dass wir diesen gemeinsamen Flug unseren freundlichen Betreuern bei Trinkaus schenken. Aber die beiden behaupten immer wieder Terminschwierigkeiten. Schließlich vermuten wir, dass sie die Hosen voll haben und machen die Fahrt selbst. Rollmann nimmt zwei seiner Söhne mit, ich komme mit Sabine und Lupo. Das Wetter an diesem Sonntagmorgen könnte nicht besser sein. Der Ballon startet in den Bonner Rheinauen. Ein feiner Westwind treibt uns bei majestätischer Sicht langsam über den Fluss in Richtung Siebengebirge. Dort lösen sich die Nebel der Frühe gerade auf, während hinter uns Bundeshaus und langer Eugen, die Baustelle des Post-Towers und Park und Gebäude der Landesvertretung im silbernen Schleier zurückbleiben.

Am 18. Oktober bekommt meine Verteidigerin Post von der Staatsanwaltschaft. Die Ermittlungen wegen der „gefertigten Verträge" sind endgültig eingestellt. Und am gleichen Tag nehmen wir den Kienbaum-Dienstleistungspreis entgegen, der jährlich an zwei besonders innovative Unternehmen im Bereich Berlin-Brandenburg vergeben wird. Eigentlich nichts Besonderes, eine hässliche Figur, ein paar Zeitungsmeldungen… Aber Rollmann kann wieder sein rhetorisches Talent unter Beweis stellen. Zwar hatte man uns den Tipp gegeben, dass wir zu den heißen Kandidaten gehören, und so konnte er sich vorbereiten. Dennoch, es ist wie immer beeindruckend, wie er nun im Haus der Arbeitgeber auf der Fischerinsel ohne Vorlage seine zehnminütige Rede extemporiert. Erstens, zweitens, drittens… Was er sagt, habe ich allerdings schon gleich danach vergessen, so ähnlich wie bei einer Kanzelpredigt oder Wahlrede. Ob ich etwas zum Besten geben möchte, hat er mich gar nicht erst gefragt. Aber ich hätte mich ohnehin nicht vor ihn gedrängt, der so gut und gerne redet… Immerhin, die hässliche Trophäe lässt er in Berlin.

Noch einmal ein Vermuten / Wo längst Gewissheit wacht. / Die Schwalben streifen die Fluten / Und trinken Fahrt und Nacht. So endet Benns Gedicht über den scheidenden Sommer. Einstellung des Strafverfahrens und Dienstleistungspreis, das sind die letzten erfreulichen Mitteilungen, die wir unseren Mitarbeitern und unseren Aktionären machen können. Begeisterung erregen sie nicht. Der Sommer ist vorbei.

GEWINNWARNUNG

Rollmann hat viele Verhandlungstaktiken in seinem Arsenal. Eine seiner liebsten, wenn er sich argumentativ in die Enge getrieben sieht, ist, einem plötzlich Recht zu geben. Die Verwirrung ist groß. Dann beginnt er, die praktische Umsetzung des scheinbar gefundenen Konsenses zu erörtern. Leider entdeckt er nun in jedem Detail den Teufel persönlich. Und am Schluss sagt er triumphierend, er hat doch gleich gewusst, dass es nicht geht.

Die Ad-hoc-Meldung für unseren dritten Quartalsbericht steht an. Wieder einmal reden Rollmann und ich uns über jede einzelne Formulierung die Köpfe heiß. In einer dieser Diskussionen ernenne ich ihn wütend zum „Chamäleon des Jahres".

Im Ergebnis wird die Meldung wieder ein fauler Kompromiss zwischen ihm und mir; zwischen der Notwendigkeit korrekter Information der Aktionäre einerseits, andererseits dem Wunsch, auch schlechte Nachrichten mit einer Botschaft zu versehen, die Zuversicht und Zukunftsgewissheit ausstrahlt. Wieder einmal beginnt die Ad-hoc-Mitteilung zum Quartalsbericht mit der positivsten, aber auch belanglosesten Info. Nämlich der, dass die Zahlen der Prozessfinanzierungs-*anfragen* gegenüber dem letzten Quartal um 48 % gestiegen sind und dass wir diese Steigerung als Bestätigung der im Mai beschlossenen neuen Konditionen ansehen.

Es folgt die Nachricht, dass auch die Streitwerte gestiegen sind, und unter Punkt drei, dass Foris *„ihre Werbestrategie über den Kreis der Anwaltschaft hinaus nun auch zielgerecht an den Endverbraucher durch eine Anzeige in Wirtschaftsmagazinen"* erweitert. Aha. Unter Punkt 4 die Prozesse in Finanzierung. Stand noch bei den Anfragen, um wie viel Prozent sie im Vergleich zum letzten Quartal gestiegen sind, so steht hier nur noch die absolute Zahl von 199. Kein Wunder, denn sie ist gegenüber dem letzten Quartal um 8 % gesunken.

An fünfter Stelle, zwischen weiteren Nachrichten, das Eigentliche: *„Das 3. Quartal schließt mit einem Fehlbetrag von 3.3 Mio. DM. Aufgrund mehrerer vor dem Abschluss befindlicher Verfahren sowie der weiter positiven Entwicklung bei den Vorratsgesellschaften geht der Vorstand davon aus, ein positives Jahresergebnis zu erreichen".* Still und heimlich haben wir uns in dieser Meldung also den vor viereinhalb Monaten prognostizierten Gewinn von 5,8 Millionen abgeschminkt und „gehen davon aus", ein „positives" Jahresergebnis zu erreichen?

Es ist richtig, in mehreren Verfahren mit Millionenstreitwerten werden Vergleichsgespräche geführt. Werden sie noch vorm Jahresende erfolgreich abgeschlossen, ist dieses Ergebnis möglich. Möglich, aber auch wahrscheinlich? Immerhin müssten wir, um auch nur auf eine schwarze Null zu kommen, im letzten Quartal 3,3 Millionen DM Verlust in den ersten neun Monaten und weitere laufende Kosten von über zwei Millionen DM im dritten Quartal, die Kosten der Werbekampagne eingerechnet, kompensieren. Es wird saueng, selbst wenn wir den Gewinn aus der geplanten Übernahme der 5Q-GmbH einplanen, mit deren Gesellschaftern wir in intensiven Gesprächen sind.

Der Kapitalmarkt versteht unsere eigenen Zweifel, die sich in diesen verquasten Formulierungen niederschlagen, besser als wir selbst. Die Kurse sinken.

Der 9-Monats-Bericht ist am 13. Oktober erschienen. Erfahrungsgemäß werden ab ein bis zwei Wochen vor Weihnachten keine bedeutsamen geschäftlichen Entschlüsse mehr gefasst, höchstens längst gefallene Entscheidungen aus steuerlichen Gründen in die endgültige Form gegossen. Das heißt, Verträge oder Vergleiche, die nicht bis Anfang Dezember durchverhandelt sind, werden sich nicht mehr auf unser Jahresergebnis auswirken. Das gibt uns wenig mehr als sechs Wochen, um das prognostizierte Ergebnis noch zu erreichen oder eingestehen zu müssen, dass wir uns wiederholt blamabel verschätzt haben.

Die Zeit verrinnt. Gerichtstermine werden ins nächste Jahr verlegt, Revisionsbegründungsfristen verlängert, Vergleichsverhandlungen ziehen sich hin. Hier können wir nichts erzwingen. In den Prozessen führen nicht wir die Verhandlungen, sondern die Anwälte der Parteien, die wir finanzieren. Wir können sie nicht antreiben, allenfalls nachfragen, aber auch das nicht im Drei-Tage-Takt. Und jeder Tag bringt uns der Gewissheit näher, dass aus keinem der Prozesse, auf die wir unsere Prognose gestützt haben, im laufenden Jahr noch ein Ertrag fließen wird.

Umso intensiver versuchen wir die Gespräche mit dem Versicherungskonzern und in der Sache 5Q voranzutreiben. Die Einigung mit 5Q wird konkret. Zur Zeit sind noch Vater und Sohn Geschäftsführer der GmbH. Mit Abschluss des Vertrages soll der Vater ausscheiden und nach Umwandlung der 5Q in eine Aktiengesellschaft in den Aufsichtsrat eintreten. Einer unserer Juristen, der sich, zum Geschäft der 5Q passend, auf gewerbliches Schutzrecht spezialisiert hat, soll als zweiter Mann in die Geschäftsführung gehen. Ende Oktober bin ich noch einmal für 3 Tage nach New York geflogen, um Gespräche mit Anwälten zu führen, Strategien mit Bernd Fabricius zu besprechen, mit ihm ein paar neue Büros zu besichtigen. Das alte hatten wir nur zur Untermiete, aber der Hauptmieter zieht aus und hat in seinem neuen Büro keinen Platz mehr. Vor meinem Abflug aus Frankfurt treffe ich mich mit Vater und Sohn im Sheraton Hotel am Flughafen. Sie haben sich die Sache überlegt und wollen mit uns ins Geschäft kommen. Sie bestellen eine Flasche höllisch teuren Champagners, um auf den Abschluss anzustoßen. Wenigstens das scheint zu klappen...

Auch die Verhandlungen mit der Versicherungsgruppe nähern sich der Unterschriftsreife. Geplant ist, eine gemeinsame Tochtergesellschaft zu gründen. Dann soll der gewaltige Vertriebsapparat der Versicherung und ihres Konzernverbundes auf das Geschäft angesetzt werden. Damit würde nicht nur die Prozessfinanzierung eine ganz andere Vertriebsbasis bekommen, sondern auch alle anderen Produkte, die wir anbieten. Auch würde uns die Zusammenarbeit mit diesem Versicherungskonzern imagemäßig auf einen Rang mit den anderen Versicherungstöchtern katapultieren, ohne dass wir jedoch unsere Unabhängigkeit aufgeben müssten.

Mitte November wollen Rollmann und ich mit dem Anwalt der 5Q-Gesellschafter die letzten Formulierungen des Vertrags durchgehen. Die Anwalts- und Steuerberaterkanzlei sitzt in der Nähe von Frankfurt, und wir fahren dorthin. Doch der Anwalt sieht plötzlich Probleme, die meiner Ansicht nach gar keine sind. Sie standen bisher überhaupt nicht zur Debatte, obwohl das Vertragskonzept seit Wochen vorliegt. Was ist passiert? Will die Kanzlei das Geschäft aus eigennützigen Motiven blockieren? Befürchtet sie, ein jahrelanges lukratives Mandat der 5Q zu verlieren, wenn wir dort einsteigen und unsere eigenen Leute mitbringen? Gibt es plötzlich Meinungsverschiedenheiten zwischen Vater und Sohn? Am Ende sagt der Anwalt uns, er würde unsere Argumente mit seinen Mandanten erörtern. Als ich am nächsten Tag anrufe, lässt er sich verleugnen. Bei 5Q sind weder Vater noch Sohn zu erreichen. Das sind untrügliche Zeichen. Das Geschäft ist geplatzt. Wieder eine Option weniger. Eine Woche später ruft der Vater mich an und entschuldigt sich. Er sagt, sie hätten einfach kein gutes Gefühl mehr bei der Sache gehabt und in letzter Sekunde entschieden, es zu lassen.

Ich nehme es ihm nicht übel, und das sage ich ihm auch. Es ist seine Firma, mehr noch als Foris meine Firma war, bis Rollmann kam. Und ich denke darüber nach, wie es gewesen wäre, wenn auch ich mir damals etwas mehr Zeit genommen hätte und im letzten Moment zurückgezuckt wäre.

Ad-hoc-Meldungen dienen dazu, kursrelevante Tatsachen so schnell wie möglich allen Marktteilnehmern zugänglich zu machen, damit keiner von einem ungerechtfertigten Informationsvorsprung profitieren kann. Aber welche der bisherigen Informationen waren wirklich kursrelevant? Dass wir ins Akademiegeschäft einsteigen? Dass wir auf unserer Internetseite eine neue Datenbank eingerichtet haben? Bei all diesen Meldungen haben wir nicht lange gezögert, sie über das Ad-hoc-System zu publizieren. Jetzt auf einmal halten wir uns mädchenhaft zurück. Es wird Dezember. Jeder Tag, der vergeht, lässt die Wahrscheinlichkeit eines positiven Jahresabschlusses weiter gen Null sinken. Die Frage ist, wann unser Ermessensspielraum, ob dies noch nicht oder schon ad-hoc-pflichtig ist, ebenfalls auf Null geschrumpft ist und wir uns strafbar machen, wenn wir die Gewinnwarnung noch weiter hinausschieben.

Als sie sich nicht mehr vermeiden lässt, hoffen wir wenigstens, sie noch mit einer positiven Nachricht verbinden zu können: dem Vertragsabschluss mit der Versicherungsgruppe. Doch wir haben die Rechnung ohne den Wirt gemacht. Bei der Versicherung heben sich inzwischen, auch angesichts unserer weiter sinkenden Kurse, die Zweifel verstärkt. Die Prozessfinanzierung ist vielleicht doch noch nicht das lukrative Geschäft, in das es sich einzusteigen lohnt. Jetzt sagen sie uns, vor dem endgültigen Vertragsabschluss wollen sie erst noch einmal unsere Ergebnisse in der Prozessfinanzierung im Jahr 2000 sehen. Nachdem sie die Gewinnwarnung gelesen haben, vertagen sie die Verhandlungen auf unbestimmte Zeit. Sie werden nie wieder aufgenommen.

Am 13.12. abends erscheint unsere Ad-hoc-Meldung. Immerhin, diesmal steht die entscheidende Aussage im ersten Absatz: dass mit einem negativen Jahresergebnis von bis zu 6,5 Millionen DM zu rechnen ist. In einer Marathonsitzung bis halb 3 Uhr nachts haben wir uns auf die Formulierungen verständigt. Allerdings kann Rollmann es nicht übers Herz bringen, die Aussage mit der einzig zutreffenden Überschrift „Gewinnwarnung" zu versehen. Stattdessen titelt er nun: „Prozesse dauern länger". Und vergisst nicht, in der Gewinnwarnung den mildernden Umstand zu erwähnen, dass der Verlust vielleicht geringer ausfallen könnte, wenn doch noch ein ganz großer Prozess gewonnen wird. Es wird nicht passieren.

Die euphemistische Überschrift und der irreale Vorbehalt verhindern nicht, dass die Ad-hoc-Mitteilung als das verstanden wird, was sie ist: als eine Gewinnwarnung und ein blamables Eingeständnis mehrfach verfehlter Prognosen. Doch meistens ist die befürchtete Reaktion auf die endlich ausgesprochene Wahrheit lange nicht so schlimm wie das Festhalten an einer Lüge, und sei es auch nur einer Selbstlüge.

So ist es auch hier. Der Kurs stürzt nicht, er bewegt sich weiter ruhig auf seiner langsamen Talfahrt. Im Wallstreet-Board betitelt einer unsere Gewinnwarnung gar als „Befreiungsschlag" und sagt zutreffend, schon lange hätte niemand mehr an ein positives Jahresergebnis bei Foris geglaubt. Das sei längst in den Kurs eingepreist. Wir selbst sind die einzigen, die wir an der Nase herumgeführt haben.

Rückblick auf das Jahr 2000

Am Jahresende 2000 hätten wir uns, wenn wir ehrlich zu uns selbst gewesen wären, eingestehen müssen, dass ungefähr alles schief, schlecht oder falsch gelaufen war, was schief, schlecht oder falsch hätte laufen können. Noch böser hätte es ausgesehen, hätten wir am Jahresende in die Zukunft schauen und das weitere Schicksal der Dinge, die in diesem Jahr getan oder auf den Weg gebracht wurden, schon betrachten können. Aber die bekannten Fakten hätten genügen müssen, uns das Gruseln zu lehren.

Der Aktienkurs folgte dem Trend des Jahres: Ein Vulkan spuckt seine Glut und Asche noch einmal in vorher ungekannte Höhen, bevor sein Krater zusammenbricht und seine glühenden Reste auf Talfahrt gehen.

Die achtzehn Ad-hoc-Meldungen, die wir produziert hatten, konnten den Kursverlauf nicht aufhalten. Nichts von dem, was wir darin als Neuigkeit verkauften, konnten wir in irgendeiner Weise zum Erfolg bringen.

Es gab zahllose neue Projekte, die Erfolg versprachen – wenn sie später auch keinen brachten –, wie Akademie, Complex und das Büro in New York.

Es gab Projekte, die viel Zeit und Kraft kosteten, aber aus denen nichts wurde, wie die geplante Übernahme von 5Q und die Kooperation mit dem Versicherungskonzern.

Es gab erstmals ein Konkurrenzunternehmen, das uns an Seriosität in nichts nachstand, uns aber an Finanzkraft und langfristiger Vertriebsstärke weit überlegen war. Es gab unsere Reaktion darauf in

Form einer Preissenkung unseres Prozessfinanzierungsprodukts. Die kam zwar den Rechtssuchenden zugute. Ob auch uns, darüber kann man allenfalls spekulieren. Nicht einmal rufmäßig hatten wir etwas davon. Die Konkurrenz hatte schneller nachgezogen, als wir die neue Regelung als unsere Idee der Öffentlichkeit und der Anwaltschaft verkauft hatten. Die Aktionäre konnten nur Nachteile, keine Vorteile darin erkennen.

Es gab absolute Katastrophen wie Rollmanns „gefertigte Verträge" in der Analystenkonferenz, die Auseinandersetzung mit Möller und ihre Folgen, die Staatsanwaltschaft im Haus, das LHA-Krause-Debakel, die Todeslisten, meine voreilige Gewinnprognose in der Hauptversammlung und das blamable Eingeständnis, dass wir nicht einen Gewinn von 6 Millionen, sondern einen Verlust in gleicher Höhe gemacht hatten. Überflüssigerweise hatte Rollmann sich auch noch mit zwei juristischen Fachverlagen angelegt, von ihnen Einstweilige Verfügungen kassiert und sie der Foris zu Feinden gemacht.

Es gab eine Explosion des Personalbestandes. Die Zahl der Mitarbeiter wuchs von durchschnittlich 10 im Jahr 1999 auf 52 im Jahr 2000. Die Gehaltszahlungen schlugen mit einem bedrückenden Geldabfluss von rund 400.000 DM monatlich zu Buche. Die Einnahmen aus den Projekten, für die das Personal eingestellt war, blieben weit dahinter zurück. Die erwarteten Prozesserfolge ließen auf sich warten. Erstmals machte das Unwort „Liquiditätsproblem" die Runde, von dem ich geglaubt hatte, es würde niemals im Zusammenhang mit Foris benutzt werden.

Schon in den letzten Wochen des Jahres beginnt, wie schon im Jahr zuvor, Dr. Herbst mit den Vorarbeiten für seine Abschlussprüfung. Was er sieht, gefällt ihm nicht. Im letzten Jahr sind Sabine und ich mit ihm und einer Handvoll Foris-Mitarbeiter abends in die Oper gegangen, um „Aida" zu sehen. Anschließend sind wir in der Bar am Lützowplatz gelandet und danach in der Junggesellenbude von Dieter

Mauritz, der seinen 30. Geburtstag feiert. Dieses Jahr schreibt der Wirtschaftsprüfer einen Brief an Vorstand und Aufsichtsrat, der aus wenigen Zeilen besteht. Der entscheidende Satz lautet: Die liquiden Mittel der Foris AG werden bald erschöpft sein.

Rollmann und ich schütteln den Kopf. Wir haben doch eine unbelastete Immobilie in Bonn, die wir für einen zweistelligen Millionenbetrag gekauft – günstig gekauft – und bar bezahlt haben. Das gibt uns, so glauben wir, ein ausreichendes Polster, von dem wir zu gegebener Zeit durch langfristige Beleihung Gebrauch machen können, oder durch einen Verkauf der Reservefläche. Wir haben noch liquide Mittel in Höhe von mehreren Millionen DM und noch einmal so viele Gelder in Vorratsgesellschaften stecken. Und wir glauben nach wie vor an den baldigen Erfolg der neuen Geschäftsfelder, den Gewinn oder Vergleich von Prozessen, aus denen wir die Rückflüsse von sechsstelligen Beträgen erwarten, die wir verauslagt haben, von der Erlösbeteiligung ganz abgesehen.

Es gab das Geschäft mit den Vorratsgesellschaften, das immer besser gelaufen war und sich zu einem Dukatenesel für Foris entwickelte. Der Kienbaum-Dienstleistungspreis, eine Anerkennung dafür, dass Innovationen eben nicht nur in der Technik möglich waren, zeigte doch, dass wir den richtigen Weg eingeschlagen hatten, und hatte für einen stimmungsmäßigen Aufschwung gesorgt.

Schließlich das neue Domizil in Bonn. Die Vogelperspektive auf das wunderschöne Anwesen, dessen herbstlich leuchtender Park langsam im Dunst zurückblieb, während der Morgenwind den Ballon sacht über den Rhein in Richtung Siebengebirge lenkte. Die Anfang Dezember bezogenen geräumigen Büros, die noch nach frischer Farbe riechen. Der lichtdurchflutete Eingangsbereich, oder der Blick aus dem Fenster auf die im ersten Rauhreif funkelnden Gräser und Büsche; die Aussichten aufs nächste Jahr: Kaffeetrinken auf der Terrasse, Foris-Senate im Schatten der Kastanie, umgeben vom Duft des frischgeschnittenen Rasens: Wer mochte in einer solchen Umgebung dunkle Gespenster sehen. Auch im Geschäftsbericht für das Jahr 2000, den wir wegen tragischer Umstände erst Ende März abliefern werden, werden wir unbeeindruckt von Pleiten, Pech und Pannen wieder die wunderbare Zukunft beschwören. Wir haben das Gruseln noch nicht gelernt.

2001 wird es soweit sein.

2001 Böses Erwachen

Jahresabschluss

Die Jahresabschlüsse börsennotierter Aktiengesellschaften müssen von einem Wirtschaftsprüfer testiert werden. So verlangt es das Gesetz. Geschäftsjahr der meisten Firmen ist das Kalenderjahr. Ihre Bilanzen müssen am 31.03. des Folgejahres veröffentlicht sein. Darum haben die Prüfer im Januar und Februar Hochsaison.

Wie schon in den Vorjahren möchte ich unseren Abschluss in Rekordzeit vorlegen. Das wird diesmal schwieriger. Der Geschäftsumfang von Foris ist gewachsen. Auch die Tochtergesellschaften, inzwischen zehn an der Zahl, müssen mitgeprüft werden. Unser Abschlussprüfer Dr. Herbst hat schon Ende November im Berliner Büro mit seinen Arbeiten begonnen. Er hat zwei freie Mitarbeiter mitgebracht. Sie sitzen seit zwei Wochen in einem Raum neben der Buchhaltung, im ersten Stock des Gebäudes in der Matterhornstraße, in dem wir inzwischen zwei Etagen belegen. Dann aber wird er plötzlich krank. Niemand weiß genau, was er hat, und er erholt sich nur langsam.

Der 22. Januar ist ein grauer Montagmorgen. Dr. Herbst hat sich für heute angekündigt. Er hat in einem Hotel in Schlachtensee übernachtet, das wir für ihn reserviert haben. Normalerweise bin ich mit ihm zusammen essen gegangen, wenn er sonntagabends gekommen ist, um am Montag zu prüfen. Warum ich es diesmal nicht tue, weiß ich nicht mehr. Habe ich an dem Abend etwas anderes vor? Oder ist unser Verhältnis abgekühlt, weil er sich in Wochen mit erstaunlich krassen Worten auch gegenüber Mitarbeitern über die Situation von Foris geäußert hat?

Aus irgendeinem Grund komme ich etwas später ins Büro. Frau Wiesner, meine Sekretärin, sitzt mit versteinertem Gesicht in ihrem Zimmer. Ich vermute als Grund die Spannungen zwischen ihr und mir, die sich in den letzten Wochen aufgebaut haben. Ich frage sie, ob Dr. Herbst schon da ist. Sie antwortet, ich würde oben erwartet. Ich gehe in die Buchhaltung im 1. Stock, dort treffe ich seine Mitarbeiterin an. Wachsbleich und mit trockenem Mund bittet sie mich, mich zu setzen. Sie teilt mir mit, dass Dr. Herbst in der Nacht in seinem Hotelzimmer gestorben ist.

Etwas mit dem Herzen, wird später gesagt. Ein paar Leute in wallstreet-online.de, aber auch das Magazin „Prior Börse" können sich eine geschmacklose Anspielung nicht verkneifen. Es macht mich wütend, denn ich habe ihn, trotz seiner deutlichen Worte der letzten Wochen, als fairen, kompetenten Prüfer und Berater, als feinen Kerl und als humorvollen und hochgebildeten Menschen schätzen gelernt. Das schreibe ich auch in die Mitteilung, mit der ich mittags die Foris-Mitarbeiter informiere.

Sein jäher Tod erschreckt mich und macht mich ratlos. Er war vielleicht acht Jahre älter als ich. Wie ich groß und schlank und ohne jedes Merkmal, das ihn erkennbar mit dem Risiko belastet hätte, in diesem Alter an krankem Herzen zu sterben. Ich möchte diesen Abend mit niemandem sprechen. Was ich mit ihm noch hätte machen sollen, schön essen gehen, mache ich nun allein. Ich stoße in Gedanken mit einem guten Rotwein mit ihm an.

Wie schnell man doch den bei solchen Anlässen gefassten Beschluss wieder vergisst, die Tage, die einem vergönnt sind, bewusster zu genießen! Schon der nächste Tag konfrontiert mich mit der Frage, wie es weiter geht. Die Wirtschaftsprüferkammer bestellt einen Abwickler für seine Kanzlei. Wir stellen schnell fest, dass er die Prüfung nicht fortsetzen kann und will. Wir müssen jemand anderen finden.

Seit kurzem ist Bernhard von Wostritz bei uns im Haus. Er soll den Vorstand im Bereich Finanzen, Rechnungswesen und Controlling unterstützen. Er ist selbst Wirtschaftsprüfer, hat bei Arthur Andersen gelernt und sich jetzt selbständig gemacht. Weil er mit uns einen Beratungsvertrag hat, kommt er nicht als unser Abschlussprüfer in Frage, aber er wird uns bei der Suche unterstützen.

Wirtschaftsprüfer, wie früher die fahrenden Handwerksgesellen, sind das Reisen gewohnt. Von ihren Gesellschaften werden sie in ihrer Ausbildungszeit als Prüfungsassistenten quer durch die Republik geschickt. Albstadt, Süchteln oder Bersenbrück sind keine unbekannten Namen für sie. Ebenso wie sie die Orte wechseln, wechseln sie nach ihrer Ausbildungszeit auch ihre Arbeitgeber. Ein Wirtschaftsprüfer, der bei einem der „Big Five" wie Arthur Andersen gelernt hat, hat in fast jeder anderen wichtigen Prüfungsgesellschaft einen früheren Kollegen sitzen.

Das hilft uns nun bei der Suche und Auswahl. Wir haben erst geglaubt, dass es schwierig sein würde, mitten in der Prüfungssaison eine WP-Gesellschaft zu finden, die bereit ist, sofort einzusteigen. Doch Abschlussprüfungen einer börsennotierten Gesellschaft sind für alle WP-Gesellschaften dankbare Aufträge. Prüfer werden üblicherweise auch in den Folgejahren wieder bestellt. So bringen Abschlussprüfungen Umsatz nicht nur für ein Jahr, sondern für viele Jahre. Sie geben den Gesellschaften Planungssicherheit. Wir kriegen, wenn wir anrufen, noch für den gleichen Nachmittag, spätestens aber für den Folgetag Termine angeboten. Alle marschieren mit imponierender Besetzung auf, kein Akquisitionsteam rückt mit weniger als drei Wirtschaftsprüfern an, um sich vorzustellen.

Letztlich entscheiden wir uns, auf Anraten von Wostritz, für eine mittelgroße Gesellschaft. Normalerweise wählt die Hauptversammlung den Abschlussprüfer. In diesem Sonderfall muss das Amtsgericht ihn bestellen. Das neue Team fängt schon am nächsten Tag an.

Den ursprünglich für die Veröffentlichung unserer Bilanz geplanten Termin Mitte Februar müssen wir zwar verschieben. Aber den von der Börse vorgegebenen spätesten Abgabetermin 31.3. wollen wir auf jeden Fall einhalten. Wir sind viel zu stolz, die Börse um eine Fristverlängerung zu bitten.

Es gelingt uns. Am 27. März ist die Bilanzsitzung des Aufsichtsrates. Die Wirtschaftsprüfer erläutern ihren Prüfungsbericht. Der Aufsichtsrat stellt den Jahresabschluss noch im März fest. Am 30.3.2001, einem Freitag, halten wir unsere Bilanzpressekonferenz im Haus der Frankfurter Börse ab. Durch die Hektik der letzten Tage kommen wir mit hängender Zunge und miserabel vorbereitet dort an. Die Konferenz dauert über drei Stunden. Ich fühle mich wie durch den Wolf gedreht. Danach werfe ich ein Exemplar unseres Jahresabschlusses noch persönlich in den Briefkasten der Börse ein.

Ich bin auf der Rückfahrt zum Flugplatz, als mich Dr. Farnholdt anruft. Er fragt, ob wir den Abschluss auch, wie im Regelwerk des Neuen Markts vorgesehen, der Börse in elektronischer Form übermittelt haben. Verflixt, daran habe ich nicht gedacht. Ich bitte ihn, sich darum zu kümmern. Es wird kompliziert, denn er kennt das Passwort nicht, mit dem wir mit der Börse kommunizieren. Das kennt nur ein Mitarbeiter, der schon Feierabend hat und den wir nicht mehr erreichen. Wir rufen also bei der Deutschen Börse an, wo man uns an eine EDV-Firma verweist. Die sagt uns eine andere Email-Adresse, an die wir den Bericht schicken sollen.

Dummerweise kommt die Mail dort nicht an. Ergebnis ist, dass die Börse uns zwei Wochen später mit anderen Firmen, die ihre Abschlüsse angeblich nicht rechtzeitig abgeliefert haben, an den Pranger stellt. Sie veröffentlicht eine Liste dieser Delinquenten auf ihrer Internet-Seite und verschickt sie außerdem an alle Presseorgane. Dort finden wir uns also wieder mit Firmen, die überhaupt noch keine Abschlüsse gemacht haben. Die Presse fragt nicht lange, warum wir auf

der Liste stehen. Wir stehen eben drauf, fertig. Eine erneute Peinlich-
keit für uns, nach den strafrechtlichen Ermittlungen, den Todeslisten,
unserer Gewinnwarnung und der Bilanzvorstellung, die wir verschieben mussten, weil Dr. Herbst verstorben ist. Wir tragen der Börse im
Detail vor, dass und wie wir den Abschluss persönlich abgegeben und
ihn abgeschickt haben, aber das interessiert die Herrschaften nicht. Er
hätte auch in elektronischer Form abgeliefert werden und ankommen
müssen, basta. Diese Arroganz stinkt mir. Ich erwirke eine Einstweilige
Verfügung gegen die Börse. Das Landgericht verbietet ihr, unseren
Namen auf ihre schwarze Liste zu setzen. Die Börse versucht dagegen
vorzugehen. Doch das Landgericht schreibt ihr ins Urteil, wenn sie den
Unternehmen einen ganz spezifischen Übermittlungsweg vorschreibt,
hat sie auch das daraus folgende Übermittlungsrisiko zu tragen. Die
Börse legt Berufung ein. Ich schreibe einen Brief an den Präsidenten
der Börse und bitte ihn, es doch nun gut sein zu lassen. Wen interes-
siert ein Dreivierteljahr danach noch, ob Foris die E-Mail nun einen
Tag früher oder später geschickt hat? Ich bekomme nicht einmal eine
Antwort.

REGISTERARIE

Autisten im Nadelstreifen? Narzissten in der Vorstandsetage? Paranoiker im Chefsessel? die Aussagen der Psychologen jedweder Couleur zu Führungspersönlichkeiten, Managementmethoden und –fehlleistungen füllen Bücher, Vorträge und stets wiederkehrende Rubriken der Wirtschaftspresse. Man liest es eben immer wieder gern, wenn in der Seele anderer herumgestochert wird. In einer Rezension in der „Financial Times Deutschland" lese ich von der Theorie, dass der Narzisst der am häufigsten anzutreffenden Managertyp ist. *„Der Narzisst hat wenige soziale Kontrollmechanismen internalisiert. Das macht ihn unabhängig von der Meinung anderer und zwingt ihn, nach eigenen Antworten auf die meisten Fragen zu suchen, für die die anderen vorprogrammierte Antworten haben"* (Macoby). Sicher ist etwas daran. Wer sich nicht freimachen kann von überkommenem Gedankengut, auch einmal ohne Rücksicht darauf, was andere von ihm denken, seinen Kopf durchsetzt, der kann keine Führungskraft sein. Doch all solche Aussagen haben auch immer etwas Banales. Gift ist eine Frage der Dosis. Das gilt auch für die Eigenschaften, die Menschen zu herausragenden Leistungen befähigen. Fleiß kann zu Workoholismus werden, Selbstbewusstsein zu Größenwahn, dickes Fell zu Gewissenlosigkeit, Wachsamkeit zu Paranoia.

Am 25. Januar stellt Rollmann folgende Meldung aufs Infobrett: *„Das Leben als Vorstand: Schockiert mussten wir heute morgen feststellen, dass an unserem Auto, das in unserer Einfahrt geparkt war, nachts sämtliche Bremsleitungen, ABS-Leitungen etc. durchgeschnitten worden sind. Die Autoscheibe sowie die gesamte Autoseite sind zerkratzt. Bislang hatte ich mir den Job jedenfalls nicht so gefährlich vorgestellt".* Wachsamkeit oder Paranoia? Die Meldung berührt mich unangenehm. Was hat das mit seinem Leben als Vorstand zu tun? Übrigens wird Rollmann noch weitere Male auf dem Infobrett erzählen, dass ihm – natürlich wegen seiner Vorstandstätigkeit – Autoreifen zerstochen wurden. Vor der Hauptversammlung September 2002 wird er sogar einen Mitarbeiter beauftragen, herauszufinden, was schusssichere Westen kosten.

Meine Sekretärinnen bei Foris haben sich die Klinke in die Hand gegeben, als Frau Wiesner sich im Oktober 2000 bei mir vorstellt. Die allererste Mitarbeiterin überhaupt war eigentlich keine Sekretärin, obwohl sie am Anfang diese Aufgaben mit übernommen hat. Sie war studierte Germanistin und wollte gern in eine höhere Position bei Foris aufsteigen. So eine konnte ich ihr aber nicht bieten, weil wir nun einmal ein Juristenunternehmen sind. Nachdem sie gegangen ist, stelle ich eine Anwalts- und Notargehilfin mit Bürovorsteher-Examen ein. Es dauert nur kurze Zeit, und ich verliere sie unternehmensintern an den Geschäftsbereich Vorratsgesellschaften, wo sie erst nur aushilfsweise ist, aber, als das Geschäft explodiert, völlig unabkömmlich wird. Die nächste, wiewohl mit Bankausbildung, besten Referenzen, gutaussehend und einer der freundlichsten Menschen, die ich in meinem Leben kennen lerne, erweist sich als ängstlich und zu wenig anpackend. Irgendwie hat sie vor mir zu viel Respekt und traut sich überhaupt nichts, ohne mich zu fragen. Vielleicht bin ich zu ungeduldig und mache die Dinge, bevor ich sie ihr erklären muss, in der gleichen Zeit selbst. Sie wird Dr. Farnholdts Sekretärin. Die nächste ist das Gegenteil. Sie hat das Sekretariat in wenigen Tagen im Griff, aber sie bezeichnet die anderen Abteilungen als „Saftladen" und macht sich durch solche Sprüche, die auch ich ihr nicht abgewöhnen kann, innerhalb weniger Wochen so unbeliebt, dass die anderen Mitarbeiter sie schneiden. Wir trennen uns in der Probezeit.

Dann kommt Frau Wiesner. Am 13. Oktober schreibe ich folgende Nachricht aufs Infobrett: *„Claudia Wiesner verhaftet. Frau Claudia*

Wiesner, die sich heute Morgen als neue Vorstandssekretärin vorgestellt hat und überall auf ungeteilte Begeisterung gestoßen ist, wurde bereits heute Nachmittag verhaftet. Sie wird am Montag, dem 16.10. bei uns in Berlin anfangen. Herzlich willkommen und alles Gute".

Wie schon einmal geschildert, schicken wir Bewerber auf eine Tour durch jedes Zimmer, wo sie mit den anderen Mitarbeitern reden können. Unter vier Augen und so lange sie wollen. Nur so, finden wir, können sie, aber auch unsere Mitarbeiter sich ein Bild machen, ob die Chemie stimmt. Claudia Wiesner, attraktiv, gepflegt, verbindlich und mit einem kräftigen Händedruck, hinterlässt bei allen den besten Eindruck. Auch Rollmann, der am 13.10. in Berlin ist, weil wir den Quartalsabschluss verabschieden, spricht mit ihr. Wie lange, weiß ich nicht mehr. Unserer internen Vereinbarung zufolge ist er für Personal zuständig, und wichtige Personalentscheidungen, zu denen auch die Besetzung der Vorstandssekretariate gehört, treffen wir gemeinsam. Auch Herrn Rollmann gefällt Claudia Wiesner.

Doch unsere Begeisterung füreinander ebbt schnell ab. Sie ist mit mir unzufrieden, und das zeigt sie mir auch. Mein Arbeitsstil passt ihr nicht. Sie ist wie Rollmann: Das wichtigste ist der Plan. Termine müssen langfristig, rationell und eng geplant und penibel eingehalten werden. Verschieben und Umdisponieren ist des Teufels. To-do-Listen müssen postwendend abgearbeitet werden, Rückrufe umgehend erfolgen. An Entscheidungen ist wichtig, dass sie sofort getroffen werden.

Sekundärtugenden sind gut und segensreich, das gebe ich zu, aber es gibt eben einige, die ich nicht habe. Ich versuche, meine Aufgaben nach Wichtigkeit zu sortieren, nicht nach Termin. Das führt dazu, dass ich öfter mal meine Zeitpläne umschmeiße. Umgekehrt gibt es Dinge, bei denen ich mich nicht von jetzt auf gleich festlegen will. Manche Entscheidungen müssen reifen, manche Probleme ausgesessen werden. Manchmal habe ich den Kopf voll. Dann soll meine Sekretärin mich eben erinnern. Wenn es sein muss, auch zwei- oder dreimal. Dazu ist sie da, und nicht, um mich mit meinen 53 Jahren noch zum Planfetischisten zu erziehen. Ich bin sicher, dass ich meinen Mitarbeitern mit meinem Arbeitsstil manchmal auf die Nerven gehe, aber ich bin mir auch sicher, dass nicht mein Arbeitsstil schuld an den Problemen von Foris ist. Rollmann aber verursacht er physische Qual. Ich vermute heute, dass er genau das Frau Wiesner in dem Gespräch auch gesagt und sie angetrieben hat, mich zu therapieren. Mehrfach erwähnt er übrigens in den nächsten Wochen, was für eine hervorragende Kraft sie sei, und wie gut, dass ich sie hätte.

Es dauert eine Weile, bis mir die Probleme mit ihr klar werden. In den ersten Wochen, die sie bei mir ist, bin ich ständig auf Achse, bin in Bonn, in New York, bei Gesprächen in Frankfurt und München oder im eigenen Büro unterwegs. Wir haben wenig Zeit füreinander. Als wir dann im Februar das erste Krisengespräch führen, gibt sie mir sarkastische, ja hasserfüllte Antworten, die für mich aus ähnlich heiterem Himmel kommen wie vor einem Jahr die Vorwürfe von Möller. Ich weiß in der selben Sekunde, dass ich mit ihr nicht mehr zusammenarbeiten kann und will. Ich beurlaube sie mit sofortiger Wirkung. Das teile ich Rollmann abends am Telefon mit. Rollmann fragt mich, ob er irgendwie vermitteln könne, ob er Frau Wiesner einmal anrufen soll. Ich sage ihm, dass ich das nicht möchte. Meine Entscheidung steht fest.

Am nächsten Morgen um 9 ruft Rollmann mich an. Er ist in Berlin, in Cobets Privatwohnung. Er bittet mich, auch dorthin zu kommen. Ich habe eine unangenehme Vorahnung, aber ich komme. Nachdem wir uns begrüßt und gesetzt haben, erzählt Rollmann mir, dass er gestern Abend doch noch Frau Wiesner angerufen und zwei Stunden mit ihr gesprochen hat. Darum ist er nun hier. Dann zieht er triumphierend ein DIN-A-4-Blatt aus seiner Brusttasche und entfaltet es wie Leporello sein Register vor Donna Elvira: *„Un catalogo egli è che ho fatt'io – osservate, leggete con me".* Dann beginnt er, Cobet und mir meine vermeintlichen Verfehlungen vorzulesen. Hat er sie gestern Abend auf der Bettkante oder heute früh im Flugzeug zusammengeschrieben? Hat er das Register täglich sorgsam geführt und vervollkommnet, um es zur rechten Zeit zu präsentieren? Wie er von Frau Wiesner erfahren haben will, habe ich sie in großem Umfang für Privatangelegenheiten von mir eingespannt, insbesondere für Anwaltsmandate, die ich noch führe. Außerdem sind meine Taxikosten zu hoch. Ansonsten geht es um nicht eingehaltene Termine, Rückrufe, unerledigt Gelassenes, angeblich eigenmächtig Entschiedenes. Und dann, dass ich unfähig sei, Mitarbeiter zu führen, selbst so eine Spitzenkraft wie Frau Wiesner.

Es wäre mir ein Leichtes, in zwanzig Minuten einen ähnlichen und längeren Katalog über ihn zu verfassen, und das sage ich auch. Es ist mir zu blöd. Dass ich Frau Wiesner ein paar Mal gebeten habe, außerdienstliche Angelegenheiten für mich zu erledigen, stimmt. Insgesamt wird sie dafür zwischen vier und sechs Stunden während der letzten drei Monate aufgewendet haben. Das mag man unkorrekt finden. Ich habe es nicht so gesehen und auch Frau Wiesner, die sonst so selbstbewusste Frau, hat mir nicht gesagt, dass sie das so sieht. Ich bin der Meinung, es ist sinnvoller, ich verwende meine Zeit für Foris, als mich selbst zu Haus an den Kopierer zu stellen oder Briefe einzutüten. Gut, ich werde es ab sofort anders halten. Anwaltsmandate habe ich übrigens keine mehr, nur noch zwei Aufsichtsratsmandate bei kleinen AGs, Relikte meiner Anwaltätigkeit in Magdeburg. Mein Vertrag mit Foris sieht ausdrücklich vor, dass ich zu so etwas berechtigt bin, wie Rollmann übrigens auch. Alle anderen Vorwürfe sind Mumpitz. Meine Reisekosten sind höher als seine, weil er von Bonn mit Bahn oder Auto zu unseren Terminen nach Frankfurt fährt, während ich dorthin fliege, außerdem kommen zwei USA-Reisen dazu. Das ist genau die Differenz. Meine Lufthansa-Meilen verwende ich ausschließlich für dienstliche Flüge. Dass ich höhere Taxi-Kosten habe als er, mag sein. Die Strecken in Berlin sind eben länger als in der Stadt, die laut John le

Carré halb so groß ist wie der Zentralfriedhof von Chicago, aber doppelt so tot. Ich fahre lieber Taxi, weil ich dann Akten lesen und telefonieren kann. Ich schätze den Wert meiner Arbeitsleistung für Foris höher ein als die paar Mark auf dem Taxameter, das muss Rollmann schon mir überlassen. Was ist mit seinem Flug hierher, wo wir uns ohnehin praktisch jede Woche in Bonn oder Berlin sehen, nur zu dem Zweck, seine Registerarie zu rezitieren? Dem Vertrauensbruch, hinter meinem Rücken mit Frau Wiesner zu telefonieren und sie für seine lächerliche Philippika gegen mich in den Zeugenstand zu rufen? Und dann noch ernsthaft von mir zu erwarten, dass ich sie als meine Sekretärin weiterbeschäftige?

Ich muss an Rollmanns Geschrei über das angebliche Attentat auf ihn denken und frage mich, ob er jetzt endgültig durchdreht. Oder bezweckt er etwas anderes? Will er versuchen, mich los zu werden, um ab morgen von Bonn aus Foris allein zu regieren? Will er mich noch die nächsten anderthalb Jahre dulden, aber jetzt schon die Sperrminen legen, die verhindern sollen, dass der Aufsichtsrat mich danach für eine weitere Amtszeit bestellt? Ich überschlage die Konsequenzen. Er wird nicht freiwillig gehen, soviel ist klar. Wem der Aufsichtsrat den Vorzug geben würde, wenn es heute zu einer Entscheidung zwischen ihm oder mir kommen müsste, vermag ich nicht zu sagen. Ich beobachte Cobet, der ohne erkennbares Engagement dabei sitzt, und starte den Versuchsballon. Wenn Sie mich los sein wollen, sage ich, bitte. Zahlen Sie mir mein Gehalt für die restlichen anderthalb Jahre meiner Amtszeit, und ich bin weg. Das wiederum wollen beide nicht. Damit ist das Gespräch beendet.

Ich kündige Frau Wiesner. Eine Mitarbeiterin aus der Prozessfinanzierung übernimmt das Sekretariat. Ich komme vom ersten Tag an prima mit ihr klar, es gibt keinerlei Probleme. Als sie aus Berlin wegzieht und kündigt, werde ich auch mit ihrer Nachfolgerin bestens zusammenarbeiten.

Ab diesem Auftritt Rollmanns, dem noch ein paar ähnliche folgen, wird es kein Miteinander mehr, sondern nur noch ein Nebeneinander geben, ein gegenseitiges professionelles Dulden, aber auch Belauern, unterbrochen von schmalen Zeitinseln, auf denen uns die Gegnerschaft gegen gemeinsame Feinde und Probleme noch einmal zu gemeinsamem Denken und Handeln zwingt. Zwar verteidige ich die Vorstandslinie nach außen hin und gegenüber den Mitarbeitern. Doch der kalte Krieg zwischen uns hat begonnen.

AUF DER SUCHE NACH DER VERLORENEN LIQUIDITÄT

Naumburg oder Bamberg, Oldenburg, Celle, Schleswig und Zweibrücken: es sind oft kleine und sehr deutsche Städte, in deren Fachwerk-Behaglichkeit mit ihren Gänsebrunnen und Ratsapotheken die Oberlandesgerichte Recht sprechen. Und an manchen ihrer Entscheidungen haftet auch noch unverkennbar der Holzgeruch des knarzenden Erkerzimmers und der mittägliche Bratenduft aus der bürgerlichen Gaststätte „Zum Hirsch".

So kommen für mich auch zwei Urteile des Oberlandesgerichts Schleswig zur Frage der Kapitaleinlage in die Vorratsgesellschaft daher. Sie werden im November 2000 in den Fachzeitschriften veröffentlicht. Sie sind zwar nicht rechtskräftig, weil die unterlegenen Parteien beim Bundesgerichtshof Revision eingelegt haben. Dennoch ist es uns zu riskant, mit unserem ausgeklügelten cash-pool-System weiter zu machen. Wir können es unseren Kunden nicht zumuten, Gesellschaften zu kaufen, bei denen aus Sicht eines Oberlandesgerichts die Einlage nicht korrekt geleistet ist. Wir müssen zum alten System zurückkehren, das Kapital bei Gründung einzahlen und es bis zum Verkauf dort belassen. Das heißt, wir brauchen mehr Geld. Es ist dringender denn je, eine Fremdfinanzierung für die Vorratsgesellschaften zu finden.

Ich gehe noch einmal mit mir in Klausur und versuche, die Schwachstellen auszumerzen, die unsere bisherigen Finanzierungsanträge hatten. Mein neues Finanzierungsmodell lasse ich mir auch noch durch ein Rechtsgutachten einer Großkanzlei adeln. Ergebnis: das Ausfallrisiko für das Kreditinstitut ist Null. Damit marschiere ich nun von Bank zu Bank. Die Kreditanträge samt Rechtsgutachten liegen wie Blei in den Bearbeitungskörben. Die Deutsche Bank sagt, nach ihren Beleihungsrichtlinien sind GmbH-Anteile grundsätzlich nicht bewertungsfähig, Sicherheit nach Bankkriterien damit Null. Die Hypovereinsbank sagt, wenn sie nicht an jeder Kontoeröffnung kalkulatorisch 500 DM verdient, macht sie kein Konto auf. Die dritte Bank sagt, Unternehmen, die keine Gewinne machen, gibt sie grundsätzlich keinen Kredit. Die vierte: nicht an Unternehmen am Neuen Markt. So geht es weiter. Bei der Commerzbank, wo wir unsere Geschäftskonten haben, argumentiere ich auch damit, dass die Vorratsgesellschaften für die Bank interessante neue Kunden sein könnten. In der Regel reicht ein Anruf des Kundenbetreuers mit der Frage, ob Interesse besteht, die Bankverbindung aufrechtzuerhalten. Der Abteilungsleiter des Firmenkundengeschäfts sagt mir, an Neukunden sind sie derzeit nicht interessiert. Gleichzeitig verspricht die Bank auf gelben Plakaten in ihren Filialen jedem eine Kaffeemaschine, der ihnen einen Neukunden wirbt.

Zwischen Weihnachten und Silvester 2000 fliege ich nach Stuttgart und fahre von dort weiter nach Heilbronn. In Heilbronn gibt es eine Bank, die ursprünglich Bankgeschäfte mit deutschen Auswanderern nach Amerika gemacht hat. Von denen gab es nach der gescheiterten Märzrevolution ziemlich viele; die Bank gibt es seit 1848. Später spezialisierte sich die Bank darauf, Erben der in Amerika reich gewordenen Auswanderer zu ermitteln. Das betreibt sie auch heute noch als erfolgreiches zweites Standbein. Findet sie die Erben, die von ihrem Glück und von dem Vorhandensein ihres reichen Uronkels in Amerika keine Ahnung haben, dann bekommt sie einen Prozentsatz ab. So ähnlich, wie ich vor zehn Jahren von den Eigentümern der Schaap AG. Wir haben im Zusammenhang mit einer Prozessfinanzierung im letzten Jahr die beiden Vorstände kennen gelernt. Es sind bodenständige Schwaben. Sie haben offene Ohren und tragen keine der sattsam bekannten Bankerallüren zur Schau.

258

Auch sie lassen mein Modell noch einmal durch ihre eigenen Juristen und Wirtschaftsprüfer durchleuchten, aber im April, als die Foratis AG offiziell das Geschäft der Vorratsgesellschaften von Foris übernimmt und ich ihr Aufsichtsratsvorsitzender werde, sind die ersten Gesellschaften auf diese Weise gegründet. Nachdem ein paar Kinderkrankheiten ausgemerzt sind und wir nachweisen können, dass das System funktioniert, schaffen wir es auch, die Berliner Landesbank dafür zu gewinnen. Nun haben wir für die Finanzierung der Vorratsgesellschaften zwei Standbeine. Die Foratis benötigt keine Finanzspritze der Foris mehr und erwirtschaftet durch die Hebelwirkung der Kredite, bezogen auf ihr Grundkapital eine über 1000%ige Rendite.

Die Liquiditätsplanung, die unter den Händen von Bernhard von Wostritz, unserem Controller auf Zeit, Gestalt annimmt, zeigt, dass das Liquiditätsproblem der Foris insgesamt damit noch lange nicht gelöst ist. Wir haben nach wie vor einen negativen cash-flow. Netto fließen mehrere hunderttausend DM im Monat von unseren Konten ab. Die mit viel Pomp auf den Weg gebrachten Töchter in Bonn fressen Geld: Complex, Rollmanns Foris Institut, das inzwischen einen Gemischtwarenladen bis hin zum Angebot von Computern und Online-Anwaltsformularen betreibt, ebenso wie die kürzlich in Bonn gestartete Tochter FORISION, die sich um Patente und Marken kümmern soll. Von dem Akademiegeschäft hatte ich angenommen, Rollmann würde es aus dem Handgelenk beherrschen und dort vom Start an Gewinne produzieren. Pustekuchen. Auch das Akademiegeschäft ist tief in den roten Zahlen. Zugegeben, auch einige Berliner Projekte haben Geld gekostet und werfen nichts ab, zum Beispiel der Versuch, neben Vorratsgesellschaften auch noch Vorratsmarken, also beim Patentamt eingetragene und geschützte Firmen- und Produktnamen auf Halde zu produzieren und sie dann zu verkaufen. Wir wenden dafür 300.000 DM auf, aber sie liegen wie Blei im Regal. Aber sie verursachen keine laufenden Personal-, Raum- und Zusatzkosten. Auch das von mir betreute New Yorker Büro wird sich am Ende als Flop erweisen. Dennoch, der weitaus größte Geldfresser ist Bonn.

Manch ein gewonnener Prozess wirft zwar ein hübsches Sümmchen ab, aber immer noch weniger, als uns der Apparat zum Akquirieren, zum Prüfen und Betreuen der neuen und laufenden Fälle kostet. Und wir brauchen laufend Geld, um es in diese Fälle zu investieren. Der Berg an Prozesskosten, die wir in unserer Bilanz ausweisen, wächst. Wir hoffen zwar, dass er bald blühenden Ertrag bringt, aber erst einmal zieht er monatlich sechsstellige Beträge von unseren Konten ab. Uns fehlt jetzt genau das Geld, das wir vor einem halben Jahr an die Freie und Hansestadt Hamburg bezahlt, und das, was wir zusätzlich an Renovierungskosten in das Gebäude gesteckt haben.

Die Commerzbank hat in unserem Auftrag eine Reihe von Prozessbürgschaften in zusammen siebenstelliger Höhe übernommen. Diese Bürgschafts- oder Avalkredite haben wir bisher durch Festgeldguthaben abgesichert. Im Frühjahr bitte ich die Commerzbank anstelle der Festgeldguthaben eine Grundschuld auf der Bonner Immobilie als Sicherheit zu akzeptieren. Dadurch würden die Festgelder freiwerden und uns etwas Luft geben. Doch die Berliner Commerzbank will mit Grundstücken in Bonn nichts zu tun haben. Erst als ich lautstark protestiere, bequemt sie sich, sich näher mit der Sache zu befassen. Dann will sie ein neues Gutachten über den Wert der Immobilie haben. Das Bodenwertgutachten der Stadt Bonn interessiert sie nicht, ebensowenig ein Gutachten, das die Stadt Hamburg vor einem Jahr hat anfertigen lassen. Ein von der Commerzbank genannter Sachverständiger muss her. Der erzählt mir, wie unheimlich viel er zu tun hat. Erst nach längerem Bitten und mehrfachen Rücksprachen mit der Bank lässt er sich herab. Nachdem sein Gutachten den Wert bestätigt, den wir auch der Commerzbank genannt haben, stellt sich eine weitere Hürde. Das Grundstück liegt im stadtplanerischen Sondergebiet und darf nur mit Zustimmung des Magistrats belastet werden. Das verzögert die Eintragung beim Grundbuchamt weiter und kostet Zeit und Nerven.

Schließlich klappt es. In der Folgezeit bekommen wir auch noch einen Barkredit eingeräumt, nachdem wir die Grundschuld noch einmal – und unter Einhaltung der gleichen Prozedur – aufgestockt haben. Außerdem gelingt es mir, durch einen Vertrag mit einer Kautionsversicherung der Commerzbank eine Rückbürgschaft zu stellen. Das führt dazu, dass wir die Bürgschaftskredite nun nur noch zur Hälfte zu besichern brauchen. Doch es hilft alles nichts, der Kreditrahmen, den die Commerzbank uns einräumt, ist nicht hoch genug, um den kurz- und langfristigen Liquiditätsbedarf von Foris zu decken. Außerdem sind uns die Zinsen zu hoch. Es ist unumgänglich, wir müssen uns eine langfristige Finanzierung des bereits bezahlten Kaufpreises beschaffen.

Die Erfahrungen, die ich bei meinen Gesprächen über die für die Banken völlig risikolose Finanzierung der Vorratsgesellschaften gemacht habe, lassen dafür nichts Gutes erwarten. Die nächsten Monate werden zu einem Kampf gegen die Zeit.

HAUPTVERSAMMLUNG 2001

Die Hauptversammlung im Gürteltier ist wieder auf den letzten Freitag im Mai angesetzt. Am 25.04., genau einen Monat davor, veröffentlichen wir den ersten Quartalsbericht für 2001. Schön ist er ebensowenig wie der Jahresabschluss 2000. Genauso wie dieser enthält er die schon bekannte Mischung aus schlechten Zahlen und dem Beschwören der wunderbaren Zukunft. Allein im ersten Quartal 2001 beträgt der Verlust 2,5 Millionen DM. Wir schieben ihn auf die Anlaufkosten bei den Tochtergesellschaften Akademie, Institut, Forision und Complex. Gleichzeitig prognostizieren wir aber in einer Tabelle deutliche Ergebnisverbesserungen im Jahresverlauf. Im zweiten Quartal 2001 wird diesen Planungen zufolge noch ein Verlust von 1,9 Millionen DM entstehen, im dritten und vierten Quartal Gewinne, die die Verluste der ersten beiden Quartale überkompensieren und zu einem insgesamt leichten Jahresüberschuss führen sollen.

Mit der neuen Wirtschaftsprüfungsgesellschaft haben wir vereinbart, dass sich die Prüfungstätigkeit in Zukunft über das ganze Jahr verteilen soll. Das hat viele Vorteile. Die Prüfung muss sich ohnehin auf die Geschäftsvorfälle des gesamten Jahres erstrecken. Schaut der Prüfer viermal im Jahr in die Bücher statt nur einmal, muss er nach Jahresende nur noch das letzte Quartal prüfen und hat weniger Stress in der Zeit, in der die WP-Gesellschaften sowieso unter Arbeit und Termindruck ächzen. Das gleiche gilt für die Mitarbeiter, die im Unternehmen selbst für das Rechnungswesen zuständig sind. Außerdem kann der Wirtschaftsprüfer so Beanstandungen früher erkennen und noch im laufenden Jahr Abhilfe anregen.

Wir haben deshalb schon am 16. Februar der Presse mitgeteilt, dass wir in Zukunft auch unsere Quartalsberichte testieren lassen werden. Das ist gut angekommen. Das „Testat" ist allerdings kein Bestätigungsvermerk wie im Jahresabschluss, sondern eine reichlich verschwurbelte Formulierung, die der WP-Gesellschaft jede Rückzugsmöglichkeit offen lässt. *„Auf der Grundlage unserer prüferischen Durchsicht bescheinigen wir, dass uns keine Sachverhalte bekannt geworden sind, die uns zu der Annahme veranlassen, dass der Quartalsbericht kein den tatsächlichen Verhältnissen entsprechendes Bild der Vermögens- Finanz- und Ertragslage vermittelt"*, so wird es auf der letzten Seite des Quartalsberichtes heißen.

Wir haben in den letzten Monaten mit viel Arbeit eine detaillierte Finanz- und Liquiditätsplanung aufgestellt, in die alle prognostizierten „Zahlungsströme" einfließen, wie es im Wirtschaftsprüferdeutsch heißt. Nun gibt es Zahlungsströme, die man besser, und welche, die man schlechter prognostizieren kann. Leider steht die Erfreulichkeit dieser Zahlungsströme im umgekehrten Verhältnis zu ihrer Prognosesicherheit: Ausgaben lassen sich gut vorausplanen, Einnahmen schlecht. Schon ganz und gar, wo uns ausreichend Erfahrungswerte fehlen, wie immer noch in der Prozessfinanzierung und auch bei all den neuen Töchtern. Sollten wir uns nun hinstellen und sagen, tut uns leid, Leute, wir können euch auch nicht sagen, ab wann wir Geld verdienen und wie viel? Ehrlich wäre es, aber es ist anscheinend nicht möglich. In einem Gespräch mit einem Analysten von Trinkaus haben wir nach dem Desaster des letzten Jahres angeregt, überhaupt keine Prognosen mehr abzugeben. Das, so sagt er uns, geht auch nicht: Dann werden die Leute fragen, wenn ihr es nicht wisst, wer soll es denn sonst wissen?

Sind wir schon im vergangenen Jahr mit flauem Gefühl auf die Hauptversammlung zugegangen, in diesem Jahr wird es noch schlimmer werden. Wir können uns kaum darauf berufen, dass unser Aktienkurs sich ähnlich wie der Neue Markt insgesamt entwickelt hat. Gerade wollen wir mit großer Öffentlichkeitswirkung einen Prozess gegen eines der Schwergewichte am Neuen Markt finanzieren, das den Niedergang des Kursniveaus durch rechtswidrige Manipulationen herbeigeführt hat. Solche Unternehmen können wir jetzt kaum als Maßstab für die Entwicklung unserer eigenen Aktien heranziehen.

Wieder veröffentlicht Frau Caspari auf dem Infobrett den Dresscode „Schwarz oder dunkles Anthrazit als Basisfarbe für Anzug, Kostüm oder Business-Kombination". Auch die „Unterzüge" werden wieder erwähnt. Sagte ich bereits, dass Frau Caspari aus der Modebranche zu uns gestoßen ist?

Am 1. Mai fälle ich zusammen mit Lupo im Garten einen Apfelbaum. Er hat schon im letzten Jahr keine Früchte mehr getragen. In diesem Jahr treibt er nur noch an dem einen oder anderen einsamen Ast ein paar traurige Blätter und Blüten aus. Als wir das Wurzelwerk ausgegraben und gekappt haben, versuche ich, den Strunk anzuheben, als es auf einmal in meiner Wirbelsäule so knirscht und kracht, dass selbst Sabine es hört, die ein ganzes Stück entfernt ein Beet bearbeitet. Gleichzeitig schießt ein jäher Schmerz durch meinen ganzen Körper, aber schlimmer als der Schmerz ist der Nachklang des grässlichen Geräusches in meinem Ohr. Verdreht humpele ich ins Haus und lege mich vorsichtig aufs Sofa. Bandscheibenvorfall? Ich finde nach langem Telefonieren einen Orthopäden, bei dem ich am nächsten Tag einen Termin kriege. Kein Befund, allenfalls ein „Hexenschuss", aber was für einer. Er beschäftigt mich noch bei der Hauptversammlung. Anders als in den letzten beiden Jahren kann ich meinen Vortrag nicht locker im Stehen halten, sondern muss mich setzen. Eigentlich kein Grund, mich zu entschuldigen, denn stadtauf, stadtab sitzen in Deutschland die Vorstände der Aktiengesellschaften in den Hauptversammlungen am Podium und leiern ihre ausgearbeiteten Reden herunter. Ich tue es dennoch, und erwähne meinen misslungenen Versuch, den Wurzelstrunk aus der Grube zu heben.

Äußerlich verläuft diese Hauptversammlung weit weniger sensationell als die letzten beiden. Unsere Mitarbeiter haben sich einen kleinen Gag am Anfang ausgedacht. Als die Türen geschlossen werden, die Musik schweigt – diesmal war es Rossinis Ouvertüre zu Wilhelm Tell – und das Licht ausgeht, hören wir aus dem Lautsprecher verschiedene Stimmen, die Fragen stellen: Wieso wurden die Prognosen verfehlt? Wie geht es mit der Prozessfinanzierung weiter? Ist es denn nötig, so viele Tochtergesellschaften zu gründen? Und am Schluss der Satz: All diese Fragen werden wir versuchen, heute zu beantworten. Dann kommt ein Filmausschnitt aus „Erin Brockovich", und danach spult Rollmann wie üblich routiniert und mit gedrechselten Sätzen seine Begrüßung ab.

Im Grunde haben wir nicht viel zu berichten, was die Aktionäre nicht schon aus dem Jahres- und dem neuen Quartalsabschluss wissen. Wir haben uns daher diesmal, um die Veranstaltung etwas aufzulockern, ausgedacht, die Repräsentanten der Tochtergesellschaften Akademie und Institut, Forision und der New Yorker Niederlassung zu Wort kommen zu lassen.

Das geht in die Hose. Vor allem im unmittelbaren Vergleich zu Rollmanns Showmastertalent fallen die Auftritte in schon peinlicher Weise ab. Eine Woche später schreibt Rollmann aufs Infobrett: *„Aufgrund des internen wie externen Feedbacks zur Hauptversammlung wollen wir uns intensiv dem Sprach- und Rhetoriktraining widmen. Ziel ist es, zu dem insgesamt positiven Gesamteindruck, den der Auftritt der Forisianer vermittelt, nun auch eine optimale verbale Außendarstellung hinzuzufügen".* Es wird nicht mehr nötig sein. Bei der nächsten Hauptversammlung sind schon drei von ihnen nicht mehr da. Der letzte geht anderthalb Jahre später.

Wir haben versucht, in unserem Vortrag die kritischen Fragen vorwegzunehmen und selbst zu beantworten. Trotzdem gibt es Nachfragen und Anmerkungen. Dass wir unsere Prognosen verfehlt haben, steht dabei nicht einmal im Vordergrund. Hauptkritikpunkt ist der

Immobilienkauf. Unsere schrumpfende Geldkatze ist den Aktionären nicht verborgen geblieben, und sie sehen den Zusammenhang sehr wohl. Wovon wir eigentlich die zukünftigen Prozesse finanzieren wollen, ist die nahe liegende Frage. Mehr als ein Aktionär fordert uns auf, die Immobilie sofort wieder zu verkaufen. Das lehnt Rollmann rigoros ab und verteidigt den Kauf mit dem ihm eigenen Geschick und dem Argument, man könne die Immobilie ja langfristig beleihen. Damit kommt er bei Färber, der uns eigentlich wohlgesonnen ist, schlecht an: „Ihnen müsste doch klar sein, dass Banken bei der Beleihung in erster Linie auf die Ertragskraft des Kreditnehmers und erst in zweiter Linie auf die Sicherheit der Immobilie schauen. Und Sie glauben doch nicht im Ernst, dass Sie bei Ihren Zahlen ein größeres Hypothekendarlehen aufgenommen bekommen." Das sitzt. Färber ist Bankvorstand, und das wissen alle in dem ovalen Saal.

Die Zeitungen lassen sich in ihren Berichten nicht nehmen, über meinen Hexenschuss zu berichten und ihn als Aufhänger zu benutzen. „Verhoben", werden sie titulieren.

Die HV ist dieses Jahr früh zu Ende. Es ist noch hell. Ich kaufe mir in der Casa del Habano im Savoy Hotel gegenüber dem Gürteltier eine Montechristo Nr. 4. Dann gehen wir zu Fuß zum Wittenbergplatz, wohin wir die Mitarbeiter noch zu einem Umtrunk eingeladen haben. Es ist ein warmer Abend, und wir sitzen draußen. Der Laden ist für seine guten Caipirinhas bekannt. Doch ich bin nicht in Feierstimmung. Die Hauptversammlung hat mir gezeigt, dass es so unmöglich weitergehen kann. Meine Laune sinkt auf den Nullpunkt, als ich mich mit einem Bonner Mitarbeiter unterhalte, mit dem ich bisher nur wenig Kontakt hatte. Ein Jurist, den Rollmann im letzten Jahr, ohne mich zu fragen, im Institut eingestellt hat, um den „Foris-Verlag" aufzubauen. Er erzählt mir, dass Rollmann ihm nie gesagt hat, was er überhaupt machen soll und was von ihm erwartet wird. In der nächsten Woche werde ich von Rollmann verlangen, dass wir uns unverzüglich von ihm und von dieser Ruinenbaustelle trennen. Ich rauche meine Zigarre zu Ende. Dann setzen Sabine und ich uns ins Taxi und fahren nach Hause.

Die Bonner haben für den nächsten Tag noch ein Treffen in einem Hotel am Beetzsee, zwischen Potsdam und Brandenburg, organisiert. Der Tag ist sonnig und schön. Rollmann hält eine Ansprache. Alle fanden die Hauptversammlung schlecht, nur Rollmann nicht. Wir handeln einige Foris-Themen ab, dann beginnt ein Freizeitprogramm mit Radfahren, Schwimmen und Bogenschießen. Ich kann es nicht genießen und bin froh, als der Bus die Berliner abends nach Hause bringt. Es wird das letzte große Treffen der Forisianer in der Zusammensetzung sein, wie sie in den letzten Jahren und Monaten durch den ständigen Zustrom von Mitarbeitern Gestalt angenommen hat Die Bonner bleiben noch eine Nacht dort und fahren am nächsten Morgen nach Bonn zurück.

Am Sonntag sage ich Sabine, dass ich allein sein möchte. Ich gehe mittags irgendwo essen, dann stromere ich unschlüssig und deprimiert in der Stadt herum. Im abgeranzten Cosima-Kino in Friedenau schaue ich mir nachmittags „Ein Königreich für ein Lama" an. Ich bin der einzige Besucher. Am nächsten Tag fahre ich nach Bonn. Es stehen harte und bittere Entscheidungen an.

PRIVATES

Der Misserfolg ist der Vater der Wahrheit, wie Franz Werfel schreibt. Allerdings muss er auch groß genug sein, sonst ist er im Gegenteil erst einmal der Vater der Lüge, vor allem der gegen sich selbst. Was Foris angeht, habe ich mich zu lange gescheut, die Wahrheit zur Kenntnis zu nehmen und sie offen auszusprechen. Privat leider auch.

Sabine und ich haben uns 1978 kennen gelernt, 1980 geheiratet. Von den Säulen, auf die wir unsere Liebe und Ehe aufgebaut hatten, ist eine bald nach Lupos Geburt weggebrochen. Die anderen trugen das Dach noch einigermaßen – unser Alltagsverständnis, unsere Kinder, die ich auf keinen Fall ohne mich aufwachsen lassen wollte, die gemeinsamen Freunde, die zusammen zurückgelegte Lebensstrecke. Doch in einer Ehe ist jeder Baustein zugleich Träger und Last. Wird ein Teil schwach, können die anderen ihn eine Weile mittragen – aber nur eine Weile. Es kommt zwar immer wieder zu Aussprachen zwischen Sabine und mir, aber sie führen nicht dazu, dass wir einen Schlussstrich unter unsere Ehe ziehen, obwohl offensichtlich ist, dass es so nicht weiter geht, dass wir uns immer mehr entfremden.

In der Woche nach der Hauptversammlung bin ich in Bonn. Es ist der Freitag vor Pfingsten, und eigentlich ist vorgesehen, dass ich am Abend nach Berlin zurückfliege. Ich sitze noch mit Rollmann und Kramer, dem „Leiter Prozessfinanzierung" im Besprechungszimmer, als Sabine auf meinem Mobiltelefon anruft. Sie bittet mich, sie von einem Apparat aus zurückzurufen, wo ich ungestört bin. Ich gehe ins Dachgeschoss. Dort ist schon Feierabendruhe eingekehrt. Sabine sagt mir, dass sie von meiner Beziehung zu Nadine weiß, einer Studentin, die ich aus Magdeburg kenne. Sie hat es auch den Kindern gesagt. Sie will, dass ich meine Sachen nehme und ausziehe.

Ich starre ins Leere. Das musste so kommen. Aber wie lange musste es eigentlich schon kommen? Und jetzt bin ich erschrocken, und traurig, und schäme mich dafür, dass diese Ehe schon so lange zu Ende ist, ich es aber nicht geschafft habe, es auszusprechen. Ich bleibe in Bonn und übernachte im Gästehaus. Am Pfingstsonntag treffen wir uns zu einer langen Aussprache, es fallen keine bösen Worte. Und je mehr Tage und Wochen vergehen, desto mehr macht bei mir das Gefühl des Abschiedes dem Bewusstsein der Befreiung Platz. Der Befreiung aus der Situation, die auszusprechen ich mich jahrelang gescheut hatte: dass ich nicht mehr mit Sabine zusammenleben konnte. Und der Befreiung von einer Lüge.

Sabine wird mir später vorhalten, ich hätte nicht um sie gekämpft; aber die Zeit, in der ich noch um sie kämpfen wollte, war längst vorbei. Nach einigen Monaten wird außer meiner Ehe auch meine Beziehung zu Nadine zu Ende sein.

Die Mitarbeiter, die ja alle Sabine kennen, die Berliner sowieso, die Bonner und Münchner wenigstens von den Hauptversammlungen, informiere ich mit einem etwas zu galligen Spruch auf dem Infobrett.

Ich ziehe erst einmal in ein Appartement-Hotel in Lichterfelde. Ich bin mir nicht schlüssig, wo ich in nächster Zeit wohnen will. Mir eine neue Wohnung zu mieten, Möbel und Küchengerät zu kaufen, hat für mich etwas Slapstickhaftes. Nicht, dass ich glaube oder die Absicht habe, wieder in der Matterhornstraße einzuziehen, aber ich habe einfach keine Lust, mich festzulegen.

Von einer Mitwohnzentrale bekomme ich die Adresse einer Wohngemeinschaft, in der zwei möblierte Zimmer frei sind. Die Wohnung liegt vornehm am Lützowufer, direkt am Landwehrkanal. Auf der anderen Seite des Kanals beginnt das Botschaftenviertel mit seinen kühnen Neu-, seinen penibel restaurierten Altbauten, mit der Philharmonie und der Gemäldegalerie. Dahinter der Tiergarten, ein ideales Jogging-Revier. Nähert man sich den imposanten Hochhäusern am Potsdamer Platz, vermittelt er einen Hauch von Central Park.

Auch das Eckhaus, vor dem ich jetzt stehe, erinnert mich an die großzügigen Bauten aus den grand old days der Upper West Side. Auf dem Klingelschild für die Wohnung im 3. Stock links lese ich zwei wohltönende Adelsnamen. Ich muss lächeln. Als Junge hat es mich manchmal geärgert, dass ich kein „von" in meinem Namen hatte. Im väterlichen Teil meiner Verwandtschaft gab es etliche adlige Einsprengsel, aber es waren immer „nur" die adligen Frauen, die in unsere Familie einheirateten... Darüber bin ich hinweg. Oben treffe ich Natalie und Hans. Sie ist gerade fertig gewordene Juristin und auf Jobsuche, er ist Arzt, der bei einem medizinischen Verlag arbeitet. Sie führen mich durch das sich über 320 qm ausdehnende Domizil. Allein fünfzig Quadratmeter machen eine Halle aus, von der die Salons, die Flure zu den Schlaf- und Badezimmern abgehen. Die Wohnung gehört Natalies Vater, deutscher Botschafter in einem osteuropäischen Land, der nach seiner Pensionierung hier einziehen will. Darum sind es nur einige Monate, die ich hier wohnen kann, aber es ist genau richtig für mich. Bloß nichts Festes, nichts Dauerhaftes... Ich denke erst, die beiden sind ein Paar, aber falsch geraten. Am ersten Wochenende, nachdem ich meine Klamotten in die beiden Zimmer geschafft habe, treffe ich mittags eine lustige Schar von Typen in Küche und Halle an, deren Muskelberge, deren brutalistische Lederoutfits nicht so recht zu ihrem schrillen, aufgeräumten Wesen passen wollen. Hans grinst mich an und sagt, na ja, jetzt weißt du Bescheid. Es stört mich nicht, im Gegenteil, es ist mir sogar ganz recht: Nathalie, schlank, musisch, vielsprachig, ist mir so sympathisch, dass ich schon ein wenig eifersüchtig auf ihn war. Nicht, dass ich mich um sie bemühe – ganz abgesehen von der Frage, auf welche Gegenliebe ich stoßen würde. Mein Tagesablauf in den nächsten Monaten bleibt mönchisch. Häufig weckt mich die direkt in mein Schlafzimmer fallende Morgensonne schon um halb fünf. Ich mache dreißig Liegestütz zum Wachwerden, dusche und fahre ins Büro. Auf dem Weg dorthin besorge ich mir einen Croissant und einen Kaffee, die ich verzehrt habe, wenn ich im Büro ankomme. In den zwei Stunden, die ich allein im Büro sitze, bevor ich an meinem Computer sehe, wie die Mitarbeiter sich peu a peu einloggen, um sieben die Buchhalterinnen, gegen acht die ersten Juristen, der Rest kurz vor oder nach neun, schaffe ich mehr als an dem Rest des Vierzehnstundentages. Vor neunzehn Uhr verlasse ich selten das Büro. Abends jogge ich im Tierpark, trinke noch ein Glas Wein, allein oder, wenn sie da sind, mit Hans, Natalie oder ihren Gästen und gehe ins Bett.

Anfang August fahre ich mit den Kindern nach Gelting, wieder in die Fischerkate auf der Birk, diesem märchenhaften Stück Erde aus Wald, Wiesen und Ostseestrand. Auf Spaziergängen führe ich lange Gespräche mit den Mädchen über die Trennung von Sabine, meine Beziehung zu Nadine, über die Zukunft. Aber täglich muss ich auch mit Berlin, mit Bonn, mit Banken und Aufsichtsräten telefonieren. An einem Tag fährt Susanne, die gerade ihren Führerschein gemacht hat, mich frühmorgens zum Flugplatz Kiel-Holtenau. Ich fliege nach Berlin, zu Terminen mit der Commerzbank und der Landesbank. Als ich abends wiederkomme, bin ich nicht klüger als zuvor. Jeder neue Gehaltszahlungstermin wird zu einer Jonglage mit Forderungen, Krediten und Verrechnungskonten.

AM ABGRUND

Färbers warnende Worte in der Hauptversammlung bewahrheiten sich. Meine Versuche, die Bonner Immobilie langfristig zu beleihen, schlagen fehl.

Wir sind mit dem Immobilienkauf und der Finanzierung in mehrere Fallen zugleich getappt, sagt mir ein Banker später. Vor dem Kauf hatte Foris noch zweistellige Millionenbeträge auf den Konten liegen. Nach dem Prinzip, dass die Banken die Regenschirme am liebsten bei Sonnenschein austeilen und bei Regen wieder einsammeln, wäre damals die Finanzierung ein Selbstläufer gewesen. Je dringender ein Unternehmen Geld braucht, desto weniger gern wird es ihm gegeben. Außerdem möchte eine Bank vor dem Kauf gefragt werden. Dann fühlt sie sich in die Entscheidung einbezogen und jedermanns Eitelkeit ist befriedigt. Lehnt sie die Finanzierung dennoch in dieser Phase ab, ist das ein Alarmzeichen, und man sollte seine Investitionsentscheidung überdenken. Weiter ist es ein Fehler, dass. eine 100-%ige Tochter von Foris kauft. Hätte ein Dritter gekauft und an Foris vermietet, wäre der nachhaltig erzielbare Mietertrag die Basis für die Kalkulation der Banken gewesen. Jetzt gilt es als eigengenutzte Immobilie, und deren Ertragskraft zählt die Bank bei ihrer Wirtschaftlichkeitsbetrachtung nicht mit. Wir werden gefragt, wieso denn unsere „Hausbank" nicht finanzieren will. Niemand ist gern zweite oder dritte Wahl, und die Vermutung liegt nahe, dass die „Hausbank" schon wissen wird, warum sie keinen Kredit mehr gibt. Eine Kreditablehnung provoziert die Frage nach dem Warum bei der nächsten Bank. Da keine Bank die Gründe einer Kreditablehnung nennt, ist die Frage nicht zu beantworten. Banker mögen aber keine unbeantworteten Fragen und vermuten, man wolle ihnen etwas verschweigen. Das führt zu der nächsten Kreditablehnung und so geht es weiter. Schließlich beginnt auch noch die Gerüchteküche zu brodeln: Die Firma läuft von einer Bank zur anderen und holt sich überall eine Abfuhr.

Zuletzt fragen wir bei ein paar größeren Aktionären an, ob sie bei einem geschlossenen Immobilienfond mitmachen würden, der das Objekt kauft und dann an Foris vermietet. Ergebnislos. Endlich beginnt auch Rollmann einzusehen, dass die Immobile so, wie sie steht und liegt, nicht zu halten ist. Er beginnt, sich um einen Verkauf zu bemühen.

Das Grundstück ist teilbar. Es enthält eine Bebauungsreserve für etliche tausend Quadratmeter Bürofläche. Diese könnten wir verkaufen, wenn wir dem Kaufinteressenten Rechtssicherheit bei der Bebaubarkeit geben können. Dafür benötigen wir einen Bauvorbescheid. Den zu bekommen kostet wertvolle Monate. Und Käufer für Millionenobjekte liegen nicht auf der Straße. Im Strudel purzelnder Aktienkurse sinkt auch die Immobiliennachfrage und fallen die Preise. Es gibt nur einen ernsthaften Interessenten, einen Bauträger aus Köln. Allerdings ist er ein schwieriger Verhandlungspartner. Auch er sieht an unseren Quartalsberichten, dass wir Geld brauchen und versucht zu pokern. So ganz sicher sind wir uns auch nicht, ob er am Ende wirklich bezahlen kann.

Rollmann ist im Urlaub, als unser Halbjahresabschluss 2001 erscheint. Der Lagebericht stammt diesmal allein von mir, und in ihm dominieren die Molltöne. Auch Rollmanns Formulierungskünste hätten an der Sache nichts geändert. Schon wieder mussten wir eine Prognose korrigieren. Aus dem im ersten Quartalsbericht vorhergesagten Verlust des zweiten Quartals von 1,9 Millionen DM sind 4 Millionen DM geworden. Angesichts dieser Abweichung müssen wir auch die Ergebnisprognosen für die anderen Quartale anpassen. Noch vor drei Monaten hatten wir für das Gesamtjahr einen Gewinn in Aussicht gestellt, wenn auch einen kleinen. Daraus wird nun ein Verlust von 3,7 Millionen DM. Ich kündige unter anderem an, dass wir den „Personalbestand reduzieren" werden.

Am 31.5.2001 kündigen wir dem Leiter von Complex, eine überfällige Maßnahme. Wir setzen Herrn Andreesen an seine Stelle, den Zwei-Meter-Mann, den man sich schon äußerlich auch gut als Kapitän eines 300-Meter-Tankers vorstellen könnte, eine Allzweckwaffe, die schon bisher eine ganze Reihe von Stationen im Unternehmen durchlaufen und sich überall bewährt hat. Er räumt im Dachgeschoss der Villa auf. Nach wenigen Wochen sagt er uns, dass wir mit dem Laden keinen Blumentopf gewinnen werden und ihn so schnell wie möglich dicht machen sollen. Dann stellen wir fest, dass es mit Frau Grossmann, der Leiterin der Akademie, unüberbrückbare Meinungsverschiedenheiten gibt. Jetzt übernimmt Andreesen auch die Kommandobrücke der Akademie und bringt sie innerhalb von wenigen Monaten in die schwarzen Zahlen. Dabei kommt ihm zugute, dass am 1. Januar des Folgejahres Schuldrechtsreform und ZPO-Reform in Kraft treten und die Anwälte scharenweise in die Fortbildungsseminare treiben; es schmälert seine Leistung nicht.

In Berlin haben Anfang Juni sogar noch ein paar Mitarbeiter neu angefangen. Wenige Tage danach rufe ich eine Mittagsrunde zusammen. Ich habe unerfreuliche Ankündigungen zu machen. Die Foris stampft durch schweres Wasser. Die Stelle einer gerade eingestellten Sekretärin müssen wir wieder streichen und bitten sie um Verständnis, dass wir ihren Vertrag in der Probezeit beenden. Sie nimmt es mit Humor. Eine weitere Stelle ist die einer Mitarbeiterin, die sich durch die vorzügliche Organisation des Geschäfts der Vorratsgesellschaften selbst überflüssig gemacht hat. Die Arbeitsschritte sind inzwischen so genau in der EDV abgebildet und von ihr vorgegeben, dass sie von weniger qualifizierten Kräften durchgeführt werden können. Auch ihr

274

kündigen wir schweren Herzens. Von dem Bonner Mann, der das Verlagsgeschäft aufbauen sollte, verabschieden wir uns zum 30.9. Dann müssen wir den Beschluss in die Tat umsetzen, uns von allen freien Mitarbeitern zu trennen. Jeder einzelne von ihnen ist in der Zeit zu Foris gestoßen, als jeder Tag ein Fest war, als die Kurse stiegen, die Begeisterung, die Stimmung und die Arbeitsfreude im Büro überschäumten. Sie alle haben im Unternehmen Freunde gewonnen, stecken auch feierabends noch die Köpfe zusammen. Fast jeden Tag erscheinen nun auf dem Infobrett Abschiedsgrüße. Viele mit Dank über die schöne und lehrreiche Zeit, aber auch einem bitteren Unterton. Sie lassen sich ihre Enttäuschung weniger stark anmerken, als sie in Wirklichkeit ist. Tatsächlich ist die Wut groß, obwohl ich sagen muss, dass wir keinem der freien Mitarbeiter je eine Daueranstellung in Aussicht gestellt haben. Die Party ist zu Ende.

Jeder Unternehmenssanierer sagt, dass in der Krise die drastischsten Einschnitte gerade drastisch genug sind. Abgesehen davon, dass die Einsparungseffekte sich erst mit Zeitverzögerung einstellen, springen wir mit unseren Maßnahmen immer noch zu kurz. Ende Juli sitze ich mit Wostritz und Cobet in Berlin zusammen. Wir diskutieren die Halbjahreszahlen und kommen gemeinsam zu dem Ergebnis, dass das Bonner Büro geschlossen werden muss. Nicht nur die Tochtergesellschaften in Bonn fressen Geld, selbst die Prozessfinanzierung läuft in Bonn nicht. Anders als in Berlin und München erzielen die in Bonn betreuten Verträge per Saldo nicht einmal einen positiven Rohertrag. Inzwischen ist die Statistik auch nicht mehr so mager, dass die Zahlen von wenigen Ausreißern bestimmt werden. Übrigens haben auch die Banken unisono mit Unverständnis auf die Aufspaltung der Foris reagiert. Kein Unternehmen leistet sich den Luxus zweier Hauptverwaltungen. Rollmann hat von Anfang an gesagt, dass er in Bonn bleibt. Ich hatte nichts dagegen, zumal sich schon bald herausstellte, dass weder er mit mir noch ich mit ihm an einem Standort dauerhaft hätten zusammenarbeiten können. Wir haben uns den Geburtsfehler jahrelang damit schöngeredet, dass Foris die Nähe zum Kunden und daher auch in Westdeutschland einen Standort brauche. Ehrlicherweise müssten wir uns spätestens jetzt eingestehen, dass die Aufteilung sachfremde Gründe hatte. Im Juli treffen Rollmann, Cobet, Wostritz und ich uns in Cobets Privatwohnung, um über meinen Vorschlag zu sprechen. Rollmann versucht, Wostritz von der Besprechung fernzuhalten, aber Cobet und ich bestehen darauf, dass er dabei ist. Rollmann argumentiert, jetzt würde in Bonn alles gut werden. Die Sparmaßnahmen würden ohnehin erst in einem halben Jahr ziehen, und bis dahin hätte er das Bonner Büro auf Vordermann gebracht. Am Ende der Besprechung ist Cobet eingeknickt. Gegen seine Stimme bekomme ich die Schließung im Aufsichtsrat nicht durchgesetzt. Alles bleibt beim alten. Ein halbes Jahr später wird uns die Diskussion wieder einholen.

An der kritischen Liquiditätslage würde es in der Tat kurzfristig nichts ändern. Zahlungseingänge, Zahlungsverpflichtungen, Forderungen, Bargeldbestand, Aval- und Barkreditrahmen heißen die Bälle, mit denen wir täglich jonglieren müssen. Einem guten Jongleur darf man die Konzentration und Anstrengung nicht am Gesicht ablesen. Foris ist angetreten, seinen Prozessfinanzierungskunden den langen Atem zu leihen. Den, den sie selbst nicht haben, um eine Irrfahrt durch die Instanzen, eine zähe Pokerrunde um einen Vergleich durchzustehen. Sie und ihre Anwälte dürfen es zu allerletzt merken, dass wir selbst kurzatmig werden.

Unser Aktienkurs sinkt weiter, zusammen mit den Kursen der Aktien im allgemeinen und den am Neuen Markt im besonderen. Schon vor einiger Zeit hat in den USA und England die Diskussion darüber begonnen, ob Pennystocks in den Qualitätssegmenten der Börsen wie der NASDAQ etwas zu suchen haben. Auch in Deutschland sind inzwischen die Kurse einiger Aktien unter einen Euro gefallen oder stehen kurz davor. So kündigt die Deutsche Börse Ende Juli an, ihr Regelwerk zu ändern und Aktien, deren Kurs einen Euro für eine gewisse Zeit unterschreitet, vom Neuen Markt zu verbannen. Die Regelung soll ohne eine Übergangsfrist bereits am 1.10. in Kraft treten.

Es ist einer der Morgen, an denen ich schon um fünf Uhr im Büro sitze. Vor mir steht eine Tasse mit dampfendem Darjeeling, in der Hand habe ich eine Tüte mit einem im Bahnhof Zoo gekauften Croissant. Auf meinem Schreibtisch stapelt sich ein Haufen Prozessakten. Ich soll mein endgültiges OK geben und sie „abklicken", im Computer das Häkchen auf die Schaltfläche setzen, das die Vorstandszustimmung zur Finanzierung signalisiert. Bevor ich mich an die Arbeit mache, werfe ich noch einen Blick ins Handelsblatt, wo mir die Nachricht aufstößt.

Was soll das nun wieder! Wir sind Vertragspartner der Deutschen Börse, erfüllen unsere Verpflichtungen: Abgabe von Berichten, Zahlung der jährlichen Listing-Gebühr, Unterhaltung zweier Banken als „designated sponsors", die für die nötige Marktliquidität sorgen müssen. Alles für viel Geld. Die Deutsche Börse hat an den Neumarkt-Unternehmen in den letzten Jahren prächtig verdient und dadurch auch ihre eigenen Aktien teuer auf den Kapitalmarkt bringen können. Jetzt stellt sie uns, ihre Vertragspartner, selbstherrlich vor vollendete Tatsachen. Ohne vorher zu informieren, geschweige denn zu fragen. Diese Arroganz kotzt mich an, ähnlich wie schon vor vier Monaten, als sie uns zu Unrecht wegen angeblich nicht abgegebener Bilanzen an den Pranger gestellt hat.

Wenn Aktien aus einem Börsensegment fliegen, heißt das, dass die Spezialfonds für solche Segmente sie aus ihrem Portfolio und damit auf den Markt schmeißen müssen. So führt bereits eine solche Ankündigung zu Vorsichtsverkäufen und Kursverlusten. Unsere Aktie steht bei 2,50, mit weiter sinkender Tendenz. Und je näher der Strom dem Abgrund zutreibt, desto höher wird seine Geschwindigkeit.

Wer kämpft, kann verlieren, wer nicht kämpft, hat schon verloren… Ich setze mich an den Computer und schreibe mir mit einem Antrag auf Erlass einer Einstweiligen Verfügung die Wut aus dem Bauch. Ich will es der Deutschen Börse vom Landgericht Frankfurt verbieten lassen, die Penny-Stock-Regelung in Kraft zu setzen. Um sieben Uhr schicke ich den Entwurf per E-Mail an Rollmann und an Dr. Kindermann aus der Berliner Kanzlei Lovells, einen zupackenden, schnell arbeitenden Anwalt, der uns schon in mehreren Prozessen erfolgreich vertreten hat. Um halb zehn telefonieren wir. Auch Rollmann, der keinem Streit aus dem Wege geht, ist dafür. Dr. Kindermann überarbeitet meinen hastig hingeworfenen Antrag noch etwas und reicht ihn am gleichen Tag beim Landgericht Frankfurt ein. Am 17. August geht es durch alle Zeitungen: Gericht stoppt Pennystock-Regelung. Eine Prozessflut anderer Unternehmen des Neuen Marktes schließt sich an.

Geld bringt uns das nicht. Unsere Liquiditätslage wird prekärer. Die Commerzbank hat es nach quälenden Diskussionen abgelehnt, den Dispositionskredit noch einmal zu erhöhen. In meinen Frust hinein platzt die Nachricht, dass Haynes und Silverstein mit dem Museum in A*** eine Einigung erzielt haben, die, wenn sie in Kraft tritt, uns rund eine Million DM bringt. Noch mehr wäre es, wenn nicht der Kurs des Dollars in den letzten Monaten auf Talfahrt gegangen wäre. Doch noch ist es nicht soweit. Der Verwaltungsrat des Museums muss zustimmen. Wann der zusammentritt, wissen wir nicht.

Das ganze würde uns etwa zwei Monate Luft geben. Bis dahin müssten wir die Immobilie in Bonn verkauft haben. Über den Kaufpreis besteht schon weitgehend Einigkeit – wenn die Bebauung genehmigungsfähig ist, die der Käufer sich vorstellt. Notariell besiegelt werden soll die ganze Sache allerdings erst, wenn der Bauvorbescheid da ist. Der ist in Arbeit, wir machen mächtig Druck bei den Bonner Behörden, um die Sache zu beschleunigen. Wenn wir Glück haben, fließt also das Geld im Dezember und gibt uns ein paar weitere Monate. Danach sollten unsere Sparmaßnahmen zu greifen beginnen und – hoffentlich – auch die Erträge aus Prozessfinanzierungen endlich reichlicher fließen.

Am 11. September brüte ich zusammen mit Rollmann, der gerade in Berlin ist, und einer Mitarbeiterin am Computer über Excel-Tabellen, als das Telefon klingelt. Das Sekretariat stellt eine Frau zu mir durch, die sagt, sie sei Foris-Aktionärin. Sie fragt, ob sich das New Yorker Foris-Büro im World Trade Center befindet. Ich sage nein, im Empire State Building. Dann legt sie auf. Ich frage mich noch, was dieser Anruf sollte, als Farnholdt ins Zimmer kommt und von dem ersten Flugzeug berichtet, das in die Zwillingstürme geflogen ist. Das kann nicht sein, denke ich in diesem Augenblick. Noch letztes Jahr habe ich dort mit Fabricius zusammen Büroräume besichtigt. Sie waren uns zu teuer und zu hässlich. Ich versuche ins Internet zu kommen, vergeblich. Jetzt kommt ein anderer Mitarbeiter mit der Nachricht über das zweite Flugzeug und die Abstürze über Pennsylvania und Washington, D.C.

Die Fernsehschirme, die Titelseiten der Illustrierten der nächsten Stunden und Tage tätowieren die Bilder dieser sinnlosen Tat für immer in das kollektive Gedächtnis, wie davor die von Kennedys Tod, der Berliner Mauer oder der Atombombe über Hiroshima.

Trotz dieser Bilder, trotz allem, was in der Folgezeit geschieht: bald weichen die Diskussionen über das Weltgeschehen in den Fluren und Küchen wieder den Sorgen um Foris. Kurz vor dem 11. September hat der Verwaltungsrat des Museums zugestimmt und bezahlt. Haynes hat unseren Anteil auf unser Konto überwiesen. Ein paar Tage später, und wer weiß, ob Vergleich und Zahlung je zustande gekommen wären.

Doch auch der Millionengewinn aus dem Cezanne-Fall bringt uns nicht wie erhofft in die Gewinnzone. Den prognostizierten Jahresverlust erhöhen wir mit der Vorlage des Berichts Ende Oktober noch einmal. Jetzt sind es 6,4 Millionen DM, die am Jahresende voraussichtlich fehlen werden.

Anfang November gehen Rollmann und ich noch einmal in Klausur. Seine Sekretärin hat die Burg Hornburg ausgesucht, schön über dem Neckartal zwischen Heilbronn und Heidelberg gelegen. Es ist die ehemalige Burg des Götz von Berlichingen.

Diese historische Reminiszenz entspricht meiner Stimmung. Der Verkauf der Immobilie ist immer noch nicht in trockenen Tüchern. Zwar konkretisieren sich die Verhandlungen, wir haben sogar schon einen Notartermin für Ende November gebucht. Doch meine Erfahrungen des letzten Jahres sagen mir, dass das nichts bedeutet. Das Geld geht schon wieder zur Neige.

Lange Zeit bin ich gern Vorstand von Foris gewesen. Jetzt beginne ich mir Gedanken zu machen, wie lange ich es eigentlich noch sein möchte. In diesen Tagen des Aufeinanderhockens vom Frühstück bis zum Nachtessen wird mir wieder deutlich, dass ich mit Rollmann nicht noch fünf Jahre zusammenarbeiten kann. Ich kann es nicht einmal an bestimmten Dingen festmachen. Etliche Auseinandersetzungen, die wir in den letzten Wochen mit Scherer und Wewering hatten, haben uns in der Sache eher einander wieder näher gebracht. Es ist ein Gefühl. Es ist seine Art, bewusst oder unbewusst, jeden Raum, jede Gruppe, jedes Gespräch mit seiner schieren Gegenwart auszufüllen und zu dominieren.

Ich vereinbare mit ihm auf der Burg Hornberg unter anderem, dass ich den Bereich Finanzen und Rechnungswesen an ihn abgebe. Ich bin es ohnehin leid, dass ich als „Finanzminister" stets die erste Woge des Ärgers über die Liquiditätsprobleme abbekomme, die von ihm genauso zu verantworten sind. Ich dagegen werde in Zukunft die gesamte Prozessfinanzierung und Prozessbetreuung unter meine Fittiche nehmen, auch die in Bonn geführten Prozesse. Das macht mir ohnehin mehr Spaß.

Eine Stunde des Tages bin ich wenigstens allein. Morgens jogge ich durch den kahlen Herbstwald, die Felder und Weinberge, die die Burg umgeben. Mein Vorstandsdienstvertrag läuft noch bis zum 30. September 2002. Rollmanns Vertrag bis Mitte 2003. Ich habe so viel Urlaub angehäuft, dass ich wohl schon nach der nächsten Hauptversammlung, wenn sie wieder Ende Mai ist, aus dem Vorstand ausscheiden könnte. Noch ein halbes Jahr, und dann Schluss mit all dem Stress, den Auseinandersetzungen, dem Brüten über Quartalslageberichten und Prognosen? Was diese Vorstellung trübt, ist der Gedanke an die Mitarbeiter, von denen ich weiß, dass sie ähnliche Probleme mit Rollmann haben wie ich. Außerdem, erst einmal muss Foris die nächsten Monate durchhalten, bis das Geld aus dem Immobilienverkauf kommt und die Sparmaßnahmen greifen. Bis dahin müssen meine Überlegungen warten.

Am 28. November ist es soweit. Rollmann und der Käufer setzen in Bonn ihre Unterschriften unter den notariellen Vertrag. Der Grundstücksteil, den wir verkaufen, entspricht nach den vorhandenen Gutachten ungefähr der Hälfte des Wertes des Gesamtobjektes. Wir verkaufen ihn aber zu einem Preis, der rund drei Millionen DM höher ist als der auf ihn entfallende anteilige Kaufpreis, den wir an die Stadt Hamburg gezahlt haben. Am gleichen Tag erreicht uns noch die Meldung, dass über einen Hypothekenvermittler, den Rollmann eingeschaltet hat, doch noch eine langfristige Finanzierung für den verbleibenden Teil der Liegenschaft geklappt hat. Die Rheinhyp, eine Tochtergesellschaft der Commerzbank, gibt uns ein Darlehen über 3,7 Millionen DM. Das entspricht einem Liquiditätszufluss von über sechs Millionen DM, von denen wir allerdings auch die Kredite bei der Commerzbank abdecken müssen. Dennoch, mir fällt ein Mühlstein vom Herzen. Am nächsten Tag berufe ich die Mittagsrunde ein und sage den Berliner Mitarbeitern, dass ich zum ersten Mal seit einem halben Jahr wieder ruhig aufwachen konnte.

Auch die Nachricht, dass das Oberlandesgericht Frankfurt unsere Einstweilige Verfügung gegen die Penny-Stock-Entscheidung kippt, kann meine Erleichterung nicht mehr so recht trüben. Das Oberlandesgericht beschäftigt sich mit der Frage, ob die Börse einseitig das Regelungswerk verändern darf, gar nicht erst. Es sagt, die Entscheidung war nicht eilbedürftig, weil die Foris-Aktie ja noch weit von der 1-Euro-Marke entfernt ist. Und ohne Eilbedürftigkeit kein Einstweiliger Rechtsschutz.

Erst im neuen Jahr wird es so weit sein.

Rückblick auf das Jahr 2001

Wir sind noch einmal davongekommen. Das ist so gut wie der einzige positive Gedanke, mit dem ich auf das Jahr zurückblicken kann.

Die Gewinnwarnung, zu der wir kurz vor dem Jahreswechsel gezwungen waren; die geplatzten Kooperationen, in die wir viele Hoffnungen gesetzt hatten; der Brief des Wirtschaftsprüfers über die vorauszusehende Erschöpfung der liquiden Mittel; dann seine Krankheit, sein Tod und die Folgen davon zehrten an den Kräften. Spätestens nach dem angeblichen Attentat auf Rollmanns Auto lagen bei ihm die Nerven blank. Die sachliche Gesprächsatmosphäre, die bis dahin auch bei Meinungsverschiedenheiten zwischen uns noch geherrscht hatte, wich einem Klima der Gereiztheit, ja der Aggressivität.

Die Hektik, in der der Jahresabschluss aufgestellt und geprüft werden musste; das biestige Umsichtreten der Börse mit ihren falschen schwarzen Listen und unausgegorenen Penny-Stock-Regelungen; die sich abzeichnende Schwierigkeit, die Bonner Immobilie langfristig fremdzufinanzieren; die durch Wostritz installierten Planungsinstrumente, die unsere Ertrags- und Finanzschwäche gnadenlos offen legten; auch die Auseinandersetzungen mit Sabine, die unserer Trennung vorausgingen: all dies begann auch an meinem Nervenkostüm zu scheuern.

Der Entschluss, die Bonner Immobilie zu verkaufen, bringt keine unmittelbare Entlastung; der Entschluss, gerade erst eingestellte Mitarbeiter wieder zu entlassen, sich von allen freien Mitarbeitern zu trennen, ebensowenig, aber er lässt die Laune im Unternehmen auf den Nullpunkt sinken. Ab Mitte des Jahres wird jeder Gehaltszahlungstermin zu einer Zitterpartie, jedes Kreditgespräch zu einer demütigenden Veranstaltung. Auch bei den Banken dreht sich das Personalkarussell. Keiner will Verantwortung übernehmen, aber auch keiner sagt offen, dass das der Grund ist, warum keine Entscheidungen getroffen werden. Ein Bankmitarbeiter sagt mir hinter vorgehaltener Hand, dass die Bank zur Zeit nicht einmal Kredite vergibt, wenn sie mit der Verpfändung von Guthaben besichert werden.

Der Foris-Kurs – aber nicht nur er – sinkt und sinkt, schließlich brechen die Aktienmärkte im Strudel des 11. September zusammen. Die Bilder der brennenden Zwillingstürme, der vor den Aschewolken flüchtenden Menschen, die finsteren Porträts der Mörder und Selbstmörder, tausendfach über die Bildschirme und durch die Druckerpressen gejagt, fressen sich ins Gehirn.

Eigenartigerweise scheint sich bei uns gerade jetzt eine Wende zum Positiven anzubahnen. Wenige Tage vor dem Anschlag des 11. September ist unser Anteil, aus dem Vergleich, den Haynes und Silverstein nach einem zermürbenden Verhandlungsmarathon erreicht haben, bei uns eingegangen. Die Zahlung gibt uns nun ein paar Wochen Luft. Die Bank, mit der wir auch unsere Vorratsgesellschaften finanzieren, sagt uns eine Zwischenfinanzierung zu, mit der wir die Zeit bis zum Verkauf der Immobilie überbrücken können. Der Verkauf wird dann nach endlosem Poker, Verhandlungsabbrüchen, Verhandlungswiederaufnahmen, Ende November beim Notar besiegelt. Die Akademie unter ihrem neuen Leiter Herrn Andreesen macht das erste Mal einen Quartalsgewinn, die Schuldrechtsreform und die Zivilprozessreform bescheren ihr einen ungewöhnlichen Zulauf fortbildungsfreudiger Rechtsanwälte. Das erste Mal seit langer Zeit wache ich morgens wieder mit einem guten Gefühl auf: nicht schon wieder einen Tag lang auf einem Pfad am Rand eines Abgrundes entlang stolpern, dessen Ende sich im fernen Dunst verliert…

Die Immobilie, zum Teil verkauft, zum Teil durchfinanziert, frisst zwar keine Liquidität der Foris mehr. Ein Gutes mag die Immobilie gehabt haben: die durch sie verursachte Liquiditätsenge hat uns vielleicht erstmals auf den Teppich gebracht, hat uns davor bewahrt, noch mehr Geld auszugeben. Andererseits hat sie derart viel Energie gekostet, dass selbst der dicke außerordentliche Gewinn, den uns der Teilverkauf der Freifläche beschert, das nicht wert erscheint. Rollmann schreibt zwar auf unserem Infobrett, dass wir damit mehr verdient haben als mit jeder einzelnen Prozessfinanzierung. Das stimmt, und ich gratuliere ihm zu der Bravour und Fortune, mit dem er die Verhandlungen geführt, knallhart gepokert und dieses Ergebnis eingefahren hat. Doch die Börse interessiert es nicht. Im Gegenteil, eine ungnädige Truppe von Analysten und Anlageberatern bei Trinkaus sagt uns genervt, sie empfehlen ihren Kunden keine Aktie einer AG, die mit Immobilien spekuliert, statt ihr Geschäft zu machen.

Wer mehrere Matchbälle abwehrt, hat noch lange nicht gewonnen. Wir hatten eine Atempause bekommen. Unsere Finanz- und Liquiditätsplanung zeigte uns, dass wir nicht über den Berg waren. Der „Jupitermond" auf der Burg des Götz von Berlichingen, trotz morgendlichen Joggens durch den duftenden Herbstwald, trotz gutem Mittag- und Abendessen, hatte mir gezeigt, dass mein Verhältnis mit Rollmann nie mehr besser werden würde. Der Geburtsfehler der Foris, die unsinnige Aufteilung Berlin-Bonn ist nicht operiert, die geldfressenden Bonner Aktivitäten sind nicht beendet. Rollmann will es auch nicht wirklich. Seine Gegenwart über Tage hinweg zu ertragen, wurde mir zur Qual. Das sagte ich zwar niemandem – wie ich später erfuhr, ging es ihm mit mir genau so, er aber erzählte es jedem in Bonn, ob er es hören wollte oder nicht.

Das erste Mal seit zwanzig Jahren ist es kein Weihnachten mit einer kompletten Familie. Sabine fährt mit den beiden Mädchen nach La Palma zu einer Freundin, ich mit Lupo zu meinen Eltern nach Tübingen. Silvester und Neujahr verbringe ich mit der Clique einer Bekannten, die ich bald wieder aus den Augen verliere. Ab dem ersten Januar gibt es keine DM mehr. Sie ist nach mir aus der Taufe gehoben worden, jetzt habe ich sie überlebt. Der Euro hat die Alleinherrschaft übernommen.

Der Aktienkurs von Foris steht am Jahresende bei 1,75 €, nach 4,50 € am Jahresanfang. Das ist Jahrestiefstand. Dennoch, es hätte schlimmer kommen können. Es kam schlimmer.

2002 KRACH

AUFHÖREN ODER NICHT?

An einem Dezembernachmittag sitze ich in der *Casa del Habano*, der Bar des Savoy-Hotels. Aus dem Fenster fällt mein Blick auf das „Gürteltier". Drei Hauptversammlungen haben wir dort abgehalten. Die erste war ein Fest, die zweite schon Krampf und die dritte ein Trauerspiel. Ich zünde mir eine Montechristo an und lege mir ein Blatt Papier zurecht. Eine senkrechte Linie in die Mitte, links „weitermachen", rechts „Aufhören". Erstaunlich schnell füllt sich die rechte Seite. Die linke bleibt fast leer.

Nicht noch einmal 5 Jahre Tretmühle, alle drei Monate Quartalsberichte und Aufsichtsratssitzungen, alle halbe Jahr Analysten und Aktionären Rede und Antwort stehen, und vor allem nicht noch einmal 5 Jahre Rollmann.

Als Anwalt habe ich mit genauso viel Arbeit und weniger Stress mehr verdient als als Foris-Vorstand – wenn man die Aktiengewinne einmal außer acht lässt, die bei mir ohnehin nur auf dem Papier standen und selbst auf diesem inzwischen wieder ausradiert sind.

5 Jahre Weiss & Co., 5 Jahre Immobilien, das Zwischenspiel als Filmproduzent, 5 Jahre Anwalt, 5 Jahre Foris – warum jetzt nicht wieder was Neues? Vielleicht ist das einfach mein Rhythmus?

Wie wäre es, wenn ich mich politisch engagieren würde? Oder für eine öffentliche Institution arbeiten? Eine kleine, aber feine Personalberatung aufmachen? Oder ein Jahr Urlaub, Segeln, Reisen, ein Buch schreiben, etwas Neues lernen, den Kopf freimachen und dann weitersehen? Ich war noch nie so frei in meinem Leben wie jetzt. Keine Ehe, keine Freundin, nur flüchtige Bekanntschaften. Seit Anfang des Jahres habe ich die Wohnung eines Freundes, der für ein paar Monate in Südamerika ist. Nichts Festes. Ich erinnere mich an Ramona Diefenbachs Sätze im Econy-Heft von 1999, die ich damals belächelt habe: „*Trotzdem bleibt ein Schatten des Zweifels, ob er nicht doch irgendwann seine Aktien verkauft, die Harley aus der Garage rollt und in einer Abgaswolke verschwindet.*": Wann abhauen, wenn nicht jetzt? Meine Aktien würden mir, selbst wenn ich sie bei den jetzigen Kursen verkaufe, immer noch mehr als ein freies Jahr ermöglichen...

Welche Blumentöpfe kann ich gewinnen, wenn ich bei Foris bleibe? Geld, um die finanzierten Prozesse angstfrei durchzustehen und neue zu finanzieren, ist nicht mehr da, das Image durch Skandalmeldungen, Fehlentscheidungen und verfehlte Prognosen im Keller. Kein Problem ist wirklich gelöst, Bonn-Berlin, das immer noch Geld fressende Institut, schon gar nicht die Zusammenarbeit mit Rollmann. Soll er doch die Suppe auslöffeln, die er – wenn auch leider mit meiner viel zu langen Zustimmung und Duldung – zusammengebrockt hat. Kurzfristig wird es keine Erholung, keine Steigerung des Aktienkurses auf Niveau von 2000 geben – von früheren Zeiten ganz zu schweigen. Das wird eine Arbeit von Jahren, und mit offenem Ausgang.

All das steht auf der „Aufhören-Seite", und in den nächsten Wochen kommen noch ein paar Argumente dazu.

Mitte Januar setzt Rollmann die Meldung aufs Infobrett, dass Complex nun endgültig eingestellt ist. Das Abenteuer, das rund 1 Million € gekostet hat, war mit ein Grund dafür, die Bonner Immobilie zu kaufen, in der die Firma das ganze Dachgeschoss belegt hatte. Und die Sache ist nicht ausgestanden. Mit dem ehemaligen Geschäftsführer ebenso wie mit dem Verkäufer der Complex GmbH stehen Prozesse ins Haus. Wie zum Hohn kommt am nächsten Tag die Nachricht, dass im ehemaligen Bierkeller der Landesvertretung nun der Edelitaliener

„forissimo" aufgemacht hat. Zum Prozessfinanzieren ist kein Geld mehr da, betätigen wir uns also als Kneipenvermieter...

Im Januar kündigen zwei unserer besten Leute. Andreesen, der Zwei-Meter-Mann, der gerade die Akademie auf Vordermann gebracht hat, und Dr. Arndt Steinbach, der agile und erfolgreiche Leiter unseres Münchner Büros. Andreesen geht zu einem anderen Seminarveranstalter, Steinbach wird ein neues Konkurrenzunternehmen zu Foris aufbauen. Der größte deutsche Versicherungskonzern hat ihn eingekauft. Beide haben ein persönliches Problem mit Rollmann, beide sehen in der Foris keine Zukunft. Andreesens Stelle bleibt frei. Steinbachs Stelle besetzen wir provisorisch mit Joseph Roth. Es ist mein alter Freund aus Hamburg, der, den ich am Tag unserer Vorstellung beim Börsenzulassungsausschuss am Stuttgarter Hauptbahnhof nach vielen Jahren wiedergetroffen hatte. Im letzten Jahr habe ich ihn gefragt, ob er als Treuhänder für eine von Foris finanzierte Massenklage gegen EM-TV fungieren will. Das hat er gemacht. Nun bitten wir ihn, außerdem in München kommissarisch das Amt des Büroleiters zu übernehmen.

Ende Januar bin ich in New York. So tot habe ich die Stadt noch nie erlebt. Selbst die Hotelpreise sind im Keller. War noch bei meinem Aufenthalt im Oktober 2000 kaum ein Zimmer zu finden, und das billigste kostete 300 $, so unterbieten sich nun alle mit ihren Preisen. Selbst in jenem Hotel am Central Park, Kulisse unzähliger Liebesfilme und Komödien, in dem angeblich nie etwas Uninteressantes passiert, kostet eine Übernachtung nur noch eine Handvoll Dollar und nicht mehr als woanders. Einmal im Leben gönne ich mir also ein paar Nächte dort. Mein Zimmer ist altmodisch, plüschig, verstaubt und eigentlich grundschlecht. Aber vielleicht ist ja gerade das das Interessante, und die gruselige Stimmung in dem fast leeren Plaza Hotel dürfte ein Erlebnis sein, das nicht viele Menschen mit mir teilen.

Der Anschlag liegt vier Monate zurück. Tagsüber gehen die New Yorker wie gewohnt ihrer Arbeit nach. Aber abends scheinen sich die Straßen schlagartig zu leeren und der Nebel hängt einsam in den Straßenschluchten. Doch an dem Sonntag, an dessen Abend ich zurückfliege, zeigt sich die Stadt der Städte schon wieder von ihrer besten Seite. Die Januarsonne scheint durch die blattlosen Platanen warm auf die 5th Avenue. Vor dem Metropolitan Museum flanieren die Spaziergänger in der kristallklaren Luft. Im Village stehen die Besucher vor einer Ausstellung Schlange. Sie zeigt Entwürfe für einen Wiederaufbau von ground zero, so fieberhaft, ungestüm und radikal, wie es eben nur die Amis können.

Meine Gespräche allerdings sind nicht ergiebig. Unsere Versuche, amerikanische Partner für unser Prozessfinanzierungskonzept zu finden, stoßen auf eher höfliches Interesse. Die Leute haben andere Gedanken. Im März soll Fabricius nach Deutschland kommen, wir wollen ein Geschäftskonzept ausarbeiten, das wir den amerikanischen Partnern vorlegen können. Wenn es nicht klappt, müssen wir das Büro schließen.

Anfang April sind Farnholdt und ich nach Wien geflogen. Es geht um ein aussichtsreiches Schiedsverfahren mit einem großen Streitwert. Wir würden es gern finanzieren. Als wir die Kosten kalkulieren, stellen wir fest, dass unsere Mittel nicht ausreichen. Wir müssen absagen. Später wird Steinbach es machen, als eines der ersten Verfahren seiner neuen Firma.

Unsere Mitarbeiter sind frustriert. Wer hat schon Lust, akribisch die Erfolgsaussichten eines Prozesses zu prüfen, Diskussionen mit den beteiligten Anwälten zu führen, und ihnen am Ende sagen zu müssen, tut mir leid, wir können es nicht?

Also auch in Deutschland müssen wir ein neues Modell finden, wie wir unsere Prozesse in Zukunft finanzieren können. Anfang Januar sitze ich noch einmal mit Rollmann in der Burg des Götz von Berlichingen zusammen. Die Stimmung ist schlecht und gereizt. Rollmann meint, wir müssten frisches Geld besorgen. Über einen Fonds, über eine Kapitalerhöhung oder sonst wie. Ich bin überzeugt, dass das Unsinn ist. Wir müssen die Rentabilität aus eigener Kraft schaffen, vorher ist jeder Versuch, Kapital einzuwerben zum Scheitern verurteilt. Morgens jogge ich. Ich bin froh, als unsere Klausurtagung zu Ende ist. Rollmann fährt mit dem Auto nach Bonn, ich besuche noch meine Eltern in Tübingen. Am nächsten Tag fliege ich von Stuttgart nach Berlin zurück.

Alles spricht dafür aufzuhören.

Am 18. Februar tagt der Aufsichtsrat in Berlin. Er stellt den Jahresabschluss fest, der nun – trotz des Sondergewinns aus dem Immobilienverkauf von rund 3 Millionen DM – mit einem Rekordverlust von 7,3 Millionen DM schließt. In Euro klingt es etwas freundlicher, nur 3,7 Millionen.

Außerdem stehen auf der Tagesordnung „Vorstandsangelegenheiten".

Ich sage dem Aufsichtsrat, dass ich mich entschlossen habe, weitere 5 Jahre zu bleiben.

Prozessfinanzierung war meine Idee, Foris mein Unternehmen. Ich habe es angefangen, ich muss es zum Erfolg führen. Das stand auf der linken Hälfte des Blattes.

AUF DER PALME

Am 18.4. ist wieder einmal „Büroleitermond" in Berlin. Dr. Kramer ist gekommen, unser „Leiter Prozessfinanzierung", den wir nach unserem Beschluss von Mallorca Anfang 2001 eingestellt haben, ein ehemaliger Kammervorsitzender am Landgericht Hamburg, ein kompetenter, bedächtiger und sympathischer Mann. Fabricius ist aus New York angereist, und aus Bonn Dr. Mennecke, der Funktionsbezeichnung nach Bonner Büroleiter, faktisch aber Rollmanns Faktotum und Assistent. Mein Berliner Büroleiter Dr. Farnholdt ist krank.

Wenige Tage davor bin ich mit Lupo aus Zermatt zurückgekommen. Das erste Mal seit 18 Jahren war ich wieder Skilaufen. Ich sage Rollmann, was mir in Zermatt aufgefallen ist: alle zehn Meter ein Uhrenladen, und in jedem Schaufenster Uhren für 10.000, für 100.000 und für 400.000 Schweizer Franken. Nicht, dass ich so eine Uhr haben möchte, die Insignien der Plutokratie interessieren mich nicht. Aber wir sind Unternehmer. Der Maßstab für den Unternehmenserfolg ist Geld. Was also machen wir falsch? Andere können es doch offensichtlich auch.

Rollmann hat das Treffen während meines Urlaubs einberufen. Ich möchte es nutzen, um vorzutragen, worüber ich in den letzten Wochen nachgedacht habe. Wir müssen unsere Strategie in der Prozessfinanzierung radikal umkrempeln.

An den beendeten Verfahren haben wir per Saldo mickrige 6,8 % des Optionsvolumens verdient. In unserem Unternehmenskonzept stand einmal 50 %. Aus den noch laufenden Prozessen errechnen unsere Computer einen Rohertrag von rund 16 % des Optionsvolumens.

Treffen die Prognosen zu, dann können wir daraus in Zukunft das Personal, die Mieten und sonstigen Fixkosten bezahlen. Um die aufgelaufenen Verluste zu decken, um Gewinnrücklagen zu bilden, reicht es nicht.

Wir haben überhaupt nur dadurch Geld verdient, dass wir einige wenige Großverfahren mit Millionenstreitwerten gewonnen haben. Hätten wir von vornherein nur Prozesse finanziert, bei denen um mehr als 200.000 € gestritten wurde, dann hätten wir keinen Cent weniger erwirtschaftet, aber nur ein Viertel der Arbeit gehabt. Auf der Burg habe ich Rollmann nach nervenden Diskussionen abgerungen, die Streitwertuntergrenze auf 200.000 € zu erhöhen.

Bei der geringen Erfolgsquote aus den finanzierten Prozessen müssten wir mehr und größere Verfahren finanzieren, um die Rentabilität zu erreichen. Das aber erhöht den Kapitalbedarf, der ohne den Nachweis der Rentabilität des Geschäfts nicht gedeckt werden kann. Ein Teufelskreis.

Ein weiteres Grundproblem: Zu viele Verfahren kommen über Anwälte zu uns, die unseren Qualitätsvorstellungen nicht entsprechen. Wahrscheinlich würden 30 Spitzenanwälte in Deutschland für unsere Verfahren ausreichen. Nur, deren Mandanten zahlen den Preis des Rechts selbst. Sie vertrauen darauf, dass ihre Anwälte die Prozesse gewinnen, die sie führen. Also brauchen sie keinen Prozessfinanzierer.

Unsere bisherige Werbung hat sich zu sehr auf Anwälte konzentriert. Unser Ziel muss dagegen sein, die für den Fall geeigneten Anwälte selbst zu bestimmen.

Der Schwerpunkt der Prozessfinanzierung muss an einem Standort liegen. Standorte mit großem Potential (München, Frankfurt, New York) können als Außenstellen nützlich sein. Mein *ceterum censeo* ist: Der Standort Bonn ist zu schließen.

Das sind die Überlegungen, die ich heute vortragen möchte. Doch Rollmann will die Diskussion nicht. Er blockt sie ab. Statt über die Unternehmensstrategie zu reden, beginnt er Monologe über die Archivierung von Akten.

Ich weiß nicht mehr genau, wann am Nachmittag ich aufhöre, ihm zuzuhören und mich mit dem Inhalt seines geliebten „Moderatorenkoffers" zu beschäftigen, mit seinen Stecknadeln für die Pinnwände, mit Filzschreibern, Schere und Kleber. Bastelwerkzeug eben. Ich forme eine Rolle aus Papier und klebe sie mit Tesa zusammen.

Ich höre ihm wieder ein bisschen zu. Schon vor geraumer Zeit hat Rollmann per Infobrett angeordnet, dass es auf jedem Schreibtisch im Unternehmen nur zwei Stifte geben darf: einen Tintenkuli und einen Druckbleistift. Werbekulis sind zu entsorgen, obwohl seine Marketingabteilung in Bonn selbst massenweise davon produzieren lässt. Er ärgert sich, dass seine Anordnung nicht eingehalten wird und dass zu viele Signierstifte im Berliner Sekretariat herumliegen.

Ich nehme eine Schere aus seinem Koffer und schnipple etwas an dem einen Ende der Rolle herum. Es kommt ein lustiges pinselförmiges Gebilde heraus. Ich male es mit einem Filzschreiber grün an, nun ist es eine Palme. Ich schneide ein weiteres Blatt nierenförmig zurecht und klebe die Palme darauf. Die einsame Insel ist fertig. Es ist 18 Uhr. Die Büroleiter müssen zum Flugplatz. Das Meeting ist zu Ende. Beschlüsse? Greifbare Erfolge? Erkenntnisse? Negativ.

Falsch, es gibt doch ein Resultat. Am nächsten Tag kommt Rollmann in mein Büro und spricht es aus: Er will mit mir nicht mehr zusammenarbeiten. Mit mir kann man überhaupt nicht zusammenarbeiten. Er muss alles machen, ich tue nichts. Und die Palme gestern war ja wohl das letzte. Offensichtlich habe ich die Trennung von meiner Frau nicht verkraftet. Denn seitdem ist es mit mir erkennbar bergab gegangen.

Auch falsch. Was Kraft gekostet hatte in den letzten Jahren, das war das Sich-Stemmen gegen den Zusammenbruch dieser Ehe, deren Fundamente bereits unterspült waren. Und die Befreiung von diesem Zustand hat meine Energien gestärkt, nicht geschwächt. Auch die für die Auseinandersetzungen mit Rollmann. Der gestrige Tag, seine Worte geben mir noch mehr Aufschwung. Ich werde keinen faulen Kompromiss mehr mit ihm eingehen, mir keinen Zentimeter mehr von dem abhandeln lassen, was richtig ist. Endlich ist der offene Konflikt da, die Entscheidung muss fallen: er oder ich.

Ich rufe Cobet in seiner Wilmersdorfer Kanzlei an, Rollmann und ich fahren hin. Er redet etwas von zusammenraufen, aber ich sage ihm, er soll Scherer und Wewering informieren. Jetzt ist die Stunde des Aufsichtsrates.

Es ist Freitagnachmittag. Ich fahre Rollmann noch höflich zum Flugplatz. Am Wochenende sitze ich mit Fabricius zusammen. Spätestens danach weiß ich, dass wir in unserem jetzigen Zustand unseren amerikanischen Gesprächspartnern nichts zu bieten haben. Kein Geld, keine Erfolgsgeschichte, kein schlüssiges Konzept. Und das gilt nicht nur für die USA, auch für Deutschland. Am gleichen Abend beginne ich, meinen Maßnahmen- und Rettungsplan für eine Foris ohne Rollmann zu entwerfen: Prozessfinanzierung umbauen, Bonn schließen, Immobilie zu Geld machen, für Foratis einen Gesellschafter suchen oder ganz verkaufen, den Vorstand und die Mitarbeiterzahl reduzieren und alle Nebenaktivitäten streichen. Am Schluss des Konzepts steht eine Tabelle, aus der sich die Liquiditäts- und Ertragsverbesserungen der nächsten zwei Jahre ergeben. Weder der Verkauf der Restimmobilie noch der Verkauf von Foratis sind unrealistisch. Foratis ist ein Unternehmen, das sich von Berlin aus eine eigenständige Marktposition erobert hat und mehr als eine halbe Million Euro im Jahr verdient Daraus lässt sich ein Unternehmenswert von vier bis sechs Millionen Euro errechnen. Es gibt bereits zwei sehr ernsthafte Interessenten für die Foratis: eine Konkurrenzfirma aus München und einen bundesweit bekannten Unternehmer aus dem Bonner Raum. Gelingt der Verkauf auch nur partiell, wird uns im laufenden Jahr außerhalb des operativen Geschäfts Liquidität von mindestens 3,5 Millionen € zufließen und ein Gewinn von ca. 1,2 Millionen. In den Folgejahren kommen Einsparungen von rund 200.000 € hinzu, eventuelle Sparmaßnahmen und Ergebnisverbesserungen des operativen Geschäfts nicht mitgezählt. Spare ich dann noch das Bonner Personal ein, werden wir im nächsten Jahr in den schwarzen Zahlen sein und genug Geld haben, neue Prozesse zu finanzieren.

Am 27. April schicke ich den Aufsichtsräten mein Papier. Ich bitte um unverzügliche Entscheidung in der Vorstandsfrage. Die Zeit drängt. Am 31. Mai ist Hauptversammlung. Sie ist bereits nach Bonn eingeladen. Ins alte Wasserwerk, in dem der Bundestag seine Plenarsitzungen abhielt, solange das Bundeshaus umgebaut wurde. In der Hauptversammlung muss feststehen, wer in Zukunft die Foris führt und mit welchem Konzept.

Die Aufsichtsratssitzung ist am 8. Mai in Bonn. Rollmann holt Cobet und mich vom Flugplatz ab. Im Auto werden nur wenige Worte gewechselt. In Bonn ziehen sich die drei Aufsichtsratsmitglieder gleich in ein abgelegenes Besprechungszimmer im ersten Stock zurück. Ich sitze unten auf der Terrasse. In mein Tagebuch schreibe ich später: „Dort längeres Gespräch mit Rollmann, das seine ganze Uneinsichtigkeit, gepaart mit Rabulistik, zeigt". Dann werde ich rauf zum Aufsichtsrat gebeten. Dr. Scherer führt das Wort. Warum er? Cobet ist der Vorsitzende. Ist er überstimmt worden? Dr. Scherer fragt mich, ob ich ohne Wenn und Aber bereit bin, die nächsten fünf Jahre der Gesellschaft als Vorstand zur Verfügung zu stehen.

Ich habe gewonnen... Herr Scherer teilt mir mit, dass man nunmehr Herrn Rollmann bitten wolle, sein Amt niederzulegen. Er fragt mich, ob ich bereit sei, sodann auf einen Teil meines Gehalts zu verzichten; für den Teil, auf den ich verzichte, will der Aufsichtsrat für eine gewisse Zeit einen Sanierungsberater engagieren. Ich denke einen Moment nach, dann beschließe ich hart zu bleiben und sage nein.

Scherer blickt fragend zu Frau Professor Wewering rüber. Sie sagt, nun gut, daran soll es nicht scheitern. Cobet zuckt mit den Schultern. O.K, man wird mich zu den bisherigen Konditionen als Vorstand weiterbeschäftigen. Wir wechseln noch ein paar Worte über Details, dann soll ich Rollmann hinaufbitten.

Ich gehe einen Moment vor die Tür, um durchzuatmen. Was, wenn der Aufsichtsrat anders entschieden und mich gebeten hätte zu gehen? Nun, dann hätte es eben so sein sollen. Die Argumente auf der rechten Seite des Blattes treffen immer noch zu. Die Sanierung der Foris wird kein Zuckerschlecken, im Gegenteil. Vor mir liegen schwere Aufgaben und harte Maßnahmen, und ich kann auch scheitern. Egal. Ich bin mir sicher, dass ich das richtige Konzept habe, und jetzt habe ich auch die Vollmacht, es umzusetzen. Die Verantwortung übernehme ich. The buck ends here, das ist in Ordnung.

Ich habe zu früh durchgeatmet. Als ich nach zehn Minuten wieder ins Haus komme, merke ich, dass etwas nicht stimmt. Rollmann und Cobet, Scherer und Wewering sind schon wieder unten. Scherer und Wewering sind beide in Hut und Mantel, unübersehbar erbost, und dabei zu gehen. Macht doch, was ihr wollt, schimpft Scherer. Mit einem flüchtigen Gruß verlassen beide das Haus.

Sofort ist mir klar, was geschehen ist. Rollmann war sich sicher gewesen, sich mit Unterstützung von Cobet im Aufsichtsrat durchzusetzen. Als er merkt, dass er geschlagen ist, hat er plötzlich behauptet, dass alles gar nicht so gemeint war. Er hätte doch nur gesagt, er wolle über den 30.6.2003, also das Ende seiner Vertragslaufzeit hinaus, nicht mehr mit mir zusammenarbeiten. Und dann ist er wütend geworden und hat dem Aufsichtsrat mit Klage gedroht. Daraufhin waren die Aufsichtsratsmitglieder am Ende ihres Lateins. Sie hatten sich doch alles so schön zurechtgelegt, und jetzt das... Scherer und Wewering kündigen an, ihre Aufsichtsratsmandate niederzulegen.

Sie kündigen an, aber sie tun es nicht. Rollmann hat geblufft, soviel ist klar. Tatsächlich unterscheidet das Aktienrecht streng zwischen der Abberufung als Vorstand und der Kündigung des Dienstvertrages. Der *Dienstvertrag* kann nur bei einem persönlichen vorwerfbaren Fehlverhalten gekündigt werden. Liegt ein solcher Fall nicht vor, muss die Gesellschaft bei wirksamer Abberufung dem Vorstand sein Gehalt bis zum Ende der Vertragslaufzeit weiterzahlen. Die *Abberufung* selbst geht zwar ebenfalls nur mit „wichtigem Grund"; aber der kann auch in objektiven Faktoren liegen. Die Situation, wie wir sie haben, ist nach der Rechtsprechung und den einschlägigen Kommentaren sogar ein typischer Fall dafür: Zerwürfnis im Vorstand. Keine Gesellschaft kann sich zwei Manager leisten, die sich gegenseitig blockieren. Um das zu verstehen, muss man eigentlich kein Jurist sein. Und als Jurist könnte man mit einem Blick in den „Hüffer" oder jeden anderen Kommentar zum Aktiengesetz feststellen, dass es so ist. Nur anscheinend dieser Aufsichtsrat nicht, gerade dieser! Es ist die Stunde des Aufsichtsrats, und der Aufsichtsrat versagt. Mit was für Leuten habe ich mich nur eingelassen…? Ich lasse Cobet und Rollmann allein. Ich soll am Freitagnachmittag einen Vortrag über Prozessfinanzierung halten, und der ist noch nicht annähernd vorbereitet.

Die deutsch-britische Juristenvereinigung tagt zweimal im Jahr, abwechselnd in Deutschland und im Vereinigten Königreich. Diesmal in Windermere im Lake Distrikt, in einem Hotel, das einem Miss-Marple-Film entsprungen zu sein scheint. Vor ihrem Vortrag bekommen alle Referenten ein Merkblatt mit ein paar Tipps: vor allem dem, dass es *„very british"* ist, mit einem Scherz zu beginnen und zu schließen. Ich versuche es und sage, dass entgegen verbreiteten Gerüchten nicht ich die Prozessfinanzierung erfunden habe. Das waren vielmehr die englischen Landedelleute vor 800 Jahren. Allerdings wurde die Prozessfinanzierung bald unter der Bezeichnung Champerty unter schwere Strafen gestellt. So teilte sie das Schicksal der meisten

Dinge, die Spaß bereiten: entweder sie machen dick, oder sie sind verboten. Die *landed gentry* widmete sich statt der Champerty die nächsten 800 Jahre der Fuchsjagd. Während die gerade verabschiedete „*Woolf Reform*" des englischen Zivilprozessrechts das Verbot der Champerty ein bisschen lockert, soll nun die Fuchsjagd verboten werden...

Was ich nicht sage, ist, dass unter den derzeitigen Bedingungen bei Foris die Prozessfinanzierung auch keinen Spaß bereitet.

VOR DEM STURM

„Die Liquidität reicht – ohne die im folgenden vorgeschlagenen Maßnahmen – unter pessimistischen Annahmen ca. 8 Wochen, unter mittleren Annahmen bis Anfang August; selbst unter optimistischen Annahmen reicht sie nicht aus, um so viele Prozesse führen zu können, dass ohne weitere Eigen- oder Fremdkapitalzufuhr die zur Erreichung einer nachhaltigen Rentabilität erforderliche Anzahl von Prozessen neu in Finanzierung genommen werden kann." Das steht im ersten Absatz des Konzepts, das ich dem Aufsichtsrat vor drei Wochen geschickt habe.

Anfang Mai hoffen wir auf einen größeren Ertrag aus einem Schiedsverfahren, das wir finanziert haben. Eine gesellschaftsrechtliche Auseinandersetzung in einer stinkreichen Unternehmerfamilie, deren Angehörige sich nicht das Schwarze unter dem Fingernagel gönnen. Dem Gesellschafter, den wir finanzieren, und vor allem den Beratern, die er um sich geschart hat, können wir schon kurz nach Vertragsabschluss nicht mehr trauen. Zum Vorsitzenden des Schiedsgerichts ist ein pensionierter Richter am Bundesgerichtshof bestellt. Die Schiedsrichter lassen sich ihre Tätigkeit nach dem Streitwert bezahlen. Allein der Vorsitzende bekommt für ein paar Stunden Arbeit den Gegenwert eines Einfamilienhauses, die beiden Beisitzer kaum weniger; ich rechne einmal nach und komme auf einen Stundenlohn von 30.000 €. Am Ende einer Nachtsitzung des Schiedsgerichts steht ein oberfauler Vergleich. Was für Foris als Gewinn dabei rauskommt, ist weitaus geringer als die Vergütung der Schiedsrichter, die keinerlei wirtschaftliches Risiko übernommen haben. Und kaum, dass das Schiedsverfahren zu Ende ist, scheint es, als wollte die sonst so zerstrittene Familie sich nun gegen Foris verbünden. Wir erwirken eine Einstweilige Verfügung. Bevor es zu einer Gerichtsverhandlung kommt, zahlt sie. Eine Dreiviertelmillion Euro fließt auf unser Konto.

So ist die pessimistischste Annahme aus meinem Szenario nicht eingetreten. Dennoch, keins der Probleme ist gelöst, keine der Maßnahmen, die ich vorschlage, ist angepackt. Die Hauptversammlung ist nur noch vierzehn Tage entfernt. Am Montagabend telefoniere ich zweieinhalb Stunden lang mit Rollmann. Er behauptet, dass seine Äußerung, nicht länger mit mir zusammenarbeiten zu wollen, sich nur auf die Zeit nach dem 30.6.2003, also nach dem Ablauf seiner Amtszeit beziehen sollte. Doch selbst wenn, wie soll das gehen? Weiterwursteln wie bisher? Am nächsten Tag schicke ich ihm eine E-Mail und bringe den Konflikt noch einmal auf den Punkt: Berlin oder Bonn, er oder ich und zwar sofort. Alles andere ist weder praktikabel noch ist es den Aktionären oder irgendwem zu vermitteln. Vor allem aber will ich es nicht. Entweder ich kann mein Sanierungsprogramm jetzt durchsetzen, oder wir werden insgesamt scheitern. Doch Rollmann laviert. Er versucht seine alte Taktik, die Sachfragen zu zerreden und Entscheidungen, die ihm nicht passen, zu verzögern. Er ist der Meinung, dass wir die Fragen, die ich in meinem Plan aufgeworfen habe, mit den Büroleitern erörtern müssen. Das schließe ich aus. Hier sind Vorstand und Aufsichtsrat gefragt, sonst keiner. Er will das Treffen dennoch einberufen. Ich antworte, dass ich es nicht genehmige. Wenn jemand dorthin fahren will, bitte: aber dann als Privatmann und auf eigene Kosten.

Die zum Zerreißen angespannte Stimmung ist im ganzen Unternehmen mit Händen zu greifen. Das Schiff dümpelt führerlos auf der in Fieberruhe daliegenden See, während die Sturmfront tintenschwarz am Horizont aufzieht... Das Büroleitertreffen wird abgesagt. Dafür melden sich Färber und seine Bischofslauterer Aktionärsgruppe, Kammacher, Breisgauer und Rinssler. Zusammen halten sie um 20 % des Foris-Grundkapitals. Sie wollen sich mit Cobet, Rollmann und mir noch vor der Hauptversammlung in Frankfurt treffen. Sie haben Wind von den Auseinandersetzungen bekommen, davon, dass der Aufsichtsrat sich um eine Entscheidung drückt, und wollen wissen, wie es weitergeht.

Wir vereinbaren ein Treffen am 24. Mai, eine Woche vor der Hauptversammlung, im Frankfurter Foris-Büro. In ein paar Telefonaten habe ich herausgehört, dass die Skepsis der Aktionäre sich in erster Linie gegen Rollmann in Person und gegen die Bonner Aktivitäten richtet, und dass man mir zutraut, die Dinge ins Lot zu bringen. Cobet will nicht mit. Rollmann und ich reisen getrennt an. Kammacher zieht mächtig vom Leder. Er meint, wenn wir so weitermachen, würden wir bald „vergitterte Luft" einatmen. Färber und die anderen bleiben moderater. Doch auch sie kündigen an, uns in der Hauptversammlung die Entlastung zu verweigern, wenn wir nicht einen knallharten plausiblen Sanierungsplan vorlegen. Sie drohen, eine außerordentliche Hauptversammlung einzuberufen. Dort werden sie beantragen, dem Vorstand das Misstrauen auszusprechen.

Die Aktionäre fragen Rollmann und mich nach der aktuellen Liquiditätssituation. Konkrete Antworten verweigern wir ihnen allerdings unter Hinweis auf die Insiderregeln. Rollmann wiederholt seine Idee, das Kapital von Foris zu erhöhen oder in einem Fonds frisches Geld für neue Prozesse einzusammeln. Er stößt auf kühle Ablehnung. Keiner aus diesem Gesellschafterkreis ist bereit, der Foris in ihrem jetzigen Zustand einen Cent zu geben. Und wenn nicht einmal sie es tun, tut es ein anderer erst recht nicht. Das Gespräch dauert kaum länger als eine Stunde. Rollmann wirkt angezählt. Schlechtgelaunt verabschiedet er sich. Ich trinke mit den anderen noch einen Kaffee in einem nahen Gartenrestaurant. Färber und die anderen bestärken mich weiterzumachen. Breisgauer, der Studienkollege von Rollmann, der Mitbegründer des Unternehmens und derjenige, der Rollmann und mich zusammengebracht hat, reist Rollmann nach Bonn nach, um noch einmal unter vier Augen mit ihm zu reden. Abends unterrichtet er Cobet und dann mich von dem Gespräch. Rollmann wird nicht zurücktreten. Er ist der Meinung, dass ich nichts gebacken kriege und Foris gegen die Wand fahren würde.

Noch fünfeinhalb Tage bis zur Hauptversammlung. Nichts ist entschieden. Der Aufsichtsrat schweigt.

Sonntagnachmittag klingelt mein Mobiltelefon. Scherer ist am Apparat. Ich frage ihn sarkastisch, ob wir in der Hauptversammlung eine Podiumsdiskussion über den zukünftigen Kurs der Foris AG veranstalten wollen? Er sagt, der Aufsichtsrat werde jetzt eine Entscheidung fällen. Er hat aber nach wie vor Zweifel, ob Rollmann einfach so abberufen werden kann. Ich erläutere es ihm noch einmal: Anders als die Kündigung des Dienstvertrages setzt die Abberufung eines Vorstandsmitglieds zwar einen wichtigen Grund, aber keine Pflichtverletzung des Vorstandsmitglieds voraus. Ist der Vorstand zerstritten, so ist das nach der Rechtsprechung ein wichtiger Grund. Dann kann der Aufsichtsrat jederzeit ein Vorstandsmitglied abberufen, um diesen Zustand zu beheben. Scherer sagt, er werde sich wieder melden.

Der Sonntag vergeht, ohne dass das geschieht. Abends versuche ich, ihn oder Cobet zu erreichen, ohne Ergebnis. Noch viereinhalb Tage.

Erst Montagfrüh ruft Scherer an. Der Aufsichtsrat berät heute um 11:30 Uhr. Um 13:30 Uhr telefoniere ich hinter ihm her, dann hinter Cobet. Der sagt mir, dass sich der Aufsichtsrat auf morgen vertagt hat. Im übrigen solle ich mir nicht zu sicher sein, dass er Rollmann abberuft und mich im Amt lässt. Es könne auch genau umgekehrt passieren. Über die Gründe des plötzlichen Sinneswandels schweigt er sich aus.

Was geht da vor?

Rollmann wird später bei Gericht vortragen, er habe sich geweigert zurückzutreten, „solange die Bedingungen seines Ausscheidens nicht geklärt waren". Außerdem hat er dem Aufsichtsrat damit gedroht, wenn er abberufen würde, würde seine Frau ihre sämtlichen Foris-Aktien verkaufen. Daraufhin würden die Kurse zusammenbrechen. Die Foris hätte dann keinerlei Möglichkeit mehr, sich durch Ausnutzung ihres genehmigten Kapitals neue liquide Mittel zu beschaffen.

Absurd. Kein ausscheidendes Vorstandsmitglied hat dem Aufsichtsrat die Bedingungen seines Ausscheidens zu diktieren. Die Drohung mit dem Aktienverkauf kann und muss der Foris egal sein. Eine Kapitalerhöhung kommt ohnehin nicht in Frage. Außerdem, warum sollte Familie Rollmann ihre Aktien entgegen jeder Vernunft alle auf einmal auf den Markt schmeißen und sich selbst die Preise kaputt machen? Aber Rollmann ist ein genialer Bluffer und hat immer noch einen Trumpf im Ärmel. Am nächsten Tag werde ich es merken.

LETTER OF INTEN"D"

Dienstag früh weihe ich meine Sekretärin ein, dass der Aufsichtsrat möglicherweise mich abberufen wird und nicht Rollmann. Ich formuliere vorsorglich eine Meldung fürs Infobrett. Dann schaue ich mich in meinem Büro um, welche privaten Akten und Gegenstände ich dort noch habe und im Fall des Falles mitnehmen muss. Wird ein Vorstand oder Geschäftsführer geschasst, ist es meist nur eine Frage von Stunden, bis die Schlösser ausgetauscht sind und er Hausverbot hat.

Gegen Mittag ruft Cobet an. Er sagt, der Aufsichtsrat habe beschlossen, dass ich bleiben und Rollmann gehen soll. Rollmann werde sein Amt im Einvernehmen mit dem Aufsichtsrat niederlegen, und zwar mit Wirkung zum 31.5., also dem Tag der Hauptversammlung, 9 Uhr. Auf meine Frage, was diese Zeitbestimmung solle, kriege ich zur Antwort, dies entspreche dem Wunsch Rollmanns. Den Grund dafür weiß er selbst nicht. Außerdem müsse das ganze noch geheim bleiben. Über die Art und Weise, wie diese Entscheidung kommuniziert werden solle, gebe es noch keine Einigung.

Für mich heißt das, dass noch gar nichts entschieden ist. Der Aufsichtsrat lässt sich von Rollmann wie ein Tanzbär an der Nase herumziehen. Ach ja, sagt Cobet noch in einem Nachsatz, Rollmann ist daran interessiert, die Foratis zu kaufen. Ich solle ihn doch einmal anrufen.

Was für ein Trick ist das nun wieder? Zwar steht in meinem Sanierungsplan, dass Foratis verkauft werden soll. Ich habe sogar eine Preisvorstellung genannt: zwischen vier und fünf Millionen Euro. Doch Rollmann wird diesen Preis weder bezahlen können noch wollen, da bin ich mir sicher. Dennoch rufe ich ihn an. Ich will wissen, was dahinter steckt.

Rollmann sagt in der Tat, dass er die Foratis übernehmen möchte. Das würde seinem Ausscheiden den Charakter eines „Management-buy-out" geben und wäre somit doch prima nach außen zu verkaufen.

Rollmann wird später vor Gericht strikt abstreiten, dass in dem Telefongespräch über den Kaufpreis gesprochen worden ist: *„In diesem Telefonat war von einem konkret bezifferten Kaufpreis nicht die Rede. Die Frage nach der Höhe eines möglichen Erlöses aus der Veräußerung einer Mehrheitsbeteiligung an der FORATIS AG"* hätten ich und er *„demgegenüber zu einem früheren Zeitpunkt im Zusammenhang mit der Diskussion über ein tragfähiges Restrukturierungskonzept eingehend anhand des prognostizierten Gewinns und unter Ansatz eines Multiplikators diskutiert. Auf diese Diskussion nahm Herr Dr. Rollmann in dem Telefonat Bezug."*

Ich überlasse es dem Leser, diese verschwurbelte Darstellung zu bewerten. Wenn ich etwas verkaufen will, interessieren mich nur zwei Dinge: Wie viel zahlt der Käufer, und wann zahlt er? Über was soll denn sonst gesprochen worden sein? Ich erinnere mich sehr genau an die Konditionen, die Rollmann mir nennt und habe sie damals in meinem Tagebuch notiert. Er will 51% der Foratis-Anteile kaufen, und zwar für 1.260.000 €. Davon will er 500.000 € bar bezahlen. 600.000 € will er dadurch begleichen, dass er der Foris die rund 300.000 Foris-Aktien, die er und seine Familie halten, zum Verrechnungspreis von 2 € überlässt (Börsenkurs am 28.5.2002: 1,60 €). Der Rest soll mit seinen Gehaltsansprüchen für die restliche Laufzeit seines Vorstandsvertrages verrechnet werden.

Dieses Angebot ist ein Witz, aber ein schlechter. In meinem Sanierungskonzept für den Aufsichtsrat steht: *„Die FORATIS wird unter der Annahme von 700 verkauften Gesellschaften im laufenden Jahr rund 630.000 € verdienen. Je 100 zusätzliche Gesellschaften würden den Gewinn um je rund*

170 T€ erhöhen. Die Gesellschaft würde damit in den nächsten 5 Jahren einen Gewinn – unabgezinst - von rd. 4,5 Mio. € machen. Längerfristige Planungen dürften kaum möglich sein. Unter diesen Prämissen dürfte die Gesellschaft einen Unternehmenswert von 4-5 Mio. € haben." Vier bis fünf Millionen Euro für Foratis, das entspricht einem Kaufpreis für 51% von mindestens 2.040.000 € und nicht von 1.260.000, die Rollmann jetzt anbietet. Und selbst diese will er ja nur zu einem kleineren Teil bezahlen. Den größeren will er gegen seine Aktien tauschen, von denen er eben noch dem Aufsichtsrat gesagt hat, sie seien bei einem schnellen Verkauf überhaupt nichts mehr wert, und gegen sein Restgehalt. Das aber steht ihm nur Monat für Monat zu, und auch nur, wenn er seine Arbeitskraft nicht nach seinem Ausscheiden anderweitig einsetzt. Und was ist mit den übrigen 49%? Soll ich als Vorstand des Minderheitsaktionärs Foris dann zusehen, wie er die Gesellschaft nach Bonn verlegt, den Unternehmensgewinn über horrende Vorstandsgehälter abräumt? Soll ich zusehen, wie er die Firma genauso den Bach runtergehen lässt, wie er das mit Institut, Akademie und Complex vorexerziert hat?

Ich habe keine Lust auf eine Diskussion. Ich sage ihm, dass ich sein Angebot zur Kenntnis nehme, dass es aber nicht akzeptabel ist. Erstens wegen des Preises. Und zweitens, weil wir ja gesehen haben, dass wir schon im Vorstand der Foris AG nicht mehr zusammenarbeiten können. Da macht es doch keinen Sinn, dass sich unsere Auseinandersetzungen anschließend in den Gremien der Foratis fortsetzen, wenn er nur 51% erwirbt und wir mit 49% weiter Gesellschafter bleiben. Das Gespräch ist nach wenigen Minuten zu Ende.

Ich rufe Cobet an. Ich sage ihm, die Foratis ist der Dukatenesel der Foris und die einzige Chance, durch einen Verkauf nachhaltig Geld in die Kasse zu bekommen. Das würde durch einen Verkauf zu Rollmanns Konditionen vereitelt. Wenn Rollmann Foratis-Anteile kaufen will, bitte. Dann aber alle, und nicht 51 %. Er soll ein angemessenes Angebot machen, und das prüfe ich dann. Ein Junktim zwischen dem Verkauf an ihn und seinem Ausscheiden aus dem Vorstand kommt nicht in Frage, ebenso wenig eine Bezahlung mit Aktien. Cobet eiert herum. Ich verlange von ihm, dass der Aufsichtsrat keine Vereinbarung über Foratis mit Rollmann abschließt, ohne mich vorher zu fragen. Das sichert Cobet mir zu.

Auch Cobet wird den Verlauf des Gesprächs vor Gericht später anders darstellen: Entgegen meiner Behauptung *„wurde in diesem Telefonat aber nicht über konkrete Konditionen der Foratis-Veräußerung gesprochen.“* Auch hätte ich nicht *„in diesem Telefonat das Bedenken geäußert, die verbleibende Minderheitsbeteiligung von 49% sei nach einem Verkauf nur schwer oder mit erheblichen Abschlägen veräußerbar.“* Ich hätte mich in dem Gespräch nicht allgemein gegen die Veräußerung der Foratis ausgesprochen, *„sondern ausdrücklich vor allem dagegen, die Foratis-Beteiligung gerade an Herrn Dr. Rollmann zu verkaufen“*, und hätte eine *„obstruktive und offenbar in erheblichem Maß von irrationalen Motiven geleitete Haltung“* an den Tag gelegt.

Mehrfach rufe ich am Nachmittag und Abend Cobet an und will wissen, was los ist. Sind die Entscheidungen endgültig, sind sie schriftlich fixiert, wann kann ich die Mitarbeiter unterrichten? Es wird achtzehn, zwanzig, einundzwanzig Uhr. Es sind keine sechzig Stunden mehr bis zur Hauptversammlung. Sechs Wochen hatte der Aufsichtsrat Zeit, eine simple Personalentscheidung zu treffen, nichts ist passiert.

Gegen 22 Uhr ruft Cobet mich an und sagt, nun sei es endgültig und schriftlich. Der Aufsichtsrat hat sich mit Rollmann geeinigt. Rollmann legt sein Vorstandsamt *„mit Wirkung zum 31.05.2002, 9 Uhr“* nieder. Im Vorstandssekretariat nebenan springt das Faxgerät an und spuckt zwei Blätter aus. Das eine ist ein Schreiben mit Rollmanns Amtsniederlegung, das andere mit einem Entwurf einer kurzen ad-hoc-Meldung darüber.

Vorsichtshalber will ich mich vergewissern, ob damit das Junktim zwischen dem Ausscheiden Rollmanns aus dem Vorstand und dem

Foratis-Verkauf aus der Welt sei. Nicht ganz, sagt Cobet, man hätte sich mit Rollmann auf einen „Letter of intent" geeinigt. Ich glaube, nicht recht zu hören. Er hat mir doch gesagt, keinerlei Vereinbarungen mit Rollmann abzuschließen, ohne mich vorher zu fragen. Tut ihm leid, das wäre dann in der Hektik wohl leider vergessen worden. Ich bitte ihn, mir die Vereinbarung zukommen zu lassen. Erst nach längerer Diskussion faxt er sie den beiden anderen Schriftstücken hinterher. Ich gehe noch mal nach nebenan. „Letter of intend" kommt als erste Zeile aus dem Faxgerät. Mit „d". Wie wäre es mit „Absichtserklärung", wenn man schon kein Englisch kann? Ich zerre den Rest des Schreibens aus dem Gerät.

„Letter of Intend

Mit dem Ausscheiden aus dem Vorstandsamt der FORIS AG besteht Einvernehmen mit Herrn Dr. Rollmann darüber, dass Herrn Dr. Rollmann der Erwerb der FORATIS AG zum Marktwert angeboten wird. Dabei soll sofort der Erwerb von 51 % der Gesellschaft ermöglicht werden verbunden mit der Kaufoption von weiteren 49 % innerhalb von 6 Wochen nach Abschluss des ersten Kaufvertrages.

Die Bewertung der Gesellschaft soll unverzüglich seitens der FORIS AG vorgenommen werden. Auf dieser Grundlage soll dann eine Kaufpreiseinigung erfolgen. Soweit dies rechtlich möglich ist, soll Herr Dr. Rollmann die Möglichkeit erhalten, FORIS Aktien zur Begleichung des Kaufpreises einzusetzen.

Sofern der Vertrag der Zustimmung der Hauptversammlung bedarf, stellt diese die Voraussetzung für die Wirksamkeit der Vereinbarung dar.

28. Mai 2002

gez. Cobet
Dr. Hans Cobet
Aufsichtsratsvorsitzender der FORIS AG

gez. Dr. Christian Rollmann"

Ich bin für einen Moment sprachlos.

Rollmann ist es erneut gelungen, den Aufsichtsrat über den Tisch zu ziehen. Der Aufsichtsrat hat mich zwar – sieht man einmal von der lächerlichen Zeitverschiebung bis Freitag 9 Uhr ab – zum alleinigen Vorstand gemacht, doch zugleich hat er mir das wichtigste Mittel meines Sanierungsplans aus der Hand geschlagen. Mit diesem Letter of Intent kann Rollmann jeden Verkauf der Foratis an einen Dritten verhindern. Ich vermute, dass es sogar sein Plan ist, die Foratis-Anteile an einen der Interessenten, die er beide kennt, mit einem deftigen Aufschlag durchzuhandeln. Damit ist mein Sanierungskonzept gescheitert. Foris steht vor der Pleite.

Bei jedem Juristen, nur anscheinend nicht bei denen, die im Foris-Aufsichtsrat sitzen, hätten die Worte „Letter of intent" oder „Absichtserklärung" sämtliche Alarmglocken klingeln lassen. Sie werfen rechtliche Fragen auf, mit denen der Jurastudent schon im ersten Semester konfrontiert wird: nämlich, wann eine Erklärung rechtlich bindet und wann nicht. Die Unterschiede in den Rechtsfolgen sind gravierend.

Das Bürgerliche Gesetzbuch kennt keinen „Letter of Intent". Was damit gemeint ist, muss also im Streitfall das Gericht beurteilen.

Letters of intent können alles mögliche sein: unverbindliche Äußerungen; Vereinbarungen, die die Modalitäten von Kaufverhandlungen regeln, zum Beispiel Gutachterkosten oder Geheimhaltungsverpflichtungen. Aber sie können auch Vorverträge sein und die Beteiligten genau so binden wie der endgültige Vertrag.

Kommt in den Formulierungen des Letter of intent ein Verpflichtungswille zum Ausdruck? Haben die Beteiligten sich über die wesentlichen Vertragsbestandteile bereits geeinigt? Spricht auch ihre Interessenlage bei Zustandekommen des Letters für einen Verpflichtungswillen? Wenn ja, dann liegt nach der Rechtsprechung ein Vorvertrag vor, der genau so rechtlich wirksam ist und die Parteien genau so bindet wie ein endgültiger Kaufvertrag.

Legt man diese Maßstäbe an, dann hat der Aufsichtsrat Herrn Rollmann die Foratis-Anteile verbindlich zum Kauf angeboten. Jedenfalls kann man darüber trefflich vor Gericht streiten. Rollmann kann jeden Marktpreis, der ihm von Foris genannt wird, in Zweifel ziehen und einen anderweitigen Verkauf der Foratis durch eine Einstweilige Verfügung und einen Rechtsstreit jahrelang verhindern. Ich bin sicher, dass er mit dieser Drohung versuchen wird, sich die Foris seinen Preisvorstellungen zu Willen zu machen.

Es kommt noch etwas hinzu. Wenn die Foratis tatsächlich an Rollmann verkauft wird, wird mir kein Mensch abnehmen, dass das ohne mein Zutun geschieht. Vielmehr werden alle ein Komplott zwischen Rollmann und mir vermuten mit dem Ziel, uns unter dem Vorwand von Rollmanns Ausscheiden die wertvollsten Stücke aus dem Kuchen zu schneiden und uns dann in Raten zu verabschieden. Dieser Letter of Intent muss weg, und zwar vor der Hauptversammlung.

Das halte ich Cobet am Telefon vor. Doch der sagt, ich solle das nicht so verbissen sehen. Er ist müde und meint, morgen wäre auch noch ein Tag.

In der Tat, heute Abend kann ich nichts mehr machen. Um 23 Uhr setze ich einen Text über Rollmanns Ausscheiden auf das Infobrett. Er ist viel zu freundlich angesichts dessen, was soeben geschehen ist. Außerdem sage ich, was ich in den nächsten Wochen zu tun gedenke. Dazu gehört der Satz: *„Einen weiteren Abbau von Mitarbeitern werden wir nicht vermeiden können."*

Ich buche einen Flug, dann gehe ich ins Bett.

Um halb 9 am nächsten Morgen betrete ich das Bonner Foris-Haus. Rollmann ist nicht da. Er ist, wie mir seine Sekretärin sagt, telefonisch auch nicht erreichbar. In seinem Zimmer fehlt die Magnum-Flasche Champagner, die dort immer stand. Rollmann hatte angekündigt, sie zu köpfen, wenn der Foris-Kurs wieder bei 50 € steht.

In der Nacht um halb zwei hat er auch eine Nachricht aufs Info-Brett geschrieben: *„In FORIS steckt viel Herzblut von uns allen. [...] Ich drücke Herrn Müller-Güldemeister ganz fest die Daumen, dass er das Unternehmen zu dem Erfolg führt, den wir beide uns von Anbeginn vorgestellt haben und für den wir so lange und so intensiv zusammen gearbeitet haben".*

Was nicht auf dieser Kitschpostkarte steht, ist seine Absicht, sich mit dem „Letter of intent" zu bereichern, den er dem Aufsichtsrat abgeschwatzt oder abgetrotzt hat. Ich habe im Flugzeug einen Aktenvermerk zu dem Letter of intent geschrieben und zehn gravierende Punkte aufgezählt, die gegen die darin enthaltene Vereinbarung sprechen: wirtschaftliche, steuerliche, rechtliche, Imagegründe.

Ich faxe ihn nach Berlin und bitte Dr. Farnholdt, die Punkte durchzusehen und einen Brief an die Aufsichtsratsmitglieder und an Rollmann zu entwerfen. Darin fordere ich sie alle auf, schriftlich zu bestätigen, dass der „Letter of intent" unverbindlich ist.

Dummerweise gehen die Faxe erst um 14 Uhr raus, so dass die Zeit zwischen Fristsetzung und Fristablauf nur 2 Stunden beträgt. Das, zugegeben, ist fast beleidigend kurz. Andererseits, nicht ich habe den Zeitdruck verursacht, sondern Rollmann und der Aufsichtsrat. Es sind keine 48 Stunden mehr bis zur Hauptversammlung.

Inzwischen ist Joseph Roth im Bonner Büro eingetroffen. Ich habe ihn dazugebeten, weil ich die Gespräche mit den Mitarbeitern nicht ohne Zeugen führen möchte.

Die meisten Mitarbeiter haben Kündigungsfristen von drei oder sechs Monaten. Kündigungen müssen bis Monatsultimo ausgesprochen werden. Ich bitte einen Mitarbeiter nach dem anderen ins Besprechungszimmer. Gemeinsam mit Joseph Roth schildere ich ihnen die Lage und stelle ihnen die Kündigungen in Aussicht. Brutal? Geschmacklos, es zwei Tage vor der Hauptversammlung zu machen, die die Mitarbeiter mit viel Engagement vorbereitet haben? Ich sehe es nicht so. Alle Bonner Mitarbeiter sind hoch qualifiziert und werden schnell wieder gute Jobs finden. Sie haben ausreichend lange Kündigungsfristen, um auf Arbeitsplatzsuche zu gehen. Es ist niemandem damit gedient, dass wir ihn einen Monat länger beschäftigen, als wir ihn brauchen. Fast alle äußern Verständnis dafür. Schließlich haben alle den Personalabbau der letzten zwölf Monate mitbekommen und sich gefragt, ob sie von sich aus schon einmal auf die Suche gehen sollen. Trotzdem bin ich kaputt und geplättet, als ich abends nach Berlin zurückfliege. Eine Reaktion Rollmanns oder des Aufsichtsrates auf meine Aufforderung? Fehlanzeige. Die technischen Vorbereitungen für die Hauptversammlung sind zwar abgeschlossen. Ich selbst aber habe noch keine Minute Zeit gehabt, darüber nachzudenken, mit welchen Worten ich vor die Hauptversammlung treten soll. Keine Rede, keine Präsentation ist ausgearbeitet. Dafür bleibt nur noch morgen.

Doch auch am Donnerstag, dem Tag vor der Hauptversammlung, hält mich die Frage in Atem, wie ich mit dem Letter of intent umgehe. Ich brauche eine schriftliche Bestätigung von Rollmann, dass er aus dem Letter keine Verpflichtung der Foris ableitet und dass ich weiter frei bin, die Foratis an Dritte zu verkaufen. Wenn ich die nicht habe, muss ich die Hauptversammlung von dem Letter of intent informieren. Ich muss sagen, dass der Aufsichtsrat ihn ohne mein Wissen mit Rollmann vereinbart hat und dass ich alles tun werde, um ihn aus der Welt zu schaffen. Gleichzeitig muss ich der Hauptversammlung aber auch sagen, dass der Letter of intent meinen Sanierungsplan gefährdet. Wenn Rollmann den Verkauf von Foratis-Anteilen an einen Dritten blockiert, droht Insolvenz.

Das Fax von Rollmann, das am nächsten Morgen bei mir eintrifft, bestärkt mich in meiner Befürchtung, dass Rollmann genau das vorhat. In dem Schreiben warnt er vor *„Misstönen oder gar rechtlichen Auseinandersetzungen"* und verlangt die sofortige Veröffentlichung einer ad-hoc-Meldung über den Verkauf der Foratis an ihn: *„Sie sollten daher bedenken, dass die zügige Veräußerung der FORATIS AG nicht nur glaubhaft darlegt, dass FORIS sich künftig auf die Prozessfinanzierung konzentriert, sondern auch zügig die Liquiditätsprobleme der FORIS löst und letztlich sogar meinem Ausscheiden als eine Art management-buy-out noch eine „verständliche" Erläuterung gibt und damit hoffentlich viele Fragen vermeidet".*

Es ist offensichtlich: Rollmann sieht den „Letter of intent" keineswegs als unverbindlich an. Keine Antwort auf meine Aufforderung zu erklären, dass die Foris aus dem Letter nicht verpflichtet wird; stattdessen nun dies. Der Verkauf von 51 % der Foratis ist für ihn beschlossene Sache. Er wird nicht freiwillig auf die Rechte verzichten, die ihm der Aufsichtsrat wider jedes Recht und wider jede Vernunft eingeräumt hat.

Wie beim Blitzschach rückt der Zeiger auf meiner Seite der Schachuhr unerbittlich vor, während ich mir den Kopf über die verwickelte Position der Figuren zermartere. Mit welchen Gegenzügen kann der Aufsichtsrat, mit welchen wird Rollmann reagieren? Wie beim Schach wächst die Anzahl der Szenarien exponentiell zur Tiefe der berechneten Züge. Plant der Aufsichtsrat weitere Schritte hinter meinem Rücken? Das Aktienrecht verleiht dem Aufsichtsrat die ausschließliche Befugnis, die Gesellschaft bei Rechtsgeschäften gegenüber dem Vorstand zu vertreten. Das Gesetz will verhindern, dass die Vorstände untereinander zum Schaden der Aktionäre kungeln. Daran, dass der Aufsichtsrat mit einem Vorstand hinter dem Rücken des anderen Vorstands kungelt, hat das Gesetz nicht gedacht. Cobet, Scherer und Wewering sehen sich nach ihrem Selbstverständnis offenbar berechtigt, jeden beliebigen Vertrag mit Rollmann abzuschließen, ohne mich zu fragen. Woher weiß ich also, dass der Aufsichtsrat nicht die „Bewertung seitens der Foris AG", wie im LOI genannt, selbst vornimmt, den Preis nach Rollmanns Vorstellung festsetzt und die Foratis-Aktien an ihn überträgt? Damit wären vollendete Tatsachen geschaffen. Auch ein späterer Hauptversammlungsbeschluss könnte sie nicht mehr aus der Welt kriegen. Allenfalls könnte Foris in einem möglicherweise jahrelangen Prozess Schadensersatzansprüche gegen den Aufsichtsrat geltend machen. Da sie dann wahrscheinlich schon pleite wäre, allerdings wohl nur, wenn sie einen Prozessfinanzierer findet…

Ich bitte Dr. Cobet zu einer Besprechung ins Büro. Er kommt am frühen Nachmittag. Er wirkt angeschlagen. Ein Resultat des Drucks, den Rollmann mit seinem Schreiben ansetzt? Er gibt in dem Gespräch mit mir zu, dass Rollmann den LOI keinesfalls als unverbindlich ansieht und dass der Aufsichtsrat von Rollmann über den Tisch gezogen worden ist. Er räumt ein, dass er, dass der ganze Aufsichtsrat Mist gebaut hat. Warum er das ohne Rücksprache mit mir gemacht hat? Er müsste wohl eine Art Blackout gehabt haben. Eine Lösung hat er auch nicht. Er rät, wir sollten doch erst einmal auf uns zukommen lassen, was Rollmann nun macht. Wir könnten uns ja auf den Standpunkt stellen, dass der LOI nicht verbindlich ist, dann würde Rollmann schon nicht auf dem Abschluss eines Kaufvertrages bestehen. Das sagt mir Cobet, er, der Rollmann schon seit der Schule kennt? Dann telefonieren wir gemeinsam mit Scherer. Scherer, der Physiker, belehrt mich, den Juristen, lang und breit, dass ein Letter of intent niemals eine Verbindlichkeit begründet. Er hätte schon viele solche Dinger unterschrieben, und daher wisse er es nun wirklich. Alles andere ist doch nur das das Übliche: zwei Juristen, drei Meinungen.

Beide reden auf mich ein, in der Hauptversammlung nicht zu sagen, dass ich gegen den Letter of intent bin. Am besten, wir erwähnen ihn gar nicht erst. Wie naiv sind diese Aufsichtsräte eigentlich?

Wollen sie, dass uns die Aktionäre in der Hauptversammlung die Wahrheit brockenweise aus der Nase ziehen? Was soll ich sagen, wenn ein Aktionär fragt, ob es anlässlich von Rollmanns Ausscheiden irgendwelche Vereinbarungen mit ihm gegeben hat? Keine Ahnung, meine Damen und Herren, fragen Sie bitte den Aufsichtsrat? Wenn ich gefragt werde, was ich von dem LOI halte? Dass ich ihn als Meisterwerk genialer Aufsichtsratskunst bewundere? Ich sage Scherer und Cobet, dass ich der Hauptversammlung den LOI keinesfalls verschweigen werde, und auch nicht, dass ich ihn für falsch halte und aus welchen Gründen. Dann ist das Gespräch ohne Ergebnis zu Ende. Cobet geht. Am späten Nachmittag setze ich mich an meine Hauptversammlungsrede, die ich in 16 Stunden halten soll. Dr. Farnholdt hat mir einen Entwurf vorgelegt.

„Sehr geehrte Damen und Herren," so beginnt er, *„ich stehe in diesem Jahr alleine vor Ihnen. Wie Sie der Presse entnommen haben, hat Herr Dr. Rollmann am vergangenen Dienstag sein Vorstandsamt im Einvernehmen mit dem Aufsichtsrat mit Wirkung zu heute morgen 9 Uhr niedergelegt.*

Ich werde mich kurz fassen und Ihnen in den folgenden ca. 40 Minuten meine Sicht der Dinge erläutern. Danach stehe ich für sämtliche Fragen zur Verfügung.

Ich habe Ihnen heute überwiegend keine erfreulichen Nachrichten zu verkünden.

Das gleiche galt für 7 Mitarbeiter in dem Bonner Büro der Foris AG, denen ich vorgestern die Schließung des Bonner Büros angekündigt und denen ich heute morgen Kündigungsschreiben überreicht habe. "

Farnholdt ist bereits am Nachmittag nach Bonn geflogen mit sieben Kündigungsschreiben in der Tasche. In meinem Auftrag hat er den Bonner Büroleiter Dr. Mennecke gebeten, die formellen Kündigungsschreiben den Mitarbeitern auszuhändigen. Der hat das schlichtweg abgelehnt. Das werde ich morgen früh, vor der Hauptversammlung, also selbst machen müssen. Entzückend! Nachts um eins schließe ich die Bürotür hinter mir, schalte die Alarmanlage scharf und fahre in mein Domizil. Ich bin auf den Lufthansa-Flug gebucht, der morgen früh um acht fliegt. Ich entscheide mich, stattdessen die DBA-Maschine um sechs zu nehmen. Reservieren ist nicht mehr möglich, also werde ich aufs Geratewohl um halb sechs am Flugplatz sein. Noch dreieinhalb Stunden Schlaf.

DAS MANUSKRIPT

Ich bin schon wach, als erst der Wecker klingelt und dann der Weck-
dienst anruft, den ich vorsichtshalber auch noch beauftragt habe. Am
Flugplatz sagt man mir, dass der DBA-Flug um sechs gestrichen ist.
Ich gehe in die Lufthansa-Lounge, nehme mir ein Croissant, ein paar
Weintrauben, einen Orangensaft und einen doppelten Espresso und
setze mich noch einmal an meine Rede. Sie wird ein herbes Fazit der
letzten vier Jahre werden:

*„Die Kündigung der Mitarbeiter ist die bittere Konsequenz daraus, dass
viele Blütenträume in den letzten Jahren nicht gereift sind.*

*Ich bin beeindruckt, wie professionell diese Mitarbeiter mit dieser Er-
kenntnis umgegangen sind und heute ihre Arbeit bei dieser Hauptversammlung
machen.*

*Ich habe die Foris AG im Jahr 1996 gegründet. Ich war und bin über-
zeugt davon, dass die Geschäftsidee der Prozessfinanzierung einem Bedürfnis des
Marktes entspricht und sich zu einem profitablen Produkt ausbauen lässt. Nach 2
Jahren Vorbereitung ist die Foris AG dann mit ihrem Konzept in Erscheinung
angetreten, Prozesse zu finanzieren, die der Kläger nicht finanzieren kann oder
will. Die Idee war neu, die Resonanz groß. Ebenso waren es die Erwartungen.
Ihre, aber auch unsere. Wir konnten auf der Woge der Euphorie mit schwimmen,
die die späten 90er Jahre mit ihrem Gründungsfieber erfasst hatte. Diese Euphorie
hat uns an den Neuen Markt getragen. Sie hat uns bedeutende Geldmittel in die
Hand gegeben, um unser geplantes Geschäft zu betreiben.*

*Wir sind es auch ziemlich forsch angegangen und haben in kurzer Zeit
viele Verfahren finanziert. Wir haben erhebliche Mittel in die Werbung gesteckt,
um unser Produkt bekannt zu machen – was uns gelungen ist, wovon allerdings
auch unsere Nachahmer profitiert haben.*

Wir haben Tochtergesellschaften gegründet, die weitere Produkte für die Anwaltschaft anbieten. Hierdurch sollte die Bindung an die Anwaltschaft verstärkt werden. Wir haben Personal eingestellt und für den geplanten Personaleinsatz in Bonn eine Immobilie erworben. Wir haben mit den Büros in Berlin und Bonn angefangen und danach weitere Büros in München, Frankfurt und New York eröffnet.

Die Satzungsänderung im vergangenen Jahr hat es ermöglicht, auch in Bonn eine Hauptversammlung abzuhalten – diese. Wie es aussieht, wird dies die einzige Hauptversammlung in Bonn bleiben.

Die Foris AG wird sich nämlich aus dem Standort Bonn zurück ziehen und voraussichtlich auch ihre weiteren Standorte schließen. Das Geschäft der Foris AG wird in Zukunft von Berlin aus weiter geführt. Unter anderem dieser Umstand war streitig zwischen Herrn Dr. Rollmann und mir und hat dazu geführt, dass Herr Dr. Rollmann im Einvernehmen mit dem Aufsichtsrat aus dem Vorstand der Foris AG ausgeschieden ist.

Meine Damen und Herren, es ist uns gelungen, die Idee der Prozessfinanzierung bekannt und zu einem inzwischen etablierten Instrument des Rechtschutzes zu machen. Was uns trotz aller Anstrengungen bis heute nicht gelungen ist, ist, sie rentabel zu machen. Dafür gibt es viele Gründe. Diese haben wir in erster Linie bei uns zu suchen. Wir haben zu viel Energie und Geld in unproduktive Bereiche investiert. Die Entscheidungen hierzu sind vom Vorstand insgesamt, also von Herrn Dr. Rollmann und mir getroffen worden, so dass auch ich mich zu ihnen bekenne. Dabei sind wir zum Teil von Annahmen ausgegangen, die sich im Nachhinein als unzutreffend heraus gestellt haben, wie beim Aufbau der Internet-Dienste und dem Ankauf der Bonner Immobilie. Allerdings war nicht alles vergeblich; wie wir sehen, ist uns mit dem Geschäftsbereich Vorratsgesellschaften ein namhafter Vermögenswert entstanden.

Auch, was die Laufzeit der Verfahren und die Schnelligkeit der Rückflüsse aus der Prozessfinanzierung angeht, haben wir uns massiv verschätzt.

Hinterher weiß man vieles besser.

Heute geht es darum, aus den Fehlern von gestern zu lernen und die notwendigen Konsequenzen für die zukünftige Ausrichtung der Gesellschaft zu ziehen.

Die recht simple, aber zentrale Schlussfolgerung lautet: Wir dürfen in Zukunft nicht mehr Geld ausgeben, als wir einnehmen. Das war unter der Annahme eines starken Wachstums zulässig, wenn nämlich bei zukünftig steigenden Einnahmen die heutigen Verluste überkompensiert werden würden. Davon können wir aber nicht mehr ausgehen. Wir müssen daher die Aufwendungen für Personal, Mieten und Sachmittel kürzen. Soweit nämlich, dass die laufenden Erträge allemal ausreichen, um die laufenden Aufwendungen zu decken. Und, dass wir die zurückfließenden Beträge - immerhin haben wir zur Zeit rund 4,5 Millionen € in Prozesse investiert - in neue Prozessfinanzierungen reinvestieren können.

Das heißt:

Die Foris AG muss sich noch konsequenter auf das Kerngeschäft der Prozessfinanzierung zurückbesinnen. Den Fokus der Prozessfinanzierung werden wir auf Großprozesse mit Streitwerten von 1 Mio. € aufwärts legen. Hier können wir unsere Stärken, die wir zweifelsohne besitzen, ausspielen. Wir müssen noch bessere Strategien entwickeln, derartige Verfahren direkt bei den Anspruchsinhabern zu akquirieren.

Durch einen Verkauf der Bonner Immobilie, durch einen Verkauf von Anteilen an der FORATIS und durch weitere Einsparungsmaßnahmen werden wir sicherstellen, dass die Foris AG jederzeit ausreichende Mittel für die Investition in ihr Kerngeschäft der Prozessfinanzierung hat.

Alle Aktivitäten, die nicht bereits jetzt profitabel sind und alle Kosten abdecken, werden sofort eingestellt. Produkte, die zum Kerngeschäft passen, keine Vorlaufinvestitionen mehr erfordern und erhebliche Wachstumchancen haben, werden wir weiter fördern. Für die sich aus der Bereinigung ergebenden bilanziellen Risiken werden wir in diesem Jahr Vorsorge betreiben, so dass die Erträge der nächsten Jahre hierdurch nicht mehr belastet werden können.

Die Notierung der Aktie am Neuen Markt bringt keine Vorteile mehr für Foris und deren Aktionäre. Sie verursacht direkte Kosten von über 100.000 € p.a. und bindet wertvolle Management-Kapazitäten, die anderweitig besser einge-

setzt werden können. Daher werden wir überlegen, dass Foris sich vom Neuen Markt zurück zieht. Der geregelte Markt reicht.

[...]

Meine Damen und Herren, ich bin mir bewusst, dass die Foris AG Ihre in sie gesetzten Erwartungen bisher nicht erfüllen konnte. Im Rückblick ist mir klar geworden, dass wir oft zu sehr auf die Börsenwirkung unseres Handelns geschielt haben, als uns allein auf die Fortschritte im Kerngeschäft zu konzentrieren. Damit wird Schluss sein. Der Blick auf den Börsenkurs macht erst dann wieder Sinn, wenn wir zumindest einen großen Teil der Ihnen gerade dargestellten Maßnahmen erfolgreich hinter uns gebracht haben. Nur wenn die Foris AG mit Erfolgen in der Prozessfinanzierung dauernd in die schwarzen Zahlen gelangt, kann es gelingen, Ihr Vertrauen und Ihre Zuversicht wieder zu gewinnen.

Ich wünsche mir, dass Sie heute sich davon überzeugen können, dass der nun eingeschlagene Weg der richtige ist und Alternativen dazu nicht bestehen.

Im laufenden Jahr wird es auf jeden Fall noch einmal Steine statt Brot geben.

Den ausscheidenden Mitarbeiterinnen und Mitarbeitern danke ich für ihre stets hervorragenden Leistungen und für ihren Einsatz. Insbesondere hat mich die sehr professionelle Haltung aller in schwierigen Zeiten sehr beeindruckt. Mit den verbleibenden Mitarbeitern verbindet mich der Wunsch und der Ehrgeiz, hart zu arbeiten und endlich die Ernte einfahren zu können, die wir so lange gesät haben. Ich weiß mich glücklich zu schätzen, in dieser schwierigen Situation über ein Team von sehr kompetenten und auch nach wie vor hoch motivierten Mitarbeiterinnen und Mitarbeitern zu verfügen.

Insofern kann ich nur mit der persönlichen Bitte schließen, mir das Vertrauen erneut auszusprechen und mich und die Foris AG in dem Bemühen zu unterstützen, in Zukunft wieder erfreulichere Hauptversammlungen abzuhalten. "

Als ich um halb acht in die Abflughalle komme, stehen die Berliner Foris-Mitarbeiter schon zusammen. Cobet ist auch da. Wir reden ein paar Worte miteinander, ohne den Gesprächsfaden von gestern wieder aufzunehmen. Es ist auch alles gesagt. Im Flugzeug feile ich weiter an meinem Manuskript.

In Köln-Bonn soll uns eigentlich ein bestellter Bus abholen. Er ist noch nicht da, als wir ankommen und ist auch nicht über Funk erreichbar. Ich steige mit Cobet und einer Mitarbeiterin aus der Prozessfinanzierung – meine Sekretärin ist wegen ihrer Kinder nicht mit nach Bonn gekommen – in ein Taxi und fahre voraus. Auf dem Rücksitz gehe ich mit ihr meine handschriftlichen Änderungen durch und bitte sie, sich in Bonn an den Computer zu setzen und mir dann eine Reinschrift zu bringen.

Dann gehe ich die 500 Meter zum Wasserwerk rüber.

Im Wasserwerk

Für halb zehn habe ich sieben Mitarbeiter des Bonner Büros zu einer Besprechung in einen Nebenraum im Wasserwerk gebeten.

Mennecke hat völlig überrascht getan, als Farnholdt ihm gestern die Kündigungsschreiben überreicht hat. Angeblich hat kein Mitarbeiter aus meinen Gesprächen am Mittwoch den Eindruck mitgenommen, dass das Bonner Büro dichtgemacht wird und ich ihnen kündigen werde. Spinne ich? Dienstag früh haben alle meine Nachricht auf dem Infobrett gelesen: Die Bonner Immobilie wird verkauft, alle Zentralfunktionen gehen nach Berlin, und wir müssen uns von noch mehr Mitarbeitern trennen. Dann die Einzelgespräche in Bonn. Joseph Roth war bei allen Besprechungen anwesend. Bevor wir uns auf die Heimreise gemacht haben, haben wir den Tag noch einmal rekapituliert. Wir waren der Meinung, dass wir uns ziemlich klar ausgedrückt haben. Nun gut, denke ich, dann werde ich es eben heute Morgen noch einmal mit dem gleichen Ernst tun müssen, mit dem ich in einer halben Stunde vor die Aktionäre treten werde. Ich muss noch einmal um Nachsicht für die Notwendigkeit meines Sanierungsplans werben, ich muss ihnen die Kündigungsschreiben an diesem Morgen aushändigen und ihnen eine gute Zukunft wünschen.

Schon als ich mit ihnen zu dem kleinen Nebenraum im ersten Stock des Wasserwerks raufgehe, ist die Stimmung eisig. Habe ich noch vorgestern mit jedem von ihnen freundlich gesprochen und für meine bitteren Wahrheiten sogar Verständnis gefunden, so sind die Mienen nun wie versteinert. Kein Kommentar zu meinen Worten, als ich fertig bin und ihnen die Kündigungsbriefe aushändige. Keiner fragt etwas. Warum schimpft niemand? Warum macht sich keiner Luft? Warum sagt keiner, er hätte es besser gefunden, wenn ich vorgestern deutlicher geworden wäre, oder wenn ich mit den Kündigungen noch einen Monat gewartet hätte? In den Unternehmensgrundsätzen steht, dass wir das offene Wort schätzen. Wieso sprechen sie es dann nicht aus? Oder ist das der Stil in Bonn, den Rollmann dort eingeführt hat? Schweigend verlassen alle den Raum und gehen zu ihren Plätzen beim Empfang, bei den Eingangstischen oder in der Regie. Ich spreche noch ein paar Minuten mit Herrn Kramer, dem „Leiter Prozessfinanzierung", dem einzigen, der mir beim Rausgehen einen aufmunternden Blick zugeworfen hat. Es ist kurz vor zehn. Ich gehe wieder in den Saal. Der ist inzwischen gut gefüllt. Viele der Hauptversammlungsteilnehmer, mich eingeschlossen, sehen die Kulisse historischer Parlamentsdebatten heute zum ersten Mal in der Realität und schauen interessiert herum. Doch mehr noch interessieren sie die Hintergründe der neuesten Nachrichten von Foris. Entsprechend groß ist die Unruhe im Saal, entsprechend viele fragende Blicke sind auf mich gerichtet. Einige sprechen mich an uns wollen aus erster Hand wissen, was los ist, aber ich entziehe mich mit einer gemurmelten Entschuldigung. Es ist zehn Uhr. Wo bleibt der Aufsichtsrat? Wo bleibt Dr. Farnholdt? Ich rufe ihn auf seinem Mobiltelefon an und frage, was los ist. Der sagt nur, dass der Aufsichtsrat im großen Besprechungszimmer tagt und dass Herr Rollmann gerade erschienen ist. Herr Rollmann? Er ist mit Wirkung heute 9 Uhr zurückgetreten und nicht mehr Vorstand. Er hat in der Villa nichts zu suchen. Ich bitte Farnholdt, Rollmann ans Telefon zu holen, doch Rollmann lehnt ab. Ich trage Farnholdt auf, in meinem Namen Rollmann zum Verlassen des Hauses aufzufordern. Ich höre am Telefon, wie Rollmann sich weigert.

Es ist bereits nach zehn. Die Aktionäre fragen, wann es endlich losgeht. Ich berate mich einige Minuten mit Joseph Roth. Wir versuchen noch einmal, in der Villa anzurufen. Mennecke nimmt ab;

als ich mich melde, legt er wieder auf. Ich bin drauf und dran, in die Villa zu gehen, da ruft Farnholdt an: Die Aufsichtsräte haben sich auf den Weg ins Wasserwerk gemacht. Als Cobet, Scherer und Wewering in den Saal kommen, liegt auf ihren Gesichtern die gleiche Starre wie auf denen der Bonner Mitarbeiter vorhin. Ich frage Scherer, der sich schnell an mir vorbeidrücken will, was los ist. „Nichts, wieso fragen Sie?" ist seine Antwort. Dann nimmt er, ebenso wie Cobet und Wewering, neben mir auf dem Podium Platz. Zusammen mit den Aufsichtsräten ist Rollmann in den Saal gekommen. Er setzt sich in eine hintere Reihe, dort, wo schon seine Frau, seine Schwester und andere Freunde und Familienmitglieder zusammenhocken. Ich schaue etwas genauer hin: er hat eine von Frau Casparis blauen Foris-Krawatten umgebunden. Es ist das erste Mal; bisher fanden wir es unpassend, wenn auch die Vorstände sich wie die Mitarbeiter uniformieren würden.

In diesem Moment fällt es mir wie Schuppen von den Augen. Wie Filmschnipsel laufen die Bilder der letzten Tage, Stunden und Minuten vor mir ab. Der nächtliche Schock des Letters of intent, das gespenstische Verhalten der Bonner Mitarbeiter, Rollmanns Auftauchen in der Villa, der maskenhafte Einzug der Aufsichtsräte und nun der Mummenschanz mit der Foris-Krawatte. Mir fällt der Satz von Karl Marx ein, dass die Geschichte sich zweimal ereignet, erst als Tragödie und später als Farce. Am 20. Juni 1991 wurde in diesem Saal die leidenschaftliche, ernste Debatte um die Hauptstadtentscheidung geführt, durch alle Parteigrenzen hindurch. Heute soll Bonn Hauptstadt von Foris werden. Die Bushaltestelle dieses Namens gibt es ja schon.

Cobet greift zum Mikrophon. *„Bevor ich hier in die Geschäftsordnung – äh – Tagesordnung einsteige, möchte ich einen Beschluss bekannt geben, den der Aufsichtsrat heute morgen getroffen hat."* Er beugt sich über ein Stück Papier und erhebt die Stimme. *„Der Aufsichtsrat beschließt einstimmig: Herr Lothar Müller-Güldemeister wird mit sofortiger Wirkung als Vorstandsmitglied der Gesellschaft abberufen. Herr Dr. Christian Rollmann wird erneut zum Vor-*

standsmitglied der Gesellschaft bestellt. Er vertritt die Gesellschaft allein. Der Vorsitzende des Aufsichtsrates wird gebeten, die vorgenannten Beschlüsse in der heutigen Hauptversammlung Herrn Müller-Güldemeister und Herrn Dr. Rollmann bekannt zu geben." Er schaut von seinem Manuskript auf und sieht sich suchend um. Das Possenspiel beginnt. *„Ist Herr Dr. Rollmann hier im Saal?*" Rollmann steht auf. *„Nehmen Sie die Bestellung an?*" – *„Ja, ich nehme die Bestellung an.*"

Als gehörte ich selbst zur Darstellertruppe dieses Schmierentheaters, schiebe ich meine Papiere zusammen und verlasse das Podium. Die Aktionäre im Saal sind wie vom Donner gerührt von dem, was sich hier abspielt. Erst nach etlichen Sekunden löst sich die Erstarrung. Ein ungläubiges Raunen geht durch die Reihen. Wütende Rufe werden laut. Ich habe den „Letter of intent" hundert mal kopiert und verteile ihn. „Dilettantisches Machwerk", „Betrug", „ein Stück aus dem Tollhaus", diese Worte fliegen durch den Saal. Erboste Aktionäre fordern Cobet auf, die Entscheidung zu erläutern.

Rollmanns Schulfreund wirkt plötzlich wie ein ertappter Pennäler aus der „Feuerzangenbowle", wie er da so sitzt mit seiner Hornbrille und seiner Fliege. Als würde er seine Gedanken erst beim Reden allmählich verfertigen, trägt er zögernd vor, Rollmann hätte sich nur schweren Herzens damit abfinden können, aus dem Vorstand abzutreten, und nur unter der Voraussetzung, dass er der Foris *„ein Abschiedsgeschenk"* machen dürfe, indem er sie von der Last der Foratis befreit. Dies hätte der Aufsichtsrat *„eine wunderbare Idee"* gefunden und *„diesen Letter of intent abgeschlossen, der aus unserer Sicht der Foris alle Möglichkeiten gibt, hier Herrn Dr. Rollmann nochmals einen letzten Dienst der Gesellschaft erweisen zu lassen."*

Da ich aber dieses Abschiedsgeschenk nicht wollte, hat sich der Aufsichtsrat *„deshalb nach sehr langer Diskussion auch erst heute morgen dazu entschieden, Herrn Müller-Güldemeister abzuberufen und wir haben das große Glück, dass Herr Dr. Rollmann die Gesellschaft so sehr liebt, dass er die*

Sache weiterführen will. " Da nun Herr Rollmann wieder Vorstand ist, war ein so freigebiges Geschenk natürlich nicht mehr am Platze. Darum hat der Aufsichtsrat den Letter of intent wieder aufgehoben.

Das wunderbare Abschiedsgeschenk, der letzte Dienst, das große Glück, die tiefe Liebe zur Gesellschaft? Die Hauptversammlungsteilnehmer sind nicht in Courts-Mahler-Laune. Sie wählen Cobet als Versammlungsleiter ab. Der neu gewählte Versammlungsleiter, ein Aktionär, der sich als Arzt vorgestellt und sich selbst vorgeschlagen hat, bittet Rollmann nach vorn. Der hält einen einstündigen Vortrag, ziemlich gut präpariert für jemanden, der erst seit zehn Minuten weiß, dass er wieder Vorstand ist. Darin betont auch er, dass er die Foratis aus rein selbstlosen Motiven erwerben wollte. *„Ich wollte persönliches Vermögen einsetzen, um diese Firma zu retten".* Natürlich war der „Letter of intent" völlig unverbindlich und hätte mich zu keinem Zeitpunkt gehindert, die Foratis zu jedem beliebigen Preis an einen Dritten zu verkaufen. Auch Scherer und Wewering werden nicht müde zu argumentieren, dass der Letter of intent ein rechtliches Nullum ist. Eigentlich gibt es ihn gar nicht, müsste man meinen, wenn man sie hört. Scherer kokettiert mit seiner juristischen Unkenntnis und macht sich über die Juristen lustig, die hinter jedem Punkt und Komma Unrat wittern. Wewering, umgekehrt, wirft ihren Professorentitel in die Waagschale, um ihren Standpunkt zu untermauern. Vorgestern und gestern hatte ich Rollmann und die drei Aufsichtsratsmitglieder händeringend um die schriftliche Bestätigung gebeten, dass der Letter of intent unverbindlich ist und habe keine Antwort bekommen. Heute, wo der Letter of intent „aufgehoben" ist, überbieten sie sich in Beteuerungen, dass sich das doch von selbst versteht. Aber wieso muss man etwas Unverbindliches eigentlich aufheben? Und wieso ist es ein wichtiger Grund, jemanden aus dem Vorstand zu entlassen, weil er gegen ein rechtliches Nichts protestiert hat?

In wütenden Redebeiträgen bezeichnen die Aktionäre das Verhalten Rollmanns und des Aufsichtsrats als unerhört, als unprofessionell, als Affentheater. Sie beschließen, dem Aufsichtsrat und Rollmann die Entlastung zu verweigern. Es schert die Dame und die drei Herren nicht. Mit beleidigter Miene, aber bräsig und trotzig sitzen sie auf ihrem Podium. Sie wissen, dass die Hauptversammlung heute weder Rollmann förmlich das Vertrauen entziehen noch den Aufsichtsrat abwählen kann. Das geht nur in einer neuen Hauptversammlung, in der diese Punkte in der Tagesordnung angekündigt sind. Bis es zu einer neuen Hauptversammlung kommt, wird Zeit ins Land gehen. Diese Zeit, da bin ich sicher, wird Rollmann nutzen, um vollendete Tatsachen zu schaffen.

Es ist viertel nach sieben abends, als die Tagesordnung abgearbeitet ist. Als letzte Ironie stellt sich heraus, dass der Versammlungsleiter zum Freundeskreis von Rollmann gehört und die angebliche Neutralität, mit deren Behauptung er sich für dieses Amt zur Wahl gestellt hat, eine Lüge war. Am Ende bügelt er mit schneidender Stimme mehrere Geschäftsordnungsanträge ab und schließt abrupt die Versammlung, um zu verhindern, dass noch weitere Anträge gestellt werden. Die Farce ist zu Ende.

Am Abend treffen sich die Forisianer in einem Biergarten in den Rheinauen, nicht weit vom Wasserwerk und von der Foris-Villa. Ich bin von den Vorgängen so merkwürdig wenig berührt, dass es mich selbst befremdet. Kaltblütig gehe ich mit den anderen mit und setze mich mit einigen Berliner und Bonner Mitarbeitern zusammen. Auch Cobet sitzt mit dabei. Ich sage ihm auf den Kopf zu, wie es meiner Überzeugung nach abgelaufen ist. Rollmann hat die Aufsichtsräte mit dem Letter of Intent über den Tisch gezogen. Als ihnen zu dämmern begann, dass sie mit ihrem dilettantischen Vorgehen Schadensersatzansprüche in Millionenhöhe zu befürchten hatten, haben sie sich Rollmanns Druck gebeugt: Aufhebung des Letter of intent gegen Ent-

lassung von Müller-Güldemeister und Wiedereinsetzung von Rollmann. Cobet widerspricht mir nicht. Er ist fix und fertig, wachsbleich
und trinkt ein Glas nach dem anderen. Nach kurzer Zeit ist er betrun-
ken.

Nachdem der Biergarten schließt, gehe ich mit den beiden
Vorständinnen und zwei Mitarbeiterinnen der Foratis und mit Joseph
Roth in eine der wenige Kneipen in Bonn, in denen man nach Mitternacht noch etwas zu essen bekommt. Wir sitzen bis drei Uhr und reden. Es herrscht Endzeitstimmung. Langsam sickert das Geschehen
aus meinem Verstand in mein Gefühl.

Um drei Uhr bringt mich das Taxi ein letztes Mal in mein Appartement im Gästehaus. Ich bitte den Fahrer, um sieben wiederzukommen. Um acht geht mein Flugzeug nach Berlin. Ich will im Büro
sein, bevor ein Emissär von Rollmann die Schlösser austauscht.

VERRAT

Meine Sekretärin, Frau Bachmann, ist am Samstagmorgen schon im Büro, als ich komme. Ich habe sie telefonisch gebeten, dort auf mich zu warten. Sie ist schon gestern von Kollegen informiert worden und begrüßt mich freundlich und traurig. Ich packe die wenigen privaten Sachen und Akten, die ich noch in meinem Büro habe, in einen Karton. Sie quittiert mir den Erhalt meiner Büroschlüssel, der EC- und Kreditkarten, die auf Konten der Foris laufen. Lediglich meine Lufthansa-Kundenkarte behalte ich und bitte Frau Bachmann, in der Buchhaltung zu veranlassen, dass die Karte auf mich umgeschrieben wird, damit ich sie weiter nutzen kann. Ich beabsichtige, der Foris anzubieten, den Gegenwert der mit meinen dienstlichen Flügen angesammelten Meilen mit meiner restlichen Gehaltsforderung zu verrechnen.

Bei Bartolucci, einem italienischen Restaurant in Schöneberg, schlafe ich beinahe beim Essen ein. In meiner Wohnung angekommen, schmeiße ich meine Sachen in die Ecke und lege mich auf die Couch, um einen Moment auszuruhen. Als ich die Augen öffne, ist es dunkel. Es dauert eine Weile, bis ich mich besinne, wo ich bin und was geschehen ist. Ich blinzle auf die Zeitanzeige an meinem Mobiltelefon: es ist ein Uhr nachts. Ich habe zehn Stunden geschlafen. Aber wie immer, wenn ich im hellen eingeschlafen und in der Nacht aufgewacht bin, fühle ich mich wie ein Fremdling in einer Zwischenwelt zwischen Schein und Sein: ausgestoßen aus der einen, noch nicht angekommen in der anderen...

Dieser Satz gilt nicht nur für diese Nacht, sondern für die Monate, die nun folgen. Ich bin gefeuerter Vorstand der Foris; aber der jetzige Vorstand der Foris hat nicht das Vertrauen der Aktionäre und bei der nächsten Hauptversammlung könnten sich die Machtverhältnisse völlig drehen. Nur, wie lange wird das dauern? Und vor allem: in welchem Zustand würde ich Foris dann vorfinden? Ist mein Sanierungsplan dann noch durchführbar? Wie soll ich mich verhalten?

In der Hauptversammlung im Wasserwerk hat Cobet noch verkündet: der Aufsichtsrat könne *„übrigens Herrn Müller-Güldemeister nichts vorwerfen"*. Ich hätte mich *„immer für das Unternehmen wirklich engagiert und aus unserer Sicht alles Menschenmögliche getan, wir haben in keinem Moment sagen können, wir hätten es besser gekonnt"*. Mit solchen Artigkeiten ist es nun vorbei. Schon in der Woche nach der Hauptversammlung verkündet mir Cobet, Gehaltszahlungen würde es nicht mehr geben. Die Foris hätte Schadensersatzforderungen gegen mich aus der LHA-Krause-Angelegenheit und mit denen würde sie aufrechnen. Er verbietet mir das Haus. Am 26. Juni kündigt er meinen Vorstandsdienstvertrag fristlos. Alles angeblich im Namen des Gesamtaufsichtsrates.

Viel später wird sich vor Gericht herausstellen, dass es wirksame Beschlüsse des Aufsichtsrats zu diesen Themen nicht gibt. Das nützt mir nichts. Der plötzliche Wegfall fest eingeplanter Einnahmen erwischt mich kalt. Ich muss Foris-Aktien verkaufen, um laufende Kosten zu decken. Das schmerzt. Tausend Stück, für deren Verkauf ich vor zwei Jahren noch zwanzigtausend Euro bekommen hätte, bringen noch erbärmliche 700 €. Und der Kurs sinkt weiter. Kurz nach der Hauptversammlung, am 13.6., ist Foris Pennystock geworden.

Soll ich Foris sausen lassen und mir etwas anderes suchen? Ich wollte doch schon einmal gehen! Ich brauche nicht einmal mehr eine Entscheidung zu treffen, das haben andere für mich gemacht. Doch soll ich mich vor die Tür setzen lassen, wie der Wirt einen betrunkenen Gast aus der Kneipe wirft? Außerdem habe ich noch über vierhunderttausend Aktien. Soll ich abwarten, bis das Gespann Rollmann-Cobet sie endgültig zu Nonvaleurs macht? Immerhin waren bei der Hauptversammlung zwei Drittel der Anwesenden für mich und gegen Rollmann und Cobet. Zusammen mit den Aktionären, mit denen ich schon am 24. Mai in Frankfurt zusammengesessen habe, Färber, Kammacher, Breisgauer und Rinssler, habe ich mehr als 30 % des stimmberechtigten Kapitals. Wir tun uns zusammen. Sie verlangen vom Vorstand eine außerordentliche Hauptversammlung. Nach dem Aktiengesetz ist der Vorstand verpflichtet, sie in diesem Fall unverzüglich einzuberufen.

Anfang Juli gibt es ein Treffen in Hannover. Die Aktionärsgruppe kommt, Rollmann, Cobet und zwei neue Leute, Knoopmann und Seibt. Frau Wewering ist am 19. Juni von ihrem Aufsichtsratsposten zurückgetreten. Das Amtsgericht Charlottenburg hat auf Antrag von Cobet Herrn Knoopmann bestellt, einen langhaarigen, korpulenten Diplomökonomen, der im Büro eines Hannoveraner Konkursverwalters residiert. Der Aufsichtsrat hat Herrn Seibt zum zweiten Vorstand neben Rollmann benannt, denn nach der Satzung muss der Vorstand aus zwei Personen bestehen. Seibt sitzt mit einer gerade neu gegründeten Beratungsfirma in dem gleichen Haus in Bonn wie die Anwaltskanzlei, der Rollmann nach wie vor angehört. Der Aufsichtsrat hat ihm keinerlei Kompetenzen zugestanden. Er ist nur mit Rollmann zusammen vertretungsbefugt, während Rollmann weiter allein schalten und walten kann. Seibt ist eine Galionsfigur, mehr nicht.

In dem Treffen soll es darum gehen, ob die streitenden Aktionärsgruppen – Färber, Kammacher und ich auf der einen, Cobet, Rollmann und deren Familien auf der anderen Seite, sich gemeinsam auf eine neue Aufsichtsratsbesetzung verständigen können. Doch die Stimmung ist von Anfang an gereizt. Färber fragt nach den wahren Gründen meiner Entlassung. Cobet beschränkt sich in seiner Antwort auf finstere Andeutungen. Wir kommen über Vorfragen der Verhandlung nicht hinaus und gehen nach weniger als einer Stunde auseinander.

Ich entwerfe zwei Klagen gegen Foris: eine, um feststellen zu lassen, dass meine Abberufung unwirksam war, die andere auf das ausstehende Gehalt. Doch ich müsste erst einmal mehrere Tausend Euro Gerichtskosten einzahlen, und im Moment versuche ich jeden Euro zu sparen. Ich rechne fest damit, dass es nach der Hauptversammlung einen neuen Aufsichtsrat gibt, denn die Mehrheit ist auf meiner Seite. Selbst wenn der neue Aufsichtsrat mich nicht wieder als Vorstand einsetzt, wird er dennoch wahrscheinlich eine vernünftige Einigung mit mir herbeiführen. Also entscheide ich, die Hauptversammlung abzuwarten, bevor ich die Klagen einreiche.

Rollmann beruft die Hauptversammlung ein, aber erst zum 4. September, mehr als einen Monat später, als es möglich wäre. Zwar können die Aktionäre, wenn der Vorstand ihrem Verlangen nicht unverzüglich nachkommt, sich vom Gericht ermächtigen lassen, die Hauptversammlung selbst einzuberufen; aber das gerichtliche Verfahren dauert so lange, dass es die Abhaltung der Versammlung nicht beschleunigen würde.

Rollmann spielt auf Zeit. Gegenüber den Berliner Mitarbeitern kündigt er die Schließung des Berliner Standorts fürs Jahresende an. Dr. Farnholdt ist der erste, der kündigt. Der Standort blutet aus. So wird die Verlagerung nach Bonn unumkehrbar, obwohl nur die Hauptversammlung mit einer Satzungsänderung einen Sitzwechsel beschließen dürfte. Der Aufsichtsrat macht anscheinend alles mit, was Rollmann sagt und tut, ob rechtswidrig oder nicht. Meine Gegenanträge zu den Vorschlägen des Vorstandes und Aufsichtsrates in der Hauptversammlung unterschlägt er.

Der 4. September rückt näher. Rollmann versucht mehrmals, mit Färber und Kammacher zusammenzutreffen, um sich irgendwie mit ihnen zu einigen. Am 26. August ruft Breisgauer mich an. Morgen soll ein Treffen mit Rollmann in Kammachers Kanzlei in Braunschweig stattfinden. Er bittet mich, dazuzukommen, aber nicht gleich von Anfang an, sondern etwas später. Durch meine Anwesenheit würde die Stimmung zu aufgeladen, und das wolle man vermeiden. Ich solle gegen 14 Uhr dazukommen. Ich setze mich in den Zug und fahre nach Braunschweig. Als ich auf dem Bahnhof angekommen bin, klingelt mein Mobiltelefon. Breisgauer ist dran. Er drückt sich geheimnisvoll aus. Die Gespräche mit Rollmann und Cobet dauern länger und ich soll noch warten. Ich sitze in einem Café im Braunschweiger Bahnhofsviertel herum, nicht weit von Breisgauers ehemaliger Wohnung, und warte auf den Anruf. Diesmal ist Rinssler am Apparat. Rollmann und Cobet haben den Aktionären mitgeteilt, Foris sei pleite. Sie könne nur durch frisches Geld gerettet werden. Das würden Rollmann und Cobet bereitstellen, aber nur, wenn sie in der Hauptversammlung der nächsten Woche nicht abgewählt werden

Ich warne Rinssler: die Aktionäre sollen sich nicht von Rollmann genau so über den Tisch ziehen lassen, wie es ihm vorher mit dem Aufsichtsrat gelungen ist. Nein, versichert mir Rinssler, es gehe alles mit rechten Dingen zu. Ich solle noch einen Moment warten. Um 16:30 Uhr schließlich werde ich dazugebeten. Ich gehe die paar Schritte zum Europaplatz neben dem Hauptbahnhof. Kammachers Büro ist im dritten Stock eines abgeranzten Büro-und Geschäftsklotzes im Stil der 60er Jahre. Als ich aus dem Fahrstuhl trete, steht Rinssler davor. Mit einem kurzen „Ich muss los, tschüs" geht er an mir vorbei. Bevor ich erwidern kann, haben sich die Aufzugstüren hinter ihm geschlossen. Verwundert klingle ich am Büroeingang und werde in den Besprechungsraum geführt. Dort herrscht die übliche Unordnung nach hitzigen Besprechungen: Halbleere Kaffeetassen und Gläser stehen herum, ein paar Teller mit liegen gebliebenen belegte Brötchen, zerknüllte Notizpapiere, beim Aufstehen zurückgeschobene Stühle. Nur Breisgauer, Kammacher und dessen Frau sind noch da.

Breisgauer hält mir eine mit sieben Unterschriften versehene Vereinbarung unter die Nase. Nach ihrem Inhalt sollen alle wesentlichen Beschlüsse von der Tagesordnung abgesetzt werden. Dann heißt es: *„Dr. Cobet und Dr. Rollmann verpflichten sich gegenüber den Vertragspartei-en, kurzfristig dafür zu sorgen, dass der FORIS AG liquide Mittel in signifikanter Höhe als Beitrag zur Überwindung des Liquiditätsdefizites der Gesellschaft gegen auch nicht banküblliche Sicherheiten darlehensweise zur Verfügung gestellt werden."*

Auch mein Name ist in der Liste der Unterschriften vorgesehen. Aber ausdrücklich steht dort auch der Passus, dass die Vereinbarung auch gültig sein soll, wenn ich nicht unterschreibe.

Rollmann ist es erneut gelungen, den anderen Zugeständnisse abzuluchsen, ohne selbst irgendein Risiko, irgendeine wirkliche Verpflichtung einzugehen. *„Mittel in signifikanter Höhe"*? Was soll das heißen? Was ist eine signifikante Höhe? 10.000, 100.000, 1 Million Euro? Vor allem aber: *Beitrag* zur Überwindung. Einen klagbaren Anspruch gibt diese Vereinbarung nicht einmal deren Parteien, geschweige denn der Foris. Dazu hat man mich also hergebeten und zweieinhalb Stunden auf der Straße warten lassen, damit ich ein irrwitziges Papier unterschreibe, von dessen Verhandlung man mich planmäßig ausgeschlossen hat? Ich fühle mich verarscht und verraten. Grußlos verlasse ich meine ehemaligen Mitstreiter.

Am nächsten Tag veröffentlicht Rollmann die Einigung der Aktionäre in einer Pressemitteilung und auf der Foris-Internetseite. „Zügige Umsetzung" und „konsequente Ausrichtung", ohne die üblichen schneidigen Vokabeln aus der Phrasendreschmaschine geht es auch diesmal nicht. Immerhin, der Aktienkurs steigt innerhalb weniger Tage wieder auf über einen Euro. Ich nutze die Kurse und verkaufe einige zehntausend Aktien. Nach der Hauptversammlung werden sie neue Tiefenrekorde ansteuern.

Am 29. August, 6 Tage vor der Hauptversammlung, ruft Färber mich an. Er entschuldigt sich mehr oder weniger dafür, dass man mich vorgestern bei der Aktionärsvereinbarung außen vor gelassen hat, versucht aber auch dafür zu werben, dass die Aktionäre nach außen hin ein geschlossenes Bild abgeben und die Foris AG dadurch wieder Vertrauen in der Öffentlichkeit gewinnt. Auch meine Interessen sollen gewahrt werden. Er schlägt vor, dass es ein weiteres Gespräch am kommenden Montag in Bonn geben soll.

Montagnachmittag fliege ich nach Bonn. Rollmann ist nicht da, Cobet auch nicht, nur Knoopmann, Seibt, Färber und Rinssler. Keiner von ihnen hat etwas zu sagen oder zu entscheiden. Ich sage, dass die Einschussverpflichtung von Rollmann und Cobet nichts wert und dass die Verlegung nach Bonn unsinnig ist. Das gilt vor allem für Foratis, die 40 % ihres Umsatzes mit Berliner Anwaltskanzleien macht. Außerdem sage ich, dass ich eigene Ansprüche aus dem Vorstandsdienstvertrag habe. Es ist von einer Abfindung in Höhe von 75.000 € die Rede, wenn ich auf weitergehende Ansprüche verzichte, wenn die Foris in Raten bezahlen kann und ich auf weitere Opposition in der Hauptversammlung verzichte.

Ich zögere und schwanke. Ich brauche zur Zeit jeden Euro. Meine eigenen Reserven schwinden, während ich mir eine neue Existenz aufbauen muss. Auseinandersetzungen um Geld kann ich mir nicht leisten. Außerdem, was würde es ändern, wenn ich, in die Minderheit geraten, weiter erfolglose Opposition gegen Rollmann und Cobet betreibe? Ich könnte die Hauptversammlung vergessen und morgen wegfahren, alles hinter mir lassen, den Stress, den Frust und die Niederlagen der letzten Monate und Jahre. Andererseits traue ich Rollmann und Cobet keine drei Meter weit. Und vor allem, wie kann ich plötzlich so tun, als würde ich ein Sach- und Personalkonzept unterstützen, das ich kurz zuvor als völlig falsch bezeichnet habe und immer noch für falsch halte? Ich bitte um Bedenkzeit bis morgen. Ich setze mich abends ein letztes Mal ins „forissimo". Am Abend im Hotel schaue ich in den Spiegel. Ich möchte auch in Zukunft noch hineinschauen können. Ich werde am Mittwoch zur Hauptversammlung fahren und sagen, was ich denke. Ich werde mich nicht kaufen lassen. Am nächsten Morgen rufe ich Seibt an und sage ab.

Die Hauptversammlung findet diesmal in Frankfurt statt. Rollmann sagt den Aktionären gleich, was er von ihnen hält. Sie haben diese Veranstaltung gewollt, nicht er. Kaffeepausen, etwas zu essen oder zu trinken gibt es nicht. Gleich am Anfang der Hauptversammlung greift ein rotgesichtiger, massiger, schlechtgekleideter Herr, der sich mit sieben Aktien angemeldet hat, zum Mikrophon. Lautstark und mit feuchter Aussprache schleudert er einen Geschäftsordnungsantrag nach dem anderen in Richtung Podium. Andere Aktionäre schließen sich an. Erst nach rund siebzig Minuten kann die eigentliche Versammlung mit der Wahl des Versammlungsleiters beginnen. Gewählt wird Herr Knoopmann. Von Leitung kann man kaum reden. Eins ums andere Mal verrät das Mikrofon, wie er hilflos den neben ihm sitzenden Cobet flüsternd fragt, was er denn jetzt eigentlich machen soll. Die Versammlung versinkt in Geschäftsordnungsanträgen. Aktionäre schreien durcheinander, gleich, ob ihnen das Wort erteilt oder nicht erteilt oder bereits entzogen ist. Schließlich lässt Knoopmann über den Geschäftsordnungsantrag abstimmen, all die Tagesordnungspunkte abzusetzen, wegen derer die Versammlung eigentlich einberufen wurde, nämlich die Abwahl des Aufsichtsrats und das Misstrauensvotum gegen Rollmann. Da Geschäftsordnungsanträge Vorrang haben, wird darüber abgestimmt, bevor Aktionäre zu inhaltlichen Fragen überhaupt zu Wort kommen. Für das Ergebnis ist es egal, denn die Mehrheitsverhältnisse sind aufgrund der Stimmrechtsvereinbarung klar. Gegen die vereinigten Stimmen Färbers, Kammachers, Rollmanns und Cobets sind die Opponenten machtlos. Die Hauptversammlung ist eigentlich schon gelaufen, als ich mit meiner Wortmeldung dran bin. Ich möchte sie trotzdem noch loswerden. Ich spreche von Transparenz und Ehrlichkeit, auch sich selbst gegenüber, von Rollmanns Trickserei, seinen unbrauchbaren Versprechungen, von Schönreden und Verharmlosen, von meinen eigenen Fehlern, von Rollmanns früheren Äußerungen, die eigenen Mitarbeiter seien die besten Unternehmensberater und davon, solche wohlfeilen Sätze zu vergessen, wenn die Ratschläge dieser Unternehmensberater beginnen weh zu tun. Von der unsinnigen Standortverlegung, von fehlender Strategie und einem unfähigen Aufsichtsrat. Und davon, dass ich mich hiermit von den Aktionären und Mitarbeitern der Foris verabschiede und ihnen danke, dass sie mir ihr Vertrauen geschenkt haben.

Rollmann entgegnet mir. Er geht auf keins meiner Argumente ein. Stattdessen behauptet er, mein mit Zahlen gespicktes Konzept, das ich Anfang Mai dem Aufsichtsrat geschickt hätte, wäre unbrauchbar gewesen, denn es hätte *„keine einzige Zahl enthalten und ohne Zahl und ohne Liquiditätsplanung kann man ein Unternehmen nicht führen."* Er behauptet, dass ich *„strafbar die Kreditkarte der Foris AG auch heute noch zur Abbuchung zu Lasten der Foris AG nutze"*. Ich habe keine Lust, auf diese Lügen zu reagieren. Das Landgericht Berlin verurteilt ihn später zu ihrer Unterlassung. Jetzt würde ich ihm nur ein Forum für weitere Verleumdungen geben. Ich verlasse die Hauptversammlung, bevor sie zu Ende ist. Hier habe ich nichts mehr verloren.

Am Abend schreibe ich in mein Tagebuch: Ich schäme mich dafür, dass das einmal meine Firma war.

In der Wüste

10 Tage nach der Hauptversammlung sitze ich am Ende der Welt, auf der Mauer eines verkommenen Leuchtturms, und grüble auf den Atlantischen Ozean hinaus.

Eigentlich wollte ich Windsurfen und dabei auf andere Gedanken kommen. Angeblich verdankt die Wüsteninsel dem Starkwind ihren Namen. Doch gerade jetzt dörrt sie in erdrückender Windstille vor sich hin, so wie die 225.000 kg schwabbelndes Touristenfleisch an den Stränden vor Morro Jable, wundrot oder schon verbrannt wie die Grillhähnchen, die an den Buden neben der Strandstraße in schlechtem Deutsch angepriesen werden. So lese ich, statt zu surfen, Friedenthals Biographie über Jan Hus. Ich habe sie kurz vor meiner Abreise in einem Grabbelkasten am Winterfeldtplatz gefunden. Keine besonders angenehme Lektüre. Wie muss Hus sich gefühlt haben, als er merkte, dass das Wort des Kaisers nichts wert war, der ihm freies Geleit zugesichert hatte? Dass seine Argumente auf dem Konstanzer Konzil die Delegierten nicht interessierten? Die Gläubigen fristeten ihr Leben in der Furcht grausamster Höllenqualen, vor der nur die Kirche und ihre Sakramente sie retten konnten – gegen Barzahlung. Die Päpste ließen sich die Verleihung der Erzbistümer versilbern und vergolden, die Erzbischöfe die Bistümer, die Bischöfe die Priesterstellen. Und die Priesterwürde versprach immer noch einen so soliden Geldfluss, dass ihr Kauf von Banken finanziert und über die Jahre hinweg abbezahlt werden konnte. Strukturvertrieb würde man das heute nennen, oder Multi-Level-Marketing. Selbst den greisen Gegenpapst, der die Ergebnisse des Konzils nicht anerkannte, Benedikt XIII., setzte man ab, exkommunizierte ihn, ließ ihn aber doch in Ruhe auf seiner Zwingburg vor den Gestaden Valencias langsam dem Grabe entgegen trocknen. Nicht so Jan Hus. Er wollte die Menschen von ihrer Furcht befreien. Doch zugleich mit ihr wäre auch die Geldquelle der Kirche versiegt. Das zu wollen war die größte Ketzerei, die es gab. Die einzige, bei der sich alle einig waren, dass ihr Urheber nichts als den sofortigen Flammentod verdiente. Ich denke an Rollmanns Bewunderung des Geschäftsmodells der katholischen Kirche in dem ersten Gespräch, das wir am 30. Dezember 1997 bei unserem Kennenlernen führten (er selbst ist ausgetreten, um die Kirchensteuer zu sparen) und bin froh, dass ich nicht sechshundert Jahre früher gelebt habe.

Die Insel ist ein Gespenst. Ich werde noch einmal versuchen, seinem Geheimnis auf den Grund zu gehen, dann will ich ihm nie mehr begegnen. Am vorletzten Tag vor dem Rückflug miete ich mir einen Kleinwagen. Einen Tag, mehr braucht man nicht, um alles gesehen zu haben: die schmucklosen Hafenstädte, die synthetischen Touristenburgen, die Oasen und Wüstendörfer, die elende Westküste mit ihren Fischerbuchten und dem von den Brechern auseinander geknüppelten Wrack des einstigen Traumschiffs American Star… Am Schluss rumpele ich die Schotterpiste von Moro Jable in Richtung Süden. Rechts zweigt ein Weg in die abgeschiedenste Ödnis ab, die man sich vorstellen kann. Hier geht es zur Villa Winter. Die Ammenmärchen, die ein Reiseführer von dem anderen abschreibt, sagen, dass sie einst als Zufluchtsort für Hitler geplant war. Ich halte mich links. Fünfzehn Kilometer lang nichts als schwarzer Felsen, schwarzes Geröll, schwarzer Staub, dann bin ich am Punto del Jandia, dem Südkap der Insel, an dem der Leuchtturm vergessen vor sich hin rostet. Ich setze mich auf die Mauer und schaue aufs Meer hinaus. Irgendwo dahinten sind Gran Canaria und Teneriffa, aber vor meinen Augen dehnt sich nur der leere Horizont. Das Grübeln beginnt, dieser taumelnde Tanz der Gedanken um eine nicht vorhandene Mitte.

Man hat mich mit einem Fußtritt aus der von mir auf meine Idee gegründeten und aufgebauten Firma geworfen. Der Aufsichtsrat hat mich hintergangen, mich belogen, mich vor der Hauptversammlung düpiert. Cobet hat mir Hausverbot erteilt, mir ohne Begründung fristlos gekündigt. Meinen ehemaligen Mitarbeitern wurde nahe gelegt, den Kontakt zu mir abzubrechen. Der Vorstand hat rechtswidrig meine Gegenanträge zur Hauptversammlung unterschlagen, mich in der Hauptversammlung – und wahrscheinlich vorher bei den anderen, die zuvor auf meiner Seite gestanden hatten – verleumdet. Ich wurde von den Internetseiten der Foris verbannt, wie früher nach einem Regierungswechsel in Sowjeteuropa die Namen und Bilder der früheren Machthaber innerhalb weniger Tage aus den Amtsstuben, den Archiven und Geschichtsbüchern getilgt wurden. Und meine vermeintlichen Bundesgenossen haben sich gegen wachsweiche Erklärungen Rollmanns ihren Schneid, ihre Ehre und ihre Aktionärsrechte auf der Hauptversammlung abkaufen lassen, ohne mich überhaupt noch einmal anzuhören.

Wie immer bei mir hat es eine Weile gedauert, bis der Schock eingesetzt hat. Schlechte Nachrichten nehme ich erst einmal mit scheinbar kühlem Verstand auf. Erst mit Verzögerung, wie bei einer Infusion, sickern sie in mein Befinden, mein Selbstvertrauen, meine Zuversicht und entfalten dort ihr Gift. Was habe ich falsch gemacht?

Ich ziehe mein Tagebuch heraus, und beginne mir Notizen zu machen. Was waren *meine* Fehler, einmal abgesehen von denen, für die Rollmann und ich gemeinsam verantwortlich zeichneten? Am Ende habe ich sechs Punkte zu Papier gebracht.

Den ersten Fehler habe ich schon einmal genannt: ich habe leichtfertig die Mehrheit und damit den entscheidenden Einfluss auf die Gesellschaft aus der Hand gegeben. Ich dachte, es wäre nicht wichtig. Ich dachte, die Aktionäre würden schon dafür sorgen, dass ich die Geschicke ihres Unternehmens so lange führen würde, wie ich die besseren Argumente hatte. Ich hatte nicht damit gerechnet, dass Aktionäre so sprunghaft handeln würden wie Kammacher und Färber. Ich hatte nicht damit gerechnet, dass ein Aufsichtsrat sich von einem Vorstand die Kapitulationsbedingungen diktieren lassen würde, statt ihn zu kontrollieren, wie es seine Aufgabe war. Ich hatte nicht damit gerechnet, dass hunderte oder tausende Aktionäre, die zugleich Anwälte waren, ihre Aktionärsrechte nicht wahrnehmen und sich nicht darum kümmern würden, ob mit ihren Gesellschaftsanteilen im Namen des Rechts Schindluder getrieben wurde. Bundesgenossen zu haben, ist gut; Bundesgenossen zu haben, auf die man angewiesen ist, schlecht. Auch das steht bei Machiavelli, im 13. Kapitel des „Fürsten". Dem Starken macht sich jeder gern zum Genossen, dem Schwachen nur, wer gerade überzeugt ist, dass es ihm nützt, und Überzeugungen sind so schwankend wie das Gras im Wind.

Nachdem ich schon ohne wirkliche Not die Mehrheit hatte sausen lassen, war es mein zweiter Fehler, mich mit Rollmann und seinem Clan, mit Cobet und später mit Wewering einzulassen. Zu Rollmann hatte mein Gefühl schon nein gesagt, als ich ihn das erste Mal traf. Cobet fand ich skurril und leisetreterisch, Wewering zickig und eine Beamtenseele. Ich war Kompromisse eingegangen. Doch bei allem, worauf man sich langfristig einlässt, muss man überzeugt sein, oder es lassen. Einen Gebrauchtwagen von jemandem zu kaufen ist eine Sache; mit ihm in dem Wagen eine Fahrt durch die Wüste zu machen, eine andere. Was hatte mir der Eintritt von Rollmann und Cobet im Jahr 1998 wirklich gebracht? Ein paar Mark, die die Foris damals nicht brauchte, die peanuts waren, gemessen an den Geldern, die wir später über unseren IPO und späteren Börsengang wieder reinholten. Was sonst? Was hätte ich ohne Rollmann nicht erreicht – das Bekanntwerden der Idee, die erste Kapitalerhöhung? Kaum, die hätte ich mit Thorsten Prössling im Aktienfieber von 1998 ff. auch alleine geschafft. Den Börsengang? Das Geld, das die Börse uns gebracht hat, wurde hauptsächlich in Bonn verprasst. Welche Geschäfte, die sich als gewinnbringend herausstellten, hätte ich ohne ihn nicht gemacht, welche verlustbringenden vermieden? Welche verlustbringenden hätte ich stattdessen gemacht? Klar, niemand weiß, ob ich ohne Rollmann all die Fehler vermieden hätte, die ich mit ihm gemacht habe, und selbst wenn, hätte ich wahrscheinlich andere gemacht. Aber es wären meine Fehler gewesen, und ich hätte sie verantwortet. Stattdessen habe ich mir das Gesetz des Handelns aus der Hand winden lassen.

Schon am 11. Januar 2000, allerspätestens aber im Lauf des Jahres 2001 hatte ich erkannt, dass Rollmanns Vorstellungen und Interessen nicht die meinen waren. Also hätte ich mich darum bemühen müssen, meine Position im Unternehmen zu stärken. Ich hätte mich dafür einsetzen müssen, dass ein dritter Vorstand installiert wird, hätte durch intensiven Kontakt zu den Aufsichtsratsmitgliedern, mit Aktionären ein persönliches Beziehungsgeflecht schaffen müssen, das dieses Vorgehen des Aufsichtsrates verhindert hätte. Das zu versäumen war mein dritter Fehler.

Mein vierter Fehler war, bei der explosiven Situation, die meine vorangegangenen Fehler schon heraufbeschworen hatte, nicht wenigstens meinen eigenen finanziellen Vorteil im Auge gehabt zu haben. Schon vorher hätte ich durch den Verkauf eines größeren Aktienpaketes einmal Kasse machen müssen, so, wie es andere Gründer am Neuen Markt schließlich auch gemacht haben. Nach der Aufsichtsratssitzung vom 18. Februar hätte ich auf sofortiger Fixierung des neuen Vorstandsdienstvertrages bestehen müssen, statt auf das Wort der Aufsichtsräte zu vertrauen. Das hätte es ihnen sehr viel schwerer gemacht, mich in die Wüste zu schicken.

Mein fünfter Fehler war es, dem Aufsichtsrat sein groteskes Fehlverhalten bei der Vereinbarung mit Rollmann, bei der Abfassung des „Letter of intent" auf den Kopf zuzusagen. Stattdessen hätte ich Zeit schinden und taktieren müssen, um die Vereinbarung mit Rollmann zu sabotieren, den Boden für eine gerichtliche Auseinandersetzung zu bereiten und vollendete Tatsachen zu schaffen, die eine Rückkehr Rollmanns in den Vorstand erschweren und unwahrscheinlich machen würden, zum Beispiel durch eine schnelle Schließung des Bonner Büros und die Entlassung der wenigen ihm verbliebenen Vertrauensleute.

Mein sechster Fehler war es, mich auf die Aktionäre zu verlassen, die die Einberufung der außerordentlichen Hauptversammlung verlangt hatten, und nicht auch durch gerichtliche Maßnahmen zusätzlich zu unterstreichen, dass ich in den Vorstand zurückwollte. Vielleicht wäre es mir durch eine sofortige Klage vor dem Landgericht Berlin gelungen, noch vor der Hauptversammlung die Abberufung und die Kündigung meines Vorstandsdienstvertrages als unwirksam feststellen zu lassen; dies hätte Rollmanns Position weiter geschwächt und den Aktionären das Gefühl gegeben, mit ihm auch rechtlich auf der falschen Seite zu sein.

Kurzum, ich war treuherzig an die Gründung der Gesellschaft gegangen, hatte mich bei der Auswahl meiner Mitstreiter fahrlässig und inkonsequent verhalten, mich als jämmerlicher Schüler Machiavellis erwiesen. Oder anders: ich habe zu sehr auf die Überzeugungskraft meiner Argumente vertraut, zu wenig auf die Machtmittel, die ich zu ihrer Durchsetzung gebraucht hätte.

Ich hatte fünf Jahre meines Lebens, all mein Geld und meine in zwanzig Jahren gereifte Idee in Foris investiert. Auch, aber eben nicht in erster Linie, um damit Geld zu verdienen. Ein paar Monate hatte ich in einem bescheidenen Scheinwerferlicht gestanden, war einer der vielen gefeierten Börsenstars und -sternchen gewesen, die kometenschwarmartig auf- und wieder abgetaucht waren, hatte mich in der trügerischen Hängematte eines Aktiendepots mit sieben-, zeitweilig achtstelligem Wert gewiegt. Vorbei, verspielt.

Ich starre aufs Meer hinaus. Ich weiß, dass ich im Recht bin und die anderen im Unrecht. Doch der Preis des Rechts erscheint mir auf einmal zu hoch: in zähen Rechtstreitigkeiten immer wieder den Namen Foris zu lesen, Rollmanns und Cobets Namen und Gesichter zu sehen, jeden Tag von neuem die letzten fünf Jahre und die bitterste Niederlage meines Lebens Revue passieren zu lassen. In diesem Moment will ich mit Foris abschließen. Ich will die Namen aus meinem Gedächtnis tilgen. Ich werde nicht einmal mehr gegen meine Entlassung vorgehen oder mein restliches Vorstandsgehalt einklagen. In ein paar Wochen werde ich eine neue Firma aufmachen. Ich will neues Geld verdienen und nicht in altem Morast waten. Ich muss in die Zukunft schauen, nicht in die Vergangenheit. Ich verlasse diesen tristen Ort zwischen Stein- und Wasserwüste, einen nutzlos gewordenen Leuchtturm am Ende der Welt, und gehe zum Auto.

Auf der Rückfahrt drehe ich ein wenig am Radio, um mir den Weg durch die öde Mondlandschaft abzukürzen. Mitten in dem Wellensalat höre ich eine vertraute Stimme: *"Rock'n Roll, I gave you all the best years of my life, all the dreamy sunny Sundays, all the magic moonlit nights ... She followed me to London, to a hundred hotel rooms, to a hundred record companies that did'nt like me tune. She followed me, when finally I sold my old guitar. She helped to make me understand, I'd never be a star"*.

Meine „she" heißt Karin. In achtundvierzig Stunden werde ich wieder bei ihr sein.

2003 NACHSPIEL

DER PROZESS

Machiavelli hat es wieder einmal besser gewusst: *„dass man einem Krieg nicht entgeht, sondern ihn nur zugunsten der Gegner aufschiebt".*

Anfang Dezember 2002 bekomme ich Post vom Landgericht Berlin. Mir wird eine Klage zugestellt, mit der üblichen Aufforderung, innerhalb einer Frist von zwei Wochen mitzuteilen, ob ich mich gegen sie verteidigen wolle, und innerhalb von drei weiteren, zu dem Vorbringen des Klägers Stellung zu nehmen. Die Foris AG, angeblich vertreten durch den Aufsichtsrat (später erfahre ich, dass es nirgendwo einen protokollierten Aufsichtsratsbeschluss gibt) will 160.000 € Schadensersatz von mir haben. Angeblich habe ich bei dem Kauf der LHA Krause Aktien 1999 gegen eine Geschäftsordnung des Vorstandes, gegen eine Zustimmungsordnung des Aufsichtsrates, gegen meine Sorgfaltspflichten als Vorstand verstoßen.

Anfang 2001 haben wir bei einem amerikanischen Spezialunternehmen eine Manager-Haftpflichtversicherung abgeschlossen. Dabei war ich damals eher dagegen. Doch die beiden Vorstände in spe der frischgebackenen Foratis AG, Frau Kloth und Frau Wollschläger, bestanden darauf. So schlossen wir eine Gruppenversicherung für alle Vorstände, Geschäftsführer und Aufsichtsräte des Foris-Konzerns ab. Es ist eine „Rückwärtsversicherung". Auch Schäden vor Vertragsabschluss sind in den Schutz einbezogen. Das erste Mal im Leben bin ich froh, gegen etwas versichert zu sein. Ich informiere die Schadensabteilung in Düsseldorf. Sie sagt mir vorläufige Deckung zu.

Ich habe den Krieg nicht gesucht. Ich habe ihn vermeiden wollen, selbst um den Preis eigener Nachteile. Jetzt ist er da. Nun gut, wer ihn mir aufzwingt, soll ihn haben.

Ich beantrage, die Klage abzuweisen und erhebe Widerklage. Ich will mein restliches Gehalt haben, ich will festgestellt haben, dass meine Abberufung und die Kündigung rechtswidrig waren, ich will, dass die Foris die Behauptung unterlassen muss, ich hätte die Firmenkreditkarte missbraucht, und noch ein paar Dinge mehr.

Im Februar 2003 ist mündliche Verhandlung. Der Vorsitzende trägt vor, zu welchen Ergebnissen die Kammer in ihrer Vorberatung gekommen ist: meine Abberufung durch den Aufsichtsrat war rechtswidrig und unwirksam. Die Äußerungen Rollmanns in der Hauptversammlung vom 4.9.2002 waren rechtswidrig. Dass ich mich beim Erwerb der LHA-Krause-Aktien oder danach falsch verhalten habe, sei nicht erkennbar.

Das sind die guten Nachrichten. Die schlechte ist: Mein Dienstvertrag lief nach Ansicht des Gerichts nur bis zum 30.09.2002. Dass der Aufsichtsrat ihn darüber hinaus verlängert hat, findet das Gericht nicht. Noch schlechter: Foris hat in seiner Klageschrift behauptet, ich hätte in zwei Aufsichtsratssitzungen mündlich anerkannt, mich durch den Kauf der LHA-Krause-Aktien schadensersatzpflichtig gemacht zu haben. Wenn das zuträfe, so die Kammer, wäre es egal, ob ich mich tatsächlich pflichtwidrig verhalten habe oder nicht: Ich hafte auf jeden Fall aufgrund des Schuldanerkenntnisses. Ob ein solches vorliegt, darüber will man nun Scherer und Wewering als Zeugen befragen.

Das ist ein Schock. Ich habe nie ein Schuldanerkenntnis abgegeben. Meine angebliche Äußerung steht weder in dem Protokoll einer Aufsichtsratssitzung noch sonst irgendwo. Rollmann zaubert zwar den Entwurf einer Vereinbarung aus dem Computer, den ich am 27.3.2001 angefertigt haben soll. Laut diesem Entwurf hätte ich mich verpflichten wollen, den Schaden der Foris zu übernehmen, falls dieser weder von der DO Capinvest, noch von Prössling oder der Commerzbank reingeholt werden würde. Ich kann mich an einen derartigen Entwurf nicht erinnern. Unstrittig ist er jedenfalls nicht unterschrieben, weder von mir noch von sonstwem. Ich bin mir sicher, dass keiner der Aufsichtsräte vor meinem Rausschmiss jemals ernsthaft daran gedacht hat, irgendwelche Ansprüche aus dem Fall Krause gegen mich herzuleiten. Jetzt, nachdem man mich als Feind entdeckt hat, sieht das anders aus.

Noch schlimmer ist allerdings ein weiterer Umstand. Wenn mich nämlich das Gericht nicht wegen einer Pflichtverletzung verurteilen würde, sondern aufgrund eines Anerkenntnisses, dann wäre die Versicherung nicht eintrittspflichtig. 160.000 € könnte ich zur Zeit nicht bezahlen. Und was Cobet und Rollmann dann machen werden, ist wohl klar…

Beweisaufnahme ist am 7. Mai. Das Wiedersehen mit Scherer und Wewering macht keine Freude. Die Erinnerungen an den 31.05.2002 sind noch frisch. Beide sagen, mit Abweichungen im Detail, dass ich am 18.10.2000 gesagt hätte, ich „wolle" oder „würde" für einen Schaden persönlich einstehen. Scherer sagt, er hätte meine Aussage damals als sehr ehrenhaft empfunden, aber gesagt, es solle doch erst einmal abgewartet werden, ob der Schaden anderweitig hereingeholt werden könne. Wewering sagt aus, ohne meine Erklärung hätte sie sich Gedanken machen müssen, ob ich persönlich hafte. Dass ich sie in einer weiteren Aufsichtsratssitzung wiederholt hätte, wie Cobet und Rollmann sie behaupten, daran können sich beide nicht erinnern.

Das Gericht schlägt einen Vergleich vor, aber sowohl Rollmann wie auch die Versicherung lehnen ihn ab.

Die vier Wochen bis zur Urteilsverkündung ziehen sich hin. Mir schwant nichts Gutes. Am 2. Juli 2003, 9 Uhr, ist es so weit. Ich könnte das Urteil ein Stunde später bei der Geschäftsstelle telefonisch abfragen. Aber ich will es sofort wissen. Cobet ist auch erschienen. Gleichgültig beginnt der Vorsitzende das Urteil zu verlesen.

Meiner Widerklage gibt das Landgericht Berlin in fast allen Punkten statt: Meine Abberufung war rechtswidrig, die Kündigung meines Dienstvertrages unwirksam, Rollmanns verleumderische Äußerungen unzulässig. Das Landgericht spricht mir 46.000 € Gehaltsnachzahlung zu – für drei Monate, bis September 2002. Es ist nur ein bescheidener Teilerfolg, aber selbst der ist vergiftet. Denn in dem Punkt des Schadensersatzes entscheidet das Gericht gegen mich: ich soll an Foris 160.000 € Schadensersatz bezahlen, per Saldo also rund 110.000 €.

Anschließend wünscht der Vorsitzende mir in jovialem Ton einen sehr schönen Tag.

In dem Urteil wird später stehen, dass es keine Rolle spielt, ob ich bei der Anlage in LHA-Krause-Aktien Vorstandspflichten verletzt oder mich korrekt verhalten habe. Denn ich hätte gesagt, für den Schaden persönlich haften zu wollen. Dass hätten die Zeugen bestätigt, und damit basta.

Sinnierend stehe ich vor dem Portal des Landgerichts. Der eine oder andere Anwalt grüßt mich, während er durch das Gerichtsportal ins Gebäude hastet. Ich bin nicht in der Stimmung, Honneurs zu machen. Nichts wie weg von hier. Ich gehe die paar Schritte auf der Eisenbahnbrücke über die Spree zum Charlottenburger Schlosspark. Ein später Jogger zieht seine Runden, eine junge Mutter schiebt müde ihren Kinderwagen, ein Arbeitsloser blinzelt auf seiner Bank in die Sonne und macht sich über das zweite Bier dieses Morgens her.

Bin ich auch bald soweit?

Klar ist, dass auch die Versicherung nicht zahlen wird, jedenfalls nicht freiwillig. Das schlimmste in diesem Verfahren denkbare Szenario ist eingetreten. Ich habe vor einem halben Jahr mit Partnern eine neue Firma gegründet und bin Darlehensverbindlichkeiten von 500.000 € eingegangen. Ich kann zur Zeit keine 110.000 € bezahlen. Vollstreckt Foris und werden die Darlehen gekündigt, ist das neue

Unternehmen am Ende. Die bisher entstandenen Vorlaufkosten von 100.000 € kann ich dann abschreiben.Ich rufe meine Betreuer bei der Landesbank und der Commerzbank an, um sie zu informieren, dass wahrscheinlich in den nächsten Tagen eine Pfändung meiner Konten kommt. Wenn, dann sollen sie es von mir zuerst hören. Ich mache es dringend und bekomme noch am Vormittag Termine. Der Firmenkundenberater der Berliner Landesbank, den ich seit fünf Jahren kenne, grinst und sagt: Na, das ist doch schon wieder ein neues Kapitel für Ihr Buch. Er sieht im Moment keinen Handlungsbedarf. Anders die Commerzbank. Dort haben meine Berater im letzten Jahr fast im Monatsrhythmus gewechselt. Der zuletzt zuständige Mann ist es plötzlich schon wieder nicht mehr. Auch bei Banken gilt, dass neue Besen gründlich kehren. Kundenbetreuer, Sachgebietsleiter, Vorstände: Keiner will die Risiken, die ihm sein Vorgänger hinterlassen hat, zu seinen eigenen machen. Also heißt die Devise: zuallererst Altlastenbeseitigung. So eine Altlast bin ich nun, nachdem ich gesagt habe, was los ist. Die Commerzbank kündigt mir den Kredit.

Ich treffe mich mit meinen Partnern aus München und informiere sie. Ich verkaufe meine Aktien an der neuen Gesellschaft und scheide aus dem Vorstand aus. Aus meiner Haftung für die Darlehen bin ich damit noch nicht raus. Die Commerzbank macht weiter Druck und will ihr Geld zurück. Sie kündigt an, meine restlichen Foris-Aktien, die bei ihr im Depot liegen, zwangszuverwerten.

Die Versicherung zahlt nicht. Nachdem sie das Urteil gelesen hat, will sie nicht einmal mehr die Anwalts- und Gerichtskosten tragen, was sie mir noch im Januar zugesagt hatte. Im Vertrauen auf die Zusage der Versicherung habe ich mich nicht selbst vertreten, sondern eine größere Anwaltssozietät beauftragt, für ein deftiges Stundenhonorar, das ich jetzt selbst zahlen muss.

Ich schreibe alle Aufsichtsratsmitglieder der Foris an und mache einen Zahlungsvorschlag. Ich erhalte nicht einmal eine Antwort.

Beim Landgericht Düsseldorf leite ich einen Prozess gegen die Versicherung ein. Von der Geschäftsstelle erhalte ich die Auskunft, dass ein Termin zur mündlichen Verhandlung nicht vor Januar 2004 zu erwarten ist.

Wie ich aus den Akten später rekonstruiere, hat Cobet bei der Urteilsverkündung 110.000 € von der Foris in der Tasche. Damit fährt er schnurstracks zur Hinterlegungsstelle des Amtsgerichts Tiergarten und zahlt das Geld als Vollstreckungssicherheit ein. Nun pfändet er alle meine Konten und Depots, die ihm bekannt sind, meine Gehaltsansprüche, Steuererstattungsansprüche, die ganze Palette. Er weiß, dass das der Foris nichts bringt, denn ich habe zuvor in einem Vollstreckungsschutzantrag – den das Landgericht abschmettert – meine Vermögensverhältnisse offen gelegt. Aber es befriedigt anscheinend seine und Rollmanns Freude, mir eins auszuwischen. Mir ist klar, was sie vorhaben: Gerichtsvollzieher, Abnahme der Eidesstattlichen Versicherung, Entzug der Anwaltszulassung. Und dann?

HAUPTVERSAMMLUNG 2003

Seit Monaten gibt es Gerüchte, dass eine englische Versicherungsgruppe ins Prozessfinanzierungsgeschäft einsteigen und eine Mehrheitsbeteiligung an Foris erwerben will. Damit könnten die Aktien plötzlich wieder einen Kurssprung machen. Vielleicht könnte ich dann aus dem Verkauf meiner Aktien die Commerzbank bezahlen und die Zwangsvollstreckung aus dem Urteil des Landgerichts abwenden. Die Kurssteigerungen der letzten Wochen, von 38 Cent auf über 1,20 € bei ungewöhnlich hohen Umsätzen scheinen die Berichte zu erhärten. Innerhalb weniger Wochen sind über 20 % des gesamten Aktienkapitals der Foris an der Börse umgesetzt worden. Rätselhaft ist nur, dass es keine Meldung beim Bundesaufsichtsamt für Finanzdienstleistungsaufsicht darüber gibt. Nach dem Wertpapierhandelsgesetz muss jeder, der durch 5 % teilbare Schwellenwerte einer Beteiligung an einer börsennotierten Aktiengesellschaft überschreitet, das der Gesellschaft und dem Bundesaufsichtsamt melden. Das ist nicht geschehen. Und keine Versicherung, kein institutioneller Anleger wird auf einen Eklat mit dem Amt zusteuern wollen.

Am 22.8.2003 ist Hauptversammlung. Aufsichtsratswahlen stehen auf der Tagesordnung. Cobets Amtszeit endet am 31.8.2003. Die beiden anderen Aufsichtsräte sind vom Amtsgericht Charlottenburg bestellt worden, nachdem Scherer und Wewering zurückgetreten waren. Die gerichtliche Bestellung ist ein Provisorium. Jetzt sollen sie ordentlich gewählt werden. Mit Cobet und Knoopmann hat Rollmann die Mehrheit im Aufsichtsrat, die einen bedingungslosen Konfrontationskurs gegen mich angelegt hat. Aber schon eine Abwahl von

Knoopmann könnte die Mehrheitsverhältnisse im Aufsichtsrat ändern. Dann gäbe es vielleicht wieder einen Aufsichtsrat, mit dem man vernünftig sprechen kann. Abgesehen davon bin ich überzeugt, keine Führung der Foris kann schlechter sein als das Gespann Rollmann/Cobet.

Bisher hatte Rollmann sich immer damit gebrüstet, dass die Hauptversammlung der Foris im Interesse der Aktionäre auf einen möglichst frühen Termin im Jahr einberufen wird. Warum ist die Hauptversammlung in diesem Jahr so spät? Rollmann ist sich wohl der Zustimmung der Aktionäre, die er 2002 auf seine Seite gezogen hat, nicht mehr sicher. Er und Cobet wissen sehr wohl, dass sie sich mit der Verlegung nach Bonn, mit meiner rechtswidrigen Abberufung und Kündigung auf dünnem Eis befinden. Sie werden versuchen, den Status quo so lange wie möglich aufrechtzuerhalten, um Zeit zu gewinnen.

Zeit, in denen sie wahrscheinlich auf gute Nachrichten hoffen, mit denen sie den Aktionären beweisen wollen, wie wunderbar das Geschäft doch läuft, seit Rollmann das Steuer allein in der Hand hält.

Da die guten Nachrichten nicht von allein kommen, muss Rollmann sie eben produzieren. Anfang Juli schickt er sie als ad-hoc über die Ticker. Wie üblich kann er sich nicht verkneifen, sie in großspurige Worte zu verpacken: das angeblich erstmalige Erreichen der Gewinnschwelle bei Foris im ersten Halbjahr 2003.

„Sehr geehrte Aktionäre, sehr geehrte Freunde des Unternehmens", so textet er, *„mit Freude informieren wir Sie darüber, dass die FORIS AG das erste Halbjahr 2003 mit einem positiven Konzernergebnis abschließt und damit das in dem Geschäftsbericht 2002 definierte Ziel erreicht hat. [...] So werden wir nun alles daran setzen, dieses erfreuliche Ergebnis zu Ihrer Zufriedenheit im zweiten Halbjahr zu verfestigen".*

Dass dieses Ergebnis alles andere als erfreulich ist, und seine „Verfestigung" noch unerfreulicher wäre, werden die Aktionäre erst im nächsten Jahr erfahren. In Wirklichkeit, wovon aber dem Halbjahresbericht kein Ton zu entnehmen ist, macht Foris weiter operative Verluste, ist der Foratis-Umsatz eingebrochen und ist der angebliche Gewinn nur durch einen Buchungstrick zustandegekommen – rechtswidrig, wie das Landgericht Berlin im nächsten Jahr urteilen wird.

Die Aktionäre, die Rollmann im vergangenen Jahr hat ruhigstellen können, scheinen zu ahnen, dass sie wieder einmal mit Worten abgespeist werden sollen. Schon bei Beginn der Hauptversammlung liegt Spannung in der Luft. Haben Rollmann, Cobet und ihre Clique die Mehrheit oder nicht? Schon über die Versammlungsleitung kommt es zu einer Kampfabstimmung. Rollmann schlägt Cobet vor, aus dem Publikum kommt der Gegenvorschlag, Paul Breisgauer zu wählen.

Die Wahl des Versammlungsleiters wird zum Lackmustest; sie wird Aufschluss über die Mehrheitsverhältnisse im Saal geben. Es sind 2,3 der 5,8 Millionen Stimmen vertreten, das sind knapp 40 % des Aktienkapitals. Ich frage mich einmal mehr, wo die anderen 60 % liegen. Egal, jedenfalls wird es knapp. Die Foris-Mitarbeiterinnen, wie immer in dunklen Kostümen und weißen Blusen, gehen im Saale herum. Stimmabschnitte werden abgerissen, in die Acrylglasboxen für die Neinstimmen oder die für die Enthaltungen geworfen. Boxen für Ja-Stimmen gibt es nicht, denn es wird im Subtraktionsverfahren abgestimmt: die Ja-Stimmen werden dadurch ermittelt, dass von dem präsenten Aktienkapital die Nein-Stimmen und die Enthaltungen abgezogen werden. Die Boxen werden im Regieraum abgeliefert. Ein Serviceunternehmen hat die Auszählung der Stimmen mit seiner speziellen EDV übernommen. Die Stimmabschnitte, mit Barcodes versehen, werden durch die Zählmaschinen gejagt, ausgelesen und überprüft. Die Nummern werden mit der Präsenzliste verglichen, das Ergebnis wird summiert, der Vorgang protokolliert und ausgedruckt. Der Ausdruck wird dem Versammlungsleiter gebracht.

Oft lässt sich schon ein paar Sekunden vorher an einem Raunen vorne im Saal oder an den Gesichtern auf dem Podium ablesen, welches Ergebnis er gleich verkünden wird. Dr. Cobet ist nicht zum Versammlungsleiter gewählt. Rund 1,080 Million Stimmen sind für, rund 1,250 Millionen gegen ihn abgegeben worden. Nun wird über Paul Breisgauer abgestimmt. Er erhält die Mehrheit und übernimmt die Versammlungsleitung.

Nachdem Rollmann mehrere Stunden lang über den Jahresabschluss berichtet hat, beginnen die in der Tagesordnung vorgesehenen Abstimmungen. Die Mehrheitsverhältnisse scheinen klar zu sein: Rollmanns Seite hat knapp eine Million Stimmen, die Opposition eine Viertelmillion Stimmen mehr.

Zur Neuwahl des Aufsichtsrates sind die bisherigen Aufsichtsräte Cobet, Knoopmann und Rinssler vorgeschlagen. Ein Aktionär kommt zum Rednerpult und schlägt alternativ Herrn Dr. Krieger vor, Rechtsanwalt aus Stade und Aktionär.

Da vier Aufsichtsräte zu Wahl stehen, haben wir die gleiche Situation wie in der Hauptversammlung 2000: über wen soll zuerst abgestimmt werden? Paul Breisgauer als Versammlungsleiter legt fest, über den Vorschlag, der aus dem Aktionärskreis gekommen ist, also über Krieger zuerst abzustimmen. Das ist sein gutes Recht. Es liegt im Ermessen des Hauptversammlungsleiters, die Abstimmungsreihenfolge festzulegen, das ist ständige Rechtsprechung. Cobet hat hiervon im Jahr 2000 selbstverständlichen Gebrauch gemacht. Jetzt passt es ihm natürlich nicht. Rollmann und Cobet machen wütende Gesichter. Ohne Knoopmann, der anscheinend zu allem, was von Rollmann und Cobet kommt, ja und Amen sagt, ist ihre sichere Mehrheit im Aufsichtsrat weg. Ich sitze im Saal neben Kammacher und seiner Frau, daneben sitzen Färbers Leute aus Bischofslautern. Deren Meinung ist es, Cobet und Rinssler wiederzuwählen, aber Knoopmann durch Krieger zu ersetzen.

Wie auf einen Wink von Rollmann beginnt sein Schwager, seines Zeichens FDP-Bundestagsabgeordneter, in den Saal hineinzupoltern und von Manipulation zu reden. Ein paar Aktionäre, bekannte Gesichter aus Rollmanns Bonner Freundeskreis, schließen sich an. Rollmann und Cobet poltern mit. Was geht sie ihre Rechtsauffassung von früher an? Sie behaupten wider besseres Wissen, eine Wahl, bei der über den Vorschlag Krieger zuerst abgestimmt wird, sei rechtswidrig und anfechtbar. Sie scheinen fieberhaft zu überlegen, wie sie die Wahl Kriegers verhindern können. Weder Rollmanns Schwager noch Rollmann oder Cobet ist das Wort erteilt. Alle reden, schimpfen und schreien durcheinander.

Paul Breisgauer lässt sich von dem Tumult verunsichern, anstatt ihn durch ein Machtwort zu beenden. Er verlässt das Podium, blättert im „Hüffer", dem Standardkommentar zum Aktiengesetz, und berät sich. Nach einer kurzen Weile greift er wieder zum Mikrophon. Er teilt mit, dass er, um spätere Streitereien zu vermeiden, und weil er glaube, dass das Ergebnis davon letztlich nicht beeinflusst wird, über Cobet, Knoopmann und Rinssler zuerst abstimmen zu lassen, dann über Herrn Krieger.

So geschieht es. Abstimmung über Cobet, die schon bekannte Prozedur beginnt. Die Aktionäre, die neben mir sitzen, hatten ursprünglich Cobet im Aufsichtsrat belassen und lediglich Knoopmann gegen Krieger austauschen wollen. Doch jetzt füllen sich die Nein-Boxen mit ihren Stimmabschnitten.

Das Auszählen dauert ungewöhnlich lange. Zwischendurch verlassen Rollmann und Cobet das Podium und verschwinden im Regiebereich. Auch Breisgauer begibt sich dorthin. Nach einiger Zeit kommen alle wieder zurück. Cobet greift zum Mikrofon und behauptet, die Stimmen Kammachers und seiner Tochter, zusammen rund 8 % des Aktienkapitals, seien ungültig. Kammacher und seine Tochter wären ihren Meldepflichten nach dem Wertpapierhandelsgesetz nicht nachgekommen. Merkwürdig, bei der letzten Hauptversammlung, als Kammacher seine Stimmen Cobet und Rollmann gab, hatte sie das angebliche Fehlen seines Stimmrechts nicht gestört. Cobet behauptet nun, da die Stimmen von Kammacher nicht mitzuzählen seien, sei heute Morgen er und nicht Breisgauer zum Versammlungsleiter gewählt worden. Breisgauer will widersprechen. Doch Cobet und Rollmann schreien ihn nieder. Cobet reißt das Mikrophon an sich. Er erklärt, nun sei er der Versammlungsleiter und unterbreche die Versammlung für eine halbe Stunde.

In der halben Stunde schlage ich Kammacher vor, um alle Eventualitäten auszuschließen, vorsorglich die zusammengezählten Stimmen dem BAFin und dem Vorstand der Foris zu melden. Wir formulieren eine entsprechende Meldung und faxen sie von der Rezeption des Tagungszentrums an das BAFin; das Original der Meldung will ich Rollmann überreichen. Der blafft wutschnaubend zurück, von mir nehme er nichts an.

In der Pause müssen sich Cobet und Rollmann über die Unhaltbarkeit ihrer Rechtsauffassung klar geworden sein. Sie haben keinerlei juristische Handhabe, Paul Breisgauer als Versammlungsleiter abzusetzen. Jetzt offensichtlich beschließen sie, nach der Pause die Versammlung in einem juristischen Amoklauf zu sprengen. Sie lassen Paul Breisgauer wieder ans Mikrophon. Dann warten sie ab, bis er das Abstimmungsergebnis über Cobet verkünden will: Cobet ist abgewählt. Doch in diesem Moment brüllt Rollmanns Kalfaktor Dr. Mennecke, der an der Tür steht, in den Saal: *„Ich fechte die Wahl an".* Rollmann, der auf das Stichwort gewartet hat, fällt Breisgauer ins Wort und ruft, ohne eine Sekunde nachzudenken: *„Die Wahl ist angefochten. Ich erkenne die Anfechtung an. Ich habe die Anfechtung der Versammlungsleitung hier anerkannt."* Paul Breisgauer will widersprechen. Doch Cobet und Rollmann schreien ihn so lange nieder, bis er entnervt und unter Protest das Podium verlässt. Nun verkündet Cobet, dass er die Versammlungsleitung übernimmt. Und dass er als Aufsichtsrat wiedergewählt worden ist.

Nach dem Gesetz können Hauptversammlungsbeschlüsse – also auch die Wahl Paul Breisgauers zum Versammlungsleiter – nur durch Klage vor dem Landgericht, aber niemals durch eine mündliche Erklärung angefochten werden. Das wissen Rollmann, Cobet und Mennecke genau. Sie spekulieren aber darauf, mit dieser irrwitzigen Argumentation die Versammlung sprengen und eine rechtswirksame Abwahl Cobets verhindern zu können. Und das gelingt ihnen. Ein Aktionär stellt den Antrag, die Hauptversammlung zu beenden, und die Mehrheit stimmt zu. Cobet, als angemaßter Versammlungsleiter, schließt die Hauptversammlung. Es ist 18 Uhr. Die Aktionäre zerstreuen sich kopfschüttelnd.

Meine Hoffnungen haben mich erneut getrogen: Keine Übernahme, keine Erholung des Aktienkurses, kein neuer Aufsichtsrat als Ansprechpartner oder Kontrollorgan. Genau genommen gibt es ab dem 1. September überhaupt keinen Aufsichtsrat mehr, denn Cobets Amtszeit ist abgelaufen. Das freilich schert Rollmann und Cobet nicht. Ungerührt behaupten sie auf ihrer Internet-Seite, Cobet sei wieder gewählt worden. Sie behaupten es auch gegenüber dem Registerrichter beim Amtsgericht Charlottenburg. Der lehnt es daraufhin ab, über meinen Antrag auf gerichtliche Bestellung eines Aufsichtsrates bis zu einer wirksamen Wahl zu entscheiden. Es ist der gleiche Richter, der vor fünf Jahren beinahe den Börsengang der Foris verhindert hätte. Wieder tut er nichts, sondern wartet auf die Entscheidung des Landgerichts.

Das Landgericht Berlin entscheidet freilich erst im Mai des nächsten Jahres. Es stellt fest: die angemaßte Versammlungsleitung, die angebliche Wahl Cobets zum Aufsichtsrat waren null und nichtig. Aber zu diesem Zeitpunkt ist es Rollmann bereits egal. Denn es hat eine weitere Hauptversammlung stattgefunden, am 31.3.2004. Zu dieser sind fast nur noch Claqueure Rollmanns gekommen und haben Cobet gewählt. Weniger als 30 % der Aktien sind vertreten. Ich selbst habe noch 200 Aktien; die Commerzbank hat nach der HV von 2003 alle anderen verkauft. Rollmann hat es geschafft: eine Zweidrittelmehrheit der Aktionäre ist dieser Gesellschaft überdrüssig geworden. Sie lassen ihre wertlosen Aktien in ihren Depots vor sich hin gammeln. Sie haben sie vergessen. Was auf der Hauptversammlung passiert, wer Aufsichtsrat ist? Es ist ihnen gleichgültig geworden. Der neue Aufsichtsrat hakt den Jahresabschluss in einer halben Stunde ab. Den Prüfungsbericht des Abschlussprüfers hat er nicht einmal gelesen. Rollmann kann schalten und walten, als gehörte die Foris ihm.

EPILOG

Am 13.5.2004 betrete ich durch die Sicherheitsschleuse das Kammergericht an der Elßholzstraße in Berlin-Schöneberg. Ich habe meinen alten Aktenkoffer aus Büffelleder dabei, vor fünfundzwanzig Jahren gekauft, als ich in Sachen Weiss & Co. unterwegs war. Inzwischen ist er abgeschabt, angestoßen und geflickt. Aber wie alles Schöne altert er in Würde. In dem Koffer sind meine Robe und vier Leitzordner mit den Akten für den Verhandlungstermin. Wie immer, wenn ich ein Gerichtsgebäude betrete, um einen Termin wahrzunehmen, habe ich ein wenig Lampenfieber. Die Schauspieler, die ich in den letzten zwei Jahren über Karin kennen gelernt habe, sagen mir, das ist normal. Auch bei der hundertsten Aufführung eines Stückes hat man Lampenfieber zu haben. Ohne Lampenfieber keine gute Vorstellung... Es ist der Termin zur Verhandlung über meine Berufung gegen das Urteil des Landgerichts vom 2.7.2003. Ich gehe zu der Terminstafel am Fuß der großen Treppe und schaue nach Aktenzeichen und Rubrum: 14 U 190/03, Müller-Güldemeister ./. Foris.

Doch ich schaue vergeblich. In dem angegebenen Verhandlungssaal tagt ein anderer Senat. Verwundert öffne ich meinen Koffer und suche den Brief der Geschäftsstelle mit der Terminsladung in der Akte. Dann muss ich lachen.

Der Staatsanwalt Julius von Kirchmann hat vor 150 Jahren in seinem Aufsatz *„Über die Wertlosigkeit der Jurisprudenz als Wissenschaft"* den berühmten Satz formuliert *„Ein Federstrich des Gesetzgebers, und ganze Bibliotheken werden zu Makulatur".* Die Zivilprozessreform von 2001 ist angetreten mit dem Anspruch, vor allem die Rechtsmittelgerichte zu entlasten und die oft unerträgliche Verfahrensdauer abzukürzen. Nun, die Reform hat einiges erreicht: sie hat Bibliotheken zu Makulatur gemacht, sie hat den Rechtsschutz des Bürgers gegen falsche Gerichtsentscheidungen beschränkt, sie hat juristischen Fachverlagen und Seminarveranstaltern einschließlich der Foris Akademie ein paar schöne Umsätze beschert. Nur eins hat sie ebenso wenig geschafft wie die zahllosen Reformen vor ihr, die Mahlwerke der Justiz zu beschleunigen.

Ich bin ein Jahr zu früh gekommen. Die Berufungsverhandlung ist am 13.05.2005.

Es macht nichts, ich stehe nicht mehr unter Zeitdruck. Die Wende kam am 16. September des letzten Jahres. Bis zum 15. September musste die Versicherung zu meinen Anträgen Stellung nehmen. Die Frist hatte das Landgericht Düsseldorf ihr gesetzt. Am Tag nach dem Fristablauf rufe ich beim Gericht an. Dort ist keine Erwiderung eingegangen. Während ich noch nachdenke, was das zu bedeuten hat, springt neben mir mein Fax an. Der Druckkopf beginnt über das Papier zu schnurren. Ich schaue auf die Anzeige: die Düsseldorfer Nummer der Versicherung. Jetzt kann es mir nicht schnell genug gehen, bis das ganze Schreiben ausgespuckt ist. Ich muss die gewundenen Formulierungen darin zweimal lesen. Erst dann bin ich mir sicher, nicht falsch verstanden zu haben. Die Versicherung hat sich eines anderen besonnen. Sie zahlt den Betrag, den das Landgericht der Foris zugesprochen hat. Sie zahlt alle Prozesskosten der ersten Instanz. Die Versicherung entlohnt mich sogar dafür, dass ich mich in dem Berufungsverfahren gegen Foris selbst vertrete. Dem Verhandlungstermin im nächsten Jahr kann ich in Ruhe entgegensehen.

So wird Foris mich noch weiter beschäftigen. Es ist in Ordnung. Denn mein Entschluss am Leuchtturm vom Punto del Jandia, alles hinter mir zu lassen, war falsch. Das Recht hat seinen Preis. Aber noch teurer, als ihn zu bezahlen, kommt es, ihn schuldig zu bleiben.

War nun alles sinnlos: meine in zwanzig Jahren gereifte Idee, die Arbeit und Last von fünf Jahren, das ständige Kreisen der Gedanken um Foris, erst der kreativen, später der besorgten, die zu ständigen Begleitern auch meiner Abende, Nächte und Wochenenden wurden – *all the dreamy sunny Sundays, all the magic moonlit nights* – und mich bis heute in meine Träume hinein verfolgen? Ich wollte nicht reich und berühmt werden durch Foris. Aber ich wollte auch nicht ins wirtschaftliche Nirwana stürzen, verklagt, verleugnet und verleumdet werden. Ich wollte den Erfolg. Stattdessen habe ich die Fratzen des Misserfolgs gesehen, der Intrige, der Lüge, des Verrats und der Niederlage.

Alles vergeblich? Vielleicht nicht ganz. In wenigen Jahren ist mein Konzept der Prozessfinanzierung zu einem Bestandteil des Rechtsschutzes in Deutschland geworden. Wer den Preis des Rechts nicht bezahlen kann, hat Mitstreiter gewonnen. Das Ehepaar in Bad Nauheim, dem die Gemeinde ein verseuchtes Grundstück zum Tausch gab; der mittelständische Bauunternehmer in Berlin, den das kirchliche Bauträgerunternehmen um Millionen geprellt und in die Pleite getrieben hat; der bulgarische Ingenieur, den ein Autobahnraser bei Hamburg zum Krüppel fuhr und den die Versicherung mit einem Almosen abspeisen wollte: all diese Menschen stehen für hunderte, die ihnen noch folgen werden und die ihren Kampf ums Recht ohne Prozessfinanzierer nicht führen können. Wenn auch nicht für mich, aber für das Recht hat sich der Kampf gelohnt.

Und Foris? Ich wage noch einmal eine Prognose. Vermutlich macht sie weiter Verluste, bis ihre liquiden Mittel verbraucht sind. Dann werden die letzten verbliebenen Vermögenswerte der Foris, das Grundstück und die Foratis, von einer Gruppe übernommen, deren Hinterleute sich im Nebel von treuhänderisch gehaltenen Gesellschaftsanteilen verlieren – wer sie sein werden, wird man sich denken, es aber nicht beweisen können. Die Foris darf noch für eine Schamfrist weiterexistieren. Dann wird sie in Insolvenz gehen und als ausge-plündertes Unternehmen ihr Schicksal mit dem der Kammgarnspinne-rei Süchteln teilen, welches vor dreißig Jahren den Anstoß zu ihrer Gründung gegeben hat.

Es sei denn, es geschieht ein Wunder, und die Rechtsanwälte, in deren Depots wohl immer noch die Mehrheit der Aktien vor sich hin gammelt, erinnerten sich der Worte Rudolf von Jherings und näh-men endlich das Recht in die Hand, unter dessen Flagge Foris angetre-ten ist. Aber daran glaube ich nicht mehr. Anwälte haben Wichtigeres zu tun.

ENDE